U0654891

一代名相史贻直

史全生——著

溧阳夏庄史贻直研究会资助

江苏人民出版社

图书在版编目(CIP)数据

一代名相史贻直/史全生著.--南京:江苏人民出版社,2025.1.-- ISBN 978-7-214-29518-7

Ⅰ.K827=49

中国国家版本馆 CIP 数据核字第 2024FS1292 号

书　　名　一代名相史贻直
著　　者　史全生
责任编辑　金书羽　孟　璐　解冰清
特约编辑　于佳旭
装帧设计　有品堂
责任监制　王　娟
出版发行　江苏人民出版社
地　　址　南京市湖南路 1 号 A 楼,邮编:210009
照　　排　江苏凤凰制版有限公司
印　　刷　江苏凤凰新华印务集团有限公司
开　　本　652 毫米×960 毫米　1/16
印　　张　33.5　插页 4
字　　数　389 千字
版　　次　2025 年 1 月第 1 版
印　　次　2025 年 1 月第 1 次印刷
标准书号　ISBN 978-7-214-29518-7
定　　价　128.00 元

前　言

史贻直(1682—1763),字儆弦,号铁崖(厓),江苏溧阳夏庄村人。康熙进士,历任翰林院检讨、侍讲、侍读学士、署掌院学士,雍正年间历任礼、吏、户、工等部侍郎,署理福建、两江总督,总理陕西巡抚,左都御史,兵、户等部尚书。乾隆年间署理湖广、直隶总督,户、工、兵、刑、吏等部尚书,协办大学士、文渊阁大学士兼吏部尚书,兼管工部。对清朝前期的政权建设作出了卓越的贡献,实为“康乾盛世”的奠基人之一。乾隆帝把他比作北宋名相富弼、文彦博。纵观史贻直一世人生,充满了传奇色彩,具有众多闪光之处。

一是他十八虚龄考中举人,十九虚龄考中进士。古人二十岁才行冠礼成人,故他被称为少年进士,乃一少年英才。

二是他官龄长,从康熙三十九年(1700)中进士,至乾隆二十八年(1763)去世,整整在朝六十四年。当年全国的平均寿命也只有三十多岁,而他竟做了六十四年的官,即使现在也很少有六十四年工龄的人。而且他两次参加琼林宴,康熙三十九年考中庚辰科进士,到乾隆二十五年(1760)又逢庚辰科会试,乾隆帝特令其再与恩荣宴(琼林宴),以策励后进进士。乾隆帝还赋诗一首以示庆贺:“庚辰先进杏花芳,周甲重看蕊榜黄。早识家声孝山史,群称风度曲江张。本衙门有新佳话，国史院无旧等行。宁独搢绅庆人瑞，赞予文治底平康。”

三是他作为江苏溧阳人担任包括江苏在内的两江总督，而他的两江总督衙门就在溧阳县所隶的江宁府（今南京市）。这在清朝整个历史中绝无仅有。因为古代做官有个省籍回避制度，即本省人不能在本省担任知县以上的官职，足见清朝皇帝对他的信任。不过他上任以后为避嫌，很快就把溧阳县划归了镇江府，同时史贻直在江西瑞州府任知府的三叔史随，得知他任两江总督后，也立即辞职，因为两江总督管辖江西，这样他们叔侄两人就成了上下级的关系，这是有违官规官箴的。最后他卸职时正值年终，雍正帝特许他回老家省亲，而他宁肯顶着违抗圣旨的罪名也不回老家省亲，以示坚守情操，不为所动。

四是坚持民众利益至上。每当皇帝的旨意与民众利益相悖时，他总是站在民众的立场上，实事求是地向皇帝反映真实情况，然后提出自己的处理意见。而雍正帝和乾隆帝审阅了他的奏章以后，也总是接受他的意见，按照他的主张办理。可见清朝的雍正帝和乾隆帝也都是有道明君。同时他也曾多次提出，减轻民众负担，免除一些苛捐杂税。如乾隆帝刚上台，他就上疏建议停止河南的“劝捐”。他署理湖广总督时，曾全部免除了湖北江夏等十九个州县的“重丁摊纳”税收，减免了鹤峰州和长乐县的钱粮，减轻荆州关的关税。他还在湖北修建了武昌江堤，在直隶大搞水利建设，等等。

五是思辨敏捷和组织能力高超，按现在的话说就是理论水平高，组织能力强。在钦差福建教导督抚高其倬、刘世明时，他提出了“大凡人臣事君，不但当以身事，更当以心事。此心唯知有君，而不知有人；此心唯知有君，而并不知有己，斯可以身任封疆之重。盖心者身之主。此心既肯许国，自然公忠自矢，至诚无欺，不必有意迎合，而办理之事协乎至当，不易之理，自能上契圣心也”的深刻哲理，不但使高其倬、刘世明深受教育，而且对后世也产生了深远影响。徐锡龄、钱泳的《熙朝新语》就记载了这段话。厦门关帝庙主持渊博与耆民林士谦，在厦门水师提督蓝廷珍支持下，控告监生陈华岳后屋高大，压伤关帝庙，要求没收陈华岳房屋，作为关帝庙后殿时，史贻直理直气壮地指出：陈华岳后屋虽然高大，但“神庙不比民居，似可毋庸拘忌，况陈华岳之房与庙宇屋背相横，并非正对，且在神庙之后，增高楼层，实无冲碍堪虞”，从而驳斥了渊博和林士谦的荒诞之谈和无理要求，有力地维护了民众的私有财产。他在总理陕西巡抚时，也曾数次组织民众输送或转运五六万石军需，按时送达甘肃凉州、甘州，确保了西北大营军需物资的供应，充分显示了他高超的组织能力。

六是履历全面。在地方曾历署任福建、两江、湖广、直隶总督，总理陕西巡抚，治理了当时全国十八个行省中的八个省，几乎是小半个中国。而且“周践六官”，即吏、户、礼、工、刑、兵六部堂官他全都做过，其中除礼部仅做过侍郎外，其余五部全都做过尚书，且两任兵部尚书，还做过左都御史，中央各部院的长官他全都当过。这在历史上是少有的。总理巡抚和各省总督、左都御史、各部尚书，都是从一品的官职。他长期在这从一品的岗位上转来转去，始终无怨无悔，依然脚踏实地，勤勤恳恳，充分显示了高尚的道德品质，最后被提升为协办大学士、文渊阁大学士。晚年乾隆帝特赐他紫禁城骑马，乘轿或乘坐肩舆入朝，祭祀大典不必随班行礼，严寒酷暑不必每日入朝上班等特殊待遇。礼部尚书王际华在《史文靖公墓志铭》中说他“丁盛时，跻大耋，躬不世出之遇，则庶几召公以来一人而已”。足见史贻直一世人生的传奇色彩。

所以，在清朝的笔记史料中有许多关于史贻直的记载。史贻直的老家溧阳，也流传有许多关于他的故事传说。北京相声界还有一段关于史贻直与勇健军的相声段子。

为此，笔者根据溧阳老家一些乡亲和史氏宗亲们的意见，在2012年南京大学出版社出版的《史贻直评传》基础上，结合清朝笔记史料的有关记载、溧阳老家的传说故事和有关的相声段子，采用传记文学的体裁形式，对史贻直一生的经历作故事铺垫，并对关键情节作必要的描述，辅以一定的血肉，使其既具有历史性，又具有故事情节，以增强趣味性、可读性。这样的尝试不知可否，敬请读者朋友们多多批评指正。

目　录

一　世家子弟　塾中小孩王

在溧阳市区东北约十里，有一古老村落名叫夏庄，周围还有朱家埠、蒋笪里、牛车垛、西圩等四五个小村庄，环绕拱卫，共同组建为夏庄自然村。村里居民都是溧阳史氏第四十一世祖史康三的后裔。

史康三在元朝末年，为躲避红巾军的战争骚扰，从埭头迁徙至此。由于他善治生产，很快便发家致富。又由于他慷慨豪爽，不吝施舍，周济贫民，义行善举，传遍县邑。而且他尤其重视教育，建村之初就仿照古代学宫模式，在村前开凿了一个半璧形池塘，形似泮池，后人称之为“月牙池”，希望后世子孙如同古代学宫里的学子一样，“思乐泮水，薄采其芹”，勉励子孙后裔认真读书，努力学习。因而其子孙后裔，许多都成为饱学之士。明清两朝，一个小小的夏庄村，就有进士 19 人，举人 31 人，贡生、监生 466 人，生员秀才 300 余人，知县以上官员 140 余人，被誉为“明清第一村”。

由于村上做官的多，这里又是河网地区，到处都是河湾港汊，船只是出行的主要交通工具。官员们进出全用船只，向西可进入丹金溧漕河，向北直通长荡湖。村里为这些官员进出方便，便在河边修建了码头，建造了接官亭。

在史康三这众多的子孙后裔中，人才济济，最出众的就是史后这一支，先后出了13名进士，举人约20名，知县以上官员近百名。因史后号知山，故其后裔被称为“知山公房”。史贻直就出生在这一支。清朝时夏庄祠堂里有一副对联，“祖孙父子，兄弟叔侄，四世翰苑蝉联，犹有舅甥翁婿；子午卯酉，辰戌丑未，八榜科名鼎盛，又逢己亥寅申”，说的就是史贻直这一支。说他们家从史贻直祖父史鹤龄开始，到史贻直儿子史奕簪为止，四代人中有七人考中了进士，其中有五人进入了翰林院。在封建时代，家族中有人进入翰林院当官，那是非常荣耀的事。翰林院是封建时代文人学士们梦寐以求的地方。这“祖孙父子”就是指史鹤龄、史夔、史贻直、史贻谟、史奕簪，史夔是史鹤龄的儿子，史贻直、史贻谟是史夔的儿子，史奕簪又是史贻直的儿子。他们五人形成了四对父子、三对祖孙关系。史夔的两个弟弟史普、史随也都考中了进士，与史夔是兄弟关系，与史贻直、史贻谟则为叔侄关系。史贻直与史贻谟，为同父异母的亲兄弟。史贻谟与史奕簪，又形成了叔侄关系。“舅甥翁婿”是指金坛于枋、于敏中，溧阳任兰枝，阳湖（今常州市）管干中。于枋是史夔的女婿，于敏中是于枋的嗣子、史夔的外孙，史贻直就是于敏中的舅舅。任兰枝的母亲是史鹤龄的大女儿，史夔的姐姐。任兰枝就是史鹤龄的外孙，史夔、史普、史随的外甥，史贻直的表兄。管干中是史随的孙女婿。他们的官都做得很大。于敏中当过户部尚书、宰相大学士；任兰枝当过兵部、礼部尚书；管干中当过漕运总督，都是正一品和从一品的高官。

“子午卯酉，辰戌丑未”和后面的“己亥寅申”，都是古代农历用以纪年的地支。封建时代各省乡试和礼部会试的科举考试，都是在地支年举行的。对联意思是说史贻直一家在“子午卯酉，辰戌丑未”这八个地支年，都有人考中过举人进士，下面还有“己亥寅申”

这四个地支年，希望下面的子孙们继续努力，在这四个地支年中也能考上举人进士。

可见史贻直这一家门第显赫。史贻直家虽然门庭显赫，却也是个耕读持家的传统家庭，诗书传家，不忘读书明理。清朝康熙六年(1667)，史贻直的爷爷史鹤龄考中进士，入选庶吉士，授翰林院编修，入值内廷任职起居注，在康熙帝身边做秘书文字工作。由于史鹤龄手脚勤快，头脑灵敏，做事认真，书法又好，很得康熙皇帝的喜爱，曾得到康熙皇帝的貂皮、干果等很多赏赐。康熙十五年(1676)，史鹤龄获准回家探亲，由于长途跋涉，旅途劳顿，回到溧阳老家，就一病不起，不久即与世长辞，时年四十岁，可谓英年早逝。康熙帝得报，也十分痛悼，给予了皇家的祭奠礼仪。

史鹤龄去世以后，丢下年轻的妻子吴氏和六七个小孩，最大的长子史夔才十五岁，老二史普十三岁，老三史随十一岁，老四史焘才六岁，还有两三个女孩，从此家道中落。好在吴氏是常州大户人家出身，名门闺秀，明理能干。史夔、史普等虽然尚未成年，但懂礼貌明事理，努力帮助母亲料理家业，加上祖父叔伯们的帮衬，孤儿寡母们一家老小却也过得去，不愁温饱，特别是不忘诗书传家、读书明理的祖训。每天一早史夔就带领着三个弟弟去学塾读书，晚上在吴氏的责令之下，跪在史鹤龄的灵柩牌位之前刻苦攻读，只有老四史焘因年仅六岁，晚上可以免去跪读。女孩子们白天学习女红针黹，晚上也跟着一起读书。在吴氏的严厉督责之下，孩子们都有长进，史夔、史普、史随兄弟三人后来都考中了进士。史夔得中二甲第一名，后来官至正三品的詹事府詹事。

康熙二十年(1681)秋，史夔考中了举人，第二年春节一过，就进京参加礼部会试。可他妻子彭氏已经身怀六甲，不久就要临盆生养。这时他想，母亲平时要照顾五六个弟弟妹妹，还要操持家务，已够忙碌的了，如果把妻子留在家里分娩，母亲还要照顾坐月子的妻子和刚刚诞生的婴儿，负担太重，肯定忙不过来，于是便与妻子商量，决定带着她一起进京赶考，到京城去分娩，说："我进京以后，弟妹们都还幼小。你若在家分娩，母亲既要照管弟妹，还要照顾你坐月子，家中还有一大摊子家务，怎忙得过来？我考虑带你一起进京，到京城去分娩，由我亲自照顾。"

妻子彭氏听了，说道："这样好是好，就是你既要温习功课，准备迎考，又要照顾我和刚生下的孩子，这样忙得过来吗？"

史夔说："那倒没事，我会合理安排时间的。就是考试的几天里，我被关在考棚里不能出来，怎么办？"

彭氏说："那倒没关系，那时我已产后十几天了，稍微动动也没关系，我能自己料理。"

史夔说："既然这样，那就这么定了。"

彭氏说："行。"

夫妻俩这么商量定了，史夔就去告诉母亲。开始时他母亲怎么也不同意，说："这怎么行？不行，不行。这样会影响你考试的。你的功名前程是头等大事。"但是经不住史夔软磨硬泡，他母亲最后还是同意了。于是，史夔就雇了一艘帆船，偕妻进京。

正月十五，他们一早就出发了。史夔事先已向爷爷史顺震和叔伯、伯母、婶母们打了招呼告了别，所以他们早早地整理好行李，吃过早饭就动身。

这时正值八九季节，大地已经回春，和煦的太阳照在人身上，已经感觉到暖洋洋的，肌肤尽舒。一片绿油油的田野，小麦已经拔节，油菜已长出了菜薹，蚕豆早的已经开出了蝴蝶花瓣，一片春意盎然。勤劳的农民们，已三三两两在田间劳作，给小麦壅土。这时从夏庄村头走出一队人马，前面三个青少年，各自挑着被褥、行李和书箱，后面跟着一位青年，搀扶着一位身怀六甲，挺着大肚子的少妇，其后跟着一位四十五六岁的中年妇女，怀里抱着一个三岁小孩。前面挑着被褥、行李、书箱的三位青少年，分别是史夔十九岁的二弟史普、十七岁的三弟史随和十二岁的小弟史焘。后面跟着的青年就是史夔本人，搀扶着他身怀六甲的妻子彭氏。其后的中年妇女就是他母亲吴氏，怀中抱着的就是史夔的长子史贻简。自从彭氏怀上二胎以后，小贻简就一直由他奶奶带着，所以他同奶奶很亲。

村头则站着一群送行的人，为首的一位老者，须发皆白，就是史夔的爷爷史顺震，明朝锦衣卫千户，南塘镇镇抚司指挥同知，明朝灭亡后，即归里家居。清朝初年曾几次请他复出，他都以“一臣不事二朝”为由，拒绝复出。旁边的是史夔的叔伯、伯母、婶母们。他们不时向史夔挥手致意，史夔也不停地向他们挥手告别。

不一会儿，史夔他们即来到接官亭，史普、史随、史焘三人先把被褥、行李、书箱送上船。史夔即上船把被褥行李整理好，再上岸接妻子上船。妻子彭氏在上船时，搂着小贻简亲了又亲，说：“在家好好听奶奶的话，不许调皮。”小贻简似懂非懂的样子，连连点着小头。最后在史夔的一再催促下，彭氏才依依不舍地放开贻简，含着眼泪上了船。

史夔对三位弟弟千叮咛万嘱咐道：“你们三位在家一定要听母亲的话，好好侍奉母亲，努力读书学习，不可荒废学业。”

史普等三兄弟也都一一点头表示：“请大哥放心，我们一定听母亲的话，好好侍奉母亲，努力学习，绝不荒废学业。我们也预祝大哥旗开得胜，金榜题名。”

史夔与史普等告别后，即转身对母亲说：“不孝儿不在家，请母亲多多保重，千万别操劳过度，有的家务可以交给普弟、随弟他们做了，您老人家只要吩咐就行。”

吴氏说：“你放心吧，你只要金榜题名，照顾好你媳妇，就是对我最大的宽慰。家里的事，你别惦念，一心一意地去准备考试吧。”

史夔听了，热泪盈眶，然后亲了亲小贻简，就扭头含泪上了船。

史夔夫妻俩上得船后，依然站在船尾，依依不舍地看着岸上的一家亲人。在岸上的母亲抱着小贻简和史普兄弟三人，同样也看着他们，互道珍重。这时船家一声号令：“开船！”船工把竹篙一撑，小船箭一般地向前飙去，接着扯起船帆，向着远方驶去。史夔夫妇依然站在船尾，向亲人们挥手。他母亲和弟弟们同样站在原地，向他们挥手致意，一直到小船驶入大河，看不见站在岸上的母亲和弟弟们了，夫妇二人才进入船舱。

不一会儿，史夔他们的帆船就驶入丹金溧漕河，然后扬帆北行，第二天就进入京杭大运河，抵达镇江后，连夜从镇江西津渡过江，次日一早即抵达瓜埠，到了扬州。

这时史夔想起了扬州的一众诗人许承家、顾书宣、许迎年、郭元釪等人。原来史夔也是很喜欢写诗的，前几年游历苏州太湖地区时，也曾写得百十首诗，可惜后来都散佚无存了，现存的数百首诗，都是任职以后写的。会试之期尚早，于是他便上岸赴扬州拜会他们。而扬州的这一众诗人有一个特点，即他们大多出生于盐商世家，祖籍徽州，家境比较富裕，喜欢结交朋友，热情好客。因而当许承家、郭元釪他们得知史夔夫妇到来，都热情款待，相见恨晚，非要史夔夫妇留下来玩几天不可。虽然史夔一再告诉他们，妻子已身怀六甲，行动不便，不宜上岸游玩，可无论史夔怎么说，他们都不信，最后还是派了一顶小轿，去把史夫人抬到扬州城里，游览了瘦西湖、红桥、天宁寺。两天后，许承家、顾书宣他们看史夫人挺着大肚子，行动实在不方便，便放行，用轿子抬着史夫人，送史夔夫妇上船，继续北上去了。

史夔夫妇告别了许承家、顾书宣、郭元釪他们，上得船来，扬帆继续北行，傍晚就到了泗阳水驿，史夔就领着妻子彭氏到驿站吃晚饭。这时已是惊蛰时节，突然一股暖湿气流袭来。彭氏感觉有些闷热。吃罢晚饭，史夔就扶她上船，靠着被褥坐在船舱里。突然间天空一亮，一道闪电，似乎刺穿了彭氏的肚子，紧接着"哗啦啦"一个响雷，她感觉肚子一震，有些异样的感觉，不一会肚子就开始疼痛——孩子要出生了。史夔立即请驿丞帮忙请来了接生婆，并烧好开水，把剪刀、木盆等一应接生用具消了毒。一直忙到后半夜寅时，彭氏终于生下个白胖小子，史夔给他取名"贻直"。

史夔酬谢了驿丞、接生婆，安顿好妻子休息后，东方已经泛白，早霞初升。儿子出生，史夔心情愉快，便上岸散步。上得岸来回头看着这艘史贻直诞生的小帆船，这时他想起了古代迷信的神怪应验学说：史贻直出生前，一道闪电似乎刺穿彭氏肚子，响雷震动，即有异样感觉，接着史贻直就降生了。照此说来，史贻直似乎是天上星宿下凡。但史夔不相信这些神怪应验学说，不过他是精于子平之术的，且是子平术的行家。所谓子平术就是占卜星命术，根据人们出生时的年月日生辰八字，推算未来的命运。因为这种占卜星命术源自宋朝的徐子平，后来人们就把这种算命技术称之为"子平术"，徐子平就是算命先生的祖师爷。于是他就给这刚刚出生的小贻直算起了命。他根据小贻直出生时的生辰八字，掐指一算，觉得史贻直命当大贵，就是生在这船上不好。船是木，木生火，火太旺。不过他又觉得，这船在河里，得水相济，影响不大，应该还是个好命。

他给小贻直算过命后，就兴冲冲来到镇上，刚到集镇的街口，看到一户人家灯火通明，他一问，原来这户人家也刚刚生了个小孩，而且出生时辰也正好与史贻直相同，命运也很好。不过他又端详了一下，发现这小孩出生时的环境不好，原来这是一家铁匠铺子。孩子生在四柱木屋之中，木屋四柱属火，旁边还有个冶铁炉，以火济火，全无调剂之术。20 年之后，史夔受命监督北运河控扼洪泽湖的周桥建设工程，工程竣工后，顺便请假回家探亲。回家经过这里时，他又想起了这段往事，就饶有兴致地上岸，朝着那集镇走去，走到街口，看见一位皮肤白皙的青年正在抡锤打铁。他上前一打听，这抡锤打铁的青年正是与史贻直同一时辰出生的那个小孩，这时已长成身体壮实的小伙子了，皮肤白皙，十分俊秀，可依然在抡锤打铁，而史贻直则早已考中进士，在翰林院做官了。

再说史夔在水驿停留了两天后继续北上，正月下旬抵达京师，他把妻子彭氏和小孩在史家胡同老宅史家大院安顿好以后，即到礼部办理了报名手续，然后参加了礼部会试，得中贡士，又参加殿试，得中二甲第一名进士，称为传胪。随后朝廷又对二、三甲新进士进行一次朝考，选拔一些年轻、成绩优良、书法好的，入翰林院庶常馆继续学习，称为庶吉士。庶吉士已是翰林院的官员了，但是没有具体职务，只是在大学士宰相和各部尚书的教导下继续学习，因此没有薪俸，由朝廷提供生活费用。庶吉士学习期限三年，三年期满经考试合格的，则按原进士的甲第分发在翰林院任职，原二甲进士任编修，三甲进士任检讨，也有分发在各部院任主事的。史夔是二甲第一名，所以后来授职翰林院编修。

史夔考中进士以后，又过了五六个月，快到八月中秋了，天气渐渐凉下来了。一天晚饭后，史夔夫妻俩对着油灯谈论家常。夫人彭氏对史夔说："你没有薪俸，只有几两银子的生活费用，我们娘儿两个在这里坐吃山空，这怎么行，我想我还是带着贻直回家吧。再说把大儿子贻简丢在家里交给母亲带，母亲已四十好几了，管着那么一大家子的事务,还要帮我们带孩子,这合适吗?而且我现在也怪想我们贻简的,不知道这孩子怎样了?”

史夔一听,觉得夫人这话说得有理,应该回家帮助母亲料理家务,管教贻简。停了会儿,史夔似乎突然想起了什么,对着彭氏说道:“对了,听说工部魏大人已经获准回家探亲,不知他哪天动身,要是他回家,你可以跟着他的官船一起回家,这样既可节省盘费,路上也有个照应。再说这魏大人又不是别人,是我们溧阳老乡,与我父亲一起,都是康熙六年的进士,也就是‘同年’,过去与家父的关系很好,我也一直以长辈称呼他。”

“不知人家是否愿意带我们一起回家哦?”彭氏迟疑地说道。

“那明天我去拜访他一下,探探他的口气,是否愿意帮忙。”史夔停了下又说,“就这么定了吧。”

史夔所说的工部魏大人,名叫魏廷征,是溧阳魏村人,这时正任工部郎中,且已年过五旬,是一位忠厚长者。所以第二天史夔带着礼物去拜访他谈起这事时,一说他就满口答应了,说:“你看,你这孩子,到这里来还带什么礼物,过去我同你父亲可是老同年老朋友了。这有什么客气的,举手之劳,理应帮忙。再说了,你带着老婆孩子在庶常馆学习,很不容易,我们能力有限,没有照顾好你,还得请你多多见谅呢!而且我家老太正愁在船上没人与她唠嗑呢,你家夫人来了,两个女人在一起,正好唠嗑拉拉家常,可以消了她在船上的疲乏了。”

几天后,史夔的夫人彭氏就跟着魏廷征的官船一起回溧阳老家了。

彭氏回到溧阳夏庄一晃就是四年,史贻直也已成长为一个活泼可爱的小男孩了,看到哥哥贻简背着书包上学堂,自己也闹着要去上学。但是贻直年龄太小,学堂不收,彭氏就在家里自己教他读书识字，开始教他读《三字经》。但贻直读书与一般的小朋友不一样。一般小朋友读书，都是把书本往书桌上一摊，然后摇头晃脑地读，有时眼睛都不看着书本。而贻直则往小凳子上一坐，两手捧着书本，把书上的字句当儿歌一样读着唱着："人之初，性本善。性相近，习相远。苟不教，性乃迁。教之道，贵以专。昔孟母，择邻处。子不学，断机杼……"这样唱着背着，两个多月，就把一本《三字经》学完，而且背得滚瓜烂熟，整天跳着蹦着，唱着《三字经》。于是他母亲又教他读《百家姓》，他还是这样一边读一边唱，两三个月又读完了，一天到晚唱着背着："赵钱孙李，周吴郑王，冯陈褚卫，蒋沈韩杨，朱秦尤许，何吕施张……"他母亲又教他读《千字文》，不到半年又学会了，蹦着跳着唱道："天地玄黄，宇宙洪荒。日月盈昃，辰宿列张。寒来暑往，秋收冬藏。闰余成岁，律吕调阳。云腾致雨，露结为霜。金生丽水，玉出昆冈……"过了年五岁了，他母亲感到已教不了他了，就把他送到史氏宗祠学塾去读书了。

这史氏宗祠学塾，是夏庄史氏家族为宗族开办的学塾，史氏家族子弟都可去上学，穷苦子弟还可免交学杂费。

史贻直聪敏伶俐，老师教的他一听就懂，每次考试总是第一，很得老师的欢心。他不仅学习成绩好，玩起来也特别欢，想着法子玩，经常把孩子们组织起来，分成两班对阵打仗，自己做统帅；有时站在小土墩上当孙悟空，其他小孩则在下面做小猴子打闹翻筋斗，还时常带着孩子们爬树掏鸟窝，或者到河边捞鱼摸虾。久而久之他就成为孩子王，大家多听他的，连贻简有时也得听他的。小孩子们在一起玩，有时也难免磕磕碰碰，闹矛盾。每当这时，孩子们总是请他出来评判各自的是非。有的说："贻直，他踢了我一脚。"另一个说："贻直，他先打了我一拳。"而他总是出来调和，说："踢就踢了一脚呗，自家兄弟，又不疼，算了。"或者说："要不你踢我一脚，消消气，行了吧。”自然，在打闹中，有时他也会伤害到别的小孩。小孩这时也往往把他告到老师那里去，说：“老师，贻直打我，欺负我。”可由于他聪敏学习成绩好，老师也总是偏袒他。每当这时候，老师总是说：“你惹他的吧！你不惹他，他怎么会打你呢？他怎么不打我，欺负我呢？”老师这么一说，这小孩只好把小嘴一噘，也就算了。

这样接连四五年，他竟把四书五经全都读完了。

在史贻直十岁那年，史夔已升任翰林院的侍读学士，官至从四品了，便请假回家省亲。史夔回到家首先跪拜了母亲，拜会了三位兄弟，然后回到房中与妻子彭氏相叙，唤来贻简、贻直二人询问学业。贻简毕竟年龄大了三岁，对答得都很顺利。贻直虽然年纪小，可对答得比贻简还快，干脆利落，四书五经的许多篇章都能背出来。看来在书本上是难不倒他，史夔于是就问他会不会对对联。

史贻直一听，把头一扬说：“对对联谁不会呀，只要上联和下联字数相等，断句一致，词性一致，名词对名词，动词对动词，数字对数字，副词对副词；并且语义相关，上下联的内容基本上都是同一类型；再加上平仄相合，仄起平落，不就成了？”

史夔说：“方法是这样，你能举些具体的例子吗？”

史贻直把头一点，说：“当然可以啰，比如说：天对地，雨对风，大陆对长空，山花对海树，赤日对苍穹，秋月白对晚霞红，水绕对云横，雨中山果落对灯下草虫鸣。”

史夔问：“还有吗？”

史贻直满不在乎地说：“什么叫‘还有吗’，多着哩，比如：白对红，红花对绿叶，海阔对天空，全对齐；玉兔对桂树，瓜田对梨园，天地对宇宙，鱼虫对禽兽，白雪对红云，暮色对朝霞，长堤对沟渠，风瑟瑟对雨蒙蒙，柴米油盐对酱醋酒茶……”

史贻直正要往下说下去的时候，被史夔打断了，说："好了，我出几个对子给你对对，看你可对得上来。"

史贻直说："那请父亲大人出上联吧。"

史夔顺口出了个上联："大地春光美。"史贻直脱口而出："天空晚霞艳。"

史夔又说："岁岁致富岁岁富。"史贻直对："年年勤劳年年有。"

史夔说："勤劳能致富。"史贻直对："节俭可免贫。"

史夔又说："八抬大轿迎面来。"谁知史夔刚一出口，史贻直立即就对上："百匹骑队擦肩过。"

史夔一听感觉对得还算工整，随即又出了个上联："门前松柏老寿星。"史贻直听完脱口而出："屋后银杏子孙多。"

史夔又一连出了几个上联，史贻直也都对答如流，竟没能难住他。

史夔随后就说到诗词的题材上，史贻直就把老师近年教他读《训蒙诗》《千家诗》《唐诗选》，并教他怎么作诗，以及他自己也学着做了两首诗的情况，都一一向史夔作了汇报。史夔说："老师教得不错，但主要还是自己多读，多体会。"

随后史夔即叫他把这两首习作的诗拿来给他看看。他就从书包里把最近习作的两首诗取出呈上，请他父亲点评。一首是《午后春风》，一首是《牧童晚归》。

午后春风

午后忽闻春风起，细枝杨柳竞摆拂。
篱间红雨纷纷下，满地红衣随风舞。
黄鸟纷飞躲进窝，牧童甩鞭催犊归。
天公何故抖威风，不许人间春常在。

牧童晚归

头戴斗笠手执笛，牧童横吹骑犊归。
夕阳山村炊烟直，层林溪流共映晖。

史夔听了史贻直对的对联，又看了史贻直的诗作，感觉这小孩头脑灵敏，才思敏捷，就这两首诗而言，意境不错，对仗还算工整，才十岁的小孩，能有如此的表现已属不易，随即带着满意的微笑对贻简、贻直说："好了，你们的学习都不错，但不能骄傲，要继续努力，出去玩吧！我同你母亲还有点话要说。"贻简、贻直听了，就高高兴兴地出去了，尤其是贻直，出得房门就一跳一蹦地溜出门了。

等孩子们出去以后，史夔对夫人彭氏说道："贻直虽然比贻简小，但是天资高，有灵气，不能再放在乡下读书了，这样会误了他的前程，我看还是把他带到京师去读书好。我可以直接指导他。"

彭氏听了，说道："你一个人在京师，既要忙于公务，又要管教孩子，那怎么行？"

"那你和我一起去，帮我做些家务，顺带管教孩子。"史夔说道。

"那贻简呢？"彭氏反问道。

史夔接着说："贻简虽然天资不如贻直，但也很聪敏，而且很听话，守规矩，把他放在乡下，由母亲管着，跟他三个叔叔一起读书，不会有问题的。"

彭氏迟疑道："这又要连累老母亲了，能行吗？"

史夔蛮有把握地说："留一个小孙子在身边，母亲一定很高兴，会同意的。"

夫妻俩商定后，随即去和母亲吴氏以及史普、史随、史焘三兄弟商量，吴氏和史普他们三兄弟听了，都觉得很好，十分赞同，于是就这么定了。

二　随父北上　喜结娃娃亲

史贻直得知要随父母前往京师时，心里不知有多高兴，心想京师那地方多神圣啊，皇帝的皇宫就在那儿，许多高官也都集中在那儿，是大家都向往的地方，能到京师去居住生活真是太幸福了。想到这里，他一溜烟跑出去，把这个好消息告诉了学塾老师和同学们。老师听了摸着他的小脑瓜笑呵呵地说："好啊，到京师去读书了，你这小子将来一定有出息。要是你做了官，回来可不要忘记老师哦！"

史贻直听了举起小手对老师说："那当然，怎能忘记老师呢！我每一寸进步都离不开您的教导呀。我要是真的当了官，回来一定是首先看望您老人家。"

老师听了心里很高兴。其他小朋友听了，都以羡慕的眼光看着他，祝贺他，有的遗憾地说："你走了以后，就没人领我们打仗了。"也有的说："你走了，以后我们花果山就没有孙悟空了。"总之，大家都依依不舍。

最舍不得的还是史贻简，这十年来他们兄弟两人从没分开过，整天形影不离。贻简作为哥哥总是照顾着这位弟弟，小时候带着他一起玩、一起上学，放学后带着他一起回家，有人欺负他了就护着他，帮助他，马上就要分别了，真有点舍不得，但又为他高兴，因为京师那地方生活条件肯定比乡下好，那里的学校也肯定比乡下好，在那里读书进步一定更快，将来也和爸爸一样能考上进士，出去当官，因此也为他高兴。于是又以大哥的身份嘱咐他说："到了京师一定要听爸妈的话，努力读书，要读出好成绩来，不要惹爸妈生气，不要辜负爸妈对你的殷切希望。"

贻直同样舍不得贻简，心想这么多年来都是哥哥照顾着，帮助着，现在就要分别了，不知心里有多感激；特别是这次哥哥不能随爸妈一起去京师，心里感到特别惋惜，激动地拉着贻简的手不知说什么好，憋了好久才说道："哥哥，你在家也要多珍重，我们各自在不同的地方都努力学习，拿出最好的成绩让爸妈放宽心，不辜负爸妈对我们的殷切希望。特别是现在奶奶年纪大了，我不能在家好好孝敬奶奶，您帮我多孝敬照顾奶奶吧。"贻直一下子好像成熟了许多，说出的话都是大人的口气。

没几天，史夔的假期已满，即返程回京。临分别时，史夔母亲吴老太太手挽着贻简，史普、史随、史泰三兄弟跟在后面，一直送到村前的接官亭。这时史夔回过头来对着母亲和三位弟弟说："妈！儿子不孝，不能在您身边尽孝，您多自己保重吧！普弟、随弟、小泰，大哥不在家，妈全靠你们照顾了，大哥不胜感激！你们三位也要多多保重！好了，你们回去吧。"随后拉着史贻直就往船上走。

彭氏回过头来，一手抚摸着贻简的头，一手拉着贻简的手，千叮咛万嘱咐地说："妈不在家，你在家一定要听奶奶的话，听叔叔们的教导，不要惹奶奶生气，要好好读书，有不懂的地方，多向老师和叔叔们请教。要学会自己照顾自己，天冷了要知道加衣服，天热了，要减衣服……"

贻直随父亲上了船，回过头来含着眼泪一直看着贻简，依依不舍。这时史夔一面冲着夫人彭氏喊道:“上船吧,船要开了。”同时挥手向母亲和弟弟们告别。贻直也不停地挥着小手,向奶奶、哥哥和叔叔们告别。彭氏夫人听史夔催促,放开贻简,急急地上了船。这时只听船家一声吆喝,扯起风帆向丹金溧漕河方向驶去。史夔夫妇和史贻直则站在船尾,与岸上送别的亲人们互相挥手告别。

不一会儿,官船就进入丹金溧漕河,顺风北行,第三天就抵达扬州水驿。史夔对夫人彭氏说:“扬州住着一位郑侍御,过去是皇上的近臣,我刚入翰林院的时候,对我们没少照应,前两年告老还乡,居住在扬州。我们经过这里,理应要拜访一下。”

彭氏听了,说道:“既然人家对我们有恩,我们当然要去拜访,一来表示报答,以示不忘旧恩,同时也是出于礼貌,只是两手空空,什么礼物也没有带,这怎么行呢?”

史夔说:“郑侍御现在是退休在家,无官无职没有权了,没有人来看望他了,在家冷冷清清。我们来看望他,表示没有忘记他,他一定很高兴。再说,他家大业大,家里有的是钱,什么都不缺,他才不稀罕什么礼物呢!我们去拜访他,表示了对他的尊重。他也知道翰林院是清水衙门,我们这些人是穷书生,不会见怪的。刚好我前年刻印了一部诗集《东祀草》,我只要带一部《东祀草》去就行了。”略停一会,史夔压低了嗓音对妻子说:“他们都是有钱的人,你送钱去,他才不稀罕呢,就喜欢文化的东西,送诗集给他,最合适不过了。”

史夔他们一行三人上得岸来,不一会就到达郑侍御家门前,递上名刺,请家仆通报进去,很快郑侍御就迎了出来。一见面史夔就抱拳打躬作揖说:“下官这次回家省亲回京,听说您老人家住在这里,特地前来拜访。想当年我们刚入翰林院的时候,您老人家没少照应我们,这次来访就是感谢您当年对我们的帮助与照应。”

“哪里哪里，这些都是应该的，不必挂念。”郑侍御用一口扬州话说着，指指史夔身边的妇人和小孩问道：“这是……”

“噢，这是贱内和小犬子，这次和我一起进京。”史夔说完回过头来对史贻直说：“快喊爷爷。”

“爷爷好，爷爷万福。”史贻直高声地喊道。

“爷爷好，爷爷万福。”彭氏夫人也行礼道。

“大家都好，大家都万福。”郑侍御说着，随即退到门边，侧着身子用手往里一指，“请进，请进。”

史夔随即领着夫人彭氏和贻直进入郑府。郑侍御领他们进入客厅分宾主坐下，然后命家人上茶。待宾主坐定，史夔首先言道：“很早就想来看望您老人家了，一直没有机会，这次省亲回京，路过这里就顺便来了。另外，前些时候我刻印了一部诗集，请郑侍老指点指点。”说着就双手捧着《东祀草》送到郑侍御面前。

郑侍御立即起身接过《东祀草》诗集，满脸堆笑地说：“谢谢！谢谢！一定好好拜读拜读。”然后他心想：史夔现在是翰林院的从四品侍读学士，负责起草圣旨和起居注，经常陪侍皇上听取经筵讲解，是皇上的近臣。而且，翰林院是清要之地，翰林院官员向来清高，很少与外界交往，史夔这次来拜访我，说明他看得起我，不能怠慢，得隆重接待，更何况史夔还撰著了《三朝国史》《东祀草》，现正在编纂《康熙字典》等大著作，已是全国闻名的文人学士了。想到这里，他随即吩咐管家拿他的名帖去邀请扬州的一些文学名家，就说今晚宴请翰林院侍读学士史夔史大人，请他们作陪。

郑府管家出门个把时辰即回来禀报说：“老爷，请柬已全部送到，各位老爷都说随后就到。”果不其然，郑府管家此话刚一落音，扬州的一些文人学士们便纷纷来到，他们分别是许承家、许昌龄、许迎年、方愿瑛、顾书宣、郭元釪等人。

郑侍御见众人到来，遂引众人与史夔一一相见。其实这里好几位已是史夔的老朋友了，尤其是许家的三位，许承家还是史夔翰林院的同僚。所以当郑侍御引见许承家时，史夔立即迎上前去称呼“许老”。许承家听了立即谦让道：“不敢当！不敢当！您是前辈。”

他们这一推一让，倒把郑侍御给弄糊涂了。史夔见郑侍御愣在那里，立即解释道：“许老今年已五十好几了，比我父亲年龄还大，称他‘许老’是应该的。”郑侍御一听连说：“不错，不错。”随即他又转身问许承家：“那你又为什么称他为前辈呢？”许承家说道：“我虽年长，但虚长岁月，快五十时才考上进士。我是康熙二十四年的进士，而史大人早在康熙二十一年就考中二甲第一名进士了，不就是前辈了吗？再说史大人现在是翰林院侍读学士，从四品，我只是司经局洗马，从五品，不是晚辈吗？”一席话说得大家都笑了。郑侍御见大家都这么欢乐，随即招呼大家进宴会厅坐下。

大家进得宴会厅，按郑侍御排定的席次就座。酒菜上桌，首先由郑侍御举杯对史夔与夫人的光临表示欢迎，同时对大家的到来表示感谢，说着就一饮而尽，然后把酒杯亮个底朝天，放下。大家也都跟着一饮而尽，同样把酒杯亮个底朝天后放下。接着史夔起立，对郑侍御的热诚款待与大家的热烈欢迎表示衷心感谢，举着酒杯向大家一一致意，然后一饮而尽。大家也都跟着一饮而尽。接着大家一一向史夔敬酒，史夔也一一回敬。随后大家互相敬酒，你一杯我一杯，杯盏相碰，叮当作响，好不热闹，一桌酒直喝到两个多时辰以后，才欢畅尽兴。

这时许承家起立发话说：“明天我做东，宴请史大人与夫人、少公子，请大家作陪，一个都不能少。”大家齐声说：“敢不从命？一定奉陪。”只是史夔有些歉意，连连说：“如此太叨扰了。”众人齐说：

"请都请不来呢,何来叨扰之说!"大家又相互客气了一番,然后众人纷纷告退。待众人离开后,史夔也率夫人小孩告别郑侍御,回到驿馆。

第二天早晨,史夔与夫人、小孩才起身漱洗完毕,驿丞即前来禀报,说有位许老爷前来请大人前往用餐。史夔急忙来到前厅,一看原来是许昌龄,急忙上前打招呼:"许兄早安。"

"史大人早安。"许昌龄连忙回应,接着又说,"家父请大人与夫人、公子过去用早餐。马车已经备好,在外面候着呢。"

史夔随即回客舍,唤彭氏和贻直出来见过许昌龄,互道早安,贻直还单腿下跪行了个大礼,说:"许伯伯早安。"惹得许昌龄连忙抱起,还热情地亲了他一下。

大家坐上马车,车夫在前面赶车,不一会儿就到了许府。这时许承家早已在门前迎候。史夔下得车来,赶忙上前拱手道安。彭氏也行礼说:"许大人早安。"贻直紧跟着上前单膝一跪,说:"爷爷早安。"乐得许承家连忙把他扶起,摸着他的小脑袋,甚是喜爱。随后许承家把大家迎进大厅。

这时许家一家老小已在大厅迎候,见史夔进来,连忙起身迎接,相互行礼道安,礼毕坐下。许承家起立向全家介绍说:"这是溧阳史大人,翰林院的同僚。史大人是溧阳世家,上代从前朝开始即世代为官。史大人更是年轻有为,二十一岁就考上进士,三十岁不到就当上了侍读学士。今天能请到,真是蓬荜生辉呀。"

史夔也随即起立,拱手谦让道:"许老过奖了,晚辈愧不敢当,今天到此叨扰了。"夫人彭氏也拉着贻直一起行礼,客套了一番。

经过一阵寒暄之后,许承家说:"那就请先用早餐吧。"说着就把大家引进餐厅坐下,然后对史夔说:"今天早上请你们吃个便餐,富春包子。昨天晚上就订好了,今天一早就送来,现在还是热的呢。”接着他向史夔和彭氏介绍说:“富春包子是我们扬州的招牌,这家店的包子尤其出众,前明时代就已有名气,至今已一百多年了。它的特点是皮薄,馅料新鲜,配料合理,制作精致,味道鲜美。品种有蟹黄的、三丁的、青菜开洋的、汤包……还有蒸饺子、煮干丝等等,史大人、史夫人,来,请各样先尝一个。”

史夔和夫人说声“谢谢”,然后两人各自夹了个蟹黄的尝了一口,点头称道:“不错,不错,具有浓郁的螃蟹鲜味,的确很好。”

史贻直旁边刚好坐着许昌龄的大女儿。平时许家从来没有小孩进来玩过,都是大人们来做客,商议事情。他们小孩插不上嘴,感觉很没有意思,今天第一次看到有小孩来,而且是个小男孩。因为他们家没有男孩,只有她和妹妹两个女孩,今天见到了男孩,感到很新鲜,见爷爷许承家说完,就急忙夹了一个蟹黄包子给小贻直,以示对客人的热忱欢迎。贻直随即说了声“谢谢”,就夹起包子吃了起来。待史贻直吃完,小女孩用扬州话问道:“好吃吗?”贻直连忙说“好吃,好吃”。听贻直说好吃,她接着又夹了个汤包给贻直,并教贻直说:“这个要对着口子慢慢吸,里面的汤可鲜呢!不过要当心,里面的汤很烫,不要烫着。”然后她自己也夹了一个对着口子吸了起来,做给贻直看,教贻直怎么吃。史贻直看了一下,也照着她的样子吃了起来。

两人吃完后,许昌龄女儿问贻直:“你叫什么名字?今年几岁了?”史贻直答道:“我叫史贻直,今年十岁了。”说完反问道:“那你呢?”“我叫许学孟,就是学习孟光的意思,今年九岁。这是我妹妹,名叫学兰,就是学习花木兰的意思,今年七岁。那我们都喊你哥哥了。”“那我就喊你们妹妹吧。”大人们见几个小孩如此地友好,说话投契,觉得十分有趣,也不打扰他们,随他们去。

用过早餐,许学孟对贻直说:“走,我们到花园里去玩,花园里的花可多了。”说着就拉着贻直的手往厅外走，许学孟的妹妹也跟着一起往外走。彭氏见儿子跟着女孩往厅外跑，急忙喊住史贻直："贻直，不要到处乱跑。"

“不要紧，他们不会到大街上去的，丢不掉。小孩子嘛，随他们去。”许承家说着，就领大家到客厅叙谈。

许学孟领着史贻直和她妹妹，转过大厅之后，就来到后花园。史贻直一看，“哇”的一声，说：“好大的一个大花园啊！”

原来许家是盐商世家，累代经销食盐，以巨款向政府换取经销食盐的凭证——盐引，然后到盐城、大丰地区兑取食盐，运至安徽、江西、两湖地区销售，遂成巨富，营造花园豪宅。

许学孟听到贻直夸赞，便问道：“你们家有花园吗？”

贻直回道：“我家没有，我父亲在京城做官，薪俸不高。我和我大哥与我母亲，在溧阳老家，没人搞花园。不过我二叔家有个花园，叫作红泉书屋，我与我大哥进去看过，有花圃、金鱼池、假山、桂花林和红泉井，不过没有你们家的大。”

三个小孩说着说着就来到了花圃，小学孟指着左右花圃里的花一一向贻直介绍说：“这是牡丹，那是芍药，这边是月季花，那边是蔷薇花，再那边是茶花，茶花那面是杜鹃花……”小学孟一连向贻直介绍了十几种花。说着说着就来到了金鱼池，金鱼池中有大大小小红色的金鱼，金色的鲤鱼，小金鱼大都是一群群，集群游荡，鲤鱼，尤其是大鲤鱼，都是单个或两三尾一起游动。这时，一条金色大鲤鱼看到有人走来，以为是来喂食的了，立即游来。学孟见了大鲤鱼，便捡起一根树枝敲了它一下。鲤鱼受惊，突然跃起蹿了出来，跌落在泥地上跳个不停，学孟姐妹俩吓得直往后退。贻直一看，立即上前用两只小手按住鲤鱼，待鲤鱼不能跳动时，即用两手抓住鲤鱼头，提起往鱼池里一丢。鲤鱼到了水里，一下就游走了。

学孟姐妹俩见到这一幕，惊呆了，莫不佩服贻直，觉得贻直真了不起，既勇敢，又聪明，有办法。她们不知道贻直是在乡下长大的，与小孩子们一起，下河游泳，捞鱼摸虾，习惯了。

正当孩子们在花园里玩得开心时，许承家昨天邀约的朋友们都到齐了。许承家便起立说："我们今天中午，就把酒桌摆到瘦西湖去，我们先慢慢走去，边走边聊，走到那里得一个多时辰，也快到早中饭的时候了，大家坐下点菜，等酒菜上桌，也已中午时分了。大家便边喝边聊，时间就比较宽裕。下午再游玩一会儿，怎么样？"

大家齐声说："好！"说着就起身要走。就在这时，史夔夫人彭氏和许昌龄夫人同时发现三个小孩不见了。史夫人说："贻直呢？"许昌龄夫人也说："学孟姐妹俩呢？"两人几乎是异口同声。

"哦！刚才我来的时候，我见他们三个小孩到后花园去了。"郑侍御说。

"赶快把他们找来，就说要到瘦西湖去玩了。"许承家吩咐家人说，家人立即到后花园把他们找来。三个小孩听说要到瘦西湖去玩，就一溜烟地跑来了。

许学孟跑到母亲身边说："母亲，贻直哥哥真勇敢，刚才我们在金鱼池边看金鱼，一条大鲤鱼突然蹿出鱼池子，我同妹妹吓了一跳，贻直哥哥上前一下子按住了它，然后两手抓起鲤鱼往水里一扔，鲤鱼游走了。"

许昌龄夫人说："真的吗？"

学兰说："真的！"

这时，许承家见三个小孩都来了，便说："人都齐了，我们就去瘦西湖翠竹轩吧。"说着大家便一齐出发，顺着大街向东走去，边走边聊，不多时候便到了瘦西湖。

进得园区，小学孟看到杜鹃花上停着一只蜻蜓，便去抓。贻直见了忙说："你动作响声太大，这样你没有到那里，蜻蜓就被你吓跑了。你回来，我帮你抓。"学孟听了就停了下来。贻直便弓着腰，蹑手蹑脚地走到杜鹃花边，突然小手一伸，抓住了蜻蜓，然后两个手指夹住蜻蜓的翅膀，正要交给学孟，学兰急忙跳着说："我要，我要嘛。"

贻直听了对学孟说："那就给学兰吧，学兰小。"

学孟听了，笑着点点头。贻直随即就把蜻蜓给了小学兰。学兰接过贻直递过来的蜻蜓，开心地说了声："谢谢贻直哥哥。"

昌龄夫人看着这一幕十分喜爱，激动得眼泪都快要流出来了，一把拉过贻直，搂在自己怀里，抚摸着他的小脑袋，说："我的儿，小乖乖，你怎么这么可爱呀！"

这一切都被郑侍御看在眼里，用手碰了一下许承家说："看看你家昌岭媳妇和你家孙女。"

许承家没有领会郑侍御此话的意思，以为说他儿媳妇喜欢男孩，就说："昌龄媳妇原先怀的第三胎是个男孩，可惜流产了，后来就再也无法怀上了，所以她特别喜欢男孩。"

郑侍御说："这个我知道，我说的不是这个意思。我说你们家学孟和你家媳妇都那么喜欢史夔家贻直，就干脆结个儿女亲家，那该多好。"

许承家说："这我当然是赞同的，但不知史大人他们夫妇的意下如何呀？"

郑侍御说："这个当然不能让你去说，自然还是我去说啰。"说完他就走到史夔身旁，悄悄地对史夔说："你看你们家贻直，与昌龄家女儿学孟和昌龄媳妇，关系多融洽，何不结个儿女亲家！"

史夔说："这可以呀！但不知许承老和昌龄兄意下如何？"

郑侍御说："我刚才与许承家说了，他深表赞同。如果你同意，等会儿饭后，小孩子们都出去玩了，我再提出来，你们两家合计一下怎么样？”史夔点头称是。

不一会儿就到了翠竹轩，许承家找了一张临湖的干净桌子坐下，郑侍御与史夔分别坐在许承家两侧，两位夫人和小孩坐在下首，其他陪客随便就座。

许承家这天特别高兴，点的菜几乎都是长江鱼类，特别丰盛。有：清蒸鲥鱼、香酥刀鱼、炸河豚块、红烧鮰鱼、叉烧鳜鱼、将军过桥、霸王别姬、鸭包鱼翅、响油鳝糊、蟹粉狮子头、拆烧鲢鱼头、清蒸白鱼、琵琶对虾，等等。关于酒，许承家说：“昨天在郑侍老家喝的是洋河大曲，我们今天换换口味，喝高邮酒。”

方欧山说：“好，高邮酒好。”

郭元釪随即吟道：“驿路长亭复短亭，柳花漠漠昼冥冥。人归冀北衣原素，山到江南眼更青。雨过夕阳看度鸟，风来远浦数扬舲。开樽且酌高邮酒，不共灵均叹独醒。”

史夔在一旁拍手叫好，说：“好，这是顾绍敏的一首《渡江》诗，妙极！妙极！”

许承家说：“我们淮扬地区属于淮河流域，淮河水适宜酿酒，所以我们淮扬地区酒很多。洋河镇有洋河酒，高沟镇有高沟酒，汤沟镇有汤沟酒，宿迁有宿迁酒，高邮有高邮酒，宝应有五琼浆，等等。”

许承家正说着，小二已把菜一一端上桌子。等菜上齐，除了妇女儿童，小二给每人斟上满满一杯。这次是许承家做东，他首先向史夔敬酒，大家陪敬。然后史夔答谢，向许承家敬酒。接着大家也一一向史夔敬酒，史夔则一一向众位答谢，互相敬酒。当大家碰杯敬酒时，小孩子们只顾吃，而且这次坐的位置也特别巧，史贻直没有坐在他母亲身边，而是坐在昌龄夫人和学孟之间。学孟不停地给贻直夹菜，这些菜许多都是贻直从来没有见过的，所以学孟夹来他就吃。不一会儿，三个小孩都吃饱了，他们可不顾大人们喝酒了，又一溜烟地出去玩他们的了。

待孩子们走后，郑侍御对许承家和史夔说："你们两家不但大人有缘，连小孩都有缘，你们看这三个小孩一起玩得多投契。"然后他看了看许承家和史夔，接着说："我有个建议，既然你们两家大人小孩都那么投契，干脆就结成儿女亲家吧。你们看怎么样？"

郑侍御话音刚落，顾书宣连说："好，好，好，你这个提议好极了。"其他陪客也都一齐说好，并热烈鼓起掌来。

郑侍御立即阻止大家鼓掌，说："人家当事人还没有表态呢，你们起什么哄啊！"然后他转过脸对许承家说："溧阳史大人家可是世代官宦人家，溧阳有名的大姓哦。"随后又转过脸对史夔说："许家也是安徽歙县大户人家，前朝就到扬州经商，后来发了财，在经商的同时努力学文，前朝就出了几名举人，本朝承家和迎年父子都是进士，昌龄是监生，将来考个举人进士也不成问题，怎么样？"

"您老保媒，敢不从命？"许承家首先表态。

史夔看了看夫人，然后回道："就依您老人家的意见。"

"那昌龄夫妇和史夫人呢？"郑侍御分别向三人看了看说。

"家父都表了态，我还有意见吗？"许昌龄说道。

史夫人彭氏说："我依我家老爷的意见。"

昌龄媳妇也说："我也依我家公公和老爷的意见。"

郑侍御说："那成，大家都同意，就这么定了。你们两家结了亲，以后我就有酒喝了。"

于是大家一起拍手称好。郭元釪朗诵道："许史世家外亲贵，宫锦千端买沉醉。铜驼酒熟烘明胶，古堤大柳烟中翠。桂开客花名郑袖，入洛闻香鼎门口。先将芍药献妆台，后解黄金大如斗……"

正当郭元釪兴致勃勃地往下朗诵时，史夔打住了他，说："郭兄，你读的这首李贺《许公子郑姬歌》太长了，把大家的酒兴都扫了。不过这诗的第一句‘许史世家外亲贵’，倒有一个典故。在西汉中期汉宣帝的时候，我们许、史两家都是汉宣帝的外戚。‘许’指汉宣帝许皇后的娘家，‘史’指汉宣帝的外祖史家。在西汉武帝时，我们史家有一位老姑奶奶嫁给了汉武帝的卫太子，称为‘史良娣’，生了史皇孙。史皇孙生了皇曾孙。这皇曾孙就是后来的汉宣帝。汉武帝后期由于奸臣作祟，出了个巫蛊案，汉武帝的卫皇后、卫太子、史良娣、史皇孙等通通遇害。只有皇曾孙当时刚刚出生数月，被负责处理此案的廷尉右监丙吉保留了下来，偷偷地把他养在郡邸狱中。后来汉武帝发现此案为奸臣作祟，便平反昭雪，赦免了皇曾孙。但当时皇曾孙只有五岁，无处安顿，丙吉就把他送到史良娣的哥哥史恭家。史恭就把他养大教育成人，娶妻许氏，成家立业。后来汉昭帝死后无嗣，皇曾孙就继承皇位为汉宣帝，封许氏为皇后。为感谢史家对他的教养之恩，追封已故的史恭为杜陵侯，史恭的三个儿子史高、史曾、史玄分别封为乐陵侯、将陵侯、平台侯。我们溧阳史家就是平台侯的后裔。这些《汉书》上都有记载。这就是这首诗第一句的典故。所以我们许、史两家西汉时就是姻亲了。”

顾书宣听了鼓掌说：“现在我们为许、史两家再结姻亲而鼓掌，干杯！”

于是大家热烈鼓掌，端起酒杯一饮而尽。

最后许承家说：“不过，这两天别告诉两个小孩，让他们在一起好好玩，待贻直他们离开后，再告诉他们。”众人也都拍手叫好。就这样，一段美满的姻缘，从此天合而成。

三　名师指点　一鸣惊人

自从史夔与许昌龄结成儿女亲家以后，两家的关系更加亲密。于是史夔在众人的邀约下，又在扬州待了两天，游览了大明寺平山堂、红桥和琼花观。学孟姐妹与贻直一连玩了三天，更是形影不离，两小无猜。由于已经定了亲，大人们也不管他们了，让他们一起在大明寺里捉迷藏，登栖灵塔远眺。当攀到栖灵塔第五层时，学兰没劲攀不动了，贻直就拉着学孟继续向上攀，攀到第七层时学孟也没劲了，贻直硬是把她拉到了第九层。闲暇的时候，两人就坐下来交流学习心得，谈诗论画。贻直会写诗对联语，就教学孟怎样写诗对联语，学孟会画画刺绣，就教贻直怎样画画刺绣。第四天，史夔的假期将要结束，不得不告别扬州的朋友们，继续北上进京。这时学孟与贻直已依依不舍，舍不得贻直离开，她拉着爷爷许承家的手，撒娇说："爷爷，不要让贻直他们离开嘛，把他留下来，我们一起读书学习，画画刺绣。"

许承家抚摸着学孟的小脑袋瓜，笑呵呵地说："小傻瓜，贻直他爸在京城做官，有职务在身，怎能不回去呢？再说，贻直是个男孩儿，男孩儿有更大的抱负，将来长大了要做大事，怎能整天和你们女孩儿在一起呢？他回去要读书，将来还要考举人进士，和爷爷一样,要做官,为国家出力办大事。而且,你们也一天天长大了,小孩子长大后,要男女有别,男孩子不能成天和女孩子混在一起,你懂吗?”说得学孟把小嘴一噘不作声了。

这时小学孟好像想起了什么,突然扭头跑回自己房间,拿出她前些日刚刚绣好的一幅荷花,跑到史贻直面前,塞给了贻直。贻直打开一看,原来是一幅荷花刺绣,随即两手端好给他父亲看。史夔看了一眼说:“很好,收下。”贻直即收起刺绣,说声“谢谢”,然后两家拱手互道珍重,挥手作别。

史夔一家三口回到水驿,告别驿丞,上得船来,吩咐开船,不几天就到了京师,依然在史家胡同大院老宅住下。第二天史夔即赴翰林院上班销假,彭氏则在家督促史贻直读书学习。如此一连几天,史夔白天上班,交代好史贻直的学习任务,晚上回来,检查史贻直的学习作业。彭氏在家料理家务,督责史贻直学习。直到后来有一天,史夔下班回家吃过晚饭,兴冲冲地对彭氏说:“我今天上班进宫时,路上遇见了礼部钱大人。钱大人原是翰林院的掌院学士,我们的顶头上司,又是江苏无锡人,与我们也算是同乡。而且,这个钱大人为人厚道,没有架子,在翰林院时对我们这些下属就很体贴,平时也无话不说。后来升任礼部侍郎,就很少见面了。今天一早见面,他把我拉到旁边,非要我与他讲讲翰林院的事情,我就对他讲了一些我们翰林院的近况。讲着讲着,不知怎么就讲到小孩子的读书问题上了,我就把我们贻直的读书问题提了出来。你道他说什么?”

彭氏看了他一眼说道:“我怎么知道他说什么呀?这要你说呀!”

“他说到他家去读呀,他们家请了一位名师,姓徐,杭州钱塘人,进士出身,原来是松江府学教授,因为得罪了两江总督噶礼,被参革职了，在江阴南菁书院任山长。他知道后，就请来家坐馆，教他家的三个儿子读书。钱大人说：‘这位先生学问很好，写了不少诗词，还有专著，就是脾气不好，看不起颟顸无知的上司，还好骂人。不过我们很尊重他，我们家小孩也都很尊敬他，所以与我们一家相处得很好，对小孩的教学很上心。你们家贻直不行的话，就到我家来，跟这位徐先生读好了。我们家三个孩子都大了，老大二十，老二十八，老三也十五岁了，都懂事，不会欺负你家贻直的。’”史夔一口气讲了下来。

“那要多少束脩呢？”彭氏急忙问道。

“我问了。钱大人一听说要交钱的事，他就急了，说：‘我同你讲又不是为了钱，看在你人好，是个做学问的，又是同乡，怎么还要钱呢？徐先生一年的束脩我们已经付了，你家贻直来不来我家都一样，我家照样付钱，反正我家不会向你们家要钱。’至于先生那里要不要钱，他讲他与先生说说，看先生的意见怎么样。”史夔停了停又说道，“钱大人家离我们不远，就在前面那个胡同，往前走一会儿就到，早晨上学，晚上放学回家都方便。”

史夔第二天回来一进家门，就对夫人说：“今天上朝一见面，钱大人就对我说，他问了徐先生，徐先生说钱倒是不要，要看我们家小孩能不能造就，要是小孩聪敏，有出息，能造就，他一分钱不要就收下，要是小孩不聪敏，再多的钱他也不会收。”史夔停下喝了口茶，接着说道：“钱大人说，先生说了，他教三个孩子也是教，四个孩子也一样教，不肯收钱。我们家贻直聪敏伶俐，肯定没有问题的。”

“那什么时候把贻直送去上学呢？”夫人彭氏急切地问道。

“这样吧，明天晚上我们把钱大人和徐先生请来家吃顿饭，吃饭的时候，让我们贻直与他接触接触，看他肯不肯收，要是肯收的话，饭后就举行贻直拜师礼仪，看先生吩咐，什么时候去上学。这样，明天你在家好好做好准备。”史夔与夫人就这么商量定了，同时嘱咐贻直做好准备，说：“先生来了要有礼貌，守规矩，但是也要出趟，不要拘泥呆板。”

第二天上朝时，史夔与钱大人约好，下午提前去请徐先生。下午史夔先回家看夫人有没有把酒菜准备好，一看夫人把什么都准备好了，就来到钱大人家，与钱大人一起去请徐先生赴宴。

两人来到徐先生的书斋，钱大人把两人分别向对方作了介绍后，史夔首先抱拳作拱，刚开口说“久仰”，徐先生即还礼抢先说道：“史大人的大作《东祀草》，早已拜读，好诗啊好诗，听说史大人还写了《三朝国史》，现在正在编《康熙字典》，这可都是大著作，不是大学问家是写不出来的，能结交史大人这样的朋友，真是三生有幸。”

史夔一听，感觉这位先生真是快言快语，性格豪爽，于是他也不客气了，直接把要求与希望和盘托出，说：“既然如此，那无需多言，就是家有犬子一名，今年十岁，性情顽劣，原本在乡下老家读书，已经读了四书五经，我怕放在乡下没人管教，耽误前程，就把他带回京师来了，听钱大人说先生在此坐西席，就想拜在先生门下。”

“我知道，钱大人已同我说了，没问题，先见识见识您家少公子吧。”徐先生满口应承。

史夔当即邀请钱大人和徐先生一起来家。彭氏见过了钱大人和徐先生，就喊道：“贻直快来，拜见钱大人和徐先生。”

史贻直正在书房里读书，听到母亲呼喊，便应声走出书斋，见到二位，还不知哪位是钱大人，哪位是徐先生，就先给二位每人磕了个头，道声“伯父大人好”。

史夔又分别向贻直介绍说：“这位是钱大人，这位是徐先生。”于是史贻直重新分别给两位行了大礼。徐先生一看史贻直眼里透着灵气，长得十分秀气，举止稳重端庄，就觉得可以造就，不经意间就透露出喜爱之情，连说“不错不错”。

史夔见先生夸奖，就急切地说道：“那徐先生您老同意收下了，就请办个拜师大礼吧。”当史夔说这话的时候，彭氏在一旁拉了他一下衣服，示意他说得太急了。

钱大人在一旁也笑着说：“饭还没有吃，就要拜师啦，你真是个急性子。”

徐先生打了个圆场，说：“这样吧，明天上午到学塾去举行拜师礼，那儿有孔夫子像，当着孔夫子像举行拜师大礼，比较正规。”

史夔和夫人都觉得徐先生说得对，就决定按照徐先生的意思办。于是，史夔就请二位移座餐厅。彭氏摆出了一桌丰盛的酒菜，史贻直首先给钱大人和徐先生斟上了满满一杯酒，然后也给父亲斟上一杯。史夔即举起酒杯说：“今天有幸请到钱大人和徐先生，真是三生有幸，蓬荜生辉，在此首先向二位敬上一杯，以表诚意。我先干，二位随意。”史夔说着，举杯一饮而尽，把酒杯向下亮个底。钱大人与徐先生也都举起酒杯说声“谢谢”，然后各自一饮而尽。钱大人与徐先生也分别向史夔和夫人彭氏作了回敬，以示礼貌。因为这是家宴，三位又都是做学问的人，随后大家便随意，相互把盏，举杯互敬，边喝边谈一些学问上的事，越谈越投机。史贻直则不停地给大家斟酒，给钱大人和徐先生夹菜，不知不觉便足足吃了两个时辰，直到戌时，酒足饭饱，方才散席。

第二天，史夔一家早早地起来，吃过早饭，彭氏把史贻直穿戴整齐，把小辫子编好垂在脑后，拉到一旁叮咛道：“在学堂里要听先生的话，尊敬钱大人家的三位哥哥，不可打闹顽皮……”然后史贻直背上书包，跟着他父亲来到钱家，通报进去，钱大人把他们迎进去，引到学塾。史贻直见到徐先生，立即下跪，磕了个响头，说：“先生好！”徐先生连说“好好”，就一把扶起贻直，与史夔互相拱手致意，要把钱大人和史夔迎进学塾。史夔和钱大人都推辞说："我们就不进去了，就站在外面看看吧。"

徐先生见史夔和钱大人不肯进去，就拉着史贻直进了学塾。这时钱家的三位公子已经上了学，各就各位。徐先生拉着史贻直向钱家的三位公子说："从今天起，我们学堂又要增加一位学子了，就是翰林院史大人家的这位少公子，他叫史贻直。"随后他又向史贻直分别介绍了钱家三位公子，他们的排行和名字。

史贻直听了，随即举起小手向钱家三位公子一一作拱，并分别鞠了一躬说："大师兄好，二师兄好，三师兄好。小弟贻直前来叨扰了，请三位钱兄多多赐教包涵。"钱家三位公子也彬彬有礼地还礼，齐声说："欢迎史公子到来，加入我等行列。"

史夔在外面看着徐先生处事有方，钱家三位公子彬彬有礼，温文尔雅，深感徐先生教导有方，钱大人家家教严厉，不觉对徐先生和钱大人肃然起敬，然后与钱大人一起看着里面举行拜师仪式。

与钱家兄弟鞠躬行礼后，史贻直也打量了一下这学塾书房。这是一座四合院的西屋，三间六架梁，中间一间迎面西墙挂着一幅孔夫子的像，靠墙一张长形供桌，上面陈列有供果、香炉、烛台。供桌前是一张方桌，右边放着一张座椅，史贻直心想，这应该是先生的讲席了。前面左右前后摆着四张书桌，四张靠椅，钱家兄弟分别坐在三张书桌后，前面左边一张书桌空着，史贻直自忖，这应该就是他自己的课桌了。北面一间用木板隔开，这大概是先生的卧室。南面一间排列有好多书柜，里面都摆满了书。

史贻直刚扫视了这学塾，就听到先生说："现在开始举行拜师仪式。"先生话音一落，钱家大公子就上前点亮供桌上的蜡烛，抽出三支香在蜡烛上点着了，交到史贻直手里。贻直暗思道："以后他就是大师兄了。"同时双手接过燃香，上前踮起脚跟插入香炉，向孔夫子像磕了三个头，然后又转身向先生磕了三个响头。这时钱家大公子又泡好了一碗茶，放在桌上。史贻直伶俐地端起茶碗，上前一步端到先生面前，恭恭敬敬地说："请先生用茶。"徐先生接过茶碗喝了一口，然后放回方桌上。

史贻直见先生喝过了茶，就意味着师生名分已定，向先生鞠了个躬，即转身向钱家三位公子一一鞠躬，分别称呼"大师兄好！""二师兄好！""三师兄好！"

这时，徐先生吩咐道："好了，拜师礼毕，坐到你自己的位置上去吧。"史贻直听了，随即坐到空着的那张书桌旁。

随后徐先生对着外面史夔说道："好了，史大人请放心吧。"史夔向着徐先生举手一拱说："那就有劳先生了。"说完即转身与钱大人一起离开，进宫上朝去了。

史夔傍晚下班回家不久，史贻直也背着书包回家了。史夔见到史贻直，还没有等到史贻直喊自己"父亲大人"，就迫不及待地问："今天感觉怎么样？"

史贻直还是先喊了一声"父亲大人"，然后就汇报了白天在学塾的学习情况，说："今天是第一天，先讲经，先生从四书五经讲到董仲舒《春秋繁露》、古文经书郑玄注疏，以及程颐、程颢、朱熹，最后讲到陆王心学，简要地介绍了儒家思想学术发展的历史。先生说，今天先讲一下总论，以后再一点一点分别论述。今天先生讲的，许多都是我从来没有听说过的，这位先生真了不得。"

史夔说："那你得好好学哦，最好是先生讲的时候，你边听边做些记录，回来后根据记录，重新温习一下，这样才能收到好的学习效果。"

史贻直说："父亲说的是，以后我都做好记录，回家再好好温习。"

史贻直第一天的学习就这样过去了。以后徐先生又把《论语》《孟子》,直到《春秋繁露》,今文经学、古文经学、程颐、程颢、朱熹、陆九渊、王阳明等等,逐一细细论述讲解,并从经学讲到史学,从《春秋》左氏、穀梁、公羊三家传,讲到《史记》等二十二史、《资治通鉴》。诗词学从《诗经》讲到汉赋、唐诗、宋词。文,从《昭明文选》讲到韩愈、柳宗元、曾巩、王安石、苏洵、苏轼、苏辙、欧阳修,明朝的前后七子、公安派,后来还专门给他们讲述了八股时文,教他们怎样写八股文。徐先生说:“八股时文是以四书内容为题目的议论文,它的特点是必须以圣人的口气发表观点见解,亦即代圣人立言。文章的规格、段落和字数也都有严格的规定,分破题、承题、起讲、入手、起股、中股、后股、束股等路数来写。文意要植根于题目,讲事要像对策一样回答问题,讲述理论要像写论文一样,运用典故如写赋一样渊博,平仄格律要如诗一般严格。所以八股文是很难写的。”徐先生还发了数十篇范文,给大家模仿。然后他说道:“八股时文是一种很不好的文体,我本人是很不喜欢的。但这是科举考试所规定了的文体,所以大家还是必须学会,并且要写好。”

在徐先生的教导之下,史贻直的学业大有长进,经、史、子、集基本都能通晓,运用自如,而且写得一手好八股时文。就这样,史贻直跟着徐先生一连读了六七年书。到第七年年底,徐先生对着四位学生说:“我要教你们的,已全部讲完,明后两年就是大比之年,明年秋,各省将举行乡试。后年春,举行全国会试。我教给你们的这些内容,只要你们好好领会,运用自如,考个举人进士是不成问题的。从现在起到明年八月举行乡试,还有半年多时间,你们在家好好地把我所教的内容梳理一下,变成你们自己的学问,然后就满怀信心地参加明年的乡试、后年的会试吧。我等着你们的好消息。明天你们就不必来上学了。”说完，徐先生就转身到自己的卧室里去了。

史贻直和钱家三兄弟面面相觑，默默地停了几分钟，然后对着卧室里的徐先生一起跪下，喊道：“徐先生再见，学生们告退了。”说完大家都一步一回头，恋恋不舍地走出学塾。钱家三兄弟都各自回自己的房间去了。史贻直则走出钱家，回自己的家，继续温习自学。据说徐先生离开钱家以后，则游览全国各名山巨川，不知去向了。

史贻直散学后不几天，就是康熙三十八年(1699)的春节了，这是举行乡试考举人的年份，一过完春节，史贻直就努力学习，积极备考。史夔见他那么认真的架势，知道他的心思，就对他说：“你还小，尚未成人，今年你不要参加乡试，让你三位叔父和你哥贻简赴试。他们都是大人了。”史贻直执意不从。五月，史夔被任命为浙江乡试正考官，不久就到杭州主持乡试去了。

史夔走后，史贻直就对他母亲死缠硬磨，要求报名参加考试。他母亲还是不同意，说：“你父亲临行前没有留钱，我又没钱，无钱交报名费，买考试文具，怎么赴试？”

这时史贻直做了个鬼脸，一抬手把他母亲头上的金钗给拔下了。原来史贻直这时长得比他母亲高多了，一抬手就轻而易举地把他母亲头上的金钗弄到手了。他手拿金钗一举说：“只要这个，一切考试费用都够了。”

他母亲无奈地点点头，说：“好，好，好，就依你吧。”

就在这时，家人来通报说，史贻直三叔史随来了。彭氏赶忙出来，把史随迎进客厅上茶，然后询问了老家家人们的情况，说：“婆母老了，身体怎样？二叔、小叔呢，他们怎么不来？你来了，怎么不把我家贻简带来？”这样问了一连串的问题。

史随说:“母亲的身体很好,硬朗着呢!她跟着小弟他们一起过,还能帮他们家做好多事呢!”他说着停下喝了口茶,继续说道:“大嫂,我这次是来参加顺天乡试的。二哥、小弟和贻简他们都到江宁去参加江宁的江南乡试了。我不想与大家拥在一起,所以就跑到京师来参加顺天乡试了。”

彭氏听说史贻简也参加江宁的江南乡试了,心里不知有多高兴,自言自语道:“对了,贻简已经二十岁了,是该参加乡试了。”想到这里她暗自思忖:“我也已三十九岁,快老了,难怪贻直闹着要去参加顺天乡试,就让他们都去考吧。”

这时,史随得知史贻直也要参加顺天乡试,心里十分高兴,心想自己终于有一个伙伴了。于是第二天,史随、史贻直叔侄二人,就一起去顺天府衙报了名。

八月初八,考试的前一天史贻直与史随,还有钱家三兄弟,结伴早早地来到贡院考棚,正要进去,被站岗的两位军爷给拦住了,其中一位上前说道:“哎,这是贡院考棚,不是闹着玩的地方,小孩走开。”

钱家老大,一则年龄较大,又是在京城长大的,而且是官宦子弟,胆子大,很生气地推开那位军爷说:“欸,欸,您说谁啦?谁同您闹着玩啦?”

那位军爷接着说道:“你们大人考试可以进去,小孩不能带进去。”

钱家老二说:“谁是小孩?你看我们谁是小孩?”

那位军爷指着史贻直说:“他不是小孩吗?”

钱家老大这才明白是军爷误会了,笑着说:“军爷,您别小看我们这位少公子,他年龄小,学问可大啰。今天他也是来应试的,不是来玩的。”

那位军爷听了，带着惊奇的神情，用手拍着自己的脑门，一副不可思议的样子。这一切都被门里一位官员看到了，立即走过来问："发生了什么事情？"钱家老大就把事情发生的经过，向那位官员作了说明。那官员说："对，名册上有位叫史贻直的史公子，敢情就是您啊！请进！请进！"说着他用手往里一摆。史随、史贻直和钱家三兄弟都一起进去了。

史随、史贻直他们刚进门，又听到刚才拦阻他们，不让他们进来的那位军爷，与人打招呼说："这次您老又来啦？"接着是一位老者的声音说："怎么？您不欢迎啊？"他们回头一看，原来是一位发辫、须眉雪白的老者，弓腰拄着一根拐棍，旁边一位少年提着灯笼，搀扶着老者，在与那位军爷交谈，灯笼上写着"百岁观场"四字。

史随他们感到惊奇，就问那位官员说："那位老者也是来应试的吗？"

那官员说："是，是。那老者叫黄章，广东人，今年整整一百岁了，也是来应试的。他已经来考了一二十次了，这十来年每次都来，可每次都考不上，仍然坚持，精神可嘉。那提灯笼的少年是他的重孙子了。"

史随他们听了，都肃然起敬，感到值得学习。随后他们便各自去找自己的考棚，进去休息了。

第二天，八月初九开考。头场是四书题，试卷发下后，史贻直打开一看，试题是"'君子食无'一节，'载华岳而'三句，'孔子曰大'二段"，这些他都背得滚瓜烂熟，老师也都讲过，于是奋笔疾书，一挥而就。而后八月十二日以《孝经》为主要内容的考论和判五道题，八月十五日以经、史、时务为主要内容的策论五道题，他也都考得不错。因此他信心满满的，出来与史随一起回家了。到发榜的那天，他与史随叔侄两人跑去一看，史贻直果然榜上有名，排在第二十五名，可他三叔史随连看几遍都没有看到自己的名字。同时钱家老大、老二也都榜上有名。这时史贻直既为自己得中举人而高兴，亦为他三叔名落孙山而惋惜，只好安慰他三叔说："三叔，没关系，下次再来，别泄气！"

然而好事多磨，这次顺天乡试刚一张榜公布，就有人散发揭帖，说这次顺天乡试主考官李蟠收受贿赂，有人公然夹带，还有人雇佣枪手代考。监察御史鹿祐得知这一情况，随即上奏，参劾主考官李蟠、副考官姜宸英。康熙帝一听龙颜大怒，立即逮捕李蟠、姜宸英，把李蟠发往新疆充军，姜宸英收监，宣布考试成绩作废，由他亲自命题重考。为了防止作弊，他宣布把考场设在皇宫大院之内，由他几个儿子和宫廷太监们监考，说："看你们还有谁敢作弊！"

于是，顺天府把这次考中的新举人召集起来，宣布了康熙帝关于这次考试成绩作废、重新考试的决定，然后把大家引进深宫大院，关在一室，发下考卷重新考试。并且果然由康熙帝的儿子和宫廷太监们监考，如临大敌。不过史贻直经过上一次考试，已有经验，待试卷发下以后，从容应试，依然奋笔疾书，顺利完成答卷。待成绩公布以后，依然榜上有名，而且成绩更好，名次反而提前了，由原来的第二十五名，上升到了第十八名，一鸣惊人。其实经过复试，除少数几名被斥革以外，绝大多数都榜上有名，说明上次考试基本上还是成功的，作弊的毕竟是少数。这时史贻直才虚龄十八岁。

史贻直考中举人以后，立即写信把这一喜讯告诉他父亲和他未来的岳父一家。他父亲得知以后，赋诗一首《口占》，以示夸奖和勉励：

口　占

垂髫何意着先鞭，且喜书香得再延。
事业千秋今日始，声名一夕满城传。
登科岂足荣乡里，稽古还须及少年。
律己贵严心欲恕，昔人明训有遗编。

他岳父许昌龄一家得知以后，更是喜不自胜，家中张灯结彩，鞭炮齐鸣。学孟得知贻直考中了举人，心里乐开了花，但很快又冷静下来，心里祝愿他继续努力，在接下来的会试中取得更大成绩，至于她爷爷许承家，更是乐得不可开交，笑得合不拢嘴，逢人便说他家找了个好孙女婿。

四　少年进士　新婚燕尔

顺天乡试复试后，就迎来了康熙三十九年(1700)的春节。大年初一，史贻直的父亲史夔主持浙江乡试结束，顺道回溧阳老家探视老母，后来也回到了京师，与他一起来的还有史贻直的二叔史普、堂伯史泓。原来史普、史泓在去年秋天的江南乡试中也都考中了举人，这次是来参加礼部会试的。史贻直见到父亲不知有多高兴，立即喊道："父亲大人！"随后迎上前去，帮着卸下父亲肩上的行李，并分别向史普、史泓行礼，说"叔父好！""伯父好！"史普拍拍史贻直的肩膀说道："七八年不见，都长这么高了，长成大小伙子了，比我还高。"史泓也说："真的，这要是在路上见到，就不认识了。"彭氏也向史普、史泓分别道贺见了礼，祝贺他们考中了举人，来参加会试。

随后史夔、史普、史泓一起坐下，史夔叫史贻直也坐下。彭氏则忙着给他们倒茶，又拿了糖果点心来招待。史夔拿了几块糖果分别塞到史泓和史普的手里，然后对史贻直说："这次你堂伯和二叔来参加下个月的礼部会试，就住在我们家，你也与堂伯、二叔一起参加这次礼部会试，就和堂伯、二叔一起温习功课。你不要以为自己很聪敏，堂伯和二叔可是有学问的，二叔的文学当年曾誉满京城国子监，这次又是江南乡试的第二名举人，你得好好向堂伯、二叔学习，不可骄傲自满。”

史普在一旁打圆场说：“贻直年轻，思想见解新颖，我们也得向贻直学习哩。”史泓也在一旁帮腔说：“是，是……”

彭氏在一旁听了连忙说：“您二位可别再夸他了，这两天他已经飘飘然，再夸，他可要飞到天上去了。”

史夔听了，瞪了史贻直一眼，说：“要让他吃点亏，跌几个跟头，要不他不长记性。”

史贻直听了他父亲一顿训斥，立即收起脸，两手下垂，正襟危坐地说道：“父亲训斥的是，孩儿以后一定改正，不再骄傲自满，好好向堂伯和二叔学习。”

这时彭氏已经把中饭预备好，对大家说道：“到中午了，吃饭吧，吃过饭再说。”于是大家一起坐到桌上吃饭去了。

经过史夔这一顿训斥，史贻直老实多了，从此每天跟着史普、史泓一起温习功课，不敢懈怠，有时讨论问题时，反应非常快，分析研究问题，见解也非常深刻。这点连史普、史泓都非常钦佩。晚上史泓与史普交谈说到史贻直时，史泓就说：“这小子真厉害，这次我们可能考不中，这小子一定能考中。”史普也说：“有这个可能，不过我希望我们大家都能考中。”

史贻直、史普、史泓三人一起温习了整整一个月，都感觉温习得差不多了。二月初八吃过中饭就来到了试院，三人入得各自的考房，安静下来。第二天一早宣布开考。这第一场依然是四书题，发下试卷一看是“‘知者不惑’一节”，“君子之道造……天地”，“圣人之于……子也”。史贻直感觉这四书题比顺天乡试考的要难多了，题量也大，不过也都是他早已读熟了的，难不倒他。这时他突然想起了父亲训斥他的那句话，“不可骄傲自满，必须细心”，于是认认真真地背诵，默写下来，答完后，又认真地复查了一遍，最后感到没有问题了才交卷。这第一场考完以后，二月十二日第二场、十五日第三场，他更有信心了，经过审题，认真构思，答起题来更加顺畅，笔下生辉，一挥而就。答完以后又认真审核了一遍，感觉没有问题，也顺利地交了卷。

考完以后，出得试院，史贻直与他堂伯、二叔三人交流了一番，觉得都考得不错，就高高兴兴地回家了。第二天，三人一起到正阳门外大栅栏去闲逛了一下，放松放松。二月十八日发榜，三人一起去看榜，结果三人都榜上有名，便高高兴兴地回家了。二月二十日举行殿试，于是他们三人又围绕殿试的问题讨论起来，大致会出什么样的题目，应该怎样回答。晚上史夔回来，也一起参加了讨论。大家围绕当时的国家大事，漕运、水利河务、盐政、赈灾等，设想了各个方面的命题，讨论了答题的方式，然后到礼部报到，由主考大臣内阁大学士熊赐履、吴琠，户部侍郎李柟，佥都御史王九龄，带领大家排着队一起进入皇宫，由康熙帝亲自命题，在殿堂当场考试。二十三日发榜，中午时分报单就送到了家，结果三人都考中了。他二叔史普二甲第十六名，堂伯史泓二甲第五十一名，史贻直三甲第一名，俗称“小传胪”。历史上称他们“父子传胪”。其实这次史贻直是考得很好的，虽不能入围一甲，但列入二甲是不成问题的。只是康熙帝吸取了去年秋天顺天乡试腐败案的教训，规定这次得中的高官子弟，概不入选一、二两甲，一律入选三甲。由于史贻直的父亲史夔是翰林院侍读学士，也已列入高官的行列，所以史贻直也只能列入三甲了，不过作为三甲第一名“小传胪”，已属不易。而史贻直当年才虚龄十九，作为一个尚未束发成年的少年，能取得如此好的成绩，历史上尚不多见，称为“少年进士”。后来大名鼎鼎的大学士张廷玉也才三甲第一百五十二名，年羹尧三甲第二百十八名。

过去科举制度，考中的进士分为三个甲次，即一甲三名，称“赐进士及第”，其中第一名称“状元”，第二名称“榜眼”，第三名称“探花”；二甲十几到数十百名不等，称“赐进士出身”，其中第一名称“传胪”；三甲数十百名到二三百名不等，称“赐同进士出身”，其中第一名称“小传胪”。

发榜以后不久，朝廷又对新进士进行了一次考试，挑选一些年纪轻，成绩和书法都比较好的，进入翰林院庶常馆学习，称为庶吉士。史贻直经过考试，也入选庶常馆为庶吉士，分发在满文班学习。

史贻直考中了进士，成为少年进士，又入选翰林院庶常馆，俗称“点翰林”。这在封建时代是无上光荣的事情，消息传到扬州，人人夸奖，都说许家找了个好女婿。许承家、许昌龄一家自然格外开心。这时许承家提议，应该趁着这大喜的日子，给史贻直和许学孟完婚，喜上加喜。史夔也十分赞同。于是史贻直即请假去扬州迎亲，为此他还专门画了一幅《玉堂归娶图》，请他的同窗好友们在上面题写诗词，据说很多人在上面题了诗词。当时的诗坛名家，被称为“江左十五子”之一的内阁中书郭元釪，快五十岁的人了，因为是扬州人，也来凑热闹，在上面题了一首七绝：“彩镫十道簇香轮，花满游缨踏路尘。似有行人传盛事，公然许史是天亲。”其中的“公然许史是天亲”一句，比喻西汉宣帝时两家最有权势的外戚，“许”“史”两家，现如今又结为了姻亲。后来史贻直的学生、乾隆时著名文学家袁枚也在上面题了一首七绝以自嘲：“愧作彭宣拜后堂，绝无衣钵继安昌。算来只有归迎事，曾学黄粱梦一场。”意思是说：我虽然也如西汉的彭宣拜张禹为师那样拜在了您的门下，可没有好好学习传承您的衣钵，把您的事业发扬光大，但是在考取进士入选庶吉士以后，就回家完婚成家，在这一点上，我们师徒两人可是薪火相传。

迎亲队伍从史家大院出发，为首的一位英俊少年，头戴宫花礼帽，身穿锦缎长衫马褂，外罩红花黑底短袄，胸前戴着一朵大红花，骑着高头大马，这就是史贻直。后面跟着一顶八抬大轿，轿顶四周缀着红绸花球。花轿后面跟着一队唢呐乐队，吹吹打打，好不热闹。最后是一队抬着挑着送聘礼的人员。迎亲队伍走出史家胡同，经过东直门，来到运河码头。史家预先雇了三艘大船在此等候。迎亲队伍上了船，史贻直依然牵着那匹高头大马，立在船头，后面停着那顶八抬大轿。后面两艘船则载着乐队和其他人员与聘礼。船家一声号令“开船”，船上即鼓乐齐鸣，鞭炮齐放，鼓乐声和鞭炮声响彻整个京城。

船队驶出京城，经过数天日夜航行，抵达扬州码头。迎亲队伍上得岸来，前面依然是史贻直骑着高头大马，后面跟着八抬大轿、唢呐乐队和其他抬着挑着的聘礼队伍，吹吹打打鱼贯而行。沿途大街居民听说翰林院少年进士前来迎亲，早早地来到街口路边一睹为快，当看到史贻直身着婚礼服装，胸戴大红花，骑着高头大马而过，莫不啧啧夸奖：“真是貌如潘安，质如卫玠，好一个美少年。”

这时，扬州许家里里外外也张灯结彩，大红灯笼高高挂起，门前架起一个大大的凉棚。大门外乐队唢呐鼓手，顺着大门两边摆开。当远远地见到迎亲队伍将要抵达时，这里一阵鞭炮声过后，鼓乐齐奏，唢呐鼓乐声喧天。迎亲队伍便在鼓乐唢呐的欢乐声中徐徐而行。当抵达许家门前时，史贻直下马。许家家人随即将马牵到马房喂养。新娘的八抬大轿停在门外。许家收下聘礼后，迎亲队伍的其他人员则分散在凉棚里喝茶，享用点心糖果，然后喝喜酒。

许家把史贻直迎进家门，拜过爷爷许承家，再拜过岳父岳母许昌龄夫妇，便有许家家人迎进客厅喝茶，享用点心糖果，中午则有学孟的堂兄弟们陪伴喝酒吃饭。

下午，许学孟穿着大红嫁衣，头顶红盖，在两个陪嫁丫鬟的搀扶下走出闺阁，学兰跟在后面，走下楼梯。史贻直则在楼梯口迎接，然后两人手挽手，在丫鬟的引导下来到大厅，向坐在正厅的爷爷和父母一一磕头拜辞。然后史贻直便抱起学孟往外走，两个丫鬟跟在后面。这时学孟的母亲“哇”的一声哭了起来，学兰偎依在母亲身旁不断地安慰母亲。学孟则不时地用手绢掩着嘴巴鼻子，两眼噙着泪水，回头看着她母亲。

史贻直抱着学孟走出大门，绕过轿杠。丫鬟麻利地掀起轿帘，史贻直将学孟安置进八抬大轿。这时许家家人已把史贻直的高头大马牵来。史贻直跨上马鞍，只听一声“起轿”，唢呐鼓乐齐奏，鞭炮声响彻云霄，震耳欲聋。史贻直骑着马徐徐前行。新娘的八抬大轿在两个丫鬟的陪伴下跟在后面，再后面便是许家夫役，一应挑的、抬的、双手捧着的运送陪嫁的队伍。许家是盐商，富甲一方，而且许昌龄就两个女儿，这是长女出嫁，新郎是翰林进士，虽不是状元，但十九岁的少年进士，到哪里去找，又是嫁到京城。男方的父亲史夔还是誉满京城的饱学之士。所以许家对这门亲事心满意足，不惜工本置办嫁妆，足足花了数万两白银，什么戴的、穿的、盖的、用的，金的、银的、玉的、玻璃的、玛瑙的、钻石的等，一应俱全，外加两名丫鬟。光是运送陪嫁物品的队伍，排下去足有二里多路。

个把时辰后，迎亲队伍抵达码头，新郎新娘和两个丫鬟先上船，接着是唢呐乐队等京城来的迎亲队伍，上了京城来的另外两艘船。许家又另外租用了数十艘船，运送许家的陪嫁物品和送亲人员。一应物品摆放齐全后，船家一声“起航”，便扯起风帆，扬帆而去，船队排下来也有二里路长。

经过数天不分昼夜的航行，抵达京城码头，迎亲队伍依次登岸鱼贯而行，经东直门，进入史家胡同。沿街居民看着这长长的队伍，挑着抬着背着捧着的众多陪嫁物品，莫不惊奇地询问："这是哪家皇亲国戚？陪嫁这么多！"

"不是皇亲国戚，是我们扬州盐商家的千金小姐出阁。"其中一位捧着百宝箱的后生说。

另一位看热闹的老者说："这你们就不知道了吧，这些盐商垄断食盐的买卖，他们可比皇亲国戚富裕多了，官家有时也得向他们借钱呢！"观望的民众听了莫不啧啧惊叹。

这时，史家大院门口也挤满了人，当他们看到迎亲队伍回来时，立即鞭炮轰鸣，鼓乐齐奏。史贻直来到门口，跨下马背。八抬大轿随即停下，陪嫁丫鬟搀扶着新娘走下花轿。伴娘立即上前，把系着红绣球的红绸带，一头交给史贻直，一头交给新娘。史贻直引着新娘徐徐而行。新娘在丫鬟和伴娘的搀扶下跨过火盆，穿过大院，进入正厅，在赞礼官主持下举行拜堂仪式：一拜天地，二拜高堂，夫妻对拜过后，即送入洞房。

史贻直新娘到家的消息，不胫而走，很快地传到了翰林院。翰林院庶常馆刚入选的一些年轻庶吉士们乐开了。尤其是年羹尧，他从来就是一个不安分守己的人，立即提出去闹新房。那些年龄大一些的如励廷仪、张廷玉等，力劝大家不要去，说："人家新婚夫妇，卿卿我我的，我们去捣什么蛋。再说了，我们都是翰林院的，是有身份的人了，怎能去做这等有失身份的事！"

可年羹尧不管，依然领着刘师恕、许穀两个年纪轻的去了。他们来到史家大院一进门，迎面遇见了史夔。史夔是翰林院侍读学士，文名享誉京城，在翰林院声望很高。年羹尧他们立即上前招呼道："史大人好！"

史夔一看是年羹尧他们，招呼说："哦，是你们，快来坐这里喝杯喜酒，喏，这里还有喜果喜糖。"

"不了，史大人，您忙，我们是来看儆弦的。"年羹尧回说。

"哦，贻直在里面，那你们进去吧。"史夔说。

于是年羹尧他们便来到大厅，一进门，年羹尧就高声大叫："儆弦！儆弦！"

史贻直一听声音，就知道是年羹尧来了，对学孟说："年羹尧来了，他可是个混小子，他来肯定不怀好意，一定是闹洞房来了，你得注意，他是啥事都做得出来的，要防止他胡闹。"

学孟说："你放心吧，你先去招待他们，我心里有数。"

史贻直听学孟这么一说，就放心了，出得房门一见年羹尧他们，就喊道："亮工（年羹尧字亮工）兄，快来喝杯喜酒。"史贻直说着，拉着年羹尧他们就往外面酒席棚走去。

年羹尧甩开史贻直说："我们不光是来喝喜酒的，我们是来闹洞房的。"

史贻直听了故意提高嗓音，让学孟听到，好有所准备，说："哦，来闹洞房啊，那就请进。"然后转身对着新房说："学孟，年大人来闹洞房啦！"

学孟听了忙说："年大人请。"当学孟说"请"的时候，两个丫鬟立即来到房门口挡住了年羹尧他们，不让他们进。

年羹尧站在房门口说："免称大人，新房里面不分大小老少。"

刘师恕说："鄙人刘师恕，江南宝应人，弟妹，我们是同乡啊。"

学孟说："年大人，那我就称呼您'亮工兄'了。"又说："刘大人是宝应人，真是同乡，在异乡遇到同乡不容易呀，异乡见老乡，两眼泪汪汪，请多多包涵。"接着又对年羹尧说："您来闹新房可以，那您得回答我几个问题，回答准确，就请进来，回答不出来，各位都得罚酒一杯，行吗？”

原来自学孟与史贻直结亲以后，许承家因史贻直是书香世家，便天天教学孟姐妹俩读书。在这七八年里学孟也已熟读了许多儒家经书、诸子百家和历代史书，成为饱学之士，满腹经纶，便想与翰林院的进士、庶吉士们一较高下，看自己与他们还有多少差距，遂提出了这一要求。年羹尧更是个大话连篇的人，哪儿在意一个女子，随即大声说道：“行，弟妹，那您请提吧。”

学孟听了就说：“那奴家就提问啦。第一个问题：王者应以什么为天？”

年羹尧不假思索，脱口而出说道：“王者当然以江山为天啰，打江山，坐江山嘛。”

学孟说：“不对，江山是空的，王者应以‘民’为天。得了江山，没有民，有什么用？岂不是空的！岂不闻孟子说：‘民为贵，社稷次之，君为轻。’所以楚、汉相争时，郦食其对汉高祖刘邦说：‘王者以民为天，而民以食为天。’此话出自《汉书·郦食其传》。《史记·郦食其传》中也有记载。答错了，请各自罚酒一杯。”两个丫鬟都拿饭碗当酒杯，给他们每人倒了一碗酒。他们三人端起酒碗一饮而尽。年羹尧还说：“好酒，好酒。”

学孟说：“奴家要提第二个问题啦。”

年羹尧依然满不在乎地说：“弟妹，您请提。”

学孟说：“第二个问题是：什么是真正的通灵宝鉴？”

年羹尧又自作聪明，不假思索地说：“当然是王母娘娘的照妖镜啰。”

刘师恕小声地说：“不对吧，这不成了《封神演义》里面的故事了吗！”

年羹尧用胳肘碰了他一下，说：“你别说，听我的。”刘师恕听了便不说话了。

学孟说:“年大人,您要想好了。”

年羹尧说:“我想好了,还有什么镜子能比王母娘娘的照妖镜更厉害吗?”

学孟说:“年大人,您又错了。王母娘娘的照妖镜,那是神话小说里编造出来的虚幻的东西。真正的通灵宝鉴是历史,所以唐朝的张九龄编了一部《千秋金鉴录》,作为送给唐明皇的生日礼物,北宋的司马光编了一部《资治通鉴》。这两部书都是我国早期的编年史。历史就是一面镜子,通灵宝鉴。为政者不得不读历史,不得不懂历史,要以‘史’为鉴。又错了,再罚酒一杯。”两个丫鬟又给他们每人倒酒一碗,他们又端起一饮而尽。

“那奴家要出第三个问题了,年大人您要想好了。”学孟说。

“没问题,你出吧。”年羹尧依旧满不在乎地说。

“孔子对鲁哀公说:什么是舟? 什么是水?”学孟问道。

“不对,弟妹,孔子没有说过这样的话,《论语》里没有,《孔子家语》里也没有。这些书我都背过的。”年羹尧很神气地说。

学孟说:“年大人,《论语》和《孔子家语》里是没有,但《荀子》里有呀。《荀子·哀公篇》里,哀公与孔子讨论安危问题时,孔子说:‘且丘闻之:君,舟也;庶人,水也;水则载舟,水则覆舟。君以此思危,则危将焉而不至矣。’《荀子·王制篇》也有同样的话:‘庶人安政,然后君子安位。传曰:君者,舟也;庶人者,水也;水则载舟,水则覆舟。’此外,《贞观政要·论政体》中,魏徵与唐太宗也讲到同样的话题:‘臣又闻古语云:君,舟也;人,水也。水能载舟,亦能覆舟。’哈哈,年大人,喝酒!”丫鬟又给他们每人倒了一碗酒。

刘师恕大着舌头说:“弟,弟妹,还,还要喝呀,不,不能喝了。”

年羹尧说:“小样儿,两碗酒算什么! 喝。”于是三人又一饮而尽。

这酒是学孟从扬州带来的，已经陈放了十几年的洋河大曲，醇香非常，好进口，但很烈，起码有65度到70度，三碗酒起码也得一斤多。刘师恕已经倒下了。年羹尧还强撑着，大着舌头说："弟，弟，弟妹，你，你，再出题，我，我，年，年羹尧，从没有怕过谁。"

学孟说："好，我再出一道题：前汉、后汉都出过两名循吏，爱民如子，以儒学治理，教导民人，于是境内大治，孺子有仁心，蝗虫不入境。这四名循吏叫什么名字？"

年羹尧大着舌头说："不，不记，不记得了，老，老师，没教过。"

学孟说："他们分别是前汉的龚遂和黄霸，后汉的卓茂和鲁恭。年大人喝酒！"

年羹尧说："喝，喝酒，就，就，就喝酒，谁，谁，谁怕，谁呀。"于是丫鬟又倒了一碗酒，年羹尧接过酒碗，摇摇晃晃地，端起就喝，喝了一半，碗掉在地板上，洒了一地的酒，然后"哐啷"一声，倒下了。就在他快要倒下的时候，有意无意地手一甩，把他早就准备好，别在腰间的一袋花生瓜子壳顺手一抛，不偏不倚，全撒在了史贻直和许学孟的新床上，害得他们小夫妻俩和两个丫鬟，在人们全散了以后，掸了半个时辰才掸干净，晚上睡在床上还依然感觉有花生瓜子壳在刺人。他们起来把床单全换了新的，才安稳睡觉。

史贻直见三人都喝倒了，立即派家人把他们送回翰林院庶常馆，并有些埋怨地对学孟说："你这几个问题也太偏了，一般的人有几个晓得呀。"

学孟说："这几个问题是问得偏了一些，但意义可宏大喽，就是如何对待民众的问题。你们这些庶吉士，以后出去都要当官的，有的还要当大官，当官特别是当了大官以后，如何对待民众，这是个很大的问题，是关爱民众，维护民众的利益呢，还是摧残民众。这是当官的试金石。”

史贻直十分佩服地说：“夫人这一席话，够我贻直受用一辈子了，贻直一定铭记夫人的话。”

学孟用手指戳了贻直一下说：“你又贫嘴了。”

第二天，翰林院掌院学士揆叙得知，立即跑来问明情况。大家说，他们三人去史贻直家闹洞房，被史府少夫人和两个丫鬟堵在房门口，要他们回答几个问题，回答出来了，才能进去闹新房，回答不出来，就罚酒一杯。可是史府丫鬟用饭碗当酒杯。结果，史府少夫人连出四道题目，他们一个都没有回答出来，就被罚喝了四碗酒，都倒下了。其实刘大人和许大人喝了三碗就倒下了。年大人第四碗酒还没有喝完也倒下了。

揆叙问道：“史少夫人问了哪四个问题？”

大家就把史贻直夫人许学孟提出的四个问题，告诉了揆叙。揆叙听了大吃一惊，说：“当今竟还有如此的奇女子！有这样的奇女子在身边，史贻直以后一辈子都够受用了。”

第二天上午，东阁大学士熊赐履来给他们上课，也听到这事和四个问题的内容，就问：“这是哪家的女子？出自哪家府邸？”后来有人告诉熊赐履说：“她家祖上是扬州盐商，爷爷许承家和伯父许迎年都是进士出身，只有她父亲继承祖业，维持商务。”熊赐履听了“哦”了一声，点点头说：“怪不得，能出这样的奇女子。”

史贻直送走年羹尧他们以后，即与学孟一起来到酒席宴上，向客人们一一敬酒致谢，而后回到自己的新房。当客人们散席以后，夜深人静，丫鬟们也回到自己的房间休息去了。小夫妻俩紧紧地拥抱在一起。

学孟对史贻直说：“人生有两大最得意的事：一是金榜题名时，二是洞房花烛夜。你这两件事几乎是同时得到，这是你一生中最顺利的时刻。你要注意，在得意时，不可得意忘形。这样容易趾高气扬，忘乎所以，易被摧折。爷爷要我告诉你，现在你应该守拙，不要年轻好胜，处处锋芒毕露。爷爷说，我们不求腾达，但求平安，平平安安就是幸福。像你的父亲，我的公公，官虽然不是很大，翰林院侍读学士，但文名远播，誉满京师，这就很好，何必一意地去追求公卿宰相呢！"

史贻直说："学孟，我都听你的，除了在学业上不停步，继续努力以外，其他一切功名利禄都置之身外，不去刻意追求高官厚禄。"

学孟听了，欣喜异常。从此以后，这一对年轻夫妇，就成为一对志同道合的终身伴侣，在前进的道路上相互鼓励，互相勉励，有时还相互告诫，防止道路上的沟沟坎坎，同时又卿卿我我，恩爱非常。

然而，正当史贻直完婚，一大家子融融乐乐，欢庆之时，家道却遭不幸。他母亲彭氏可能是为史贻直完婚办喜酒，累着了，竟一病不起。尽管史夔及史贻简、史贻直父子四处寻医，过了一段时间以后，彭氏还是不治身亡。史贻直回家丁母忧三年。这样，他就不能与张廷玉、年羹尧他们一起三年结业，而是归入了康熙四十二年(1703)入选的庶吉士一班，直到康熙四十五年才结业。

史贻直结业后，任翰林院检讨，自此直到康熙六十一年(1722)，他在翰林院从检讨、赞善、侍讲、侍读，直到侍读学士，署掌院学士，整整在翰林院待了十六年。为此有人为他打抱不平，说他在翰林院里面被打压，提升太慢。

但夫人学孟却认为，这没有什么不好。她对史贻直说："这十多年里，你读了多少书呀，二十二史，儒家经书，程、朱、陆、王著作，历代骚赋诗词文论，以及历代的典章文献，如《通典》《通考》《通志》《大清律集解附例》《六部则例》等，你全读了。现在你对历代典故、典章制度，已经了如指掌，运用自如。你要是不在翰林院里熟读十多年书，能拥有如此多的丰富知识吗？这对你以后的作为，是非常有用的。”

史贻直说：“那倒的确如此。”

夫人说：“就是嘛，所以我们得好好感谢圣祖爷，给了你这么好的机会。”

史贻直说：“夫人说得对，所以我一点都没有怨恨，而是十分感激他老人家。”

五　超擢重用　力主改革

康熙六十一年(1722)十一月十三日，在中国历史上叱咤风云半个多世纪的康熙大帝与世长辞，第四子雍亲王胤禛即位，于十一月二十日正式登基，次年改年号雍正。俗话说，一朝天子一朝臣。新皇帝登基，除了继续沿用能忠于自己的前代旧臣外，必须大量启用能为自己所用的新人，并通过这些人牢牢把握住政权，贯彻自己的大政方针。于是雍正帝便在十一月二十九日发布了一道关于荐举人才、呈奏政见的圣旨，当着满朝文武大臣宣布:“朕在藩邸的时候，严格遵守宫廷规矩，不与外臣交往，所以对于大小官员，都不熟悉了解。现在朕受先帝遗命，继承大统。现朕刚刚登基，急需人才，希望你们在内外文武大臣和各级官吏中，就你们所知道的，凡品行端正、操守清廉、才具敏练者，各具密折奏闻。你们这些内外文武大臣，都是深受先帝知遇之恩，委以重任的。现在先帝的梓宫就在前面，希望各位对着先帝梓宫，各据真知灼见，密折奏闻。”

随后推荐人才的表章奏折纷纷呈来，雍正帝一边阅览着各大臣的奏折，一边念叨着被推荐人的姓名，其中有一人给他留下了很深的印象，这就是史贻直。因为他不只是一人推荐，竟然有三四人推荐，而且都是些名望很高的公卿宰相，如大学士王顼龄、户部尚书张鹏翮、川陕总督年羹尧等。王顼龄的表章说他“熟谙各典章制度，学问深厚，思想敏锐，而且清隽不群，办事细心稳妥”。张鹏翮说他“风度翩翩，有古大臣仪态”，还特别介绍了他的家世，说他的曾祖父是明末大臣，李自成攻下京城后欲重用他，他坚决拒绝，毅然南下，回归溧阳老家；本朝顺治初年也曾征用他，他以一臣不事二朝为由，拒绝出山，在家闭门读书。年羹尧则介绍了与他同为康熙庚辰科进士，在庶常馆同学三年，“关系甚协”。于是，雍正帝很快就看中史贻直，超擢重用，在雍正元年(1723)的三月二十三日，任命史贻直为署理吏部右侍郎，三天以后又正式把他由从四品侍读学士的品衔提升为从二品的内阁学士，兼礼部侍郎，仍署理吏部右侍郎。七月初十，正式把他的官衔从内阁学士提升为正二品的吏部右侍郎，三个多月里连升数级，这在历史上是不多见的。雍正帝还专门为他作诗一首：

赠侍郎史贻直

率属分曹地望崇，位跻卿贰赖和衷。
彤墀迹蹑中台履，玉佩声含晓殿风。
勿惮贤劳亲吏职，好将兢业亮天工。
公忠不负衣冠选，槐棘均叨雨露同。

这诗意思是说吏部是一个很重要的部门，地位和声望都很高，你身为副职，要起到团结上下和衷共济的作用。从此金銮殿上将留下你的足迹和身影，不要畏惧劳苦，负起责任，兢兢业业把工作做好，朝廷不会辜负大臣们公忠体国的一番辛劳，无论地位高低职务大小，只要有功于国家朝廷，都会得到朝廷的恩惠和赏赐。

雍正帝如此的超擢重用，使史贻直感激不尽，每次回家与夫人许氏谈及此事时，都表达了无限感激之情，生怕无以报答。他夫人则安慰他说:“既然皇上如此的器重我们,那就不能让皇上失望,必须竭尽所能,为皇上效力,即使肝脑涂地,也在所不辞。”

史贻直听了夫人的话说道:“拼死效命,那倒也未必,现在是和平年代,不是战乱时期,况且我是文人,又不是武将,拼死效命的事轮不到我。我只是担心有些事不是我所能承担得了的。”

夫人说:“那就把你的智慧贡献给皇上,多为皇上贡献计策,多出些点子,为皇上解决些具体问题呗。”

史贻直说:“看来也只能这样了。”

正当夫妻俩交谈之时,宣事太监吴公公来宣召了,问:“吏部侍郎史大人在家吗?”

史贻直一听是宣事太监吴公公的声音,急忙来到客厅,迎上前去,说:“吴公公,哪阵风把您给吹来了?请坐请坐,请喝杯茶,茶叶不好,倒也是雨前的。”

“嘿!还坐下喝茶呢!皇上正在乾清宫等您去说话哩!茶就免泡了,还是等我下次来喝吧。”吴公公说道。

史贻直一听说皇上在乾清宫等他去说话,心里有些忐忑不安,不知出了什么事,忙问吴公公:“皇上找下官什么事?”

“皇上才刚刚登基,千头万绪,总有许多事情要商量的啰,您去了就知道啦!走吧!走吧!”吴公公催促道。

史贻直即跟随吴公公进了紫禁城,来到乾清宫。吴公公示意史贻直在门外等候,他即进去通报,说:“皇上,史大人已到,在门外候着呢。”

雍正帝正在案前看奏折,听说史贻直到来,即示意“宣他进来吧”。

史贻直一听宣他进去,随即进去跪倒在地,口呼:“吾皇万岁!万岁!万万岁!”

雍正帝连忙抬抬手示意道:“平身!起来!看座。”

承事太监随即端过一张椅子，史贻直刚一坐下，随即又站起言道："这么晚了皇上还忙着！"

雍正帝搁下手中的奏折说："你看，皇考把这么一副重担交到朕的肩上，不忙行吗？今晚找你来，就是想和你谈谈如何把皇考传下来的江山治理好，想听听你的意见。"

史贻直听了，略微思索了一下说道："皇上，您刚才提的问题太大了，不是三言两语所能说完的，但总的来说，臣考虑可以从这样两个方面下手，不知可否，请皇上参考。"

"你先说来听听，我们君臣二人不是在商量嘛。"雍正帝打断他的话说道。

史贻直接着说道："臣的意思是从远近两个方面下手，近的治急治标，先解决目前紧急的问题。远的治根本，从长远利益来考虑。就近的而言，目前有两个问题急需解决，一个是政治上的，一个是财政上的。在政治上，必须维持当前局势的稳定。皇上刚刚即位，维持局势稳定是第一要务，不能生乱。会不会生乱，这不一定，但必须要防，如何去防，就是堵住乱源，把这源头堵住了，就不致生乱。"

雍正帝听了问道："那什么是乱源呢？乱源在哪儿？"

史贻直回道："关于乱源，臣考虑主要有两个：一个在内，一个在外。在内的一个臣不敢说。"

"你说，没有关系。这里没有外人，就我们君臣二人，你即使说错了也没有关系，朕不会怪罪于你。"

史贻直立即站起磕了个头说道："那臣就斗胆说了。"

"你说吧。"雍正帝抬了抬手示意道。

史贻直于是壮着胆子说道："这第一个乱源就在皇上您的家里。"听到这话雍正帝似乎吃了一惊，两只眼睛直直地盯着史贻直，但是没有打断他的话。史贻直警惕地观察了一下雍正帝的表情，看没有发怒，就接着说道："皇上该没有忘记吧，在先帝晚年曾发生了两次争储夺嫡事件，现在虽然大局已定，皇上已经登基。但是那些争储夺嫡的人是否已经死心，还有没有从中捣乱，再冒风险的野心？皇上不可不防。"

雍正帝听了点了点头，以示认可，接着又问道："那外面的呢？"

史贻直接着说道："这外面的就是青海罗卜藏丹津的叛乱，要叫年羹尧无论如何要尽快平定。罗卜藏丹津的叛乱平定了，那皇上您的政权就巩固了，内部即使有人心存不轨，也不敢轻举妄动了。所以平定青海叛乱是关键，要叫年羹尧尽快解决，特别要防止内外勾结。"

雍正帝听了点点头说："爱卿说的是，那财政上的呢？"

史贻直说："这财政上的事，府库窘迫，迫在眉睫。皇上，据说府库只有区区 800 万两白银。当然，这在一个小国家或小的地方政府，是可以了。但是在我们大清国，一个拥有数千万上亿人口的大国，这 800 万两银，只是杯水车薪。一旦边境发生战事，或者长江、黄河发生决口，洪水泛滥，这区区 800 万两就捉襟见肘了。"

雍正帝说："那你说说，该怎么办？"

史贻直说："必须赶快解决财源。而解决财源，必须千万注意，不可搜刮百姓，那要激化矛盾，激起民变的，只能从我们官府自身着想。官府自身有两个方面可以考虑：一是全国许多县都拖欠赋税，有的拖欠数千石至上万石，甚至一拖就是数年。全国累计不下数百数千万石。这里面不乏被人侵吞挪用，应该赶快派人下去清算、追缴。这本来就是国家的财政，追缴回来，理所当然。二是火耗、陋规、节礼归公上缴。火耗本来也是国家的，为了防止粮食在运输和储存中的损耗，以及银两重新冶铸时的损耗，在收粮收银时多收十分之一的损耗，这本来就应上缴国家。陋规、节礼也是各级官员们私征私派私下收受的费用，是强加在民众头上的额外负担，属于不义之财，收归国有理所当然。不过在收缴火耗陋规节礼时，也应酌量留下一些供地方政府公用，以及各级官员的养廉之资，使上下都能接受。这也是防止官员腐败的一项有效措施。”

雍正帝又问道：“这些都是近的治急治标的事，那远的呢？应该如何从根本上来治理，你说来听听。”

史贻直接着说道：“这远的根本问题就是实行改革，整顿吏治。我大清朝自入关统一全国以来，至今已七八十年了，老一辈打天下的早已不在了，现在坐天下的都是第二、三代人。他们都是太平年代富贵之中长大的，安享富贵，奢侈腐朽，不断增加对民众的剥削，社会已隐隐约约暗藏着一场危机，必须平息这场危机，巩固大清政权。如何平息？只有通过改革整顿吏治，减轻民众负担。至于如何改革整顿吏治，那就必须兴办教育，培养人才，反腐反贪，改革不合理的规章制度，以减轻民众的负担，使民众得以生存。这些问题比较大，不是三言两语所能讲清，请容臣好好思考一下。”

“那好吧，今天咱君臣两人已谈了很久，你先回去休息吧，余下的问题，爱卿再好好考虑一下，下次再谈，至于什么时候谈，到时候朕会派人去宣召的。”雍正帝说道。

“那请皇上早些安息，臣告退。”史贻直说着即退出乾清宫。回到家，夫人许氏便问：“晚上了，皇上还召你去干什么？”

史贻直回答说：“皇上不是才登基嘛，垂询一些施政方针的问题。”

许氏问道：“那你怎么说的呢？”

史贻直回道：“我说分远近两个方面来说，近的防乱，迅速平定青海罗卜藏丹津的叛乱，在财政上筹足府库；远的实行改革。这远的实行改革，我还没有考虑好，所以就回来了。”

许氏问道：“那你打算怎么改革呢？”

史贻直说：“我打算提出富国强民政策，国富民强，国家不就兴旺发达了嘛！”

许氏问：“那如何才能国富民强呢？”

史贻直说：“要富国，就必须发展经济，经济发展了，赋税就充足，国库自然充裕。”

许氏说：“关键的问题是防止搜刮民众。我始终认为，君王要以民为天，减轻民众负担。赋税要均衡，富人、官宦人家也要纳税服役，如果富人自己不能服役，可出钱雇人服役。”

史贻直听了一拍脑门说：“对了，可以摊丁入亩，把人丁税摊入田亩。富人丁少田多，穷人丁多田少，这样富人不就多缴税，穷人少交税了嘛。再来一个官宦人家一起纳粮，一起当差。这样不就赋役均衡，减轻民众负担了嘛。下次皇上召见我，我就这么说。”

许氏高兴地说：“好，下次你就这么说。”

说完，夫妇俩高高兴兴地安寝了。第三天早朝后，史贻直即去吏部办公。午后，吴公公就来宣召他了，说：“史大人，皇上在养心殿等您呢。”

史贻直说：“那我跟您去。”说着，他收拾了一下东西，就随吴公公来到养心殿前。吴公公进去通报说：“皇上，史大人已经宣到。”

“那就进来吧。”雍正帝放下手上的奏折说。

史贻直进去施礼说：“皇上召微臣，有什么事要办？”

雍正帝说：“你先坐下，上次我们的话不是还没有说完嘛，这两天你有没有考虑好，接下去说？”

史贻直坐下说道：“皇上，这两天微臣还真的认真思考了一下。这改革是件大事，首先就得发展教育。国家兴盛在于人才，有了人才，什么事情都好办。而人才的培养就在于教育，所以必须发展教育。而教育的发展又首在于教官，提高教官的积极性。要提高教官的积极性，关键在于提高教官的品级待遇。教官的品级待遇提高了，自然积极性高涨。这样必然教育兴旺，人才辈出，国家强盛。可当下我们的教官虽然都是科举出身，都是贡、监生或举人、进士，但是从县学教谕、训导到府学教授，他们都没有品级，没有诰封，连县里面的吏目、巡检都不如。县里面的吏目、巡检都有八品至从九品的品级，且授诰封。这样很不利于教育的发展提高、人才的培养。为此，微臣提议提高教官的品级待遇，府学教授大都是进士出身，应该授予正七品官衔，县学教谕也基本都是举人出身，应授予正八品，训导从八品，并均受诰封。这样，他们的待遇提高了，自然积极性大大提高，益加自重，竭诚尽职，教育自然兴旺发达，人才辈出，国家就兴盛了。”

说到这里，史贻直顿了顿，接着说道：“发展教育，除了提高教官的品级待遇之外，还必须广开学塾。现在各县许多只有一所县学，教育秀才生员，这样培养的人才有限。各县除了秀才生员而外，还有很多青少年。这些青少年，除了地方士绅和大财主家自己开馆，聘请塾师教导子弟而外，绝大多数民间青少年是享受不到教育的，一个个都成了目不识丁的文盲。其实他们中很多人都是聪敏伶俐的，只要施以教育，他们大都是能成才为国家出力的。国家出力做事的人多了，自然就兴旺发达。而要广泛地培养人才，各县光有一个县学还远远不够，还必须广开学塾和书院。在县城或各乡镇，利用宗祠或寺庙，开办学塾或书院，作为县学的补充或基础教育，聘任贡生、监生、生员秀才为教官，广泛招收青少年入学读书。学生结业后，即可作为童生，参加三年一度的科举考试。这项工作可由各县的知县、教谕、训导负责推广，由各教谕、训导具体负责管理。”

雍正帝听了点头称道。接着他又问道：“那第二呢？”

史贻直说：“第二就是改革不合理的赋税制度，发展经济。我们大清的赋税制度是沿袭前明的赋税规则。前明的赋税规则本来就不合理。就以人丁税而言，光有人丁，没有生产资料，他不生产没有收入，凭什么缴税？难道在外讨饭的人也要交税？这项税收按理应该废除，但考虑到这是一笔很大的数额，骤然取消，国家财政就要蒙受很大的损失。微臣考虑可以采取变通的办法，把它分摊到田亩里去。这样赋税的总额并没有减少，而有丁无田或丁多田少的人家，就可以不交或少交赋税了，从而避免了拖欠，确保赋税年年收齐，因为拖欠的主要是那些有丁无田或丁多田少交不起赋税的人家。同时实行官绅一体纳粮、一体当差的制度。我们沿袭前明的制度，官绅享有特权，可以不纳粮不当差，而他们恰恰是占有土地最多的人。占有很多土地的人不交税不当差，而让那些只占少数土地甚至没有土地的人代他们缴税当差，这很不合理。这样，农民的负担就太重了，他们怎么负担得起？因此，为了减轻负担、收到实效，官绅应该一体当差一体纳粮。这样就大大减轻了贫穷农民的负担，也促进了他们的生产劳动积极性。”

雍正帝说：“爱卿，你道理说得很对，但是实行起来恐怕有困难。”

史贻直说：“皇上，只要有决心，并对广大官员和士绅晓之以理，不是不可以。广大官员和士绅都是熟读孔孟圣书的人，应该懂得这个道理，带头实行孔孟言行。什么叫‘修身、齐家、治国、平天下’？这就是‘修身、齐家’，也叫作‘以身作则’。当然，为了顺利推行，可以不急于在全国全面推行，可以找两个省先试行，当积累了一定的经验以后，再全面推行不迟。而且为了确保试行成功，可以选择两位杂途出身而又工作能力比较强的官员担任督抚，负责试行。因为正途出身的官员，书读多了，条条框框多，畏首畏尾，难以推行。这也就是当年王安石变法失败的真正原因。杂途出身的官员，条条框框少，又都是从实际工作中提拔上来的，工作经验丰富，点子多，容易推行。”

雍正帝说：“你这个办法很好，待朕思之。”

史贻直说：“皇上，还有一点，就是严禁为在职官员建造生祠书院。现在各级地方政府都有为其地方长官和驻军将领们建造生祠书院的陋习，而且不是在这些地方长官和驻军将领们卸职离任以后，当地民众追思他们的功德而为之建造的；而是他们在任时，他们的下属和一些出入公门的地痞流氓、土豪劣绅，为献媚逢迎而倡议纠合，私派捐纳，兴工建造的。而且这些生祠书院，亭台楼阁，园囿池榭，穷奢极欲，后来也大都成为这些官员将领们的私产。这不仅败坏了吏治官方，也成为那些土豪劣绅地痞流氓们敲诈勒索百姓的平台，大大加重了民众负担。过去朝廷也曾明令禁止，但由于查禁不严，收效甚微。为此，微臣建议严厉查禁，以后若再有建造生祠书院者，一经告发，立即参劾，将本官和为首纠合倡议之人，严加法办。对于已经建造的，如果为名宦离任以后，民众追思其功德而建造的，准其存留，其余一概作为民间义学，由地方官延师授徒教读，以兴文教，变无用为有用。”

雍正帝说：“爱卿，你这建议也很好，朕马上下旨，立即施行。”

史贻直接着说：“第四是改革武乡试的考试办法。现在全国武会试都设有‘好’字号考棚，凡是弓马娴熟、武艺超群的武举人，均入‘好’字号考棚，他们的考卷也另入一档，这样有利于选拔优秀的武科人才。但是武乡试没有这项规定，参加考试的武生不论武艺高下，大家都一律统一编排，这样不利于外场武艺功夫的识拔，也不能与武会试接轨一致，不利于考察得中的武进士们武功的演进历程。因此微臣建议自此以后，在各省举办武乡试时，也设立‘好’字号考棚，这样既与武会试上下一致，也有利于外场对武举人武功的考察和选拔。”

雍正帝听了说：“爱卿这个建议也很好，有利于武科人才的选拔和培养，待朕谕令兵部讨论，立即实行。另外，你可以把你这两次廷对的内容，用书面的形式，上奏给朕。朕再仔细斟酌一下，看如何实行。”

随后，史贻直即把他的这些建议分别写成《清算各地亏空折》《实行摊丁入亩折》《推行官绅一体纳粮一体当差折》《实行火耗、节礼、陋规归公折》《提高教官品级并受诰封折》《广开学塾书院折》《禁造生祠书院折》《请各省武乡试一律设“好”字考棚折》等书面奏折，呈递给雍正帝。雍正帝经过深思熟虑后，也都一一采纳，贯彻推行。随后就出现了田文镜在河南推行“官绅一体当差、一体纳粮”的试点改革，李卫在浙江推行“摊丁入亩”的改革，很快就打开了雍正初年的新政局面，使清朝初年开创的“康熙盛世”，得以顺利地过渡到乾隆时期，为完整的“康乾盛世”奠定了基础，而雍正帝则在其中发挥了很好的承前启后的中间过渡作用，有力地巩固了清朝的统治。

六　审查年羹尧侵吞私茶案

年羹尧(1679—1726)，字亮工，号双峰，汉军镶黄旗人，历任翰林院侍讲学士、内阁学士，四川巡抚、总督，川陕总督，先后平定了西藏、青海叛乱，被封为定西将军和抚远大将军，在帮助雍正帝顺利登极、巩固政权方面，立下了汗马功劳，是雍正帝所倚恃的主要支柱。然而，随着年羹尧的功劳官职越来越大，地位越来越高，其欲壑也越来越大。在平定青海罗卜藏丹津的叛乱时，对和硕特蒙古部落和各寺庙肆意掠夺，其中仅郭隆寺的金佛貂皮珠宝金银细缎等就装载了40余车，尽入其私囊。他还先后收受题补官员的谢规银40余万两，冒销四川军需银160万两，加派银五六十万两，冒领西宁军需银47万两;而且日渐骄慢，不守臣道，怀有篡逆之心，在行文致各将军督抚时常用“谕令”的形式，接待蒙古诸王时必令其跪谒，平素把吃饭称“用膳”，请客称“排宴”，给人礼物称“赐”，出行时要用黄土铺路，一派天子架势。尤其是雍正二年十月，他入京陛见时，竟然“黄缰紫骝”，绝驰道而行。各部院大臣跪迎于广宁门外，他竟视而不见，策马而过，毫不动容。有王公下马问候时，他仅“颔之而已”，在雍正帝面前“箕坐，无人臣礼”。其手下将领在雍正帝面前，只听他的号令，不听雍正帝的圣旨。于是各公卿大臣便纷纷上折参劾。

面临各公卿大臣对年羹尧的参劾,雍正帝犹豫不决。他感到年羹尧的确罪孽深重,应该严办,但是他又感到年羹尧帮助他登上天子宝座,平定青海罗卜藏丹津的叛乱,巩固政权,也功不可没,这时将他定罪,是否快了一点?特别是他手上还握有重兵,把他搞急了,起兵造反怎么办?因而顾虑重重,便召史贻直商量。

史贻直来到南书房,先向雍正帝行了君臣大礼,跪叩道:“吾皇万岁!万岁!万万岁!”雍正帝随即说:“平身,赐座。”史贻直即起身谢座,而后坐下。史贻直坐下后,雍正帝刚要讲话,突然想起史贻直是年羹尧的同科进士,又一同入选庶吉士,在庶常馆读书时关系不错,特别是年羹尧还是史贻直的推荐人,现在与他商量如何扳倒年羹尧的问题,是否妥当?于是随即改用试探性的口气问道:“爱卿,你与年羹尧是同科进士吧,你觉得这人怎么样?”

史贻直一听心想:皇上召我来应该是要商量重大政事的,怎么问起这么简单的事呢?他寻思着一定是皇上对他不放心,心存疑虑,没有把真实思想讲出来。既然皇上对自己有疑虑,那自己就应该实事求是说实话,以打消皇上对自己的疑虑,于是便说:“年羹尧在前期对大清是忠心耿耿,康熙末年平定了西藏叛乱,去年又平定了青海叛乱,实行屯田,对加强西部边疆的安全,密切与西部蒙、藏兄弟民族的关系,作出了积极的贡献,但居然居功自傲。就最近大臣们所参劾他的事情而言,已经越出了底线,特别是这次陛见,黄缰紫骝,绝驰道而行,在皇上面前箕坐,部下将领不听皇上圣谕,只按他的指令行事,这是大逆不道,杀头的罪逆。”

雍正帝听了,接着又问道:“爱卿,你不也是年羹尧推荐的吗?”

史贻直突然听雍正帝问起这个问题,随即敏感地双手取下自己的顶戴,用右手托着跪下说道:“推荐臣的诸位大臣中有年羹尧,但微臣与年羹尧只是同僚的关系，没有特别的联系。他们也都是听了您推荐人才的号召，才把微臣推荐给皇上的，用臣的还是皇上，臣也是尽心尽力为皇上您效力的。臣与推荐人都没有任何私交。”

史贻直这一席话，完全打消了雍正帝对他的疑虑，于是便打开心扉与史贻直商量如何处理年羹尧的问题。史贻直见雍正帝完全打消了对自己的疑虑，也敞开心扉说道：“现在已经有那么多人参劾年羹尧，不调查不审查是不行了，否则就寒了众位大臣的心，失去他们对朝廷的信任。而且时间长了，年羹尧也会有所察觉，就容易出现两种可能。一是与他的心腹订立攻守同盟，打击报复弹劾他的人，使弹劾者受到惊吓，一些人会退缩回去，这样事情就难办了。另一种情况就更糟糕了，搞得不好他会狗急跳墙，起兵造反，因为他手上握有重兵，甚至可能与您家里个别的兄弟联合起来。”

“查是肯定要查的，问题是现在有那么多弹劾奏折，该从哪里查起？怎么查？”雍正帝急切地问道。

史贻直见雍正帝问到具体问题，就说：“现在大家弹劾他的问题很多，但归总起来，不外乎两个方面：一是有关他在军内的贪腐和在青海的越级僭位问题，二是外围的贪腐问题。他在军内的贪腐及其在青海的越级僭位问题，这些都在他管辖的核心区域内，不易查核。而且年羹尧胆大妄为，搞得不好会遭他毒手。外围的贪腐，如有关他在山西的盐、茶二案，这不在他的辖区之内，就比较好办，而且要悄悄地审查，不可打草惊蛇，待外围的问题查清后，把他拿下，然后再审查他在军内和青海的问题。这样就比较顺利，阻力较小。”

“那派谁去呢？”雍正帝问道。

“这很容易，当然由皇上您来决定，您派谁去就谁去。是否有什么疑问?”史贻直说道。

“朕考虑让你去,今天召你来商量这事,就是这个意思。”雍正帝说。

“皇上,这您得考虑好,刚才您就说过,年羹尧曾推荐过臣。”史贻直说。

“朕刚才只是说说而已,朕不是不信任爱卿。朕知道,这次年羹尧陛见,黄缰紫骝,绝驰道而行,其他大臣都在跪迎,唯独爱卿你长揖不跪。这说明爱卿是知礼仪识大体的。朕为有你这样的大臣而感到高兴,怎么会怀疑你,不信任你呢?”雍正帝解释说。

“皇上,您误会了,微臣刚才的意思是,年羹尧曾推荐过臣,臣应该避嫌回避,不是埋怨皇上您。”史贻直说。

“不需要避嫌,朕信得过你。朕是用人不疑,疑人不用。只要朕信得过你,其他人你就无须顾虑。你只顾大胆地去做就是。”雍正帝态度坚定地说。

“那臣将竭尽所能,绝不辜负皇上您的信任,不折不扣地完成任务。”史贻直也表达了坚定的态度。

雍正帝见史贻直接受了任务,即令史贻直在南书房,把山西巡抚伊都立弹劾年羹尧盐、茶二案的奏折看一遍,然后回家好好考虑,如何审查,提出一个方案,共同研究,然后敲定。因为这是一个非常重大的问题,必须一炮打响,否则将十分被动。

史贻直在南书房阅完奏折,即告退回家。回到家,夫人就问:“皇上召见,有何紧急事务?”史贻直就把审查年羹尧的事告诉了夫人。许氏一听就感到此事不妥,说:“人家此前曾推荐了你,你掌了权反过来要审查人家。你要知道,以后这后人将会怎样评价你?肯定会说你恩将仇报,那你将肯定成为历史的罪人了。这叫我们的子孙以后如何面对这段历史?你不可不三思。”

史贻直也态度坚定地说："你这话说的不错，我也曾考虑过，但是我想，年羹尧推荐过我，他对我有恩，这是他与我个人之间的私恩，私人关系。现如今他如此丧心病狂地贪腐，个人野心极大地膨胀，目无皇上，目无法纪，已严重威胁到皇上的帝位、大清的江山。这可是大是大非问题。我们不能因为他与我个人之间的恩德关系，而置朝廷与国家的大是大非于不顾。在这个时候，即使他与我是父子关系，我们也只能舍小我而顾大局，公而忘私。"这一席话说得许氏心服口服，无话可说。

史贻直与夫人许氏说完，即令夫人先睡，自己一人单独在书房筹划审查年羹尧盐、茶二案的方案，直到半夜方才就寝，回到卧室，见夫人未睡，还在等他，十分内疚地说："又连累你了，真是抱歉得很。"许氏则说："我们夫妻都二十多年了，已是老夫老妻，还说什么客套话，快睡吧。"说着就帮史贻直洗脚宽衣就寝。

第二天早朝后，雍正帝即把史贻直留下，然后二人转至偏殿。雍正帝先坐下，随后示意史贻直也坐下，问道："爱卿回去，对于审查年羹尧的问题考虑得怎么样了？有没有一个具体方案？"

史贻直听了先起立，待雍正帝示意他坐下后，说："皇上，臣考虑，此事光我一个人不行，最好是刑部或都察院也派一人参加，这样两人可以一起商量着办。而且就在太原审查，先行文至山西巡抚伊都立，秘密将涉案人员晋商王钦庵、第自义和曲沃士绅高兴汉、高科等，以及茅津巡检薛元祜、河东运同严士俊、解州知州杨书、曲沃知县魏士瑛，分别传唤押解至太原，使薛元祜、严士俊、杨书、魏士瑛等离开他们所盘踞的老巢，而且必须以商量工作的方式传唤至太原，不得让外界有所察觉，惊动年羹尧。到了太原，则将他们分别关押，以防串供，这样有利于对案件的审查。然后我们赴太原对他们进行秘密审讯，以免打草惊蛇。先审理年羹尧侵吞私茶案，因为此案的受害人晋商王钦庵、第自义他们都在，可以当面对质。但年羹尧私占盐窝案材料不充分，伊都立在奏折中只是提到了这么一句，必须到案发地潞安、泽州进行实地调查，掌握了具体线索，才能进行审讯。为此，微臣以为我们去太原的时候，先绕道去潞安、泽州二府，实地调查了年羹尧私占盐窝的具体情况后，再到太原进行审讯。"

雍正帝听了高兴地说："爱卿考虑得非常周全，朕完全同意。以爱卿为主，朕再为你派备一名刑部侍郎高其佩，作为你的副手，此人亦很能干。朕再为你配一名随员，随你们一起去太原。关于安全问题，朕会令山西巡抚伊都立全面负责的。"

下午，雍正帝又在南书房召见了史贻直与刑部侍郎高其佩，对他们勉励了一番，嘱咐他们小心从事，严格保密，而后即谕令山西巡抚伊都立，把上述有关案犯和关系人员押解传唤到太原，严格保密，分别关押，以防他们串供，等待史贻直等去审讯。待这一切手续办完后，史贻直、高其佩即辞别雍正帝，各自回家，第二天中午集合出发，前往山西潞安、泽州二府，秘密调查年羹尧私占盐窝案，然后北上太原。

当史贻直、高其佩调查了年羹尧私占盐窝案，抵达太原时，山西巡抚伊都立已在接官亭迎候。双方见面拱手寒暄后，伊都立即把他们迎至馆舍。史贻直、高其佩安顿后，即询问有关晋商王钦庵、第自义，曲沃士绅高科、高兴汉，以及犯官严士俊、杨书、魏士瑛、薛元袺等押解关押的情况。伊都立汇报说，都已将他们押解至太原府狱，分别关押，严密看管，不让串供，等候审讯，而且严格保密，绝无走漏风声。史贻直听了十分高兴，表示感谢。

稍事休息后，伊都立即邀请史贻直、高其佩一行，在馆舍吃了便饭，然后移步太原府衙进行审讯。他们在太原府大堂就座，背靠

“明镜高悬”匾额。史贻直居中，左边高其佩，右边伊都立。待三人坐定后，史贻直把惊堂木一拍，宣布：“升堂，带王钦庵、第自义、高科、高兴汉！”

衙役随即把王钦庵、第自义、高科、高兴汉带到跪下。史贻直问道：“下跪何人？”

他们各自回说道：“草民王钦庵。”“草民第自义。”“草民高科。”“草民高兴汉。”

史贻直说道：“你们的案子已经惊动了当今皇上，询问了你们的案情，今天让我们来重新审理你们的案子，希望你们如实禀告你们犯案的经过，不可有丝毫隐瞒，如有隐瞒，将重重处罚。”

王钦庵首先禀告说：“大人，我们都是山西守法的商人。因为我们山西处在南北通道上，北有蒙古、俄罗斯，南有豫、陕、湖广、江南、四川等省，因而我们山西人自古经商，称为晋商，把北方蒙古的皮毛马羊贩运到南方，把南方的丝绸、布匹、茶叶贩运到北方蒙古地区，并经蒙古贩运到俄罗斯、西欧。我们就是长期经商的晋商。因为山西从无禁止茶叶贸易的禁令，所以去年也和往常一样，我等便到四川、两湖、江西一带，贩运茶叶，准备在山西本省销售。谁知去年，年羹尧突然指令陕西榆林府行文至山西河东道，自去年三月起，严禁私茶贸易。”

第自义接过话茬说：“年羹尧是川陕总督，他的辖区在四川、陕西、甘肃。我们山西不是他的辖区，他这样做是越权，干涉别人的权利。而且朝廷宽宏大度，没有禁令，允许私茶买卖，他下令严禁私茶买卖，这是违反朝廷政令，政出私门。”

王钦庵继续说：“正因为年羹尧是川陕总督，我们山西不是他的辖区，所以开始时，我们还心存侥幸，将贩运的茶叶继续北运。可当运至河南陕州、山西平陆时，听说风声很紧，查禁甚严，就把茶包停卸在旅店客房内，后被山西茅津巡检薛元祜侦知，报告河东运同严士俊。严士俊又报告给年羹尧。年羹尧即令严士俊、薛元祜把这些茶叶押运至西安，交由陕西按察使金启勋处理。金启勋即将这些茶叶查封罚没，变价折售5万两，全部进了年羹尧的腰包。后严士俊、薛元祜又求得年羹尧批准，把我们两人带至山西运城，与解州知州杨书、曲沃知县魏士瑛等勾结一起，对我们滥施酷刑，严刑拷打，打得我们皮开肉绽，血肉横飞。”

第自义插话说：“与我们一起贩茶的还有郭正兴，得到消息后就逃逸。他们抓不到郭正兴，就把他年逾七旬的父亲郭成夏抓来，进行拷打。可怜那七十多岁的老人，怎经得起如此严刑拷打，竟被活活打死了。”

王钦庵继续说道：“后魏士瑛访得曲沃士绅高科、高兴汉等十余家，家道殷实，胆小怕事，便威逼第自义把高科、高兴汉等人攀诬入案，诬陷他们‘出口通番’。”

第自义说：“那我也是被他们打得昏迷不醒，模模糊糊说的。再说了，我到底说了没有，连我自己都不知道，也许是他们故意借我的名头说的。反正他们是当官的，他们说了算，即使我没有说，他们说我说了，我也没有办法。”

高科说：“他们不分青红皂白地把我们抓进去后，逼着我们承认通番。我说我们是到蒙古、俄罗斯去做过生意，可我们没有通番，我们是懂得民族大义的，怎么会通番呢？我不承认，他们就打，后来甚至把烙铁烧得红红的在我面前晃来晃去，我一害怕，就糊里糊涂承认了，被处以捐饷赎罪1万两银，就把我释放了，已交了5000两，剩余的实在交不起，还欠在那儿呢。”

高兴汉说：“我也是这样，被抓进去后逼我承认通番，说不承认就用刑，承认了交点钱就完事，我害怕，也承认了，被处罚捐饷1万两银，就释放了，已交 4500 两，还欠 5500 两。我们一共被抓十余人，都被处以罚款捐饷数千两到一万多两不等，也都没有交清，总数 9 万余两，已缴 46250 两，都进了年羹尧的腰包，尚欠 48750 两。后来年羹尧家仆严福缘也参与了进来，得 1500 两贿银，搞得曲沃地方，殷实之家，人人自危，莫可申诉。请大人们审核。”

王钦庵、第自义、高科、高兴汉讲完。史贻直转向高其佩和伊都立，问他们还有没有要补充讯问的。他们都说没有。史贻直遂令书吏让他们各自在供录上画押，然后宣布：“退堂！”衙役遂把王钦庵、第自义、高科、高兴汉带回府狱继续关押。

史贻直他们审讯完王钦庵、第自义、高科、高兴汉以后，天色已晚，伊都立招待他们吃过晚饭，又讨论了次日的工作。史贻直指出：“现在我们对此案的基本情况已摸清楚，明日就可以审讯严士俊、杨书、魏士瑛、薛元祜他们，并带王钦庵、第自义、高科、高兴汉上堂，当堂对质作证。但我想先不把他们押在一起同时审讯，而是一个一个单独审，各个击破，以防他们串供，最后再会同一起公开宣判。”

高其佩和伊都立都表示赞同，说：“这样很好，比较稳妥。”

史贻直说：“那我们就先审茅津渡巡检薛元祜。他是此案的始作俑者，他的问题解决了，接下来就审严士俊。这两人是要犯，他们两人的问题审定解决了，接下来杨书和魏士瑛的问题就好办了。二位大人，你们看怎么样？”

高其佩和伊都立也都表示赞同，说：“这样很好，就这样办吧。”

于是第二天一早史贻直、高其佩、伊都立吃过早餐会齐后，即来到太原府衙大堂，先审讯薛元祜。在“明镜高悬”的牌匾下，依然是史贻直居中，左右两边分别是高其佩和伊都立。只见史贻直把惊堂木一拍，高声喊道：“带犯官薛元祜！”衙役很快把薛元祜带到。

开始时薛元祜还站着不跪，衙役一棍把他打倒跪下。史贻直命令摘下他的顶戴。待衙役摘下了薛元祜的顶戴后，史贻直又喊："传王钦庵、第自义、高科、高兴汉上堂！"随后衙役也把王钦庵、第自义、高科、高兴汉四人带到。史贻直令他们站立一旁，然后把惊堂木一拍问道："下跪何人？"

薛元祜答道："原茅津渡巡检薛元祜。"

史贻直问道："薛元祜，你知罪吗？"

薛元祜一看王钦庵、第自义、高科、高兴汉他们四人也都被带到现场，知道是罚没他们的茶叶案发了，就主动说："大人，罚没王钦庵他们茶叶的事，是奉年羹尧之命办理的呀。"

史贻直把惊堂木重重地一拍，怒斥道："到现在还要抵赖，我来问你，你茅津渡是属于陕西管辖，还是山西管辖？年羹尧要罚没山西的茶叶，为什么没有通过山西巡抚伊都立大人、平阳知府和平陆知县，怎么就直接找到了你这个最小的九品芝麻官茅津渡巡检？老实交代，你是年羹尧什么人？现在全国正在铺天盖地地参劾他，他正找不到替罪羊呢，你找上门来，正好。老实交代，你是他什么人？与他什么关系？是不是他安插在山西的探子？"

薛元祜一听，把他当作年羹尧安插在山西的探子，作年羹尧的替罪羊，这罪名可大了，吓得满头大汗。他一边擦汗一边喃喃地说："犯官不是他的探子，与他也毫无关系，他这么大的官，怎么认识我这个小小的巡检呢？是犯官鬼迷心窍，想向上爬，看到年羹尧的势力那么大，就想投靠他，可我的官职太小了，得找个中间引路人，看到河东盐运使同知严士俊同他的关系很好，是他的心腹，就把王钦庵、第自义他们将茶叶包停放在河南陕州、山西平陆之事报告了严士俊。严士俊又报告了年羹尧。年羹尧就令我们把这些茶叶罚没运回，交陕西按察使金启勋折价变卖，得银 5 万两。"

接着伊都立训斥薛元祜说："薛元祜，你们这次私自罚没商人王钦庵、第自义等人的茶叶，并私设公堂，拷打迫害他们和曲沃士绅高科、高兴汉等人，已经惊动了当今皇上。皇上特派两位钦差大臣史贻直史大人、高其佩高大人下来审查。你要如实向史大人和高大人禀报交代，如有隐瞒和不实之处，谁都救不了你。"

随后史贻直问道："薛元祜，我来问你，你们既然罚没了王钦庵他们的茶叶，为什么又要把他们带到运城审讯拷打？这是谁出的主意？"

薛元祜说："是严大人。"此话刚说出口，薛元祜感觉自己说漏了嘴，轻轻打了自己一下嘴巴，随即纠正说道："是严士俊向年羹尧提出来的，因为我还没有见过年羹尧，不认识他。严士俊是他的代理人，他能说上话。我们这样做主要还是想从他们身上再捞些钱。"

史贻直继续问道："在运城审讯王钦庵他们时，谁是主审官？还有哪些人参加审讯了？"

薛元祜交代说："参加审问的还有解州知州杨书、曲沃知县魏士瑛，他们都是严士俊找来的，因为在此之前，我并不认识他们。主审官是严士俊，因为当时他的官职最大。"

史贻直接着问道："谁下令对王钦庵他们进行严刑拷打的？"

薛元祜说："还是严士俊，因为他是主审官，是他发的话。"

史贻直又问道："谁下令把郭正兴老父郭成夏抓来的？又是谁把他打死的？"

薛元祜交代说："还是严士俊，是他下令抓的，也是他下令用刑的。"

史贻直再问道："是谁提出要把曲沃士绅高科、高兴汉他们攀诬进来的？"

薛元祐交代说："是魏士瑛，因为他是曲沃知县，他对曲沃情况熟悉，知道谁家有钱，谁家没钱。"

审讯至此，已近中午，史贻直提议暂时休庭，下午继续审问。大家都表示赞同。于是史贻直宣告："现在已到中午，暂时休庭，下午继续审讯，把薛元祐带下去！"

待衙役把薛元祐带走后，史贻直又吩咐把王钦庵、第自义等四人带下去。然后他与高其佩、伊都立商量道："原来我们把情况估计得比较严峻，但是在四个证人面前，他也不敢抵赖，现在看来，此案的情况已经比较清楚，下面似乎没有必要再单独审讯了，可以把他们四人押上堂来一起审讯结案了。"

高其佩完全赞同，说："史大人说得对，案情已基本清楚，不必再单独审讯了，下午就一起审讯吧。"伊都立也完全同意。随后太原府即招待大家吃了个便餐。

下午继续审讯，在"明镜高悬"牌匾下，依然是史贻直居中，左右分别为高其佩和伊都立。待大家坐定后，史贻直把惊堂木高高举起一拍，吆喝道："带犯官严士俊、杨书、魏士瑛、薛元祐！"衙役随即把他们四人押上堂来，吆喝道："跪下！"这四人立即跪下。史贻直命令："摘下他们的顶戴！"衙役即上前摘下严士俊、杨书、魏士瑛三人的顶戴。然后史贻直又喊："传王钦庵、第自义、高科、高兴汉上堂！"

衙役也随即把这四人带上了堂。史贻直令他们站立一旁。待他们站定后，史贻直把惊堂木一拍，问道："严士俊，我来问你，河东禁止私茶买卖的政策是谁制定的？凭什么制定这一政策？有没有报告山西巡抚衙门？"

严士俊一看，这四位受害人都在堂上，当堂对质，心想这下无法逃脱罪责了，干脆老实交代吧，于是一股脑儿全部交代说："是犯官制定的，是陕西榆林府行文至河东道，叫制定的。犯官原是陕西咸宁知县，因为巴结年羹尧，得到年羹尧保举升任河东盐运使同知，实际是年羹尧安插在山西的一颗钉子，从此就死心塌地跟年羹尧跑了。因为要巴结年羹尧，当接到榆林府行文时，明知河东道以地位而论在榆林府之上，下级不能行文上级，但依然放下身段，接受了他们的行文。心想有了年羹尧做靠山，就不怕山西巡抚衙门了，所以虽然河东道属于山西，竟不向山西巡抚衙门禀告，就制定了禁止私茶贸易的禁令，实际也是怕他们不批。”

史贻直斥责道：“不禀报上级批准，违反国家规定，私自立法，你知道这是什么罪吗？”

严士俊满头大汗顿首说：“是死罪一条，该死该死。”

史贻直又问：“是谁把王钦庵他们存放在旅店里的茶叶报告给年羹尧的？”

严士俊交代说：“是薛元祐报告我的，我又把这事报告给了年羹尧，年羹尧遂令金启勋把这批茶叶罚没，运至西安变卖。”

史贻直继续问道：“那么又是谁提出要把王钦庵、第自义等带到运城审理结案的呢？”

严士俊说：“也是我，我想进一步从他们身上捞取油水，以显示自己的能耐，向年羹尧献殷勤，获取他的欢心。”

这时高其佩接过惊堂木一拍问道：“你们中哪些人参加了审讯？是如何拷打他们的？”

严士俊交代说：“我串通了曲沃知县魏士瑛、解州知州杨书，和薛元祐一起参加了会审。”

高其佩训斥道：“杨书、魏士瑛，你们知罪吗？”

杨书和魏士瑛齐声说：“知罪，知罪，我们犯了私设公堂，私自拘禁审讯平民罪。”

薛元祐接着也说："犯官也参加了，罪该万死。"

高其佩又问道："你们中谁是主审官？是谁下令对他们用刑的？"

严士俊交代说："犯官是主审官，也是犯官下令对他们用刑的，郭正兴父亲郭成夏也是犯官下令将其逮捕归案的，审讯中由于用刑过猛将其活活打死，犯官罪该万死。"

高其佩继续问道："谁提出把曲沃士绅高科、高兴汉等攀诬进来的？这个鬼主意是谁出的？"

魏士瑛说："是犯官我。我看前面薛元祐、严士俊他们做了许多事，在年羹尧面前立了许多功劳，我参加进来迟，我也想显示一下自己的能耐，以获取年羹尧的欢心，就出了这个鬼主意。因为我是曲沃知县，对曲沃情况熟悉，知道哪些士绅有钱，哪些人胆小怕事，所以我就点了这几个士绅的名字，设法把他们攀诬进来，进行恐吓。"

高其佩再次问道："你们一共讹诈了高科、高兴汉他们多少钱财？"

魏士瑛交代说："他们承诺的总数有 9 万多两，但没有全部兑现，只兑现 46000 多两，已全部交给了年羹尧。还有 48000 多两未交。另外，年羹尧的家仆严福缘，答应给晋商们帮忙说说情，少交一些，也收受了 1500 两贿银。"

至此，史贻直见他们的问题已交代得差不多了，与王钦庵、第自义、高科、高兴汉诉述的经过内容基本相符，情节属实，便与高其佩、伊都立商量就此结案。高、伊二人也均表赞同。史贻直遂宣布："审讯到此结束，将他们的供录给他们分别画押。"

书吏随即把他们四人的供录给他们分别画了押。然后史贻直宣判道：

一、薛元祐，身为巡检，不好好维护地方治安，反而勾结严士俊，非法罚没王钦庵等人私茶，敲诈勒索，戕害人命，巧取豪夺，祸害百姓，实为此案的始作俑者，亦为主犯，特判以绞监候，秋后处决，抄没其全部家产；

二、魏士瑛、杨书，二人均为朝廷命官，竟然伙同严士俊等人私设公堂，残害民命，巧取豪夺，特判以绞监候，秋后处决，抄没全部家产；

三、严士俊另案处理；

四、王钦庵、第自义、郭正兴、高科、高兴汉等人，均为守法商人和地方士绅，被严士俊、薛元祐等非法构陷入狱，罚没私茶银两，惨遭残害，现此案业已查清，均无罪释放。从上述四犯所抄没家产中，各补贴王钦庵、第自义、郭正兴经济损失一万两银，郭成夏抚恤安葬费500两银。高科、高兴汉等人所交罚款，全部发还，未交的全部免交。退堂。

王钦庵等人听了立即下跪，热泪盈眶，高呼“青天大老爷”，史贻直等辞谢后退出大堂。

七　审查年羹尧私占盐窝案

史贻直他们审结了年羹尧侵吞晋商王钦庵等人的私茶，并进一步扩大对象，进行敲诈勒索案以后，便开始审理年羹尧私占盐窝案。

所谓“盐窝”，就是盐商向政府交银纳课，购得的一种经销食盐的凭证，俗称“盐引”。因为食盐是人人生活的必需品，是旧社会财政税收的重要来源之一，所以从春秋战国时期，齐桓公兴盐铁之利以后，历朝历代都对食盐实行专卖。尽管历朝历代对食盐的专卖政策各不相同，但自宋、明以后基本上都是实行引盐制度。

这种引盐制度，最早是由蔡京在宋徽宗政和三年(1113)所创立的“盐引法”转化而来的，即用官袋装盐，每袋 116.5 斤，以封印为记，一袋为一引，编立引袋号码簿。盐商先向政府交纳银两税课，从政府手里领取盐引票据，至盐政部门呈验，经与引袋号码核对无误后，即可支取引盐运销。这种盐引又有长短期之分，长引为期一年，运销外路；短引为期一个季度，只能在本路销售。这种“盐引法”，后又几经变革，到明弘治年间(1488—1505)正式形成所谓的“折色法”，即商人直接向政府交银领取盐引，赴盐场支盐销售，从而大大方便了盐商的营销，从此一直沿用到清朝。

而山西的引盐制度又称盐窝。这种盐窝又分坐商和运商两种。坐商通过向政府交纳巨额税课，从政府手上购得大批盐引。运商则各从坐商手上分购部分盐引买盐，运至盐引所指定的引岸销售。所以坐商都是些坐拥巨资的富商，有自己专门的商号，一般都是世代相沿。有的大商号一次就能向政府缴纳一百余锭税课（一锭约合旧规银 49.8 两多），不过一般只有七八十锭至八九十锭不等，小的只有二三十锭。但是随着时代的变迁，有的坐商子孙不能世守祖业，便变卖家产，竟至出让自家的盐窝银锭。这样盐商就开始逐渐分化，虽然依然还有坐拥一百余锭的大盐商，但已出现了许多只有二三十锭的中小商铺，甚至还有二三人合做一锭的小散户。

关于年羹尧攫取潞安、泽州等十七州县盐窝之事，伊都立在奏折中只是带上一句，至于他是如何攫取这十七州县盐窝的，伊都立没有具体说明。所以史贻直和高其佩他们在赴太原之时，就先绕道潞安、泽州二府秘密调查了年羹尧私占盐窝之事，而后才赴太原进行审案。

在从京师赴潞安、泽州的路上，史贻直与高其佩商量道："高大人，我们二人同时到一地进行调查，恐怕目标太大，容易打草惊蛇，最好是我们两人分开，分赴两府，进行秘密调查。这样目标不大，也节省时间。同时，我们调查的时候还不能直接找知府问话，因为我们现在还不知道这两位知府，以及这两府其他官员的态度。如果他们当中有人倒向了年羹尧，我们向他们问话进行调查，他们就会掩饰隐瞒，暗中设置障碍，破坏我们的调查，甚至直接报告年羹尧，对我们暗下毒手。因此，我们最好是不暴露身份，进行秘密调查，先找府学里的生员们了解情况，因为生员都是年轻人，富于正义感，而且生活在下层，消息灵通，了解下情。"

高其佩说:“史大人,您这个主意很好,就照您的意见办。史大人,那您就去潞安府吧,潞安府近一些。我去泽州府,泽州稍微远一些。”

史贻直说:“行,那我就去潞安府。”

史贻直抵达潞安后,身着便衣,不声不响来到潞安府学,见几位生员正在院内场地上讨论学问,史贻直也凑上去,与他们一起讨论,发表意见。他们一听,史贻直的见解非常高明,一个个都投之以惊奇的目光,说:“这位先生好学问啊!”

史贻直说:“不才只是随便说说而已,不值一提。不过不才也有个问题想请教诸位。”

生员们齐声说:“什么问题?先生请讲。”

史贻直说:“诸位知道不知道有个‘富斌’商号,及其私占潞安、泽州等十七州县盐窝的事?”

生员们都说:“嗨,这又不是什么秘密,谁不知道?”大家说着都警觉地抬起头来向四周张望了一下。其中为首的一位说:“这里太显眼了,说话不方便,我们找一个隐蔽的地方去说。”

大家齐声说“好”。然后为首的那位,就把大家带到假山石后面一个偏僻的草坪坐下,一起说开了。一位陈姓生员说:“这事是由河东盐运使同知严士俊一手操办的。他首先下令把拖欠税款的盐商革退,勒令他们交出盐窝,如果不交,就抄没家产抵作欠税;再不交,就找几个打手把他们抓起来;还不交,就毒打一顿,一直把他们打到愿意交出盐窝为止。就有赵瑞华、万自安、林木森三个盐商被他们活活打死。其中万自安一家最惨。万自安被打死以后,他老父亲一听,心里一急,就去世了。他妻子在情急之下,也上吊自缢身亡了,剩下三个小孩,被逼流落街头乞讨。”

张姓生员说:“他们逼退了那些欠税的盐商以后,又逼迫其他零星散户盐商,要他们以半价把盐窝卖给他。这些盐窝都是他们各自的祖传产业,是他们赖以生存的资本,怎肯轻易出售呢!更何况是半价。大家都不愿意出售。于是严士俊就派出打手找各家的麻烦,说东家卖盐时缺斤少两,西家在盐里掺泥沙,又有哪家用14两小秤卖盐(旧时16两一斤),等等。然后这些打手就大打出手,砸毁了盐商们的盐店,打伤店中人员,逼迫他们出售盐窝,并威胁说再不出售就把他们统统抓起来毒打。最后这些商家只好乖乖地把自己祖传的盐窝,以一半的价格卖给了他。我们潞安府的东昇号、日昇号、泰昌号、泰盛号、鸿盛号等,都是一二百年的老字号盐铺了,就这样被迫一个个都卖给了他。"

杜姓生员说:"据说这严士俊在陕西咸宁也搞了个商号,采用同样的方法,攫取了咸宁地区的许多盐窝,销售食盐牟取暴利。"

路姓生员说:"你们知道吗?这严士俊是河南许昌宝丰人,他祖上是宝丰一带有名的大土匪头子,专门打家劫舍,发了横财,在老家置下了一两千亩的田产。后来他祖父在一次土匪火并中被杀死了,他父亲就带着一家老小回到老家,让严士俊读书。这严士俊读书倒还聪敏,考上了生员秀才,捐了个监生,又捐了个候补知县,分发到陕西署理咸宁知县。据说这严士俊同他祖父一样凶残无比,在河南宝丰地区行凶作恶多年,欺男霸女。宝丰地区没有人敢惹他。我有一个远房表叔姓唐,在宝丰当过三年知县,对他家的底细知道得清清楚楚。"

就在这时,生员们在假山石后聚会的事被府学教授知道了。府学教授怕生员们出事,派人叫他们赶快各回自己的书斋,不得集会。

史贻直问大家:"你们的府学教授为人如何?"

陈姓生员说:"我们的府学教授为人很好,他也十分痛恨严士俊,只是手中无权,无可奈何。”

史贻直得知这一情况,立即走过去向府学教授递上自己的名帖。府学教授接过一看,是吏部侍郎史贻直,立即稽首致礼说:“下官不知部堂大人莅临,有失远迎,望乞恕罪!”

这时史贻直身边随员立即上前小声说道:“现在史大人是钦差大臣,奉命到你们山西来调查严士俊强占潞安、泽州盐窝一案的。”

府学教授早就对严士俊行凶霸道的所作所为深恶痛绝,听说史贻直来调查严士俊强占盐窝一案,便邀请史贻直到他的书斋长谈,把他所了解的严士俊强占潞安、泽州盐窝一事,全都告诉了史贻直。当史贻直了解到潞安知府也对严士俊深恶痛绝后,又把潞安知府请来一起长谈。潞安知府又揭发了年羹尧私印 12000 张盐票,每张 10 引,只上交 10000 张,另 2000 张 20000 引就攫为己有。由于垄断了潞安、泽州等十七个州县食盐的营销,严士俊在不到一年的时间里,就获利超过 172000 两银。同时高其佩也查清了严士俊在泽州强占盐窝的一系列罪行。而后他们便会合一起,信心十足地北上太原,审案去了。

通过实地调查,他们得知年羹尧私占盐窝一案,是由严士俊为他一手操办的。于是他们便决定审讯严士俊,从严士俊身上打开此案的缺口,通过严士俊了解年羹尧私占盐窝案的全貌。当史贻直、高其佩他们来到太原府后,即在太原府大堂坐定,依然是史贻直居中,左右分别为高其佩和伊都立。只见史贻直把惊堂木一拍,高喊道:“升堂!带严士俊!”衙役们不断地把杀威棒“笃笃笃”地敲着地,发出一阵阵“威武”的吆喝声。不一会儿,衙役即把严士俊带到,喝道:“跪下!”

严士俊应声跪下,随即向四周张望了一下,只见受审的就他一个人,其他人都不在,与昨天的审讯大不一样,而且气氛森严,便深知情况的严重性，小心翼翼地低下了头。

这时史贻直把惊堂木一拍，问道："下跪何人？"

严士俊说："犯官严士俊。"

史贻直问道："严士俊！你知罪吗？"

严士俊头脑非常灵敏，不敢回应说没有罪，正面顶撞，也不承认有罪，只是说"不知大人所问何事"，以此试探虚实。

史贻直说："严士俊，我问你，你是怎样勾结年羹尧强占山西和陕西的盐窝的？"

严士俊一开始还想抵赖，说："没有呀，犯官只是一名小小的知县，而年大将军是川陕总督，抚远大将军，那么大的官，犯官怎么高攀得上呢？"

史贻直怒斥道："你这个泼皮，一贯地阿谀奉承，巴结上司。你本是生员出身，靠捐监、捐官，署理陕西咸宁知县。你不高攀、巴结上司，一下子就能从署理知县，很快实授，接着就升任河东道运同了吗？河东道运同可是从四品的高官了。你不巴结上司，就能从一名正七品的知县，一年不到，一下子就越级提升到从四品的高官吗？中间可是跳了两个半大档、五小档。一般人即使顺顺当当，也得十几年才能升到这一步。你说，你没有特殊的关系，不是死党，就能在一年之中连跳四五级，当到从四品的高官了吗？你说，你是怎么高攀上年羹尧的？"

严士俊见抵赖不掉，只得避重就轻地交代说："我结识年大人是在前年二月。年大人在西安召见各府州县官员，催缴历年的陈欠，在会上表扬了我，说我雷厉风行，敢作敢为。"说到这里，严士俊突然停下不说了。

史贻直紧追不舍地问道："就这么简单吗？"

"这，这，这……"严士俊喃喃着，说不下去了。

史贻直把惊堂木一拍，提高嗓音喝道："严士俊！老实告诉你，你的情况我们已经调查得一清二楚，连你的祖父是干什么的，他怎样为你们家购置一两千亩田地，后来又是怎么死的，我们都摸得清清楚楚。要不要把你们家这些老底兜出来，让大家听听？"

严士俊一听，大吃一惊，想不到连他祖父当土匪的事，他们都已知晓，心想狐狸尾巴怕是藏不住了，干脆，还是老实交代吧。于是他就竹筒子倒豆，一股脑儿地把他与年羹尧交往的经过全部说了出来："原先我与年大将军并不熟悉，他那么大的高官，我是没有经过科举考试，花钱买来的知县，所以在署理咸宁知县时，特别努力，在雍正元年催缴历年陈欠时，我很快就完成了任务。后来年大人在召见各府州县官员时，见其他人都没有完成任务，有的只催交到部分欠款，只有我一人完成了任务。他当着大家的面表扬了我，要大家向我学习，回去以后也要像我一样，大胆泼辣地催缴。"

"后来呢？"史贻直紧追不舍地问道。

严士俊感觉，他的心思已完全被史贻直摸透了，没法回避了，只得硬着头皮如实交代说："后来退堂散会时，他要我留下。待大家散尽后，他走下台，来到我面前一旁坐下，说：'严大人您看，我数万军队，弟兄们要吃饭，朝廷拨下的饷银又不够，怎么办？我只得广开财源，委屈大家了。您看，您还有什么新的办法帮帮大哥我的忙吗？'这时我完全被他打动了，又听他说到'广开财源'的话，就说：'财源是有，不知能不能行？'他连忙说：'您说您说。'我就说：'朝廷的财源主要不就是靠田赋和盐税嘛。现在我们这里田赋不行，可以再在盐税上想想办法。'他说：'盐税上有什么办法？'我就把我们陕西、山西一带的行盐情况向他作了汇报，说陕西、山西有许多散户盐窝，拖欠税款，我们可以从他们手上收回来自己营销，这钱不就是我们自己赚了嘛！他说：'这倒是一个好办法。'随后他说，他身为总督、封疆大吏，又带着数万军队，怎么能自己分身营销食盐呢？我说：‘这个好办，只要您年大人说行，其余的事不必您亲自来办，由我来办即行。’他说：‘那就太好了。’于是我们就这么定了，随后他就把我题补为实授咸宁知县了。”

“那你是怎么做的呢？”史贻直接着问道。

严士俊说：“我回到咸宁后，先强行没收了几名欠税散户的盐窝，又以低价强行收买了其余散户的盐窝，成立了拥有上千锭资本的‘尧’字商号，攫取陕西咸宁、河南陕州等 18 个州县的行盐特权，由我代理年大将军经营。”

“那你是怎么没收辞退这些欠税散户的呢？你说辞退，他们就肯辞退吗？”史贻直问道。

严士俊交代说：“我对付他们的办法，首先就是抄家罚没，以抵欠税；再不行就抓人监禁，甚至给他一顿杀威棒，直到他同意辞退，交出盐窝为止。”

“那又是怎么以低价收买那些散户盐窝的呢？”史贻直问道。

严士俊交代说：“开始时，他们当然是不愿意出售这经营权的，因为这也是他们所赖以营生的产业，全家所赖以生存的家产，怎肯轻易出售？那就找他们的碴儿，比如胡说他们售盐时缺斤少两，盐中掺杂泥沙等，或者找几个流氓上门恐吓，诬称他们犯了什么王法，如此一来，几下子，他们就不敢不出售了。”

史贻直责问道：“对待这些善良的小商小贩，下这样的毒手，你们于心何忍？”

严士俊说：“不这样不行啊，否则我在年大将军那里过不了关，交不了差呀，为了巴结年大将军，我只能这样横下心来。”

史贻直斥责道：“你们这叫作没有人性，为虎作伥，知道吗？”然后史贻直又问道：“你们成立的‘尧’字号商行，盈利情况如何？你们怎么分成的？”

严士俊说：“去年一年即盈利18万两，我只留下不到1万两，其余全部上交给了年大将军，随后他就把我题补为河东运同了。”

史贻直继续问道：“他就只是把你题补为河东道运同，没有说些什么吗？”

严士俊交代说：“他说了，只要我跟着他好好干，以后升官发财是没有问题的。他说他下一步准备保举我为山西巡抚。”严士俊说着，抬头看了看伊都立，然后低头不说了。

史贻直喝道：“怎么停下了？保举你为山西巡抚，接下来呢？继续往下说！”

严士俊交代说：“当时我很激动，山西巡抚，那么大的官，我想都不敢想，小声地说了句‘那行吗’，谁知‘那行吗’三个字被年大将军听见了。年大将军当即就说：‘什么“那行吗”？你知道吗？当今皇上当年还是我拥立的呢，不要说一个小小的山西巡抚，就是再大一些的，都察院左都御史、各部尚书，也未尝不可。只要你跟着我好好干，听我的话就行。到时候，我当了大学士，你当了各部尚书，这整个大清朝廷还不是我们两人说了算吗？’”

史贻直问：“当年某人说了这些时，你是怎么想的？”

严士俊交代说：“当时我听了，只是感觉到年大将军本事真大，连当今皇上都是他拥立的，对他崇拜得五体投地，心想，很庆幸，我跟对人了，从此我就死心塌地地跟着年大将军走了。”说到这里，严士俊又停下不说了。

史贻直问道：“怎么又停下不说了？”

严士俊说：“大人，说完了，没有了。”

史贻直把惊堂木重重地一拍，喝道：“他就说了这些空话？难道没有要你到山西来为他做些什么，布置些具体的任务？”

严士俊交代说:“布置了,要我到河东来多拉些人,为他培植势力,扩大影响,并不失时机地为他捞钱。”

史贻直问道:“那你有没有为他这么做呢?”

严士俊交代说:“为他做了,我来到河东,就利用考察工作的名义物色同伙,先后拉上了茅津巡检薛元祜、解州知州杨书、曲沃知县魏士瑛。”

“就这么几个?”史贻直问道。

严士俊说:“就这么几个。当然,我是想多拉些人的,以扩大影响,我曾有意接近平阳知府、蒲州知州、平陆知县等人,但是他们都有意回避我。”

“那你为他捞钱了没有?”史贻直问道。

严士俊交代说:“捞了,罚没了王钦庵、第自义、郭正兴等人的私茶,一次就为他捞了 5 万多两银,随后又逼迫高科、高兴汉等士绅捐饷 9 万多两,已交 4 万多两,还欠 4 万多两。”

狡猾的严士俊尽拣些已经暴露了的、表面上的问题交代,就是不深入实质,对于私占盐窝的问题一点没有触及。史贻直紧追不舍地问道:“还有呢?”

严士俊回说:“没有了”。史贻直一听有些火了,把惊堂木重重一拍道:“怎么没有了? 那山西潞安、泽州两府的盐窝呢?”

严士俊不料史贻直竟掌握了那么多的线索,知道隐瞒不了,又只得把私占山西潞安、泽州盐窝的事全盘托出,说:“哦,有这回事。我在销盐的过程中,结识了一些山西潞安、泽州两府的盐商朋友,了解到山西潞安、泽州也和我们咸宁一样,有好些散户拖欠税款。于是我又打着年羹尧的旗号,胁迫潞安、泽州两府的官员,由我强行收回了这些欠税散户的盐引,又以低于市场一半的价格,收买了其他散户的盐引,成立了以年羹尧儿子年斌、年富为店主的‘富’

‘斌’两个商号，攫取了潞安、泽州地区十七个州县经营食盐的特权。”说完，严士俊如释重负。

史贻直问道：“那你又是怎样收回那些欠税散户的盐窝，低价收买其他散户盐窝的呢？那些地方官就任凭你胡作非为了吗？”

严士俊交代说：“使用的办法依然同咸宁时一样，采取恐吓、欺诈、诬蔑、造谣的办法。那些地方官，我只要一抬出年羹尧年大将军，他们就不敢为难了。只要他们不为难就行，下面具体的事情就由我来处理了。结果就一个个都乖乖地出让盐窝，不到一月就完全敲定。”

史贻直追问道：“那你是如何恐吓、欺诈、诬蔑、造谣的呢？比如说对于那些欠税的散户？”

严士俊交代说：“对于欠税的散户，一般都是抄没他们的家产抵作欠税，勒令革退，叫他们交出盐窝，要不就对他们拳打脚踢，毒打一顿，直到他们交出盐窝为止。”

史贻直问道：“有没有把人打伤致残，甚至打死？”

严士俊说：“好像有，但是已经记不清了。”

这时，高其佩拿起惊堂木一拍说：“怎么好像有，你在泽州府把朱一贵、林鸿飞、陈达德三个人打伤致残，现在还躺在床上不能下地呢！还活活打死了孙富贵、王宝强二人。”

史贻直也接着指责说：“严士俊，你在潞安府也打死了赵瑞华、林木森、万自安三人。特别是万自安，被你们打死后，他六十多岁的老父亲，心里一急上不来气，也去世了。他妻子情急之下也自缢身亡，留下三个小孩流落街头乞讨。你在潞安一地就背了五条人命，你该当何罪？”说到这里，史贻直气愤地把惊堂木一拍说：“严士俊，你还是不是人！为了讨好巴结年羹尧，竟害死了那么多人，打伤致残那么多人，你还有没有一点人性？”

严士俊似乎已陷于恐怖的绝境之中，哆哆嗦嗦地说："我，我，我也想不到会这样。我，我，我认罪，我罪该万死，罪该万死。"

然后史贻直又继续问道："严士俊，你是如何收买其他散户的呢？"

严士俊交代说："我开始时是好言相劝的，要大家把盐窝卖给年羹尧，说年羹尧不会亏待大家的。但因为是半价收买，大家还是不肯出售。于是我就组织打手找碴儿，说东家卖盐时缺斤少两，西家盐中掺泥沙，那家又是用 14 两小秤卖盐，等等，然后派出打手捣毁他们的店铺，打伤人员，抄没家产，抓捕店主，不让他们消停，迫使他们接受条件，出售盐窝。最后他们都被迫以一半的价格，把盐窝全都卖给了我。"

史贻直批判说："你这是买吗？你这是抢劫，你与你爷爷当年的所作所为有什么两样？都是公开抢劫！你知道，你这样搞垮了潞安府多少百年老店吗？东昇、日昇、泰昌、泰盛等，这些都是一两百年的老字号，都毁在了你的手里。你是历史的罪人！"

高其佩也补充说："他不仅砸毁了潞安府的这些百年老店，也砸毁了泽州府的许多百年老店，如永兴、大兴、新兴、永盛等。"

严士俊愧悔地说："是，是，是，我犯了滔天大罪，是历史的罪人。"

史贻直问道："那我问你，严士俊，你在咸宁革退那些欠税散户，半价收买零星散户时，有没有打死打伤那些店主？关停百年老店？"

严士俊交代说："既然我在潞安、泽州二府革退欠税散户、半价收买零星散户时，抓捕、打死打伤了那么多人，关停那么多百年老店，那我在咸宁肯定也打死打伤了一些人，关停了一些百年老店。只是那时没有人去调查处理，所以我也没有在意，到底打死打伤了多少人，关停了多少百年老店，我还真不知道。”

史贻直说道：“好，你在咸宁的事不在本案范围之内，那我们就不说了。现在我问你，你攫取潞安、泽州二府的盐窝后，经销食盐，获利多少？”

严士俊交代说：“攫取潞安、泽州二府盐窝，才经销几个月，就已经案发，大致获利17万多两银，但已全部交给了年羹尧。我自己一两银都没有留。”

史贻直接下来问道：“那盐票是怎么回事啊？”

严士俊见问到盐票的事，突然想起来了，又补充说：“大人，盐票，有这回事。您不说，我倒忘记掉了。这是今年年初的事。我把潞安、泽州私占盐窝的事搞定以后，到西安向年大将军汇报。汇报完以后，他问我接下来该做什么。我说，我们已经占有了30几个行盐市场了，市场已经够大的了，不能再扩大了。如再扩大，一则我们忙不过来，同时影响也太大了。他听了，看着我没有讲话。我看他心有不甘的样子，就说要么印些盐票，印10000张盐票，一张抵10引，控制源头。他说那就印12000张吧。结果按照他的意旨，印了12000张盐票，以一张抵10引，共120000引。他上交了10000张100000引，自己扣下2000张20000引。但这些盐票尚未开始流通，我们就东窗事发了。”说完严士俊又停下了。

史贻直见他停下，又问：“没有啦？”

严士俊说：“没有了，大人，这回真的没有了。这么多我都交代了，没有必要再隐瞒了。大人，实在是没有了。”

史贻直见如此情景，估计也差不多了，而且自己掌握的线索也就这些。就看看高其佩、伊都立，示意他们还有什么要问的。高其佩、伊都立也都说没有要问的了。于是史贻直就吩咐书吏，把严士俊交代的供录让他画押。待严士俊画押后，史贻直当堂宣判道：

“严士俊勾结上司，违反国家政令，私占盐窝，肆意敲诈勒索，劫掠民财，残害民命，数额特别巨大，手段特别残忍，导致许多人家破人亡；还非法罚没晋商王钦庵等人的私茶，严刑拷打，致死人命，私自拘禁绅士高科、高兴汉等人，勒逼罚款，罪恶累累，罄竹难书，特判处斩监候，秋后处决，抄没全部家产。”最后宣布：“退堂！”衙役随即把严士俊带走了。

把年羹尧私占盐窝一案审理结束以后，史贻直、高其佩便将审查年羹尧盐、茶二案情形一并上奏，提出：“根据上述审理结果，请将年羹尧革职拿问，年富、年斌革职，杨书、魏士瑛、薛元祐俱拟绞监候，严士俊斩监候，俱秋后处决，罚没家产。年羹尧等所得银两，照例行追，分别入官给主。其行盐本利银两，应于年羹尧名下严追，一并入官。”

八　调查年羹尧命金启勋领兵郃阳剿杀村民案

审讯完严士俊协助年羹尧私占盐窝案以后，史贻直与高其佩回到馆舍，两人讨论了一番，即展开折本书写奏折，把他们这次出差太原，审理年羹尧盐、茶二案的经过及其处理意见，向雍正帝作全面汇报。

史贻直与高其佩刚把奏折写好，伊都立即领着太监吴公公进来了。史、高二人抬头一看，见是吴公公，大吃一惊，刚要上前打招呼，只见吴公公抢先一步，走到正北朝南站定，开口说道："史贻直、高其佩听旨。"史贻直、高其佩、伊都立等人听到，立即下跪听旨。吴公公即从衣袖里取出圣旨打开宣读："奉天承运，皇帝诏曰：年羹尧丧尽天良，令河东盐运使金启勋，以弹压盐枭为名，不行告知，领兵黑夜围堡，致死众多人命，着史贻直、高其佩审完年羹尧盐、茶二案后，即写好奏折交吴良镛带回给朕，然后赴郃阳查明实情回奏。钦此。"

吴公公读完圣旨，立即上前扶起史贻直，说道："诸位大人请起。"于是大家起身，相互拱手致礼。吴公公说："史大人，诸位大人辛苦了。"

史贻直抱拳向右一举说："为皇上朝廷效力，何谈辛苦。"大家也都很谦虚，说：“不辛苦，不辛苦。”

吴公公说：“史大人、高大人，您二位还得辛苦一趟喽。”接着又说：“皇上还有口谕呢，皇上说：‘吴良镛，你带朕口谕，告诉史贻直、高其佩，就说这次去郃阳调查，可能有安全隐患，着山西巡抚伊都立，从抚标中挑选身强力壮、武功高超者一二十人，派一守备、千总统领作队长，随史、高二位前往郃阳，以作保卫。’”说完他转身对伊都立说：“伊大人，这要靠您了。”随后说道：“好了，我的事全说完了，诸位随意。”

伊都立见吴公公的事情已经办完，就说：“诸位大人，现在时辰已经不早了，大家还是先吃饭吧，民以食为天哪。”

伊都立刚一说完，吴公公就说：“伊大人，您别说，咱家还真有点饿了，早晨一起来就赶了好几个时辰的路，现在肚子有点不听话了。”

史贻直接着说：“好，我们都跟伊大人走，不能叫吴公公饿肚子。”说着，大家就一起说说笑笑，跟着伊都立走向膳厅。

饭后吴公公即告别回京，伊都立忙着去抚标，为史贻直他们挑选保卫勇士。史贻直、高其佩则回去忙着收拾行装，准备第二天赶路去郃阳，调查金启勋致死村民案。

第二天一早，伊都立就领着他挑选的抚标勇士们来到馆舍，与史贻直他们会齐，准备出发。临行前伊都立一再叮嘱抚标勇士们说：“千万要保护好史大人和高大人他们，不能出一丁点儿差错，否则就要你们的脑袋。”抚标勇士们都连连点头，说：“中丞大人，请您放心，我们以性命担保，绝对不会出事的。”

史贻直、高其佩他们告别了伊都立，一路上马不停蹄，行进了五六天，第六天傍晚抵达陕西郃阳，钦差随员进去通报说：“钦差大臣史大人、高大人到！”郃阳知县周文泽听到有钦差大臣到，立即出来跪迎，请到县衙大堂行礼。礼毕，史贻直问道："周大人，听说去年金启勋曾来郃阳清剿盐枭，有这事吧？"

周文泽连连点头说："有，有，有，有这事。"

史贻直继续问道："他们清剿盐枭这事，你参加了吗？"

"报告大人，下官没有参加。他们是晚上到的，没有通知下官，清剿完，他们当晚就回去了。不过第二天就有人报告给下官，自然就知道了。"

"他们清剿了多少盐枭？"史贻直追问道。

周文泽回说："听说有七八百人呢！"

"有那么多人吗？"史贻直疑惑地问道。

"有，有八九个村庄哩。"周文泽回说。

史贻直又问："八九个村庄的人都是盐枭？"

周文泽回说："听说都是。"

史贻直说："听说也吓死了不少人。"

周文泽回说："没有吓死多少，也就七八十来个人吧。乡下人，没见过阵势，一看深更半夜乌漆墨黑的，来了那么多军爷，见人就杀就砍，有的就吓得上吊，跳崖，或投井。"

史贻直又问："金启勋带了多少兵士？"

周文泽回说："听说有百把人呢！"

史贻直看看高其佩问道："高大人还有补充要问的吗？"

高其佩摇摇头回说："没有，没有。"

史贻直见高其佩没有补充，就对周文泽宣布几条纪律，说："周大人，我们刚到，天也晚了，今天我们就先说这些。我们在这里会有一阵子，有几件事，你必须做到：一、我们来到这里的消息，你必须绝对保密，不能有一点儿泄露；二、我们在这里的日子里，你不能离开县衙，我们会随时找你问话，你必须随叫随到；三、最近县衙的一切公务，全交给县丞去办，你必须密切配合我们工作；四、县衙的上下人等，不得擅自离开，也不得打听我们的消息，有事我们会找他们商谈的。”

周文泽听了连连点头说：“是，是，是。”

史贻直吩咐说：“那你就下去吧。”

周文泽起身说：“馆舍就在东面，我叫教谕戴大人领大人们去。”说着就退出了大堂。史贻直、高其佩一干人等，随后即由教谕戴某领到馆舍歇息。

史贻直、高其佩等用餐后在馆舍闲谈时，史贻直说：“高大人，我感到金启勋围剿盐枭一案大有问题。周文泽说剿杀了七八百名盐枭。盐枭一般都是单个或数人一起作案，最多也就十几个人一起行动，哪有七八百人一起作案的道理？七八百人，这目标不就太大了吗？傻瓜也不会这样作案啊！再说七八百盐枭要运多少盐啊，不是要搬一座盐山了吗？那么多盐卖到哪儿去呀！七八百人已成为大股农民造反队伍了。大清朝到现在还没有出现过如此庞大的农民造反队伍呢！而且盐枭大都有武功，七八百有武功的盐枭，而盐运使的缉私队一般也只有数十人，最多也不过百把人，有武功的只是少数。数十百把人的缉私队，能打得过七八百有武功的盐枭吗？根本不可能！我怀疑这里面有问题，而且是大问题，有可能是让广大的农民做替死鬼了，而历史上这样的事情屡见不鲜。”

高其佩听了连连点头说道：“您说的有道理，有这个可能。”

史贻直又说：“现在一切还都是猜想，等明天到现场考察了再说。我看这样，高大人，明天我们啥也别做，先叫周文泽领我们到现场去考察考察，等我们考察了以后视具体情况再定，你看怎么样？”

高其佩说:“史大人,您说的极是,就按您说的办。”

最后史贻直说:“好了,高大人,今天晚上我们就舒舒服服睡一觉吧。”说完,二人不一会儿就呼呼睡着了。

第二天起来用过早餐,史贻直就吩咐随员把周文泽找来。史贻直对周文泽说:“县尊,今天我们就先去看看这八九个村庄的现场吧。”

周文泽一听大吃一惊,说:“史大人、高大人,这八九个村子已空无一人了,一片荒凉,到处杂草丛生,时有野兽出没,很不安全,就别去了吧。”

高其佩说:“不碍事的,我们只是看看在什么地方。就是有野兽出没,你看我们有这么多卫士,还怕野兽不成?就照史大人说的去看看吧。”

周文泽无可奈何地说道:“好吧,那我们先看看城南村和城北村,这两个村庄距县城最近,都只有五六里的路程。”

史贻直说:“好啊,我们先去城南村,然后再转城北村看看。”

说着大家就在周文泽的陪同下,一起走出馆舍,直奔城南,出得南门,越过一道山梁,来到一条山沟谷地。周文泽站在山坡上用手往下一指说:“下面就是城南村。”

史贻直顺着他指的方向往下一看,惊得倒吸了一口冷气,天哪,这哪里像什么村庄,虽有二三十个窑洞的门户,但全都大门洞开,黑洞洞的,外面全是荒草,荒无人烟。史贻直、高其佩他们摸着走下去,荒草起码有半人高。树上的乌鸦看到人来,“呱”的一声飞走了。几只野鸡听到人声,也“嘭”地飞了起来,草丛里的野兔受惊后则在里面乱窜。史贻直、高其佩他们拨开草丛,试着走近一户窑洞,刚到门洞口,一股腐朽味就扑面而来,只见里面锅碗瓢盆桌椅农具横陈,像是有人住过,但起码已有年把无人来过。他们看了一会儿就退了出来。史贻直走到一棵树旁，看到草丛中一个圆圆的葫芦样的东西，就弯下身去查看个究竟，可刚低下头，只听“嗖”的一声，似有物体飞来。史贻直起身回头一看，只见一支箭正射中树干。要不是史贻直低下头去查看物件，早就中箭了。接着又听到“嗖”的一声，射中一名刚走过来的卫士。这名卫士应声而倒。这时卫队长大喊一声：“不好！有刺客！你，你，还有你，你们几个保护好史大人和高大人，其余人员都跟我去抓刺客！”他用手指了指几个人，然后手一挥冲上山坡。其余卫士也都跟着冲上山坡。当卫士们冲上山坡时，只见山下一个人影，迅速地逃进了对面的树林。卫队长估计，即使追下山去抓捕也来不及了，等追下山时，凶手早已不知去向了。这时更要注意的是，防止凶手的调虎离山之计，保护好史贻直和高其佩他们最重要。所以卫队长思考片刻，还是领着大伙回来了。

与众卫士冲上山坡的同时，史贻直和高其佩立即扶起应声倒地的卫士，见他肩胛骨部位中了一箭，因为不知此箭有没有毒，故没有贸然把箭镞拔下。史贻直忙问周文泽：“此处有没有郎中？”

周文泽忙说：“有，有，有，就在南门大街上。”史贻直、高其佩他们正忙着要把这名中箭的卫士抬到南门大街去时，卫队长领着众卫士回来了，报告说“看到一个人影钻入了对面的树林，来不及抓捕，又怕中了调虎离山之计，所以就回来了”。史贻直也不仔细询问了，而是急忙招呼众卫士说：“快把这中箭的卫士抬到南门大街去。知县大人，由你领路。”

不一会儿，大家七手八脚地把中箭的卫士抬到了南门大街上的郎中药铺。一位约莫六十多岁，头发、须眉皆白的老郎中迎上前来。史贻直也顾不得行礼，急急忙忙说：“老先生，我的这位朋友中箭了，请大夫看看有没有办法？”

老郎中一看说:“没事,先把他扶到病床上趴下,帮他把衣服剪开。”然后他转到柜台后,从药箱里取出一个用红绸布作瓶塞的小青花瓷瓶,走到病床前说:“你们看,这中的是金枪箭,幸亏到了我们家,别家药铺是没有这种解药的。”说着他用夹子夹住箭镞使劲一拉,那卫士“啊”的一声,随着喊声落地,箭镞已经拔出,一股黑血顺着箭疮流出。老郎中随即在疮口敷上药粉,疼痛立即停息。

史贻直感觉有点奇怪,忙问:“老先生,这箭和药难道还有什么名堂?”

老郎中说:“当然有名堂啰。这金枪箭是当年天山派剑客的毒箭。当年天山派剑客来与华山派剑客论剑比武,华山派剑客就败在这毒箭上。后来华山老道研究出了这解药。明末李自成造反时,剿灭了华山老道,只有一人逃出,流落到我们郃阳,孤苦伶仃,我爷爷收留了他,为他养老送终,他临终时就把这解药传给了我家。好了,你们留下一人照顾这小兄弟,其他人都回去吧,三个时辰后来接他回去。”

史贻直便叫随员付钱,随员说:“早上出来原本只是说到城南村去看看,没想到出了这档子事,所以忘记带钱了。”

史贻直听了忙说:“老先生,我们行李都落在旅店里,早上出来得匆忙,忘记带钱,下午来接人时一起付钱好吗?”

老郎中说:“可以,不过我的药资可不菲哦!我看你们不像是穷人,我得多要些哦,五两银子。如果是穷人,我就不要你们的钱了。”

史贻直说:“行,我们下午来付。”说完,史贻直等一干人就回去了。

下午史贻直、高其佩他们由周文泽带领,继续查看了城北村和南顺村。这两个村庄各有二三十户,相距很近,也和城南村一样,整个村庄都没在野草丛林中，荒无人烟，成为禽兽出没之所。史贻直、高其佩他们看了唏嘘不已，然后回到馆舍派人带上药资，去把那受伤的卫士接回来。受伤卫士回来后，陪同的卫士说："这五两银子那老郎中没收，他说，他有话要向大人讲，请大人吃过晚饭后去一趟，不要多带人，也不要被人知道。"

原来那老郎中听他们说话都是京城口音，又是从城南村来，就觉得奇怪，寻思道，到那个荒无人烟的绝村去干吗？又看到知县周文泽也在里面，唯唯诺诺，如同仆人一般。再看看史贻直，相貌堂堂，说话举止那样地有板有眼，感觉此人绝非平常人等。待他们走后，老郎中就拉着那陪同的卫士，到后面没人的地方问道："你们是干什么的，到城南村去干吗？"

开始时那卫士还保密，说随便去走走。老郎中说："不对吧，随便走走还会中这样的毒箭？这支箭肯定是射向那个大人物的，这小兄弟为他挡了这一箭。"

那卫士奇怪地问道："你怎么知道？"

老郎中说："笑话，我多大年纪了，什么事没经历过，那肯定是位大人物，连知县大人都在他面前点头哈腰的。"

卫士见保密不住了，就把嘴附到老人耳朵边悄悄说："我告诉您，您可别乱说哦！我们大人是皇上派来的，钦差大臣。"老郎中一听大惊失色，临走时就托他带个口信，说："晚上天黑后，请你们大人来一趟，我有话跟他说。"

史贻直一听老郎中有话要跟他说，心想肯定有重要信息，就对高其佩说："高大人，老郎中要我去一趟，有话跟我说，肯定有重要情报，晚上我就去一趟，这里的一切就得请你多留心了。"

高其佩说："您就放心去吧，这里有我负责。不过您得一定要小心，多带几个卫士去，以防不测。"

史贻直说:"没事的,你放心好了。"

吃过晚饭,待天黑以后,史贻直就带着两名卫士,假装成病人看病的样子,来到郎中药铺。老人见到史贻直等人进来,把门关上后,"扑通"一声向史贻直跪下。史贻直一把扶起老人,说:"您折煞下官了,快起来,这里不是官衙,我们平起平坐。"说着就随手端过一张凳子,请老人一起坐下说话,并指令卫士在外面守候,不准任何人接近。

老人说:"这城南村,还有城北村、南顺村、北顺村、岳庄村等等,一共有八九个村庄七八百人哪,都是去年被那场围剿盐枭时屠杀毁灭的。大人哪,他们哪里是来围剿盐枭,实际是来劫掠。为什么?因为我们郃阳是陕西有名的关中平原,富庶之区,这里处在黄河、洛河、渭河之间,陂渠纵横,万井提封,灌溉便利,沃野千里,物产富饶,家给人足。这些人哪里是什么盐枭呀,都是些殷实富户和老实巴交的庄户人家,有的还是贡生、监生、生员,有功名的绅士。许多都是拥有数百甚至一两千亩土地的大户人家。城南村就有一户监生、两户秀才,城北村有一户监生、一户秀才。其他村也都有,都是有头有脸的人家呀,有偌大产业,当了贡生、监生、秀才,怎么还会做盐枭呢?是那些军爷假托剿灭盐枭的名义来实行抢劫的,为消灭罪证,把男女老少全部杀死,然后一把火全部烧光。这就是金启勋干的好事。事后他还升了官呢!后来保长李弘峨、邢文硕先后到县衙控诉,说这些都是乡绅员外,善良百姓,根本不是盐枭。知县周文泽说肯定是盐枭,要他们承认那些被剿杀的村民都是盐枭。他们两人死不承认,结果被活活打死。"

老人一面说着,史贻直一面令卫士做好记录。听完后,史贻直对老郎中说:"老先生,您今天提供的证据非常重要,我们一定会把这件事调查清楚的,请您放心!不过还得请您老在这笔录上签个字,以示慎重。”老人随即在笔录上签了字。

史贻直告别老郎中回到馆舍,把这事告诉了高其佩。高其佩说:“史大人,想不到这事还真被你猜中了。”

史贻直说:“高大人,我看今晚我们还得提高警惕。白天有人要刺杀我们的目的没有达到,会不会晚上再来?我们不得不防。”

高其佩说:“史大人,您说得对,我们得小心防备。”

史贻直说:“大家都已知道我们住这个房间,今晚我们这样,把被子在床上铺开盖好,里面塞些无用物品,做成有人睡在里面的样子,以迷惑刺客,然后我们不告诉任何人,悄悄地换个房间去住,看晚上会不会有什么动静。”

高其佩说:“您这个主意好,就这样办吧。如果没发生什么意外,固然很好,如果真的出现意外,也是一个调虎离山的好计策。”

于是,他们依计做好后,就悄悄地换了个离得远些的房间去睡了。果不其然,到夜半三更时分,外面值班卫士突然惊呼:“不好!有刺客!”

卫队长听说有刺客,立即从床上跳了起来,高呼“保护好史大人和高大人”,说着就冲进了史贻直和高其佩原来住的房间,点起灯火,发现房间窗户大开,再看看床上,被子都被戳了好几个洞,掀开被子一看,两人的床上竟是些乱七八糟的东西,被子里没有人。卫队长迷惑不解地摸摸脑袋,心想,这是怎么回事呀?

这时史贻直、高其佩听说有刺客,也从床上跳起赶来。当他们来到原来住的房间时,看到卫队长和众卫士们一脸惊愕的样子。史贻直就把昨晚与高其佩一起议的计策告诉了他们:“因为昨天上午,刺客暗箭伤人,未达目的,估计晚上还会再来,为防意外,我与高大人一合计,就换了个房间,并在床上做成有人睡着的样子,以迷惑刺客。你们看，刺客果然上当了吧。”大家听了哈哈大笑，心想还真有点悬。史贻直见时间还早，就叫大家散了，回房间再睡会儿，不过为防不测，他建议大家还是要提高警惕，不要睡得太沉，警觉点儿。

次日早晨，他们吃过早饭后，随周文泽继续考察，并接连几天，相继考察了北顺村、乾落村、玉树村、岳庄村、宋家村、和阳村，所见所闻，莫不与城南村、城北村、南顺村相同。在回城的时候撞见一位村民，村民见到他们拔腿就跑。卫士感觉可疑，随即上前拦住，带来问话。史贻直提醒那卫士，不要惊吓了村民，然后对村民说：“我们是京城人士，今天路过这里。刚才你看到我们拔腿就跑，这是为什么？”

那村民见是京城里来的人，而且又是那么和颜悦色，不像是杀人劫掠的军爷，心里就安定下来了，说：“我怕又是官兵来剿杀我们了，心里害怕，所以就跑了。”

史贻直追问道：“难道你们这里发生过官兵剿杀村民的事？”

那村民见史贻直他们不信，把眼一瞪说：“怎么没有！就在去年一个漆黑的晚上，突然来了一队士兵，一个个包围了我们八九个村庄，冲进一户户人家，见人就杀，见东西就抢，把全村抢光杀光后，就一把火烧个精光。我就是在乾落村被杀未死，倒在血泊中昏迷过去的。醒来时见家家户户被抢光杀光，我就忍痛逃到我姑妈家躲起来了，一直等风声过后，把伤养好才出来。幸亏我姑妈家全村都保护我，都说我是姑妈的儿子，才躲过这一劫。这几天我姑妈生病，今天我进城为我姑妈抓药，遇见你们这队官兵，心里害怕，所以就跑了。”

史贻直一听他亲身经历了这场灾难，就问他叫什么名字。那村民说他叫冯天嘉，原是乾落村人氏，现寄住在王家庄他姑妈家。

史贻直得知这一切,就问他:“能不能把你所经历的这场屠杀经过,全部告诉给我们?”

开始时冯天嘉不肯,说怕惹来杀身之祸。旁边一名卫士指着史贻直告诉他说:“这位是钦差大臣,是专门来调查此事,为那些惨遭杀害的村民洗刷冤屈,平反昭雪的。”

冯天嘉见是为他们来平反昭雪的,就满口答应了,不过他说:“现在还不行,我姑妈生病,我必须把药送回去,帮我姑妈把药煎好。”

史贻直见机行事说:“要不这样,我派两人跟你回家,等你把你姑妈的药煎好了,再把你所经历和知道的这场劫掠告诉给我们的人,我们的人帮你做好记录,然后你在这记录上签字画押,交给我们的人带回来给我,你看这样行吗?”

冯天嘉一听,连忙说:“行,行,行。”于是史贻直就派了一名随员和一名卫士,随冯天嘉回去了。

这里史贻直等回到馆舍,便与高其佩一起商量下一步的工作。史贻直对高其佩说:“高大人,现在我们可以收网了,完全可以说,这是一场以围剿盐枭为名,行劫掠之实的洗劫之举。我提议明天我们就审讯周文泽,然后我们把这八九个村庄的户籍簿取出,统计一下这次围剿一共劫杀了多少人口,以定其罪。”高其佩表示完全赞同。

等他们把下一步的工作计划商量完毕,跟随冯天嘉一起回去的随员和卫士也回来了,把和冯天嘉谈话的笔录提交给史贻直。史贻直一看,与那老郎中讲的完全一致。

由于商量事情,史贻直、高其佩等进膳房迟了一会儿,卫士们都在门口等着。就在这时,一只猫溜进了膳房,见桌上有许多菜肴,跳上去衔了一块肉就吃起来,只见那只猫吃着吃着,把腿一蹬,就倒在一旁不动了。一名卫士见此情景惊呼道:“不好,饭菜有毒!”

这时卫队长和史贻直、高其佩等也都到了,见此状况,决定检测,找来银筷一测,发现菜里果然有毒,于是决定重做晚饭,推迟用餐。

第二天提审周文泽。史贻直、高其佩在县衙大堂“明镜高悬”牌匾下坐定后,史贻直把惊堂木一拍,喊道:“带周文泽!”周文泽被带到跪下。史贻直命令:“摘去他的顶戴!”待衙役摘取了周文泽的顶戴后,史贻直问道:“周文泽,你可知罪?”

周文泽忙说:“下官有罪,下官有罪。但是他们洗劫那么多村庄,下官确实不知呀。下官后来听说了也大吃一惊,感到这事做得太绝了。”

史贻直说:“这事你不知道,我们也理解,他们不会预先告诉你的。但是事后两位保长李弘峨、邢文硕前来告状上诉,你就该为他们申冤昭雪。你非但不为他们申冤昭雪,还帮着说广大村民肯定都是盐枭,这是为何?”

周文泽说:“这是下官的罪过,但这也是上面这么说的呀,下官也只能跟着上面说呀。”

史贻直说:“上面错了,难道你也跟着错,你还有没有一点是非观念?”

周文泽说:“是,是,是,下官是为了保乌纱帽,不敢得罪他们,有罪有罪。”

史贻直进一步说:“你最不应该的是,李弘峨、邢文硕前来告状上诉,你不但不为他们做主,还逼着他们承认广大村民是盐枭。他俩不承认,你就打,直到把他俩活活打死。是不是?”

周文泽连说:“是,是,是,下官有罪,罪该万死。”

随后史贻直宣布："周文泽戴罪听参发落，郃阳知县一职，暂由郃阳县学教谕戴明光署理。"说着史贻直转身对戴明光说："戴大人，好自为之!"戴明光听到，立即跑到前面，下跪叩头说："下官一定不负大人所望，竭尽所能，尽力而为。"

史贻直说声"好，起来吧"，然后宣布退堂。

这时郃阳民众得知来了钦差大臣，一个个头顶申诉状，前来为屈死的广大村民申冤。史贻直好言抚慰，收下申诉状，劝大家回去好好营生，以报答皇上恩德。广大民众三呼万岁后，纷纷散去。

随后史贻直、高其佩令戴明光把这些村庄的户籍簿取出，逐一核对了户数人口，统计出这次年羹尧指使河东盐运使金启勋，率领军士以围剿盐枭为名，行抢劫之实，共劫杀村民 805 名。他们将之上奏朝廷，建议将年羹尧、金启勋立即逮捕法办，严厉审讯，按律处决；周文泽流放宁古塔，效力五年。均得雍正帝批准。

九　监刑年羹尧自裁

史贻直、高其佩等调查完金启勋郃阳剿杀村民案后，即经太原回到京城，直奔皇宫，到端门外通报进去。不一会儿，吴公公出来宣召："史贻直、高其佩南书房见驾。"二人来到南书房报门而进，跪在雍正帝前三呼万岁。雍正帝说："平身，起来说话。"

吴公公随即端来两张椅子，待史贻直、高其佩坐下后，君臣三人先是寒暄了一番，随后史贻直、高其佩即将这次前往山西太原审查年羹尧盐、茶二案，以及赴陕西郃阳调查年羹尧指使金启勋，以围剿盐枭为名，黑夜围堡，剿杀村民一案的经过实情，向雍正帝作了全面汇报。雍正帝听了十分震怒，说："丧尽天良，禽兽不如。"雍正帝接着问道："听说你们在郃阳调查时，还受到三次暗刺，可有这事？"

史贻直与高其佩齐声回说道："有这事，不过托吾皇的洪福，都被我们躲过了，我们依然安然无恙。"

雍正帝说："这些亡命之徒真罪该万死，连朕的钦差大臣都敢暗刺，朕一定好好治他们的罪，决不轻饶。"

史贻直说："皇上，他们这也是垂死挣扎，死到临头，做最后一搏呗。不过歪风邪气终究战胜不了正气，等待他们的依然是毁灭的下场!”

雍正帝听了连说:“对,歪风邪气终究战胜不了正气,等待他们的必然是毁灭的下场。朕为你们主持公道。”

雍正帝听了史贻直与高其佩的汇报,十分喜悦,对他们所完成的审理调查工作也十分满意。他们君臣三人交谈了一阵儿以后,雍正帝说:“两位爱卿在外两三个月,够辛苦的了。我看这样吧,你们把奏折和审理调查的材料留在这里,朕好好看看。你们就先回去团聚团聚,休息几天再上朝赴部报到吧。”史贻直、高其佩即退出南书房,各自回家去了。

史贻直回到家,夫人许氏立即迎上前来,帮他把肩上的行李卸下,说:“出去两三个月,瘦了不少。”史贻直回说:“是吗?”许氏接着告诉他:“大哥来了,分发在内阁做事,任内阁中书。”

原来史贻直大哥史贻简,雍正元年考中恩科举人,已四十多岁了,不想再考进士了,想早点出来做事,被挑选入内阁,任内阁中书,正八品。

史贻直夫妇俩正说着,史贻简和孩子们就从书房迎了出来。史贻直见到史贻简,喊声“大哥”,立即迎了上去,两人拥抱在一起,久久没有分开。然后一家大小围坐一起,互相交流这两三个月的情况。

史贻直首先检查了三个儿子在这两三个月里的学习情况。十八岁的大儿子奕簪说:“孩儿最近主要在先生的指导下,阅读了朱子的《四书章句集注》,这里面讲了许多世界形成的理念和做人的道理,孩儿在阅读的同时,还做了笔记,先生看过了,说孩儿写得不错。”史贻直鼓励他说:“读书做好笔记,这个习惯很好,以后要坚持下去。”

十二岁的老二奕昂说:“孩儿最近在先生的教导下读了《孟

子》。”接着他就背了起来：“《孟子见梁惠王》：王曰：‘叟不远千里而来，亦将有以利吾国乎！’孟子对曰：‘王何必曰利，亦有仁义而已矣……’”史贻直立即制止说：“行了，行了，不光要会背，还要理解，懂吗？”奕昂说：“懂，先生讲的时候，孩儿都认真听着，许多都记下了。”

这时七岁的奕瑰抢着说：“这几天先生教孩儿《神童诗》：天子重英豪，文章教尔曹。万般皆下品，唯有读书高。少小须勤学，文章可立身。满朝朱紫贵，尽是读书人。”他一口气背了几句。

史贻简听了称赞道：“三个小孩读书学习都不错，你整天在朝廷忙碌，管不了家，家里都是弟妹一人操持，既要管家，还要教导孩子，真不容易。”

这时史贻直吩咐三个孩子说：“好了，你们都回书房自己学习去吧，我与你们大伯有事要讲。”

史贻直话音刚落，三个小孩一溜烟跑回书房去了。史贻直便与史贻简聊起了老家的情况。贻简说：“三弟贻忠、四弟贻谦、五弟贻楷、小弟贻谟以及后母他们都很好。贻谟学习特别认真，后母要他以你为榜样，努力学习，成绩比较突出。二叔和小叔的身体也都很硬朗，三叔在江西瑞州任知府……”

他们兄弟两个正说得起劲的时候，家仆来禀报说：“晚饭已摆上桌了，已到吃晚饭的时候了。”于是大家一起吃饭去了。

吃过晚饭，坐了一会儿，史贻直夫妇即回到房间，只有这时才是他们夫妻俩私人的时间。一进房间，夫人许氏用脚后跟把房门一推关上，紧紧地抱住了史贻直。史贻直也搂住夫人许氏，说：“都老夫老妻了还这样。”

夫人说：“老夫老妻怎么啦！老夫老妻也是夫妻。既是夫妻，就得抱在一起，不抱在一起，怎叫夫妻，那就是假夫妻。听说你在郃阳遭到三次暗刺，又不来封信，把人都急死了，天天晚上做噩梦，梦见你被暗害，急得我直跺脚蹬被子，差点把被子蹬到地上。”

史贻直说：“哪里还有空写信啊？再说了，即使写信，等信寄到家，我人也就到家了。”

夫人骂年羹尧说：“这该杀的年羹尧，竟然对同年同学下黑手，搞暗杀，心太黑，没有好下场。”

史贻直说：“未必是年羹尧亲自下令派的刺客。”

夫人说：“人家已经拔出剑来对准了你的咽喉，到这时候了，你还为他说好话哩。”

史贻直说：“我不是为年羹尧说好话，我这是说实话，有可能是金启勋派的刺客。这家伙也一样心狠手辣，是个杀人魔鬼。他竟然带兵一个晚上杀死八百多名村民。”

夫人说：“真是物以类聚，人以群分，两个魔鬼搞到一起去了。”

夫妻俩说着说着，不觉已到深夜。夫人说：“夜已深了，你也累了，我去打点热水给你洗脚。”夫人说着就拿起盆去打热水。这里史贻直随即自己把鞋袜脱下，脱下的袜子还没有放下，夫人就已把热水端来了。史贻直要自己洗，说：“急着赶路，已几天没洗脚了，脚都臭了，还是我自己洗吧。”

夫人说：“夫君的脚，即使臭了，也是香的。”说着，把水放下，就把史贻直的脚往水里一按。

史贻直洗完脚，擦干套上便鞋。夫人已把洗脚水倒掉，又换了一盆热水回来，准备自己洗脚。史贻直执意要为夫人洗脚，说：“你相夫教子，吃辛吃苦，把这个家操持得如此风光。我今天一定要为你洗脚，以减轻我心中对你的愧疚。”

夫人见史贻直如此认真，就坐在矮凳上，把脚往前一伸，说：“好吧，就给你帮我洗。”接着又说：“你为我洗脚，传出去不怕人家笑话你?”

史贻直一面为夫人脱鞋袜,一面理直气壮地说:“我为自己的夫人洗脚,又不是为别的女人洗脚,有什么好笑话的。不为自己夫人洗脚的男人,就不是好丈夫。”

史贻直这一席话,说得夫人五体投地,顿然觉得眼前的丈夫已不是日常天天生活在一起的史贻直了,而是一座泰山,伟大而崇高。

史贻直夫妻俩洗完脚上床,宽衣就寝,依然亲密无间,直到深夜才渐渐熟睡。

史贻直在家休息了两三天,即上朝回部工作。一天在退朝后,正要退出大殿出宫,宣事太监吴公公上前悄悄地说:“史大人,皇上有事要找您,您先在偏殿等着。”史贻直听了随即转入偏殿坐下。

不一会儿,雍正帝即掀帘而入。史贻直正要起立行礼,雍正帝一把按住他,说道“平身,平身”,然后自己也在一旁坐下,说:“各将军、总督、巡抚、提督、总兵,都上了许多奏折,弹劾年羹尧。这些奏折都批转给了吏部。你回部后,把这些弹劾奏折汇总一下,看年羹尧一共有多少罪行。你再仔细衡量一下,他的罪行有多重?该判什么罪?受什么刑罚?你写个奏折呈上来。”

史贻直领命回到吏部,与各位同事见过面,寒暄一番后,即把有关弹劾年羹尧的奏折,统统取出,然后分门别类,一一进行归并统计,共统计出:一、篡逆之罪 5 款;二、欺罔之罪 9 款;三、私自摆出皇帝举动的僭越之罪 16 款;四、冒领军功罪 18 款;五、狂悖之罪 13 款;六、独断专行之罪 6 款;七、阴险毒辣之罪 6 款;八、手段残忍之罪 4 款;九、勒索受贿之罪 18 款;十、贪污公款公物之罪 15 款。计 10 大类 110 款,其中涉及银钱赃款即达 350 余万两银,证据确属,罪大恶极,为大清入关以来最大之巨案,罪当大辟,满门抄斩，诛九族。

本来雍正帝对年羹尧还想网开一面，把他降职为杭州将军，可当他行至江苏仪征时，却逗留不前，处处隐瞒罪行。雍正帝十分生气，再把他降为四品章京，赴杭州效力。待史贻直把参劾他的众多奏折整理出来以后，雍正帝一看，大吃一惊，想不到他竟有如此多的大逆不道之罪，且贪得无厌，残忍成性，害死数百上千人的性命，已无可赦免，就把他从杭州提来京城审理，最后令其自裁。至于其自裁时该由谁去监刑，雍正帝想来想去，感觉还是派史贻直去比较合适，一是年羹尧的案子一直都是由史贻直经手审理汇总的，他对年羹尧的案情最熟悉；二是史贻直与年羹尧同科进士，二人在翰林院庶常馆还同学三年，应该有话可说，也可以让年羹尧死得安心。再说了，史贻直识大体，明法度，办事有章法，值得信赖，于是就把这一任务又派给了史贻直。

史贻直开始时还有点犹豫，即向雍正帝提出要不要避嫌。雍正帝说："你已经把年羹尧那么多案子都审理定案了，还有什么可疑的？朕相信你，你大胆去办就是。"

史贻直提出："如果年羹尧提出什么要求来，那该怎么办？"

雍正帝说："那要看是什么要求，如果是一般非原则性的，你可以接受，回来向朕禀报一下即可，尽量满足他的要求，也体现了朝廷对于他的宽大恩典。人家既然要死了，何必太苛刻，让人死不瞑目呢。不管怎么说，过去他还是有功于朝廷的。要不是他做得太绝，朕何至于要杀他呢！"

听了雍正帝这一番话，史贻直心里有了底，便坦然接受了任务，告退出宫，来到刑部，领了三尺白绫，准备了一盒丰盛的酒菜，来到天牢。狱卒打开牢门，史贻直径直走到"天"字号囚室。年羹尧听到脚步声，警觉地向前看去，一看是史贻直，还未等史贻直走到跟前，就大声说："铁崖兄，由你来送行，我死得安心，也能瞑目了。"

年羹尧这句话，说得史贻直十分尴尬，随即也快言快语地说："既知有今日，何必当初，那样地肆无忌惮！"

年羹尧看着天窗说："世上没有后悔药，如果都能预料到后事，世上就没有犯错误的人了。"

史贻直也不听他那些怪话了，就把饭盒放下，准备把酒菜摆上。年羹尧一看着急了，有些生气地说："你就这么急着要我上西天啊，别急着把那些东西摆出，先坐下，让我们好好说说话，让我把心里想要说的话，通通说完再吃。"

史贻直听了随即停下，无可奈何地说："我怎么摊上你这么个同年，好，我听你说。"

年羹尧若有所思地说："现在我真想再回到我们在翰林院庶常馆读书学习的年代。"

史贻直回说："那时就算你最会恶作剧，老是欺负我。"

年羹尧抢着说："那时你最小，只有十八九岁，只能和你在一起，拿你开开玩笑了。像张廷玉，他比你大十几岁，三十多岁了，比我都大七八岁。他不同我们在一起玩，就无法同他开玩笑了。你别说，你结婚的时候，我还去闹过洞房呢，你看我们关系多亲密呀。"

史贻直呛了他一下，说："你还说呢，你在我们床上撒了一床的花生瓜子壳，害得我们一晚上都没有好好睡觉，后来一讲到这事，我夫人就骂你。"

年羹尧笑嘻嘻地说："好玩嘛，你看，你们那次多热闹。要是没有我们去，你们的洞房有那么热闹吗？喜事嘛，就得热热闹闹的。"停了停，年羹尧用带着埋怨的口吻说："你夫人还骂我哩，我还没有骂你家夫人呢，把我们三人都灌得烂醉如泥，害得我在翰林院里那三年一直抬不起头来，一说人家就讥笑我们，说我们无能，都斗不过一个女人。”

史贻直接过话茬说：“你还别说，我夫人那天提的四个问题还真不错，都是讲如何对待百姓民众的问题。你们走了以后我夫人就批评你们了，说：‘你们都是庶吉士，出去都要当官的，有的还要当大官，当官特别是当了大官，连如何对待民众百姓的问题都没有搞清楚，这官怎么当得好？’”

年羹尧无可奈何地说：“不说了，这时候说什么都晚了。”

史贻直批评道：“亮工，不是我批评你，你就是喜欢瞎胡闹，恶作剧。你在我们同伴之间搞搞恶作剧也就罢了，在政治上也搞恶作剧，出门要什么黄土铺路，擅用黄袱，设座当会府龙牌前正坐，等等。这些都是皇上才能享受的待遇，你能这样做吗？你这样做了就是犯忌，是大逆不道，有野心的僭越之举，这是要杀头的，你知道吗？”

年羹尧狡辩道：“为了寻找刺激嘛！你看我已经做到一品大臣，封一等公，除了皇上和亲王，再没有比我更大的官了，不能再向上爬了，就想寻求一点刺激嘛！”

史贻直批评说：“你这是寻找刺激吗？你这是找死。在那荒野的边关，荒无人烟的地方，找一点刺激也就罢了，但也要有度，什么能做得，什么不能做，头脑要清醒。没有度，越过了红线，那就是杀头的大罪。”

年羹尧垂头丧气地点头说：“你说得对，确实太过分了，越过了红线。”

史贻直继续批评说：“而且你挥霍无度，拼命向朝廷要饷要粮。这几年国库已经被你们掏空了。康熙六十一年(1722)，你不停地催要粮饷，先帝爷被你搞得没有办法，一次就给你发去500万两银。这500万两一发，国库只剩下区区800万两银了。我们这么大一个国家，这区区800万两银能顶什么用？一旦发生大的灾荒怎么办？你有没有替国家朝廷想想？万岁爷为了国库开支，整天都在绞尽脑汁。”年羹尧被他批评得哑口无言，只是两只眼睛眨巴眨巴，看着他，无话可说。

史贻直接着又说：“你掏空了国库还不够，还到处伸手捞钱，任意罚没商人的私茶，私占盐商的盐窝，敲诈勒索。特别是竟然还以围剿盐枭为名，指使金启勋率兵，把郃阳八九个村庄洗劫一空。这还不够，竟然把这八九个村庄的村民，八百多人全部杀光。你这是丧尽天良，没有人性，你懂吗？八百多条人命哪，一夜之间，被你们全部杀死！”说到这里史贻直的眼圈都发红了。

史贻直这一顿批评，触及了年羹尧的灵魂深处，使他良心发现。年羹尧双腿往地上一跪，泪流满面，用头使劲地撞着铁栅栏，说：“铁崖兄，不要说了，我不是人，猪狗不如，我罪该万死。”

史贻直气愤地说：“你不仅杀了郃阳这八九个村庄的村民，还要杀我呢！”

年羹尧反问道：“你瞎说，我什么时候要杀你了？你可不能诬陷我！”

史贻直说：“就在三个多月前，皇上派我去郃阳，调查你们黑夜围堡杀害八百余村民的事，你们派人三次暗杀我，可都被我躲过了，结果你们落了空。”

年羹尧发誓赌咒地说：“三个月前我已经到了杭州，再也没人敢与我接触，我已成了孤家寡人，连你去郃阳调查此案的消息我都不知道，怎么会暗刺你呢！再说了，我怎么也不会对你下黑手呀！”说到这里，年羹尧若有所思地说：“对了，这肯定是金启勋干的。这个人，可是比我还狠的杀人魔王，而且他与黑道中人有来往，肯定是他雇凶来暗刺你的。”说着说着，年羹尧的心情慢慢地平静下来了，深知自己罪恶滔天，罪责难逃，死有余辜，很冷静地对史贻直说：“铁崖兄，不说了，请把酒菜摆上吧。”

史贻直随即把饭盒打开，酒菜摆上，为年羹尧斟上满满一杯，年羹尧端起酒杯说声“谢谢”，然后一饮而尽。史贻直又给他斟了一杯，他接着又是一饮而尽，然后说道：“铁崖兄，我自己来。”说着他就自斟自饮。史贻直一边看着他吃饭喝酒，一边问他还有什么要求没有。他开始说没有要求，随后想了想说：“唯一放心不下的，就是我那小妾。她是蒙古王爷的女儿，已有身孕。她太年轻了，才十八岁。如果皇上恩准，请把她送还给蒙古王爷，让她改嫁，不要为我守节，小孩生下后，就跟继父姓，不要姓年。”

史贻直满口允承，说：“我一定转奏皇上。当今皇上是有道明君，宽厚慈祥，一定会准奏的。你知道吗？按照你的罪行，本当杀头大辟，令堂大人与令兄皆斩。现在皇上格外开恩，只令你自裁，令堂大人已告退在家，免罪；令兄希尧革职免罪。这是多大的恩典啊！”

年羹尧听了泪流满面，用头撞着铁栅栏，发出“哐哐”的响声，连说：“我愧对皇上啊，我有罪，罪该万死！罪该万死！”

这时年羹尧已酒足饭饱，感觉临终的时刻已到，随即向着紫禁城的方向，连磕了三个响头，说道：“皇上，臣走了，请皇上多多保重。”说完即伸手对史贻直说：“拿来吧。”史贻直会意，把白绫递了过去。年羹尧双手接过白绫说道：“铁崖兄，请背过身去吧，不要吓着你。”

史贻直随即背过身子，这倒不是史贻直胆小害怕，是他不忍心看着这位曾经叱咤风云，令西藏、青海的蒙古叛军闻风丧胆的川陕总督、抚远大将军就这么死去。可他才背过身子不一会儿，狱卒就宣布说：“年羹尧已自裁身亡。”

史贻直转身一看，年羹尧已无气息，即令狱卒将其放下，衣衾入殓，然后入宫，把这一切经过向雍正帝作了详细汇报，并转告了年羹尧提出的唯一要求，希望把他的小妾，送还蒙古王爷，让其改嫁。雍正帝听了十分满意，说：“爱卿，你处理得非常好。可以把他的小妾送还蒙古王爷，让其改嫁，下面你就安排一下吧。”

史贻直接受了任务，就派自己的家仆郜爵，把年羹尧的小妾送还给了蒙古王爷。

十　钦差河南审案　维护改革大局

雍正三年(1725),河南巡抚田文镜接连题参了信阳州知州黄振国、汝宁知府张玢、息县知县邵言纶、固始知县汪諴、陈州知州蔡维翰,说黄振国"狂悖贪劣,实出异常",张玢"浮而不实,渐弛放纵",邵言纶、汪諴、蔡维翰"或任柜书银匠朦官作弊,或向盐商借贷,让其小秤卖盐,或怠惰偷安",等等。本来一省巡抚题参下属官员,这是再正常不过的事了。但这次田文镜一是题参的人数较多,一下子就题参了五人;二是他题参的黄振国、张玢等五人情况有些特殊,都是正途进士出身,又都是康熙四十八年(1709)己丑科的进士。而田文镜恰恰不是正途出身,而是由县丞起家的杂途出身。

田文镜(1662—1733),汉军正蓝旗人,监生出身,年轻时通过捐纳,起用为福建长乐县县丞,靠着自己的勤奋努力,升任知县,然后由知县、知州、员外郎、郎中、监察御史、盐运使,一级级逐步升至内阁侍读学士。雍正元年,前往陕西祭祀西岳华山,回京途中经过山西时,发现山西并不像山西巡抚德音在奏折上所吹嘘的那样"全境丰收,一片祥和安康",而是有的州县干旱歉收非常严重,甚至饿殍遍地。他回去以后,就把这一情况向雍正帝如实汇报。雍正帝严厉地批评处分了德音,令田文镜赴山西配合德音好好赈灾,让山西受灾民众度过灾年，然后即令田文镜署理山西布政使，次年调任河南布政使，旋即升任河南巡抚。

田文镜从一名杂途出身的官员，做到了河南巡抚，成为封疆大吏，因而感激万分，工作十分卖劲。这时雍正帝为了巩固政权，正积极推行“摊丁入亩”“官绅一体当差，一体纳粮”的新政，就让田文镜在河南试行，积极推行新政。无疑，这些新政伤害了官绅富人的利益，必然受到官绅富人们的抵制，因而有的地方贯彻不力。也正由于田文镜推行的新政，伤害了读书的当官人的利益，又一下子弹劾了五名正途出身的官员，于是河南的舆论界便传出田文镜不喜欢读书人，不让读书人在河南做官的信息。

就在这时，广西巡抚李绂刚提升为直隶总督，北上就任，经过河南。旧时代有一通例，凡中央及地方大员经过之处，当地都有接待义务，更何况李绂是当时全国名士，有名的大学问家，曾被康熙时的理学大师李光地、文坛领袖王士祯等称为“国士”“奇才”，平时巴结都来不及呢，更何况已亲自来到，所以田文镜听说李绂到了河南，就立即出城迎接。谁知李绂是心直口快、性情爽朗之人，一见到田文镜就当面责问：“明公身任封疆重任，却有意与读书人作对，这是为什么？”

李绂这么突然一问，把田文镜惊呆了，两只眼睛盯着李绂，一时不知说什么好，停了好一阵子才问：“李公，您这是从何说起？我什么时候与读书人作对啦？”

“那我问你，你为什么听信奸邪小人张球，陷害黄振国、张玢、邵言纶、汪诚、蔡维翰？”

田文镜是雍正帝的心腹，仗着雍正帝的宠信，也不示弱，立即回道：“我必须纠正你两点错误：一、张球是个好官，不是什么奸邪小人；二、我没有陷害黄振国、张玢、邵言纶他们，而是他们自己犯了很多错误，工作不力，被我题参的。你这是是非不分，诬陷好人。”

“张球是个好官？他是个市井无赖，你知道吗？他借贷不成，伺机报复，专门在你面前搬弄是非。你还说他好官，你自己鬼迷心窍，反说我是非不分，诬陷好人哩。”李绂生气道。

“哦，我知道了，你和黄振国、张玢、邵言纶、汪諴、蔡维翰他们，都是康熙四十八年的进士，你们都是朋党。你见到你的这些同年被劾，就心生袒护之情，而欲徇私舞弊。”田文镜反唇相讥。

“你这是性情偏狭，信用佥邪，贤否倒置，我要到万岁爷面前告你去。”李绂越说越生气。

“好，那我们就各自上奏折吧。”田文镜也不示弱。

就这样，两人你一言，我一语，争得面红耳赤，不欢而散。李绂气得拔腿就走，头也不回地径直往直隶方向去了。田文镜站在那里看着李绂北去的身影，呆了好一阵子，最后摇摇头，无可奈何地回去了。

李绂进京以后果然上了一折，说田文镜听信佥邪小人，诬告朝廷命官。接着田文镜也连上几本。田文镜自思道：“你说我听信佥邪小人，我比你更狠一点，就说你与黄振国、张玢、邵言纶、汪諴、蔡维翰是朋党，看到你的同年被劾，起而袒护，徇私舞弊。”田文镜并进而向雍正帝提出：“如果说我题参的这些人，是听信了别人的挑唆，诬告好官，皇上您可以派得力大臣前来核查。”

所谓“朋党”，就是政治小集团，一些政治人物为了个人私利，将国家利益置之度外，通过师生、同年同学、同乡、同僚等关系，抱成一团，互相提携，相互庇护，而对于异己则一概予以排斥，打击报复，诬陷迫害。清朝初年，康熙帝和雍正帝父子两人，总结了明朝灭亡的经验教训，多次警告这种“朋党”政治集团的危害性。康熙帝曾告诫大臣们说:“至于宦官为害,历代有之,明如王振、刘瑾、魏忠贤辈,负罪尤甚。崇祯之诛锄阉党,极为善政。但谓明之亡,亡于太监,则朕殊不以为然。明末朋党纷争,在廷诸臣置封疆社稷于度外,惟以门户胜负为念,不待智者,知其必亡,乃以国祚之颠覆,尽委罪于太监,谓由中官用事之故,乌得为笃论耶!”他并进一步警告说:“夫谗谮媢嫉之害,历代皆有,而明末为甚。公家之事,置若罔闻,而分树党援,飞诬排陷,迄无虚日,以致酿祸既久,上延国家。朕历观前史,于此等背公误国之人,深切痛恨。自今以往,内外大小诸臣,应仰体朕怀,各端心术,尽蠲私忿,共矢公忠,岂独国事有裨!即尔诸臣亦获身名俱泰。倘仍执迷不悟,复踵前非,朕将穷极根株,悉坐以交结朋党之罪。”

后来雍正帝还撰著了《朋党论》,令各王公大臣认真学习。雍正帝告诫说:“从前圣祖皇帝见科道官员朋比作奸,互结党羽,潜通声气,网利徇私,屡降谕旨切责,至再至三。朕即位以来,令满汉文武诸臣及科道等官,皆用密折奏事,盖欲明目达聪,尽去壅蔽,以收实效也。”他特别告诫那些都察院的科道官员,必须心中无私,只有自己无私,“方能弹劾人之有私者。若自恃为言官,胸怀诡诈”,与人结为朋党,“听人指使,颠倒是非,扰乱国政”,必将绳之以法。虽然“诛戮谏官,史书所戒,然审其缓急,权其轻重,诛戮谏官之过小,而酿成人心世道之害大也……岂恤此区区小节,而忘经国之远图哉”。所以清朝前期对朋党的惩处是十分严厉的,连索额图、明珠等皇亲国戚,都因朋党问题而受到了严厉惩处。所以田文镜紧紧抓住李绂的“朋党”问题不放。

面对李绂和田文镜两人相互之间的纠弹,雍正帝不想把事情闹大,因为他们两人都是雍正帝所需要和喜欢的人。田文镜办事认真,勇于承担责任,无所顾忌,这正是他推行新政所需要的。而李绂，不但为官清正廉明，勇于承担责任，人品好，而且学问大、名声好，在官场影响很大，代表了舆论界的呼声，是清流派的领袖，要稳定朝野，就需要这样的人。特别是当年年羹尧曾拉拢过李绂，李绂却毫不动摇，不为年羹尧所用。所以雍正帝对李绂特别感激。可是要如何消除他们两人之间的误会隔阂，把他们团结起来，共同为自己所用呢？雍正帝思考良久，都没有想出一个好办法。田文镜又口口声声要求雍正帝简派得力大臣下去核实。派谁去好呢？一时拿不定主意的雍正帝，就找史贻直来商量。

史贻直来到养心殿，向雍正帝行了君臣大礼后，就坐下听雍正帝向他介绍有关李绂与田文镜互相纠弹的情况。史贻直听了雍正帝的表述后，也同意雍正帝对于他们两人的评价，认为他们两人都是当前必不可少的大臣，不能抛弃任何一方，要调和他们两人之间的矛盾，同为雍正帝所用。但他又认为不能是非不分，若要分清是非，就必须答应田文镜的要求，派人下去核实，田文镜所题参的这些人到底有没有问题，李绂所提到的那个张球到底是什么样的人，是不是真的“市井无赖，佥邪小人”，还是如田文镜所说是个好官。但是他不同意田文镜把李绂与黄振国、张玢、邵言纶、汪诚、蔡维翰他们说成是朋党。他说：“凡是朋党都有自己小集团的私利，而且许多都有上下级的关系。李绂与上述黄振国等五人，没有自己小集团的私利，李绂根本就不是一个谋私利的人。而且李绂此前是广西巡抚，而黄振国他们五人都是河南的地方官，两地相距数千里之遥，相互之间构不成上下级的关系，没有任何联系，怎能成为朋党？再说，不能把所有的进士都打成朋党呀，这样打击面也太大了。全国的进士有多少呀，起码得有四五千吧，而且从内阁大学士到各部院、翰林院的主要大臣几乎都是进士出身，非进士出身的少之又少，如果这些人都成了朋党，那大清成什么样子了，以后我们依靠谁呀?”停了一下他又接着说道:“皇上,微臣认为,田文镜这一招看起来很狠,但实际上很不明智,反而暴露了他自己目的不纯,得罪了大多数。”

雍正帝完全赞同史贻直的看法,说:“田文镜的这些说法很不妥当,也不明智。”

史贻直接着又说:“皇上,微臣从他们的争论中倒看出了一些问题:一是河南传出舆论说,田文镜不让读书人在河南做官。这说明田文镜在河南革除弊政,推行‘官绅一体纳粮,一体当差’等新政十分积极卖力,取得了一定的成效,得罪了士绅,引起了他们的反对。同时在推行新政的过程中,也受到了一些官员士绅的消极抵制。田文镜所参劾的黄振国等五人,很可能就是消极抵制新政的代表人物。此外,田文镜工作上也有可能不够仔细,说服教育工作做得不够,作风可能粗暴了一点,因而引起了一些士绅们的抵制与反对。这时候我们必须大力支持田文镜,不能让他这面新政试点的旗帜倒下。同时我们也必须提醒田文镜,要多做深入细致的说服教育工作,如果那个张球的确是个地痞无赖,必须立即与他切断关系,把他治罪。而对于抵制新政的官员,必须严厉惩处。另外,李绂一贯清正廉洁,不谋私利,这是好事,必须鼓励,但作为清流派的领袖,要把舆论引导到时代潮流的浪头,支持皇上的新政改革,不能拖新政改革的后腿,成为时代潮流的末流、暗流。”

雍正帝听了十分赞同,说:“爱卿的见解非常正确,朕完全同意。只是现在田文镜非要简派得力大臣,下去调查核实黄振国等五人的案件不可。那派谁下去好呢?”说到这里,雍正帝的目光又落在了史贻直身上,似乎在征求他的意见。史贻直会意地笑了笑,说:“皇上,我现在正在整理各部院甄别僚属的材料呢!”

雍正帝摆摆手说:“那就先放一放吧,时间不会长的,或者交给右侍郎沈近世也行。”

“那我一个人去也不行啊，刑部也得派个人。”史贻直说。

“刑部派一名郎中做你的随员，我看那个员外郎陈学海不错，人很机敏，你带他出去历练历练。”雍正帝说。

史贻直无奈地答道：“行，那就照皇上说的办吧。”

君臣两人这样商定以后，史贻直又以钦差大臣的身份前往河南。但是，田文镜虽然口口声声要求雍正帝简派大臣下去核实，其实他内心并不是真的希望雍正帝派人下去，而是希望以此为由，博得雍正帝一句“朕完全信任你，无须派人下去核实”。雍正帝与史贻直都没有理解田文镜的真实意图。所以当史贻直抵达河南时，田文镜虽然到接官亭热情迎候，但内心并不欢迎。他认为史贻直也是进士出身，进士出身的人总是帮进士说话，更何况史贻直的三叔史随，也是康熙四十八年的进士，脱不掉与黄振国、张玢他们的干系。尽管雍正帝一再向他打招呼，在他的奏折上批示说：“史贻直是可信之人，办事公正，一定能公正审理这些案件，你尽管放心就是。”但是田文镜还是满腹疑虑，时不时冒出一两句牢骚话。

对于这一切，史贻直都看得清清楚楚，但是他都看在眼里，放在心里，绝不表现在脸上。他心想：你疑虑归你疑虑，我必须秉公办案，不受外界干扰。同时史贻直也考虑，必须保护田文镜，因为他是雍正帝树立的一个标杆，正在试点推行新政。如果把田文镜打倒，不但有损于雍正帝的威信脸面，也将使新政的推行受到严重挫折。这新政关系到大清朝的政治命脉，雍正帝江山的稳固与否，这是个原则问题。所以他还是以大局为重，置个人恩怨于度外，抵达河南以后，先从材料入手，从按察司署把黄振国、张玢、邵言纶、汪諴、蔡维翰等五人的案卷取出，与陈学海仔细阅读了好几遍，然后他对陈学海说：“陈大人，从黄振国他们这五个人的案卷材料来看,可以排除贪污受贿的经济问题,他们主要是对抗田大人的施政方针。因为田大人正在大力推行当今圣上的改革新政,革除弊政,清查积欠,实行耗羡归公上解国库,官绅一体纳粮,一体当差,严行保甲制度,维持地方治安,侵害了官绅利益,实际上也侵害了他们自身的利益,因而对抗上司,消极怠工。同时他们也有藐视上司,看不起田大人之嫌。你看,他们五人都是进士出身,而田大人只是个监生,属于杂途出身,所以他们就敢于对抗。”

陈学海说:“部堂大人,您好眼力,一眼就看出了问题的本质。开始下官感到他们既没有贪污,又没有受贿,都是些鸡毛蒜皮的琐事,还觉得田大人这样做有些小题大做。现在经大人这么一分析,问题真还十分严重,因为田大人是在推广皇上的新政,对抗田大人的政策措施,就是对抗皇上的新政,这可严重了。”

史贻直说:“陈大人,你说对了。那我们就以这方面为主打方向,以批判他们对抗新政、藐视上司为主题。同时为了消除田文镜的疑虑,我建议把河南布政使和按察使找来,我们一起进行会审。这样也显得我们公开公正。”

陈学海说:“好的,就按照部堂大人的意见办。”

于是史贻直便与田文镜一起约见了河南布、按二使,邀请他们隔天一起参加对于黄振国等五人的会审,地点就选择在按察使署大堂。

第二天一早,史贻直即与陈学海一起来到按察使署,布政使与按察使已在按察使署门前迎候,大家见面抱拳问候,客套一番,然后按察使即把大家迎进大堂。史贻直坐上正堂,背靠“明镜高悬”大匾,布按二使与陈学海分坐两旁。然后史贻直把惊堂木一拍喊道:“带黄振国、张玢、蔡维翰、邵言纶、汪诚!”

衙役随即把黄振国、张玢、蔡维翰、邵言纶、汪诚带到跪下。两边衙役用杀威棒敲击着地砖并发出“威武”的声音。

史贻直把惊堂木一拍喝道：“下跪何人？一一报上名来！”

“犯官黄振国。”“犯官张玢。”“犯官蔡维翰。”“犯官邵言纶。”“犯官汪諴。”

史贻直又把惊堂木一拍喝道：“黄振国，你知罪否？”

开始时黄振国还抵赖，说：“大人，田大人说犯官‘狂悖贪劣，实出异常’，那是田大人对犯官的诬陷。”

史贻直把惊堂木重重地一拍说：“黄振国，你康熙末年在四川任知县时，就以‘浮而不实’，在年终评比考核中被参革，后由直隶总督蔡珽推荐，才起用为河南信阳州知州。可你上任以后，依然故我，消极怠工，狂悖贪劣，还不老实交代！”

黄振国一听在四川的老底都给史贻直兜出来了，只得交代说：“犯官上任后，正值田大人推行‘摊丁入亩，官绅一体纳粮，一体当差’的新政，认为自古以来就是‘劳心者治人，劳力者治于人’，庶民当差纳税，官绅享受特权是天经地义的事情，因而心中不快，消极怠工，抵制新政。因为自己是进士出身，田大人不过是监生，靠捐监当了个县丞，因而有些看不起他，常常傲上，对他推行新政，更是反感，捂着耗羡就是不上交。”

史贻直申斥道：“官绅庶民都是皇家的子民，纳粮当差人人都有责任。《诗经·小雅·谷风之什·北山》不云乎：‘溥天之下，莫非王土；率土之滨，莫非王臣。’孔圣人的书你读到哪里去了？田大人虽然是捐监出身，但是他贯彻皇上的圣意尽心尽力，一心为皇家效力，就是公忠体国的功臣。更何况汉高祖还是泗水亭长出身，明太祖更是叫花子出身！你进士出身又怎样？为国家为朝廷做了些什么？你自己想想。田大人说你‘狂悖贪劣，实出异常’，还是轻的呢。实际你就是抗旨不遵，违抗圣旨。”

史贻直这一席话说得黄振国哑口无言，立即低下了头。

史贻直接着把惊堂木一拍喝道："张玢，你呢？"

张玢听了史贻直申斥黄振国这一席话，吓得脸色都变了，听到史贻直叫他，立即战战兢兢地认罪，说："大人，犯官知罪，犯官知罪。犯官犯了包庇罪，包庇犯官李廷基，不让信阳州的官民检举揭发参革知州李廷基勒索养马草料款的罪行，还自己跑到确山县去，劝谕绅衿，帮助知县隐瞒李廷基的罪行。特别是当南汝道员陈世倕，在信阳州张贴'革除弊政，禁止勒索养马草料钱'的告示时，我竟把这些告示匿不张挂，对国家的新政方策有抵触情绪，贯彻不力。"接着他又狡辩说："不过，大人，我这也是为了维护我汝宁府的安定哪！"

史贻直训斥道："张玢，你这不仅仅是抵制朝廷革除弊政，对国家的新政贯彻不力，有抵触情绪，而且破坏阻扰改革新政的贯彻执行，隐瞒真相，欺骗上司，包庇罪犯，性质十分严重，行为十分恶劣。你说你这是为了维护汝宁府的安定。你这完全是在推卸责任，为自己所犯罪行狡辩。田大人说你'浮而不实，渐弛放纵'，是因为去年田大人上奏表扬了你，说你'办事明白，操守亦尚廉洁'。你辜负了田大人对你的殷切期望。"

张玢听了也低下头，连说"是，是，是"，表示承认错误，认罪，接受处罚。

随后史贻直把惊堂木一拍喝道："邵言纶、汪诚，你们两人知罪否？"

邵言纶申辩道："大人，田大人说犯官'一任柜书银匠朦官作弊，重等向农民收粮，盘剥农民'，还说犯官'日耽诗酒，抑且止知课孙，一切吏治并皆废弛'，还'一任伊子、家人窝藏戏旦并剃头少年一月有余，以致通班戏子剃头'。那都是上蔡知县张球向犯官借

1000两银，因当时犯官手上没有那么多现银，只借给他500两银，他就怀恨在心，诬蔑犯官。实际上我们收粮用的斗斛，长期以来都没有变过，不是犯官制定的。这张球本是个地痞流氓，市井无赖，因向田大人推荐了正在上蔡谋食的某著名师爷，遂深得田大人的宠信，被委以署理光州知州，后实授上蔡知县。从此他便以田大人为靠山，敲诈勒索同僚，谁不满足他的要求，他就诬告谁。”

汪诚也说：“犯官的情况也与邵言纶一样。这张球向犯官借钱，敲诈勒索，因犯官才上任，手头比较紧，没有借钱给他，他就向田大人告发，诬蔑犯官上任三日，即乘小轿，拜访盐商，向商人们借贷银两，然后让商人们以14两小秤卖盐，盘剥民众；对于新官上任以后的更换约保、点充柜书等一切陋规，以及养马草料等杂派也不予革除。其实固始盐商们卖盐的14两小秤，又不是犯官创制的，长期以来，盐商们一直沿用这种衡器。我怎么知道这是14两小秤？其实这张球不光是向我们这些同僚借钱敲诈勒索，也向一般商人们敲诈勒索，在向犯官借钱的同时，还向固始盐商勒索了800两馈银，直到案发时，田大人才勒令他把这800两银送还。”

史贻直听了他们二人的交代以后说：“你们所检举揭发的张球这条线索很重要，本钦差一定向皇上转奏，严肃查处。但是你们本人的问题，不能因为是张球检举揭发的就可以网开一面，不予追究。你们两人的问题同样十分严重。一是不能革除‘重等收粮，盘剥农民’‘更换约保，点充柜书’‘养马草料钱’等一切陋规弊政。而且在当前全省上下一片改革新政的热潮中，你们不但不积极投入这新政改革的热潮，反而耽于诗酒，只知课孙，家藏戏旦和剃头少年，演戏取乐；上任三日，就迫不及待地走访盐商，借贷银钱变相地勒索钱财，消极怠工，抵制新政改革，并有伤风化，败坏社会风气。你们非但不认罪服罪，反而把责任推给别人。俗话说为官一任造福一方,你们非但没有造福一方,反而为害一方。你们对得起这'父母官'的称号吗?《礼记·大学》不云乎,'修身齐家,治国平天下',孔圣人的话,你们都当作耳边风。"

史贻直的一顿训斥,把他们两人斥责得低头不语,认罪服罪。

最后史贻直高声喝道:"蔡维翰,你呢!"

蔡维翰见前面四人都受到了史贻直的严厉训斥,知道自己也有对抗新政、消极怠工的罪行,低下头连连说道:"犯官知道,田大人已经说了,犯了'怠惰偷安,不认真清查保甲,以致地方治安废弛。盗案累累,不予缉拿,以致人人自危',犯官实际上犯了阻扰对抗新政的罪行,给社会造成了严重危害。犯官认罪,愿意接受任何处置。另外犯官还有一事要检举揭发,就是上蔡知县张球。"于是他又把张球的来历底细及其敲诈勒索的卑劣手段说了一通,内容与邵言纶、汪诚说的基本一致。

史贻直说:"蔡维翰,你知错认错,接受处罚,还能检举揭发,态度是好的,应该好好反思。"

待上述五人审讯完毕后,史贻直问河南布按二使和陈学海还有什么补充没有,他们三人都表示没有补充。最后史贻直说:"邵言纶、汪诚、蔡维翰,你们三人检举揭发张球的材料,我们一定转奏皇上,转交给田大人,严肃查处。你们五人自己的问题,待本官奏请圣上,听圣上裁定。好了,今天的审讯就到此结束,退堂。"

黄振国等五案审理完毕后,史贻直与布政使、按察使等人交换了意见,大家都一致认为:"史大人审理甚属公正,把他们五人的罪行审理得清清楚楚,与事实完全一致,分析批判十分在理,定性也非常准确,使他们五人心服口服,接受处置惩罚。"

事后史贻直把会审的情况向田文镜作了通报,并把邵言纶他们检举揭发张球的材料转交给了田文镜。田文镜要求史贻直与他一起对张球进行会审。在大量的证据面前，张球也供认不讳，受到了应有的惩罚。会审中，田文镜感慨万千，痛斥张球道："我被你这无耻小人坑害苦了。"然后他转身对史贻直说："谢谢您，史大人，帮我把这个无耻小人给挖出来，要不，我还不知要被他哄骗到什么时候呢！我也愧对李绂李大人。"

史贻直点了点头说："我完全同意你的说法，你题参的这五人都是事实。但是你说李绂是朋党，那就错了。你知道吗？皇上曾经说过：'真不党者，李绂也。再将向日屑小朋情私恩割去，乃全人也。'你说他是朋党，这非但与事实不符，而且你把皇上的这句话置于何地了？"史贻直停下喝了口茶说道："你说他们都是康熙四十八年的进士，因而是朋党。难道康熙四十八年的292名进士，全都是朋党？我们且不说这与事实完全不符，你这打击面也太大了。皇上也不会接受呀！你这一说法很不明智，得罪的人太多了。"

田文镜听了史贻直的批评，连连点头说："史大人，您说得对，完全正确，我的确考虑不周，不应该把他们说成是朋党，那时我也是急得没有办法了，才这样说的，我欠考虑。"

史贻直继续说道："田大人，您在河南推行新政，十分努力认真，成绩显著，皇上也十分满意。但推行新政是一个十分复杂的问题，光靠压制不行，也要多做说服教育工作，尤其是对青年学子。去年河南乡试，学子们为反对'官绅一体当差，一体纳粮'，实行罢考，这就要多做说服教育工作。年轻人血气方刚，行事冲动，宜于说服教育，不宜压制。"说着史贻直停了停说道："田大人，封疆大吏的地方工作，面对的是广大民众，工作不能心急、粗糙，要深入下情，多做深入细致的民众工作，说服教育。时间一长，民众自然明白、理解。"

田文镜听了史贻直的这一席话，佩服得五体投地，不仅完全打消了先前对史贻直的疑虑，而且非常感激史贻直这些善意的批评，感觉史贻直的水平不一般，远超自己。史贻直打道回京复命时，田文镜一直把他送出三舍之外。

史贻直回京后，雍正帝对史贻直对此事的处置也十分满意，至此矛盾已基本解决，黄振国等五人至多也只是革职。然而后来监察御史谢济世等清流党人又掺和进来，把事情闹大，惹怒了雍正帝，最后把这五人处斩，谢济世自己也受到了严厉的处置。此乃后话不说。

十一　钦差山西　审理知府许惟讷贪腐案

雍正五年(1727)八月,史贻直调任户部左侍郎,刚报到不久,宫廷太监吴公公即来通知说:“史大人,皇上找您有事商量,正在养心殿等您呢。”

史贻直听说皇上召见,立即跟随吴公公来到养心殿,报进叩见以后,雍正帝即示意他坐下,说:“刚才接到山西巡抚觉罗石麟转来山西雁平道谢王宠,参劾大同府知府许惟讷巨额贪污的奏折,需要派人去审查核实。”雍正帝看着史贻直,微笑着说:“这是你们户部的事情,看来只有辛苦你去一趟了。”

史贻直听了满口应承说:“皇上,这是属于臣部事务,微臣义不容辞。”

雍正帝说:“爱卿一向勇于任事,朕知道你不会推辞的。现在犯官许惟讷已押解至太原府狱关押,你只要直接去太原审理即可。”雍正帝说着,随手把谢王宠的奏折递给史贻直,说:“喏,这就是谢王宠参劾的奏折,你先看看。另外,朕再为你配备一名随员,监察御史性桂,这人不错,蛮能干的,让他跟你跑跑腿。”

史贻直马上回答“可以”,然后即打开谢王宠揭参许惟讷的奏折,边说边看,直到把谢王宠的奏折看完,然后还给雍正帝,告退。

于是史贻直又以钦差大臣的身份，率同性桂前往太原审案去了。

九月十六日，史贻直与性桂抵达太原，山西巡抚觉罗石麟将他们迎至馆舍，见礼寒暄过后即开始工作。史贻直首先从按察司署取出有关案卷，查阅材料。

谢王宠检举揭发的材料，一条一条写得很清楚，共检举揭发许惟讷16款罪行，其中有些是属于共同性的，史贻直就将这些归并为一类。史贻直把许惟讷这16款罪行共归并为九项：一、盗卖大同大有仓库存米1200石；二、盗卖北厂草料，把所得银两600两据为己有；三、由于管理不善，致使“元”字号仓库存米180.5石变质腐烂；四、亏空大有仓库米2700石；五、挪移军饷银4700余两；六、蔚州上缴府库地丁银未开回折收据；七、亏空大有仓库豆640余石；八、许惟讷寄贮在阳高县、朔州仓库内5000余石私豆的问题；九、涂改143张票据卷宗。

阅完材料以后，史贻直即率同性桂先赴大同，对有关案件进行了实地考察，了解了各案的具体案情后，再回到太原，开始对许惟讷进行具体审讯。本来史贻直邀请觉罗石麟和山西布政使、按察使一起进行会审的，但觉罗石麟考虑到许惟讷系山西大同知府，是山西的地方官，山西省的官员应该回避，并且他们完全信任史贻直的审讯，绝不会有任何疑虑。于是史贻直就与性桂对许惟讷进行单独审讯，地点就借用太原府大堂。由于许惟讷所犯案例较多，案情复杂，一旦发现新的情况，必须立即前往查证，所以此案历经数天，先后审讯了三次，方才结案。

开始审讯之日，史贻直和性桂两人来到太原府衙，太原知府已在门前迎候，相互见面寒暄一番后，知府即把他们迎进府衙大堂，然后离开。史贻直和性桂坐上主审台，背靠“明镜高悬”匾额，两旁衙役早已站立等候。史贻直把惊堂木一拍，高喊：“带犯官许惟讷!”衙役即把许惟讷押上。许惟讷立即在主审台前跪下。

史贻直把惊堂木一拍喝问:“下跪何人?”

许惟讷答:“犯官许惟讷。”

“许惟讷,我来问你,你知道你为什么被关押在这里吗?”

许惟讷答道:“知道,知道,犯了贪渎之罪。”

史贻直发令说:“那你就把你所犯贪渎之罪,一条一条如实交代上来,不得有丝毫隐瞒。”

“大人,他们参劾我的罪例很多,我不知孰先孰后,从何说起,还是恳请大人一条一条提示一下。大人提一条,我老老实实交代一条,绝不隐瞒半点,自干罪戾。”

史贻直感觉许惟讷毕竟为官多年,也承审过许多案件,知道隐瞒抵赖没有好处,所以还是比较老实的;而且他的这些问题都是公开表面化的,没有什么隐晦之处,于是就发话说:“那好,我已把你的罪行归纳为九个问题,我把这九个问题一一提出,你一个个老实交代。第一个就是你是如何盗卖大有仓库1200石官米的?”

许惟讷说:“哦,今年三月,我把大有仓库的存米1200石,卖给了大同驻防官兵三营兵丁,每石计价1.05两银,共得银1260两,扣除军饷外,余银1100多两被我收回。不过大人,我有话要申明。”

史贻直说:“我们允许罪犯申辩的,你如有话要说,你就说吧。”

许惟讷说:“大人,这米本就属于犯官私有的呀,是犯官前两年用我所捐养廉银购买的。我怕在我的任期之内大同地区发生灾荒,就把我的养廉银捐出,买了1200石米,存储在大有仓库之内,以备地方每年赈恤之用。但近几年大同地区风调雨顺,没有发生灾荒,收成很好,无须赈济,所以此项存米一直没有派上用场。今年二三月间,犯官想,我的任期届满,我对大同地区赈恤的义务亦将结束,所以我就把此项存放在大有仓库内的大米卖掉,收回我的养廉银。这不能说是盗卖呀，大人。”

史贻直听了呵斥道：“许惟讷，你说这米是前两年你用捐出的养廉银购买的，有何凭证？谁作证啊？而且即使是你用捐出的养廉银购买的，但是，既然你已经捐出了，这钱就已成了公款，不属于你私人所有了。用公款所购之米，当然是国家公有之米，你就不能再私自变卖，收回款项。你私自变卖，收回款项，就构成了盗卖贪污之罪。再说了，如果这米是你私有的，应该存放在你的老家直隶，怎么跑到你任职的山西大同府来了呢？也不应该储存在国家仓库里呀，这不成了公私不分？许惟讷，你也算是为官多年了，怎么连这最起码的概念都搞不清了呢？还是故意装糊涂？许惟讷，这里我还必须指出你一个观念上的错误，就是捐款赈灾是人人应尽的义务，没有时空地域上的界限，不是你在大同任知府时，就有捐款赈灾的义务，你不在大同任知府了，就没有捐款赈灾的义务了。说轻了，你这是认知上的错误；说重了，你这是为你盗卖大有仓库存米狡辩。”

许惟讷听了连连点头，说：“是，是，是，大人训斥得对，是我的认知错了，既然捐出了，就属于公款公物，不应该收回，收回了就属于贪渎。我鬼迷心窍了，应该属于盗卖，我认罪，愿意赔偿。”

“许惟讷，你这个态度就对了。当然，鉴于你这个具体情况，在量刑时我们会作出具体分析的，我们是实事求是的。现在我问你第二个问题，盗卖北厂草料，把款项据为已有，有没有这回事？”史贻直发话问道。

许惟讷交代说：“哦，有，有。不过，大人，事情是这样的。我去年曾为府衙公家垫付了一笔 600 两银子的款项。这是府衙上下人等都知道的，可以为我作证。可是至今公家无钱归还给我，眼看我的任期届满，为收回我垫付的那笔款项，我就卖掉了北厂的那些草料，所得草料价 600 两，正好抵我所垫付的那笔款项，我没有多拿。”

史贻直分析说：“许惟讷，据你所说，从表面上看，你卖掉北厂草料，收回你的垫款是合理的。但这里面也有严重的问题。一、北厂草料是军马所需物资，这是与军事部门共管共享的物资，你发卖北厂草料，必须征得当地驻军的同意，而且必须搞清是否急需物资，如果是急需物资，你盗卖了，影响军情，使战马得不到草料的喂养而不能上前线作战，岂不毁坏了长城，这个责任你承担得起吗？这严重后果你想过没有？二、即使是和平年代，不是紧缺物资，可以发卖，也必须征得上司和驻军的同意，所以你发卖的手续也不齐全。你为官多年，难道连这点规矩都不知道吗？”

许惟讷流着眼泪悔恨地说：“大人，您别说了，我知罪了。当时我没有想那么多，只是一心想把自己的钱收回来，现在经大人这么一说，我认识到自己的错误了。”

“好，那我问你第三个问题，有人揭发你，说由于你管理不善，致使‘元’字号仓库所贮之米霉烂 180.5 石，这是怎么回事？”

许维讷回说：“大人，今年五月份的时候，‘元’字号仓库的库吏报告说，仓库里的米霉烂了。我听到报告后，当时就去看了，没有霉烂，是因为储存久了，颜色变了。”

史贻直立即呵斥道：“许惟讷，事到如今，你还要抵赖。我已经与性桂大人去查看过了，我们发现，许多米都已发红，变绿了。大米发红变绿，还是一般的色变吗？不是霉烂又是什么？性桂大人，你把你带来的‘元’字号仓库的米给他看看，是一般的色变，还是霉烂？”

性桂随即把他从“元”字号仓库带来的样米，摆到了许惟讷面前，说：“许惟讷，你睁开眼睛看看，这是不是霉烂？你再闻闻，有没有霉烂气味?”

史贻直也说:“许惟讷,你自己看看,这是一般色变,还是霉烂?”

许惟讷认真看了看,又用鼻子闻了闻,在这铁的事实面前,只得低头认罪,说:“是,是,是,是霉烂,有霉烂味了,不能吃了,我犯了渎职之罪,罪该万死。我愿赔偿国家损失。”

“那我问你第四个问题,你亏空大有仓库的米 2700 余石。另外,大同知县佟时华、朔州知州汪嗣圣、阳高知县石光玺、西路同知赛明善、浑源知州黎子淳、广灵知县杜坦、天镇知县陈际熙,他们也都亏空大有仓库的米、豆、草料,这到底是怎么回事?你老实交代!”

许惟讷回说:“大人,这我知道,这不是我亏欠的,是我的前任栾廷芳亏欠的,我雍正二年上任时,账上就已有这笔亏欠数额了,我也曾数次责令他们买补完纳,他们也都努力买补完纳了一部分,尚未全部买补完纳,余下的部分他们也都同意继续买补追缴完纳,均有签约咨文在案。大人们可查。”

史贻直听许惟讷这么一说,感觉此款另有隐情,必须下去查证,随即宣布暂停审讯,派性桂前往查证。后经性桂查核,许惟讷交代属实,府库确有各知州知县签约咨文存档。

随后史贻直重新开庭时说:“许惟讷,上次你交代的亏空大有仓库那 2700 石米,我们已经查证,的确不是你的问题,那就不记在你的账上,让继任者继续追缴买补完纳吧。现在我问你第五个问题,你挪用军饷银 4700 余两,这是怎么回事?”

许惟讷交代说:“哦,有这回事,但不是我挪移,是抵消,因为正好我们有一笔杂税银 4700 余两,要上解国库。同时上面也有一笔军饷银 4700 余两,要拨付给我们大同府驻军,为了节省双方押解的费用与麻烦，我征得山西布政使高成龄大人的同意，就以我们这4700余两杂税银，抵作国库军饷了。我们这4700余两税银，虽不是国库银锭，但是在成色和分量上，都与国库银锭相符。这点布政使高大人可以作证。”

史贻直说：“好，你说的这些话，我们暂且相信，待我们询问了高大人再说，如高大人说你交代的符合事实，那我们就不追究了；如高大人说你讲的不符合事实，那我们将要对你加重处罚。”

许惟讷说：“是，是，是。”

性桂随即去向布政使高成龄查证，高成龄证明确有此事。史贻直在接下来的审问中便说：“许惟讷，你所交代的那4700两银，情况属实，就不记作你的罪行了。现在我问你第六个问题，谢王宠揭参你，说蔚州已完纳上交府库地丁钱粮，而你没有开回折收据，这是怎么回事？”

许惟讷回说：“大人，没有，在我任期之内，凡是上交府库地丁钱粮的，都开有回折收据。不过我听说，在康熙六十年（1721）以前，曾有州县没有收到回折收据，但当我听到这话以后，曾查过府库账册，府库账册上没有发现有拖欠记录，全部都注明‘奏销全完’。这已是几任以前的事了，其中缘由，我也搞不清楚。”

史贻直说：“好，这事我们也已查问过，的确与你无关，这里我们只是例行一问，不是追究你的责任。现在，我再问你第七个问题，谢王宠揭参你亏空仓库640石豆，尚未购买填补，有没有这回事？”

许惟讷交代说：“回大人的话，那640石豆不是犯官我亏空的，也是我的前任，已革知府栾廷芳所亏空的，他也承诺负赔偿之责，并以他老家直隶昌平府涿州的房产作抵押。我在任的时候也曾向他追讨过。他说，他的房产还没有买家，还变不了价，无法赔偿。

对此，直隶总督衙门也有‘回咨’作证，不是我故意搪塞，请大人详察。”

史贻直说：“行，这事我们也已查证过，的确不是你的问题，我们也只是例行一问，不追究你的责任。现在，我再问你第八个问题，谢王宠揭参你在阳高县和朔州仓库内存贮有 5000 余石你的私豆，有没有这事？这是怎么回事？”

许惟讷说：“回大人的话，有这事。这是去年秋天，因阳高、朔州一带，秋季豆子丰收，价格便宜，我于是就地收购了 5000 余石豆子。因为量大，我一时找不到那么多的运输工具，看到这两个州县的仓库空着，商得两位知州、知县的同意，于是就近暂时先存放在两地的仓库里，待到青黄不接的时候，价格涨了再卖出去，或方便的时候运走，可一直没有等到机会，就一直存放在里面了。”

史贻直呵斥道：“许惟讷，你这是利用手中的权力假公济私。你说你商得了这两位知州知县的同意。你是知府，是他们两人的顶头上司，你提出来了，他们两人能不同意吗？”

许惟讷连忙点头认罪，说：“是是是，我有罪，我认罪，甘愿受罚。只要这两个州县开出价来，我愿意支付这两个仓库的场地安置费用，以作补偿。”

“好的，那还有一个问题。”史贻直顿了顿，接着说，“你大同府库涂改了 143 张收发银钱票据，这是怎么回事？”

许惟讷回说：“是的，有这回事，是涂改票据日期，而非涂改领取银钱数额的数字。因为票据原签日期是领票日期，而非发银日期；又因为领票在先，发银在后，所以原票签日期符合经领制度，但不符合银钱的收发制度，票据上没有印银钱收发日期，这才是最关键的一点。为了与银钱收发制度一致，乃将原签的领票日期，改为领取银钱的日期，这样就与府库登记的发银日期相一致了。当然，如果不涂改领票日期，而在一旁加注银钱收发日期，那就更为完善，更符合财务制度了。主要因为经验不足，才犯下了这样的错误，但不是故意违反制度，请大人明鉴。”

史贻直说：“这事我们也已查证过，的确如你所说的那样，不是你的责任，不记在你的头上。那你还有没有什么新的要补充交代的吗？”

许惟讷回说：“没有。”

史贻直讯问完毕后，又转问性桂说：“性桂大人，您还有没有要补充讯问的？”性桂回说：“没有。”

史贻直即令许惟讷在供状上画押，然后宣布：“堂审到此结束，下面我们再与调查的材料核实一下，最后择日宣布判处结果，退堂！”

史贻直、性桂回到馆舍后，即将许惟讷的供状与大同的调查材料，再次进行了全面核实，证实许惟讷的供状基本属实，态度尚属老实。史贻直即请来巡抚觉罗石麟，共同商量判处结果。根据上述供状和调查材料，史贻直提出四条建议，择日宣判，并向山西巡抚觉罗石麟提议，希望山西布、按二司和各道主管官员，以及太原府、县主管官员，都出席宣判会议，说：“中丞大人，这样一则可以用以检视我们拟定的判处是否恰当，大家可以评议讨论一下。同时，我们的宣判牵涉到布政使和个别道员，他们必须出席。再则，也可以通过宣判，向其他官员敲敲警钟，提高认识，当官必须以民为本，遵守法纪，不可自我膨胀，把自己置于法规之上，这样就容易走上犯罪的不归之路。”

觉罗石麟听了十分赞同，说：“让各司、道官员，与太原府、县都来听听，敲敲警钟，这很好。”

于是就决定次日上午，在太原府大堂当堂宣布对于许惟讷的判处结果。当日，史贻直与觉罗石麟一起坐在主审席，背靠“明镜高悬”匾额，性桂和布、按二司，以及各道员、太原府、县则分坐两侧。史贻直把惊堂木一拍，喊道：“带许惟讷！”

衙役随即押上许惟讷，向着主审官员跪下。

史贻直喝问：“下跪何人？”

许惟讷说：“犯官许惟讷。”

然后史贻直宣判指出：许惟讷身为大同知府，一府之长，不思报效朝廷，而是玩忽职守，盗卖国库大米，证据确属。布政使高成龄，身为一省行政之长，对下属缺乏严格监督，事发后亦不题参，显系徇庇属员，罪责难逃，现宣判如下：

一、许惟讷犯有盗卖大有仓库之米 1200 石，由于管理不善，致使“元”字号仓库米霉烂 180.5 石二罪，并有不经申报即出卖北厂草料，在阳高县和朔州仓库存储私豆 5000 余石之过错，按大清律例，“监守自盗仓库米入己，数满千两”，“罪当斩监候”之例，就盗卖大有仓库之米一款，许惟讷就应拟斩监候，追银入官。但念此米原为其所捐养廉银购买，且能老实交代，认罪态度较好，愿意赔偿国家损失，着从轻发落，除罚没赃款入官，赔偿国家损失外，其本人发往雁门边关效力五年；

二、山西布政使高成龄，系总理通省钱谷之大吏，对于许惟讷所犯之罪，既不能觉察于前，在谢王宠揭参之后，又不题参于后，显系徇庇属员，应交部议处；

三、山西粮驿道汤豫诚，虽系通省粮草主管官员，但大同知府系地方行政官员，非粮草专属官员，不属于他管辖范围，无从察觉，盘查时又无首告，实不知情，无袒护情蔽可言，应无庸议；

四、雁平道谢王宠所参各款，虽多虚妄，但所参许惟讷盗卖大有仓库之米 1200 石、致使“元”字号仓库之米 180.5 石霉烂、在阳高县和朔州仓库存储私豆 5000 余石三款，经审理属实，按大清律例“告二事以上，重事告实轻事招虚者，律得免罪”的规定，予以免议。

史贻直宣判完毕以后，转身征求觉罗石麟，布、按二使和各道、府、县官员的意见，说：“这只是本官和性桂大人两人的意见，不知是否恰当，请中丞大人，藩、臬二台，各道台、府台和县尊，多多指教。”

觉罗石麟和各与会官员都表赞同，说：“很好，没有意见。”且莫不投以惊异的眼光，看着史贻直，感觉大开眼界，第一次见识到如此全面而又准确的判决，人人佩服。

这时，史贻直特别点名布政使高成龄，询问高成龄：“高大人，您可赞同该判决？”

高成龄立即下跪，摘下顶戴，托在手上说：“下官的确有失察之罪，事发以后也没有题参，太疏忽大意了，下官认罪认罚。大人判得极是。”

史贻直又问许惟讷：“许惟讷，你可服判？”

许惟讷连连说道：“大人判得极是，大人判得极是，犯官在处理这些事情时的确欠考虑，不够仔细，以致犯下这些罪行，接受判处。”

最后史贻直说：“既然大家客气，没有意见，高大人和许惟讷也都接受判决，那我和性桂大人就此上奏朝廷，待皇上批准后执行。本宣判就此结束，退堂！”

许惟讷贪腐一案的审查，就此尘埃落定。

十二　钦差直隶　连罢布按二使

雍正六年(1728)五月,刚过完端午节,初六上朝时,太监吴公公即通知史贻直,说皇上有事找他,要他在散朝后在偏殿等候。约莫两个时辰散朝,史贻直即往偏殿站定,不一会儿雍正帝即掀帘而入。史贻直正要行君臣之礼,雍正帝一把扶住他说"平身",然后即在对面坐下,示意史贻直也坐下。两人坐定后,雍正帝即说:"去年二月,直隶总督宜兆熊与协理总督刘师恕,参劾大名知府曾逢圣亏空钱粮一事,朕当即就令宜兆熊与刘师恕责令直隶布政使张适与按察使魏定国严厉审讯。可事情已过去一年多了,至今不了了之。朕想派你下去看看到底是怎么回事,查明真相。"

史贻直说:"皇上,我下去一趟倒没有问题,可直隶虽是地方一省,但近在京畿,直隶各官无不与京城的王公大臣们互通有无,互相来往。他们审查了一年多,都没有审出结果来,这里面肯定是遇到了什么障碍。他们两位封疆大吏,地方要员,都解决不了,推不动。我作为一名中枢官员,与地方毫无联系,一人下去,等于两眼黑,恐怕更难推动,要是我也推不动,那怎么办?"

雍正帝听了史贻直的话,觉得这倒确实是个问题,说道:"爱卿说得对,原来朕也没有想那么多,审查一年多没有结果,总以为他们审查不力，所以想让你去审查。现在经你这么一说，朕倒要仔细考虑考虑了。”雍正帝稍稍沉思了片刻，又说：“这样吧，朕委派一位德高望重的大员，吏部尚书傅敏（福敏）为你撑腰，再把监察御史性桂派给你，作为你们的随员，下去彻底查清此案。”雍正帝停了停又补充说：“不过傅敏已六十多岁了，不能下到府县具体办事了，只能坐镇保定为你们撑腰，主要责任还得你担。”

史贻直回奏道：“那当然。”

雍正帝说：“那就这么定了，朕叫吴良镛领着你去找傅敏，叫吴良镛传朕的口谕，派你们两位为钦差大臣，性桂为随员，前往直隶查案。”

于是史贻直退出太和殿，跟随吴良镛来到吏部，见到傅敏。吴良镛向傅敏传达了雍正帝委派傅敏与史贻直为钦差大臣，性桂为随员，前往保定查案的口谕。吴良镛传达完口谕说道：“傅大人、史大人，咱家的传达任务已经完成，戏台已搭好，下面是您们两位唱主角了，咱家回去复命去了。”

傅敏与史贻直起身，齐声说道：“吴公公慢走。”

吴良镛忙说：“您两位留步，商量你们自己的事吧，咱家走了！”说着就离开了吏部。

吴良镛走后不久，监察御史性桂也来报到了，于是傅敏、史贻直、性桂三人便一起商讨工作部署。傅敏首先说：“好了，甭讨论了，老夫一看就知道皇上的用意了。”

史贻直不解地问道：“前辈，您知道皇上什么用意啦？”性桂听了也莫名其妙，两只眼睛瞪得大大的，看着傅敏。

傅敏说：“这还用说吗？一看不就看出来了嘛！我们三个人就是老中青三结合。老夫代表老人，性桂是青年。你是中年人，以你为主，你说咋做就咋做，不用讨论了。”

性桂一听，方才明白傅敏上述所说的意思，也随声附和道：“傅老前辈说的对，以您史大人为主，你说咋干就咋干。”

史贻直说：“姜还是老的辣，老将出马，一个顶俩嘛！”

傅敏接着说道：“好了，我们客气归客气，现在言归正传。老夫毕竟年岁大了，体力思虑都跟不上了，许多事情还是要以你为主，我想皇上也是这个意思。所以皇上先找你，我想，这大概是你提出来的，这就有了吴公公领着你来找我的事。你放心，我肯定凭着我这个老脸来为你撑腰，但具体工作安排部署还是由你来定。”

史贻直为难地说：“其实我对此案的情况一无所知，直到皇上找我时才知道有此案。皇上也没有向我透露半点案情，所以现在无法提出工作部署，只有到保定看了案卷，了解了案情以后才能说。”

傅敏说：“那行，我们去了再说吧。”

史贻直说：“行，那今天是五月初六，我们明天在家休息一天整理行装，后天五月初八早上，在正阳门外官道驿站会齐出发。”这样说定后，就各自回府。

史贻直回到家，把出差保定的事告诉了夫人。夫人听了说道：“刚从太原回来没几个月，怎么现在又出差啦，皇家的差事也真多！”

史贻直说：“谁叫我们吃皇粮的呢，吃了皇家的粮，就得为皇家办事。”

夫人纠正他的话说：“作为皇家的子民，即使不吃皇家的粮，也得为皇家办事。既然是皇家的臣民，就得为皇家奔劳。我帮你看好这个家门，管教好孩子们就是了。只是你在外必须注意安全，保护好自己，不要太劳累。要健健康康地去，健健康康地回。好在现在大嫂已经来了，大嫂可以陪我说说话，做个伴。你放心地去吧。”

晚上，史贻直又给三个孩子布置了学习任务，然后在家好好陪伴妻子，把有关的事宜委托给大哥。五月初八，史贻直一早即出发，来到城南官道驿站。这时性桂已经抵达，不一会傅敏也抵达。史贻直原先准备他与性桂骑马去，傅敏年岁大了，就乘车去。但傅敏却执意不从，也要骑马与他们一道前往，说："你们别看我年岁大了，可我身体还硬朗着呢，我可带过兵，打过仗的哦。"于是三人便一道策马而行，三天后抵达。

当他们抵达保定的时候，总督宜兆熊、协理总督刘师恕早已在接官亭迎候，双方拱手致礼，寒暄一番后，即把他们送至馆舍安顿，然后向他们介绍了曾逢圣案的基本情况。宜兆熊说："自曾逢圣案告发以后，我们就按照皇上的谕旨，在吴桥、顺德、大名，凡曾逢圣工作过的地方，张贴布告，晓谕地方官绅民众，如果有受害之人，准其控告。后果有吴桥秀才窦相可上呈诉状，可将其递到保定以后不久，窦即死于狱中。据说这窦相可还是个地痞流氓，后来就再也没有人控告了。此案就一直拖延至今。"

待宜兆熊、刘师恕走后，史贻直即与傅敏、性桂商量道："傅大人，这水可能很深，恐怕不光是曾逢圣的问题，可能上面有保护伞。为什么窦相可一揭发，就死于狱中？窦相可是怎么死的？这是个谜。下官以为，我们第一步，什么都不说，先看材料，在全面掌握材料的基础之上，开展第二步工作。第二步，我们三人兵分三路。一是设法稳住宜兆熊、刘师恕、张适、魏定国的情绪。其中宜兆熊前年年底才接任总督之职，刘师恕也到任不久，去年二月即发现了曾逢圣亏空钱粮一案，而且就是宜兆熊和刘师恕二人参劾揭发的。因此，可以排除他们二人与此案的关联。但布政使张适和按察使魏定国，在直隶已耕耘多年，根深叶茂，不可不防，要注意他们的一举一动，特别是不能让他们干扰我们的审案工作。二是以窦相可的死为突破口，揭开这个谜；同时到吴桥县、顺德和大名府，凡是曾逢圣工作过的地方，都要明察暗访，动员群众检举揭发，不怕此案不破。”

听完史贻直的分析，傅敏捋着胡子笑着说：“嘿，史大人，人家都说你史贻直能办案，你还真有一套。我看你已经胸有成竹了，你说该怎么做吧。”

性桂也接着说：“傅大人，晚辈去年曾跟随史大人去山西，审理大同府知府许惟讷贪腐案，已深刻领会到史大人办案的精神，深入细致，一丝一毫的线索都不放过。特别是最后的判决，每一条都按照律法规定定罪，使犯官心服口服。即如去年审理山西大同知府许惟讷案时，谁都没想到许惟讷的案子会扯到山西布政使高成龄的身上，结果史大人在最后判决时指出：高成龄作为许惟讷的顶头上司，对于许惟讷案，既不能觉察于前，在有人揭参了许惟讷以后，又不能参劾于后，显系徇庇下属，应交部议处，说得高成龄哑口无言。阖省司道官员莫不佩服。”

傅敏说：“这就是国家栋梁，大臣的风范。”

史贻直急忙摆手道：“您二位不要再说了，已经说得我无地自容了，还是谈谈关于案子的正事吧。”

傅敏接着说：“那你就安排吧，我们按照你的安排做就是了。”

史贻直说：“我的意见是，我们先看案卷，在全面熟悉案情的基础上，按照我刚才说的，兵分三路。一是您傅大人德高望重，以您的威望找宜兆熊、刘师恕、张适、魏定国他们四人谈话，要他们不要干预案子的审理工作，一旦干预，即逮捕解送刑部大牢，尤其要观察张适和魏定国的动静。二是由我重点破解窦相可死之谜。三是性桂大人年轻，赴吴桥、顺德、大名明察暗访，动员群众检举揭发。二位大人，你们看这样行吗？”

傅敏和性桂异口同声地说:“很好,就这么办吧。”

于是,他们三人即从按察司署提出有关曾逢圣案的全部案卷,分头互相交换查阅。由于案子尚未展开全面审查,所以材料不多,很快就看完。他们交换了意见,即按照刚才的分工,分头开展工作。史贻直即到保定府狱,先将狱吏带到单独的房间,对之进行封闭审讯。待其进入房间站定后,史贻直关上房门,坐定后很客气地问道:“你说说,窦相可是什么时候进入你们监狱的?是谁把他送进来的?关在哪个囚室?什么时候发现他死的?他是怎么死的?”

狱吏经他这突然一问,不知如何回答,竟愣在那里半天不说话。他也的确不知如何回答。因为窦相可根本就没有被关进监狱,他一到保定就被张适押解大堂进行审讯,当场就被夹死了。是张适、魏定国上报时说窦相可死在狱中的,这叫他怎么回答呢?但他又不能直说。

史贻直见他愣在那里不说话,就知道有问题了,心想突破口找到了,这狱吏就是突破口。于是史贻直把脸一沉,提高嗓门说:“好大的架子,本官向你问话,你竟敢以沉默相对抗,来,给我摘去他的顶戴,脱下他的官服。”

狱吏见史贻直发怒,立即求饶说:“大人,我说我说。”

史贻直见他要交代,就软下语气,说:“这就对了嘛,你说吧。”

可窦相可不是死在他狱中的,他不知怎么回答好,于是开始瞎编说:“我也不知道他关在哪个囚室,是什么时候死的。只听说第二天狱卒送饭去时,叫了好几声,他都不见动静,找人打开牢门一看,死了,都没气了,连什么时候死的都不知道。”

史贻直冷笑了一声说:“一个监狱的长官,连囚犯关在哪一个囚室都不知道,你这个长官是怎么当的?囚犯进来的时候不有登记吗?你怎么不知道呢?你这话谁信?再说了,一个大活人,进来时好好的,到你这里一夜工夫都不到,就不明不白地死了,这是谁的责任啊?是你的责任,这人就是你害死的,你同此案有牵连,你就杀人灭口,保护自己。”接着史贻直一脸严肃地大声呵斥道:“你说,你是怎么害死窦相可的?”

狱吏被史贻直这一顿严厉大声的呵斥惊呆了,两只眼睛直愣愣地盯着史贻直,一动不动。

史贻直见他一动不动的那个傻样,停了会儿说道:“你不说也可以,一条人命在身,把你直接送到刑部大牢,让你尝尝刑部大牢的各种刑具吧。你好好想想!”说完史贻直起身要走。

那狱吏见史贻直起身要走,心里急了,急忙喊道:“大人!”可刚喊出口,又停住了。

史贻直见狱吏有话要说的样子,刚起身,脚步还没有迈出去,又转身问道:“你有话要说?那就说吧,痛痛快快地说出来,全说出来了,就没有思想负担了,心里就痛快了。”说着史贻直就坐下来,等待他的交代。

这里史贻直刚坐下来,那狱吏又着急地说:“嗨,我说什么呢?大人!那窦相可真的不是我害死的呀,我哪有那么大的胆子,把关在我这里的证人害死呀,这不是胆大包天吗?”

“那是谁害死的?你说。”史贻直反问道。

那狱吏跺着脚着急地说:“我不知道呀!”

史贻直把脸一沉,严肃地说:“你不讲是吧,你不讲那就不要你讲了,来人,把他带走!”

狱吏一听要把他带走,把他抓起来了,这下可急了,连忙说:“大人,我讲,我讲。”

史贻直缓和了态度,说:“你应该说嘛,如果不是你害死的,你没有责任,你怕什么?你讲了,就没事。你不讲,即使不是你害死的，你也有罪，就是订立攻守同盟，犯有包庇罪。而且这次，你们无论如何也蒙混不过去了。你看这阵势，你们保定什么时候有吏部尚书、户部侍郎来问过案的？现在还能蒙混过去吗？”

狱吏交代说：“是张适张大人问案时夹死的。”

史贻直一听，觉得不对啊，张适是布政使，这案子不归张适管啊，就喝问道：“你可要想好了，要老实交代，不可瞎说。你说，张大人是布政使，怎么管起这案子来了？应该归按察使魏大人管啊。”

狱吏说：“您老说的不错，按理，这案子的确应该归按察使魏大人管。可窦相可解到后，的确是张大人审的呀。当时我也纳闷，怎么张大人审起这案子来了？但事实就是张大人审的。”

史贻直问道：“那我问你，张大人是怎么审的？”

狱吏说：“窦相可一解到，张大人就立即升堂审问，一开口就说：‘窦相可，你这个市井无赖，地痞流氓，不安守本分，惯于挑唆词讼，来人，给他上刑，夹起来。’于是衙役就把他双手夹起，两个衙役用劲一拉。只听窦相可‘啊’的一声，两个衙役感觉这喊声不对，就放下。两人一看，没气了，当场毙命。一个六十多岁的老头，刚解到，哪经得起这刑具？”

史贻直皱起双眉，迷惑不解地问道：“我来问你，这问案的事不归张大人管，那张大人干吗要急着来审？这不是狗拿耗子，多管闲事吗？”

狱吏说：“自己与此案有牵连呗，这检举揭发的人一死，这案子不就不了了之了吗？”

史贻直一听，觉得有门路了，但还是假装迷惑不解地问道：“这张大人把人夹死了，难道魏大人就没有意见，就不来过问？上面追问起来，他可要负责任的。”

狱吏说：“官官相护呗！再说了，难道魏大人就那么干净吗？

都是互相有牵连的，否则这官能做得下去吗？”

史贻直佯装不懂的样子说：“哦，原来如此！你看，你这样说出来不就行了吗？何必逼这么长时间呢！”停了停，史贻直好像发现了什么似的，问道：“给窦相可上刑的那两个衙役呢，还在吗？”

狱吏说：“张大人早就吩咐要结果他们了。”

史贻直吃惊地问道：“死了？”

狱吏说：“没死。他们是我的亲戚，到我这里来谋差事，是我把他们安排在府狱的，我能杀死他们吗？我打发他们隐姓埋名，到一大财主家当佣工去了。”

史贻直说：“哦，原来如此！嗨，我们两人谈了这么久了，我也该回去了，你也该下班了。好了，我回去了。”

史贻直回去，派人秘密地紧紧盯着这狱吏，看他与什么人接头联系。果然不出史贻直所料，他下班出去以后，不一会儿就溜到了张适家，把他交代的事情全告诉了张适。

据后来的审查得知，当时张适曾狠狠地批评了他，说：“你不要饭碗了，怎么可以把这些全都说出去呢？”

狱吏说：“张大人，您不知道，这史贻直可厉害了，我不说，他就把这一切全都压在我身上，说是我害死的，说我与此案有牵连，为了消灭罪证，害死了窦相可，要把我投入刑部大牢。这我吃得消吗？”

张适生气地说：“看你一点出息都没有，这点责任都不能担。”

狱吏也很生气，委屈地小声嘟囔：“你们做事情，得好处，却叫我担责任，你们得好处的时候，想起了我没有？这时候要担责任了，就想起我来了，还说我没出息。我自然是没出息，有出息还会在这里做一个小小的狱吏吗？也和你们一样出去做大官了。”

史贻直回去以后与傅敏交流了情况，两人决定第二天就将张适、魏定国收监，然后分别审讯，并通知了宜兆熊、刘师恕，请他们二人遵照执行。

第二天一早，宜兆熊、刘师恕就把张适、魏定国带到保定府狱。傅敏、史贻直宣读了把他们收监的决定。然后傅敏把魏定国带到保定县衙审问。史贻直就在府狱审讯张适。可张适老奸巨猾，你怎么问，他都能对付你，说起话来滴水不漏。史贻直与他你来我往，唇枪舌剑，对阵了几个时辰，没有结果，宣布暂停审讯，令狱卒把张适带回看管，吩咐狱卒说："看守可以放松一点，看有什么人来与他交往，并把所有与他来往的人，及时向我们汇报。"然后史贻直去县狱，与傅敏一起专攻魏定国。魏定国经不起他们二人的轮番轰炸，很快就被攻陷，全部交代了他与曾逢圣的来往及其收受贿赂之事："在曾逢圣任顺德知府和大名知府期间，每年都要贿赂他一二千两到三四千两不等的银子。最多的一次是曾逢圣任顺德知府时，他释放了一名大盐枭，收受贿赂好几万两银，后来他送给我四千两。还有一次他判一名奸杀民妇的大财主无罪释放，也得了一二万两银，给了我二千两。当然，他给张适的贿赂更多，因为知府直接归布政使管，张适是他的顶头上司。"

史贻直掌握了这些情况，就准备回过头来敲打张适。恰好这时，看守张适的狱卒前来报告，说张适的家仆刚刚前来探视过，两人谈了很久。史贻直下令，立即传唤张适家仆。不一会儿张适家仆带到，史贻直先询问了老家仆姓名、多大年纪、何处人氏、在张家已多少年了等等，然后就问他，刚才与张适讲了些什么。老家仆在回答完基本情况后，便触及实质问题，开始时还抵赖说："没说什么，就是转告我家夫人的话，问我家老爷想吃什么，想吃的，我们家夫人就为他做。"

史贻直训斥道："你欺骗谁！这几句话要讲那么多时间吗？"

家仆说:“我们家老爷不放心家里,又问了一些家里的事情,所以讲的时间长了些。”

史贻直问道:“问了家里什么事?是不是与外面有什么联系?”

家仆立即挡了回来,说道:“不是不是,就是问了一些平常的家务琐事,老太夫人的身体怎么样,几位公子的学业怎么样,等等。”

史贻直这时有点发火了,把桌子一拍,大声说:“不动大刑,看你也不肯说实话,来,大刑伺候!”

家仆一听要动大刑,心想,自己已一把年纪,经不起大刑了,思量着隐瞒是隐瞒不掉了,搞不好主人还要吃苦头,于是就一股脑儿全部交代了:“原来在狱吏交代以后,随即把消息报告给了我家主人。我家主人即派我带了三万两银票赶赴京城,找某尚书。某尚书说:‘快回去告诉你家主人,这次是史贻直下去审案,谁都救不了他了,叫他坦白交代吧。’就这样把我挡在了门外,银票都没收。我就把这些话告诉给了我家主人。我家主人问我,还有没有别的路子,我告诉他,没有什么路子了,所有的路子都给史大人您给堵住了。”

这时史贻直和颜悦色地说:“你早就该老实交代了。你当我们都是吃素的,不知道对犯人严加看守吗?我们是故意放松一点,让你们秘密来往,然后观察你们的动静,找出突破口的,是故意让你们来上当的,知道吗?”

史贻直放走张适家仆以后,随即和傅敏来到保定府狱,提审张适。这次提审十分顺利。张适是十分精明的人,估计这次难逃劫数,干脆一股脑儿全部交代了,说自曾逢圣任吴桥知县以后,每年都给他贿赂,在任知县时比较少,每年约一二千两银,任知府以后就比较多了,每年都有近万两银,具体没有记录,总数当不少于五六万两。所以自曾逢圣案发以后,他千方百计想把案子压下去,一方面是保曾逢圣，但更重要的是为了保自己。自窦相可押解到保定后，就起了杀人灭口之念，在第一天审讯时，一开始就对他用刑，大刑挟夹，当场结果了他。随后吩咐狱吏，给施刑的两名衙役一笔安置费，也伺机结果他们两人的性命。当史贻直告诉他，两名衙役并没有死，而是隐姓埋名，到一大财主家当佣工去了，气得张适大骂狱吏背叛了他。

把曾逢圣案的外围堡垒全部扫清后，史贻直他们决定提审曾逢圣。就在这时，性桂也从吴桥、顺德、大名明察暗访回来了。这次明察暗访查清了曾逢圣许多问题，主要有：一、在吴桥任知县时，假托为国家养马之名，每年浮收 3400 两银，四年总数 13600 两；二、每年收缴漕粮时，超过国家折耗标准，每年浮收 2000 石漕米，四年总数 8000 石，折银 8000 两；三、吴桥夏镇杂技演员在表演时失手摔死，曾逢圣向班主索贿 3000 两银了结，可此银并未交给死者家属，而是上了曾逢圣自己的腰包；四、曾逢圣任顺德知府时，捕得大盐枭曹洪时判以死刑，结果索贿 4 万两银，后以一光棍替死，将其释放；五、顺德一财主奸杀民妇，曾逢圣索贿 2 万两银，将此案压下不报；六、雍正二年，顺德水灾，颗粒无收，朝廷拨下救灾米 2000 石，曾逢圣以高价发卖，得款 4000 两银自上腰包；七、曾逢圣捕得一惯匪，索贿一万两银，称其为孝子而将其释放；八、雍正三年亏空府库 3500 石；九、任大名知府时，贪污治理漳河、浍河水利款项 2000 两；十、每年以给上司祝寿为名，向下属及各州县索要数十百千两银不等，每年总数也得数千近万两银。简直十恶不赦，罄竹难书。

傅敏、史贻直闻知，立即严审曾逢圣。曾逢圣在铁的事实面前不得不低头认罪，交代了所有的犯罪事实。张适和魏定国也都交代了所受曾逢圣的贿赂及包庇曾逢圣、夹死窦相可的犯罪事实。

此案乃彻底告破。最后史贻直等奏准，将原大名府知府曾逢圣判以斩立决，没收全部财产；原直隶布政使张适斩监候，秋后处决；原直隶按察使魏定国流放伊犁。广大民众听了莫不拍手称快。

十三　钦差福建　训导督抚

审理直隶曾逢圣案时，史贻直正值四十五六岁的壮年时期，精力充沛，雍正帝给他的工作任务也很多，任户部侍郎，兼任吏、工二部侍郎事，并兼任顺天府尹。同年八月，调任吏部左侍郎，兼户部侍郎事。就在这时，福建巡抚朱纲参劾福建按察使乔学尹，说他只为“博长厚虚名，以姑息为事，全无执法之心”，审理十余件案子，全是错判，且以轻判为主，说他“如此纵恶养奸，刁风何以得息”，为此朱纲请求雍正帝，简派干练大臣，赴闽重新审理。随后雍正帝又接到巡台御史禅济布参劾台湾知县周钟瑄贪污公款的奏折。雍正帝考虑到福建是东南国防前哨，又管辖台湾，这里统治力量比较薄弱，必须派一得力大臣前去查实。他想来想去，感觉还是派史贻直下去最为合适，于是便派吴良镛去找史贻直。史贻直一见到吴良镛，就知道雍正帝又有什么重要任务要交给他了，就说：“吴公公，待会儿，等我把手上的事情处理完，再跟您去。”

吴良镛在一旁打趣说：“史大人您真能未卜先知，咱家还未开口，您就知道咱家的来意啦。”

史贻直说：“下官自从雍正元年调任吏部侍郎，与公公您相处六年，已摸出规律来了。”

史贻直很快就把手上的工作处理完毕，说道："好了，吴公公，咱们走吧。"说完，史贻直就跟着吴良镛来到了养心殿，向雍正帝行了君臣之礼，坐下就问："皇上召微臣来，有什么紧急事情要处理吗？"

雍正帝指着面前的一堆奏折说："爱卿，你看，福建出了那么多事，简直一个烂摊子。看来只有劳驾你走一趟了。"

史贻直说："微臣那就走一趟吧，皇上您把要处理的事情告诉微臣。"

雍正帝说："爱卿，你这次下去主要任务有三项：一、代朕好好训导训导总督高其倬、巡抚刘世明。高其倬办事不力；二、重新审理乔学尹乱审的一系列案子，以及巡台御史禅济布揭参台湾知县周钟瑄贪污公款案；三、查点一下，前年福建应解而未解到的 61.4 万两银的去向。"史贻直接受了任务，正要告退时，雍正帝突然想起了一事，说："哦，还有一事差点忘记了，厦门水师提督蓝廷珍参奏厦门监生陈华岳霸占庙产一案，你去看看，到底是怎么回事，处理一下。"

史贻直退出养心殿便直接回家。夫人见他未到下班时间就早早地回家，知道他又要当钦差大臣去了，未等史贻直开口说话，就问道："这次又要到哪里去啊？"

史贻直说："到福建。"

夫人听了吃惊地说："福建，那么远，几千里之遥，那要到什么时候才能回来呀！"

史贻直说："这次出差不仅路途遥远，事情还一大堆，光是要审理的案件就有十几件，还要叫我训导总督高其倬、巡抚刘世明，把福建应解国库而未解到的 61.4 万两库银追回来。这么多任务全部完成，估计得三四个月，加上一来一去，花在路上的时间就得两三个月。你得独守空房半年多喽!”

夫人在史贻直背上捶了一拳说:“快半百的人,儿子都二十来岁了,还说这话。我倒是担心你这么长时间,身边没个女人照料,怎么行?”

史贻直说:“我,你放心,虽然已快半百,但手脚还很灵便,一切都能自理。这次我准备把郜爵带去,他可是父亲留下的老家仆,勤勤恳恳,忠诚不贰,是父亲留给我们的宝贵财富。”

夫人说:“好的,有郜爵在你身边,那我也放心了。有一点我就不明白了,人家高其倬,年龄比你大得多,资格比你老,而且身为福建总督,从一品的高官,级别也比你高,你是正二品,你凭什么训导人家?”

史贻直说:“他品级虽然比我高一点,但我是钦差大臣啊,是代表皇上的,钦差大臣见官就高一级。”

夫人说:“不过,我还得提醒你哦,你训导归训导,但一定要谦虚谨慎,不可趾高气扬,盛气凌人,做人要随和,训导完毕,一定要与高大人客客气气,尊重人家。”

史贻直说:“这个你放心,夫人!我这个人最大的特点,就是随和,能尊重人,团结人。当然,这也有夫人您的一份功劳,在最关键的时刻,您总能提醒我。”

夫妻俩一边说着,一边整理行装。待行装整理完毕,十一月初三一早,史贻直即率同家仆郜爵,拜别夫人和大哥大嫂,前往东直门外运河码头,与其随员吏部主事朱叔权会齐,登上南下的官船,在京杭大运河上一路航行。由于是冬季枯水季节,运河不畅,他们直到十二月上旬才抵达杭州。史贻直从杭州上岸,与浙江总督李卫等有关官员相聚,稍作盘桓,然后继续南下。可从杭州南下,一路都是崇山峻岭,山路崎岖,过金华,穿越仙霞岭,经过枫岭关,便进入武夷山区，羊肠小道，逶迤而行，直到十二月二十六日，才抵达福州。当时福建巡抚刘世明尚未抵任，由福建总督高其倬率文武各官前往接官亭迎接，相互拱手行礼，寒暄后，即前往馆舍。抵达馆舍安顿后，史贻直即对高其倬宣讲雍正帝的训导，对其进行教导。

那雍正帝为什么要对高其倬、刘世明进行训导呢？

高其倬(1676—1738)，汉军镶黄旗人，康熙三十三年(1694)进士，曾历任翰林院侍讲学士、内阁学士、广西巡抚、云贵总督、闽浙总督。由于高其倬长期为官，阅历丰富，特别是长期在外担任封疆大吏，老成练达，养成了保守习惯，缺乏创新精神。而雍正帝恰恰又是一位力主改革，富于创新的皇帝，所以自雍正帝登基之后，他不断受到雍正帝的批评，以至于雍正五年(1727)十一月，把他治理下的浙江交给了李卫，由李卫任浙江总督，他专任福建总督。这时史贻直钦差福建，他便趁机要史贻直好好训导高其倬。雍正帝还把这事告诉了高其倬，在他的奏折上朱批道："前年朕见你十数次，推心置腹，当面训诫你，不只百千万，尚不能说动你的成见，你依然还置若罔闻。今史贻直数千里之外来传达朕的谕旨，实不指望有多大效果也，不过是为了尽到朕的心意耳，总不得人，奈何？大致像你们这样老成历练、胸有成见之人，再不能改变丝毫了。朕不理解，是朕德之薄，诚不至呢，还是别的什么？这是关系到国家命运的大事，不是我一个人能挽回得了的。"最后雍正帝流着眼泪写道："大小臣工，如果能遵循朕的谕旨，任劳任怨，实力奉行，奠安百姓，国家强盛，保其必可。可大家不肯努力，朕也无可奈何，实不可解！"

刘世明原是武官，武进士出身，曾历任守备、都司、游击、参将、副将、总兵、提督，雍正六年由提督转任甘肃巡抚，不久即调任福建巡抚。雍正帝担心他不习惯于文职，拘泥行伍习性，墨守部队陈规，贻误地方行政事务，所以雍正帝要他与高其倬一起，听取史贻直传达圣谕。

史贻直对高其倬说："当今皇上，是世上最英明慈祥的天子，日夜操劳国家大事，关爱百姓，体恤臣工无微不至。所以我们能为当今圣上效力，治理天下，是我们的福分。为此，我们必须倍加努力，做好工作来报答皇上对我们的体恤关爱和栽培，绝不能像年羹尧那样，忘恩负义，丧尽天良。想当年圣祖爷为了栽培他，三十几岁就提拔他为四川巡抚、总督，而后是川陕总督，代理抚远大将军。为了让他尽快剿灭罗卜藏丹津的叛乱，康熙六十一年(1722)给了他500万两银。雍正元年(1723)又给了他几百万两银，镇压了罗卜藏丹津叛乱以后，封他为一等公。可从此他就居功自傲，渐生不臣之心，僭越之举，出行要黄土铺路，黄缰紫骝，给人物品叫'赐'，给部下讲话书信叫'谕'，在皇帝面前箕坐，等等，罄竹难书，这哪里还有一点人臣德行？我们可不能这样，无论功劳有多大，都要谦虚谨慎，而且功劳越大，越是要谦虚谨慎，竭尽心力把工作做得更好。什么叫竭尽心力？就是要用心去做事，勤奋工作。这个'心'，就是心里只有皇上，别无他人，甚至没有自己的父母妻子，甚且没有自己，也就是大公至爱之心，忘我无私之心，就是以身许国，如此方能胜任封疆大吏。既为封疆大吏，就必须有体谅皇上之心，去做皇上想做的事，并认真努力完成任务。现在皇上力求革新，振兴大清，推行'摊丁入亩''官绅一体当差，一体纳粮''火耗节礼归公'，实行'养廉银制度'。我们身为封疆大吏，就要努力推行这些新政。在这方面，我们要向浙江总督李卫、河南巡抚田文镜学习。他们在推行新政方面不遗余力，成绩斐然，确实是我们学习的榜样。当然，我们讲体谅皇上之心，并不是叫大家去猜摸皇上的心思，有意去迎合。皇上的心思岂是我等凡人所能猜得着的？皇上的心思是深藏不露的，我们只需遵照皇上颁发的政策法令，努力贯彻执行，勤奋工作，并且做到不贪不贿，百姓满意即行。如此即是以身许国，公忠自矢，至诚无欺，不必有意迎合，所办之事自然协乎情理。百姓是谁？百姓代表了国家，代表了天下，代表了皇上。百姓满意了，皇上自然也就满意了。当然，要做到这些是很不容易的，必须如圣人所说'修身，齐家，治国，平天下'。其中修身为第一要义，是基础。只有做到修身，才能齐家，治国，平天下。这修身第一条做不到，其他都是空的、表面的。这修身的标准，就是无私，一片公心，公而忘私，国而忘家，就是心里只有皇上，心里只有国家天下，心里只有百姓。能做到这些，那就是忠臣良将，青天大老爷了。"

史贻直对高其倬宣讲之时，巡抚刘世明还在赶往福建的路上，雍正七年(1729)正月初五才抵达福州。一到福州，刘世明就到馆舍去拜会钦差大臣史贻直。史贻直又把对高其倬宣讲的话，对刘世明宣讲了一通，并且根据刘世明本身的特点，增加了一些新内容。因为刘世明系武进士出身，长期在军内任职，已习惯于军内的工作作风，可此时已改任巡抚，巡抚是负责全省的民政工作的，职务、工作对象和内容都发生了变化。以前面对的是广大士兵，采用的是命令式的工作作风和方法；这时面对的是广大民众，这就必须适应新的工作环境，采用说服教育的工作作风和方法。所以史贻直要求刘世明多向高其倬学习，并放下身段，向自己的下属，福建的布政使、按察使与各道员学习。史贻直说："放下身段，向自己的下属学习并不丢丑，反而显示了自己的高尚情操，高风亮节，得到下属的尊重，然后上下团结一心，推行新政，效果更好，效率更高。"以后每逢大会小会，史贻直都要把这些讲话的精神，对他们反复讲解。

史贻直的这一通讲解，把封建时代的君臣关系、儒家的伦理学说发挥到了极致。他讲解以后，把经过情况用奏折的形式，向雍正帝作了汇报。雍正帝听了十分满意，喜悦之情溢于言表。特别是史贻直所说的“这个‘心’，就是心里只有皇上，别无他人，甚至没有自己的父母妻子，甚且没有自己”这段话，讲到雍正帝的心坎里了。雍正帝随即在这字里行间加上了一段朱批，说：“能言及此，卿之心迹可见。能否劝勉高其倬改革，暂且不说，朕先庆得一股肱栋梁之臣史贻直矣，勉之！”下面还有一些朱批，都是嘉奖赞许的话，如“好！竭力讲解，不要嫌繁琐啰唆”“说的是，至当之至”“甚好！甚好！”等等。在奏折的末尾还加上了一段朱批：“朕嘉悦览之，闻此而不感奋者，除非木石。高其倬亦有回奏，观其言辞十分诚恳真切，似有动心之情。但就怕熟路难忘，当你回京复命以后，他又要回到过去保守的老路上去了。你回京临行之前，再好好地对其谆谆教诲。”

高其倬在听了史贻直第一次讲解训导以后，也在雍正六年十二月二十八日，上奏雍正帝，汇报他听了史贻直讲解训导以后的心得体会，说：“蒙皇上天地父母之心，钦派史贻直跋涉千里，来传达圣谕教诲，臣感激无比，惭愧无地，敢不痛改前非，奋发有为，一一谨记皇上的教诲，遵照实行。”对于高其倬的表态，雍正帝还有些不相信，说：“前几年朕曾与你推心置腹地谈了十几次，都没有打动你的心，朕不信史贻直这次数千里南下，传达朕的上谕，几句话就能打动你，令你刻骨铭心痛改前非？”对此，高其倬又在雍正七年正月二十六日上了一本奏折，汇报了他在大小各会，多次聆听史贻直讲解以后的心得体会，说：“钦差吏部侍郎仍兼户部侍郎事史贻直，大会小会都谆谆传达皇上的圣谕教诲，逐一讲解，反复开导，并把他平日在宫廷目睹，皇上宵衣旰食，勤求治理的精神，敬天勤民，唯诚唯实的风范,以及对内外臣工一视同仁之至意,一一与我们讲解,殷切希望我们以皇上为榜样,脚踏实地地做好本职工作。臣跪听之下,沁人肺腑,感激涕零。臣乃一介愚庸,深受皇上知遇之恩,畀以封疆重任,宠爱有加,涓滴未报,反而错误百出,皇上非但不加责罚,反而屡加保全。不但臣之荣华富贵,皆为皇上所赐,即臣之身家性命、名节,也都是皇上所赐,怜悯保全。特别是臣在工作中出现过失,前途无望之时,又是皇上格外开恩,从数千里之外派遣侍从大臣,来叠加教诲,俾臣猛省,彻底改悔,即使天地父母之心,也无以至此。臣非木石,亦有良心,怎能无动于衷,不知悔改,上负圣恩,下愧对百姓,成为社会之累赘,圣主之罪臣?从今以后,臣唯有恪遵皇上的谆谆教诲,刻骨铭心,痛改前非,一改以往优柔寡断、软弱无能、瞻前顾后的老毛病,绝不存半点讨好之心,喜誉之念,而是向着皇上指明的方向,奋不顾身地一往无前,以赎回已往之罪过,仰报皇上天地厚恩之万一耳。”

通过这次传谕训导,高其倬竟成为史贻直的挚友,后来两个人的职务经常相连。因为高其倬是堪舆专家,雍正帝即令其为他考察万年吉地(墓地),其所遗留福建总督一职,即由史贻直署理。雍正帝万年吉地选定后,高其倬回任福建总督,史贻直即回京复命。但史贻直刚刚启程回京,雍正帝又调令高其倬任两江总督,并继续为他选择万年吉地,其所遗两江总督一职,依然由史贻直署理。高其倬完成任务后回任两江总督,史贻直回京复命,转任都察院左都御史。乾隆元年(1736),史贻直以户部尚书署理湖广总督,平反麻城冤案,高其倬又调任湖南巡抚,两人又在一起,并且共同平定了城步苗瑶兄弟民族的反清斗争。随后史贻直调任工部尚书,其所遗户部尚书一职,则由高其倬接任,直到次年去世。此乃后话不说。

刘世明在雍正七年的正月二十五日，也上了一本奏折，向雍正帝汇报了他听取史贻直传达圣谕并讲解的感想。不过刘世明是行伍出身，文化水平较低，讲不出许多大道理，主要讲述了他听取史贻直报告的经过，及以后如何遵照实行的问题，说："臣系武职，初入文途，荷蒙皇上如此曲赐指示，微臣若不细细体贴，凛慎遵循，则辜负天恩，获罪匪浅……今臣唯以诚敬无欺，上答圣主，实心办事，下请诸司如臣事君，稍存欺诈，伏乞皇上立赐臣以重罪。"

史贻直钦差福建，代表雍正帝传谕教诲高其倬、刘世明，不仅对高其倬、刘世明等各级官员产生了广泛影响，也为后世留下了深刻的历史影响。后人在许多笔记史料中都有记载，如清朝中期的徐锡龄、钱泳在《熙朝新语》卷八中即写道，康熙庚辰科进士出了两位名相：一为桐城文和公张廷玉，一为溧阳文靖公史贻直。贻直"官侍郎时，奉命赴闽审案，上命教导督臣高其倬、巡抚刘世明、贻直遵旨至闽，宣述圣意。其语有'大凡人臣事君，不但当以身事，更当以心事。此心惟知有君，而不知有人；此心惟知有君，而并不知有己'，甚合上意。朱批云：高其倬、刘世明能从与否，尚须观其后效，朕先庆得一股肱之臣史贻直矣"。

完成了传谕教诲高其倬、刘世明的任务以后，史贻直即开始追查雍正四年，福建应解而未解到的那笔 61.4 万余两库银的去向。史贻直令布政使赵国麟将藩司账册全部交出核查，随后又对藩库进行彻底盘查，发现雍正四年福建春秋两季册报，确有 61.4 万余两银，户部曾令将此项银两调拨解京而未解，随即找来巡抚刘世明和布政使赵国麟，指着藩库账册上那笔 61.4 万两银说："这就是雍正四年春秋两季册报的那笔 61.4 万两库银，户部曾令将此项银两调拨解京，可当时的布政使陶范，却因该年军饷紧急，从中挪借了 25 万余两银，借作军饷，余款亦未及时遵令解京。继任布政使沈廷正催还此款后，也未及时解京，而是与后任布政使乔学尹变相挪用了。而巡抚毛文铨不问缘由，又将之造入雍正五年春秋两季的册籍内，且未注明此款系雍正四年应解而未解的那笔 61.4 万余两银。后经户部勒拨，解作雍正五、六两年的京饷、军饷等项约 24 万两银，余款 21.1 万余两，及库存银 16.3 万余两，俱经布政使沈廷正、乔学尹挪作雍正五、六两年军饷。”

然后史贻直放下账册接着说：“此项银两应系解部之项，即使暂时挪借，亦应题请方可动用，竟如此既不具题，又未报部，屡次将存库之银又复挪用，迄今三年之久，尚未归还，若不亟行清理，划归原款，必致彼此牵混，年复一年，渐成无着。”

说着，史贻直转身对布政使赵国麟说：“必须迅速将这 16 万余两库存银，具批解部，另外的 21 万余两银，于雍正六年地丁银内解补完足，若逾限不完，本钦差将上奏皇上，即着挪用之员及徇庇之各上司名下分赔，并将擅行挪用之历任布政使陶范、沈廷正、乔学尹，及蒙混造册之巡抚毛文铨、常赉，不行确查之总督高其倬，另行题参议处。”

刘世明即对赵国麟说：“就照钦差大臣史大人的意见办吧。”

赵国麟说：“好，好，下官马上照办，先把这 16.3 万两库存银解部，另外的 21.1 万两银，就在上年的地丁银内解补完足。”

随后史贻直就把他核查福建藩库，查找那 61.4 万两银的经过及其处理意见，上奏雍正帝。雍正帝对他核查福建藩库一事及其处理意见十分满意，说：“料理妥协，详明之至。”

十四　审理乔学尹等诸多要案

史贻直核查了福建藩司账册和藩库后，即开始审理乔学尹案、周钟瑄案，以及厦门水师提督蓝廷珍参奏监生陈华岳侵占庙产案等诸多案件。

首先是乔学尹"失察故纵"案。乔学尹，山西猗氏人，康熙五十二年(1713)进士，入选庶吉士，散馆授编修，后署理福建布政使、按察使等职，赴吏部引见述职时，被称为"有本心的人，但恐识见欠通"，存在思想意识问题。前任福建巡抚朱纲参劾他在审案中，为博"长厚虚名"，不能按律处置，"纵恶养奸"。对此，史贻直便将乔学尹在福建按察使任内所审 12 件刑事案卷宗调出，予以一一核查，发现在乔学尹所审理的 12 宗案件中，除仙游县吴祖窝藏盗犯任天贼一案尚未结案，需继续审理外，其他各案在审讯中，均存在随心所欲，忽轻忽重，不按照律法判决等问题。于是史贻直决定与高其倬、刘世明、内阁学士西柱，当着乔学尹的面共同会审，指出其在审讯中的错误。

史贻直、高其倬等一起来到按察使署大堂坐定后，史贻直发话说："乔学尹，本钦差查阅了你所审理的 12 件刑事案的卷宗，发现除仙游县吴祖窝藏盗犯任天贼一案，尚未结案需继续审理外，其余已审结的 11 件刑事案，均引律不符，随心所欲。现在我们当着高大人、刘大人、西柱大人的面，一件一件重新审给你看。第一件，宁德县民彭瑞仁贩私拒捕一案，有同伙 12 人，都应列为案犯。但你仅把同伙中的彭瑞仁等六人列为案犯，而将另外六人列为‘属员’，予以开脱。什么叫‘属员’？‘属员’是指组织机构里面相对于长官而言的下属工作人员。彭瑞仁等的贩私团伙显然与组织机构有别，不能将其同伙称为‘属员’。作为同伙，既然都参与了作案贩私拘捕，就应该都属于案犯，可你只将其中 6 人列为案犯，而把其他人列为‘属员’将其开脱，这显然错了。你为什么这样做？是不是收受了他们的贿赂？”

乔学尹说：“没有，没有，是我为博‘长厚虚名’而随心所欲，不负责任，我错了，我错了。”

史贻直接着说道：“第二件，莆田县民许乃昆勒死胞弟许进，移尸吴太治家屋边，诬告吴太治害死其弟，这显然是诬告。你竟以许乃昆未‘开明实在伤痕’为由，认为与诬告有别。这又错了。什么叫‘诬告’？不是他害死的，控告是他害死的，这就是诬告，与有没有开明实在伤痕，没有关系。所谓‘伤痕’，是用以检验被害人系何凶器所害，及其伤残程度与死因的证据，属于案情方面的内容，与该案是否诬告的性质，是两码事，不可混为一谈。这里我还是要问你，你与许乃昆是什么关系？为什么如此地为他开脱？是不是接受了他的贿赂？”

乔学尹立即否认说：“没有，没有，我同样是为了博‘长厚虚名’，我错了。”

史贻直继续说：“这第三件，永定县盗首吴胜龙等行窃时，有一匪徒扔石致伤被窃事主，本法无可宽贷，应依法惩治，而你又以伤轻为由，减轻其罪行。行窃本就属于非法，还要扔石，伤害被窃事主，这是丧尽天良，应罪加一等，而你反而减轻其罪行为其开脱，这又错了。

“第四件，福清县以陈仲龙为首的抢劫团伙被捕后，其中李则兴、李尔祚、陈来顺、陈仲干四人俱系纠伙出洋，肆行抢劫之重犯，而你竟称之为‘情有可原’。你这意思是，他们纠伙抢劫是合理的？你简直是非不分，颠倒黑白！出洋抢劫，杀人越货，还情有可原？你这是什么逻辑？你这尤属纵盗。”

这样，史贻直接连重新审理了 11 件乔学尹错判的案件，其中只有第六件闽县丁长枝行窃时拒捕伤人，然伤者因伤轻已康复，按律应拟斩监候，乔学尹反而从重判处斩立决，除此以外，均为减等从轻发落。史贻直一一为其纠正了错误，然后批判乔学尹说：“乔学尹，你既食皇家俸禄，广大民众供养你在福建做官，你如此地胡作非为，胡乱判决，对得起皇上，对得起广大民众吗？这里我还要纠正你一个认知上的错误。你认为你这样的减等轻判就能博得‘长厚虚名’。你错了。什么叫‘忠厚长者’？对同僚、朋友、广大民众谦虚礼让，赈贫济困，救人急难，这才是‘忠厚长者’。像你这样为坏人歹人效力，故意减轻他们的罪行，从轻发落，对那些坏人歹人来说，你或许是他们的‘忠厚长者’；而对于广大民众来说，你这是纵恶养奸，为虎作伥，助纣为虐，你懂吗？你把孔圣人的书读到哪里去了？再说了，作为按察使，职掌一省之刑法，必须按律判刑，这样才能服人、服众。”

随后史贻直宣判道：“根据乔学尹这一系列罪行，按律，应杖一百，与妻子流放三千里，奏准皇上后执行。”

最后史贻直征询高其倬、刘世明、西柱的意见，他们都说：“判得很好，没有意见。”乔学尹一案的审理，便到此结束。

随后史贻直即审理周钟瑄贪污案。周钟瑄，贵州人，进士出身,雍正前期任台湾知县。巡台御史禅济布参奏他犯有五款经济罪:一、周钟瑄与知府范廷谋共同敲诈贡生吴素银 700 两;二、周钟瑄贿赂禅济布银 360 两;三、禅济布封存周钟瑄赃银 19092 两;四、周钟瑄借给施文标粟 3400 石,并拥有 4 张每张价值 300 两银的房契,来历不明;五、禅济布另封存周钟瑄赃款 9380 两赃银。

禅济布揭参周钟瑄的这五大案件,只是提出了问题,并没有把这五大案件来龙去脉的案情说明清楚。史贻直面对这一情况,只得通过提审来摸清情况,于是便来到福州府狱大堂提审周钟瑄。待周钟瑄带到以后,史贻直说道:"周钟瑄,巡台御史禅济布揭参你五大经济案件,皇上派本钦差前来审讯,你必须如实地把犯罪事实交代清楚,争取宽大处理。"当说到皇上时,史贻直习惯性地两手抱拳向右上方一举。

周钟瑄说:"大人,只要是犯官知道的,无不如实交代,否则,大人尽可把犯官重重地处罚。"

史贻直说:"好,那本钦差就提问了。第一,你与知府范廷谋共谋敲诈贡生吴素银 700 两,可有这事?"

周钟瑄交代说:"大人,事情是这样的:台湾县城向无城垣,城内各官府居民缺乏安全感,驻台各文武官员即议捐建木栅栏以确保安全。就在这时,发生了贡生吴素调戏强奸民妇林氏未遂一案。犯官经报请各上司同意,对吴素从宽处罚,处以罚款 400 两银,用以建造台湾县城木栅栏 100 丈结案。但禅济布硬说犯官此外又加罚了 700 两以分肥。实际根本没有这回事。前布政使沈廷正大人已审问过吴素和建造木栅栏工程的营造商李钦,他们也都有证明材料,大人可以查阅。"史贻直查阅后,也的确如周钟瑄所交代的那样。再问禅济布时,禅济布也承认说是传闻,可见确系子虚乌有。

史贻直接着问道:"那第二个问题,你贿赂禅济布银 360 两,是怎么回事?”

周钟瑄说:“犯官的确给禅济布赠银360两,但无营求,只是看他经济困顿而接济他的,不想他竟诬赖犯官贿赂他。”

史贻直也认为,既无营求就不能称为贿赂,同僚之间能够相互接济,那是义举,应该提倡。再说了,禅济布既然认为是贿赂,那就不应该接受,既然接受了人家的接济,不说感谢,反而说是贿赂,恩将仇报,不道德。于是史贻直接着说道:“好,本钦差同意你这一说法,这不是贿赂。现在我问你第三个问题,关于禅济布封存你19092两赃银,这是什么款项?”

周钟瑄交代说:“大人,那不是赃银,是公款,是雍正三年奉文平粜的谷价公款15750两银,还有台湾应存杂项钱粮公款3342两银,两笔款项相加计19092两。这些都是载在账册,有案可查的,而非犯官贪污之赃款。”

史贻直说:“好,既非你的贪污赃款,是公款,那就不作追究。现问你第四个问题,禅济布揭参你借给施文标粟3500石,并拥有四张每张价值300两银的房契,是什么来历?”

周钟瑄交代说:“那3500石粟,为出陈易新和散给兵米之粟,是公家的粮食,而非犯官图利营私之粟。借给施文标,也是为公家的粮食保值增值,而非为了犯官的私利。那四张房契为犯官办理盐务时,买作盐馆之房,且已造入盐务账册之内,有账可查,而非贪污。”

史贻直接着说道:“好,既然如此,那就不作为论。现在问你第五个问题,禅济布另封存你9380两银,这是什么款项?”

周钟瑄交代说:“此款内有买谷补仓公款,与借人之项重叠误开册内者2280两银,还有犯官已赀350两银,这些都与贪污无关。另6750两银系犯官近三年内在额征之外加耗一斗,每年加收4500

石，折银2250两，三年计6750两。犯官将此款加上已赀350两，先后以三分利、二分利与无利分三次借给商人和船户。但这6750两银系犯官筹措办公费用的款项。”

史贻直训斥道：“额征之外怎可加耗，额征之外的加耗，那就是私征私加，是额外对农民的盘剥，是违法的。再说了，你说是筹措办公费用的款项，为什么你台湾县的账册内没有记载？我已查过你的卷宗账册，账册内只开有办公费用599两银，根本没有这笔6750两银。可见，这6750两银，显系不符合规定的违例加征，放债图利，属于贪污。你罪责难逃。”

在铁的事实面前，周钟瑄不得不低头承认说：“这的确构成了贪污之罪。”

最后史贻直指出：“在禅济布揭参周钟瑄的五款罪状中，唯有这第五款，非奉上司明文，在额征之外违例加耗私征，得银6750两，放债图利，系周钟瑄贪污赃款。根据律法，计赃以80两判绞监候，则周钟瑄应拟处绞监候。”

随后，史贻直即赶往厦门审理蓝廷珍参劾监生陈华岳侵占庙产一案。

原来厦门监生陈华岳住房后进与厦门关帝庙后殿毗邻，但方向相背，中间隔开一条三尺宽的小巷，直达通衢大道。巷口开有小店铺一间，租与小商林慈经营，每年收取租金2.5两银，交予关帝庙住持渊博做香火钱。双方也各开有一扇后门，以便出入。雍正六年五月间，陈华岳之子陈伯，为了改善自家的居住条件，将毗邻庙宇的后进翻盖成楼房，把房屋增高了七尺多。当地耆民林士谦与住持渊博，便一纸文书将陈华岳父子告到了厦门水师提督衙门，说陈华岳后房高大，压伤了关帝庙，而且开有后门，意欲侵占庙产，实际是想以此为由，没收陈华岳的房产归关帝庙所有。

清朝时，福建水师提督驻扎厦门，这是福建水师的最高统帅机关，属于省部一级。林士谦和住持渊博想借从一品高官福建水师提督蓝廷珍之势，来压制陈华岳父子，迫使其交出房产。然而福建水师提督衙门纯系军事机关，不理民事。水师提督蓝廷珍便一本奏折，将此案推到了雍正帝面前。蓝廷珍料想雍正帝一准批转给福建总督或巡抚衙门处理此事，想借福建总督或巡抚衙门之手，没收陈华岳房产归关帝庙所有。适逢雍正帝钦差史贻直赴闽审理诸案，即令史贻直顺便将此案一并审理。

史贻直来到厦门以后，首先实地考察了陈华岳住房和关帝庙的具体方位与周遭位置，并分别询问了陈华岳父子和关帝庙住持渊博、耆民林士谦，了解了双方争执的起因和经过。经过实地考察和多方询问，了解到双方的房屋正如上述所说，相互毗邻，屋背相对，中间隔开一条三尺宽的小巷，各自开有一扇后门。但陈华岳家住房是自家私产，拥有房契。而且陈华岳将住房后进抬高，是在自家地界之上，后墙墙基未动，这说明陈华岳、陈伯砌房翻盖楼房，是合理合法的。然后史贻直升堂，唤来两家对簿公堂，并请来水师提督蓝廷珍参与会审。为了维护关帝庙神灵的威严，史贻直采取了特殊的堂审方式，原告与被告双方渊博师父、林士谦和陈华岳、陈伯均无须跪在堂前，而是分别坐在主审官史贻直对面的两张长条凳上。水师提督蓝廷珍，则坐在主审官史贻直旁边的椅子上。

堂审开始时，史贻直说："本官是受皇上钦差，来福建审理诸案的，在福州审理完其他各案后，即来到厦门审理你们两家的诉讼案。现在你们两家就各自申诉自己的控辩理由吧。"

随后陈华岳父子和渊博、林士谦便各自申诉。双方申诉后，史贻直指出："陈华岳家房屋拥有房契，属于自家私产。他们翻盖楼房，抬高空间，也在自家地界墙基之上，没有超越地界空界，因此，关帝庙方控告陈华岳父子侵占庙产的诉讼案不成立。同样，蓝廷珍大人、林士谦先生和渊博师父，你们要求没收陈华岳家住房，改为庙产的要求，也毫无理由。这样你们自己倒有侵占民有私产之嫌。你们的要求非但无理，而且大错特错，本钦差决不认同，也决不允许。”

林士谦和渊博提出：“陈家翻盖楼房，抬高空间，其高度超过了关帝庙，压伤了关帝爷。”

史贻直言道：“林老先生和渊博师父，你们此言差矣。陈华岳家楼房虽然高大，但那是民房，里面居住的陈华岳一家都是凡人，普通的平民，不是神。反之，关帝庙虽然矮些，但关帝庙供奉的是关帝爷。关帝爷是谁呀？是神！神能通天，神通广大，无所不能，凡人怎能压得住神呢？再说了，关帝爷在世的时候是什么人哪？忠义之士！他最讲仁义，爱民如子，他绝不会与民间计较什么民房高矮的，因此，不必拘泥于民房的高大。”

史贻直这一席话，说得林士谦和渊博哑口无言。坐在一旁的水师提督蓝廷珍听了也大吃一惊，想不到史贻直竟有如此的辩才和思想理论水平，他为官也已四十多年，朝廷上下也接触了许多官员，可从未遇到过如此高深的思想理论水平和敏捷的思辨才能，暗自佩服。

接着史贻直又说：“渊博师父，您是关帝庙的住持，须知关帝庙祭祀的是关帝爷。人们为什么要祭祀关帝爷，将其奉为神灵？因为关帝爷一生忠义，也正因为关帝爷的忠义精神感动了人间，后人才世世代代供奉祭祀他。因此，作为关帝庙的住持，首先要好好学习并弘扬关帝爷的忠义精神，发扬关帝爷的忠义思想。什么是关帝爷的忠义精神？就是忠君爱国，匡扶正义，关爱百姓。”

史贻直顿了顿又说：“渊博师父，您作为关帝庙的住持，代表了神权一方。神权必须在政权的领导之下，协助政权研究宗教哲理，教化百姓，积德行善，维持地方治安，绝不能干预地方政务。须知政权就是皇权，代表了国家，代表了民族。任何宗教寺庙，都不能超越政权之上，一旦干预政务，扰乱了地方治安，就会被当作淫寺，被封门毁庙。历史上这方面的教训已经很多。所以今后，您必须与地方士绅和耆民一起，好好研究宗教哲理，弘扬关帝爷的忠义思想精神，教化百姓，积德行善，少参与司法纠纷，在民间树立起关帝爷的崇高威望。”

最后史贻直宣判说：“陈华岳房屋系民间私产，依然归原主所有，不过为了防范纠纷，息事宁人，建议陈家堵塞后门，并不得干预巷口林慈的店铺事务。店铺租金 2.5 两银，依旧交给渊博师父，作为香火钱。”然后他抬头看了看陈华岳父子和渊博、林士谦，问道：“你们两家可服判？”

陈华岳父子立即回道：“草民服判，草民服判。”随后即“扑通”一声跪下，说：“感谢钦差史大人，青天大老爷，为草民主持了公道。您就是再世包公。”

史贻直即刻下堂，扶起陈华岳父子，说：“要谢的话，得感谢当今皇上，是当今皇上教导我们，要堂堂正正做官的。”

渊博和林士谦虽然官司输了，但感到史贻直说的在理，也心服口服，表示服判。特别他们听了史贻直的这些论说，虽然似懂非懂，但总感觉别开生面，茅塞顿开，说：“一定牢记史大人的教诲，好好学习并弘扬关帝爷的忠义思想！”然后也千恩万谢地离开了大堂。至于蓝廷珍，这是他第一次听到如此高深的理论，紧紧地握着史贻直的手激动地说：“史大人，判得公道，鄙人佩服。皇上有您这样的大臣在身边辅佐，何愁不兴旺发达。”

于是一场房产官司就此和解。后来雍正帝听了也大加赞叹，想不到史贻直竟有如此高的思想境界，十分赞同史贻直的这一审判结果，朱批“依议”二字。

当史贻直审理完这一系列案件，准备回京时，突然接到兵部咨文一封，内开内廷转发的雍正帝谕旨，要史贻直会同福建督抚高其倬、刘世明，严格审理原福建南平县革职知县梅廷谟，状告原侯官知县王梦贤之子王溥仁侵匿银两案。而且雍正帝已先入为主，朱批道：“梅廷谟，人着实明白，料此案必将真实，汝可会同督、抚将此案严加审察，莫令奸人漏网。”

梅廷谟控告王溥仁，将其父王梦贤在侯官知县任内的正课库存银及其私产万余金，藏匿于省城监生杨琏所开的永成号洋货铺中。史贻直接旨后，立即下令逮捕王溥仁和监生杨琏，然后与高其倬和刘世明进行会审。为了防止走漏消息，不让案犯们转移赃物，销匿罪证，串通消息，订立攻守同盟，史贻直首先令福州地方政府，将王溥仁、杨琏以及与此案有关的王溥仁家仆李英、王梦贤幕友王能之抓捕归案，分别监禁；同时委托城守营副将与福州知府，将监生杨琏的永成号洋货铺的一切货物财产，与王溥仁寓所的一切家资，全部封存看管，然后按照雍正帝的思路对杨琏、王溥仁进行严审。然而在审讯中，杨琏和王溥仁均坚不认罪。杨琏说：“犯生自康熙五十九年(1720)即在此开设永成号洋货铺，那时王梦贤尚未莅任，犯生与他并不认识。雍正初年王梦贤莅任侯官知县，偶尔到本店购买物品，渐渐相识，至今他还欠本店300两银未还，现有王梦贤所写欠据在此。本店的所有物品，都是有来历说得清楚的，店中没有半点物品与王溥仁有关，请青天大老爷明察。”

王溥仁也供称：“犯生本江西吉安人，因家父任侯官知县，便举家迁此。家父本一介寒儒，别无产业。家父去世后，犯生便在此坐馆以教读为生，家无余资，哪有银两物品寄顿在杨监生家店中。家父去世后，侯官县的所有亏空，先后经接任的管知县、傅知县、梅知县、苏知县四次清查，讯及各役，确系收缴不上，以致拖欠，而非侵贪。”

由于杨琏、王溥仁拒不交代，史贻直等开始用刑。在重刑之下，杨琏依然坚不招认，唯有抢地呼冤。王溥仁则说：“如果我有银两存放在杨监生处，现在我受着严刑，将来杨监生还有得还我吗？我又何苦不交代，放着现有银两不替我父亲完补亏空？”

史贻直感到他们的交代话语，确实合乎情理，似无矫饰，便审讯王溥仁家仆李英和王梦贤幕友王能之，一看王能之已年过八旬，老态龙钟，已无精力，不可能如梅廷谟状纸上所说，与王溥仁连夜窜改簿册 462 本。而且李英和王能之的交代，与杨琏、王溥仁的供词完全一致。这时，史贻直感觉到不能再这样继续审下去了，这样很难突破，审不出结果来，搞得不好还会闹出人命来，变成屈打成招，这就糟了，必须改变思路。他征得高其倬、刘世明的同意后，决定从调查实情着手，到杨琏、王溥仁的左邻右舍去调查，了解杨琏、王溥仁的为人本质，看他们是不是为非作歹贪利占便宜的人。杨琏的邻居张老大说：“杨监生做生意讲信誉，老少无欺，有时候我的旱烟抽完了，叫我四岁小孙女去买，他都照样卖给她，绝不短斤少两。”

杨琏的另一邻居王婶说：“杨监生是个好人，做生意不欺负人，有时候我们家吃饺子馄饨，临时没有酱醋了，到他店里去买。他常说：‘街坊邻居的，一丁点儿酱醋，什么买不买的，你拿个瓶子来，我给你舀点儿去就是了。’硬是不要钱。”

街对面大成商店的老板说：“说杨监生为人窝藏赃款，我不信。第一，他为人讲信誉，从不贪小便宜。第二，他家不是没有钱，除了在这里开店，在乡下还有大片田产。再说了，他家祖上也是做官的,他弟弟前年也已考上举人了,不是不知法的人。虽然我们两家在一条街,门对门开店,但是大家见面都客客气气,没有妒意。这样的人怎么会为人窝藏赃款赃物呢?”

史贻直等又对王溥仁的街坊邻居进行调查,邻居王大妈说:“这王先生可是个好人哪。他父亲原是个知县大人,那时他们家都住在县衙里面。自从他父亲去世以后,他们就搬了出来,在这里租了两间房子居住,坐馆做先生,教小孩子读书,人很好,教书很尽心,我们街坊邻居都喜欢他。”

王溥仁隔壁的一家药铺郎中说:“王溥仁居住到这里已经三年多了,渐渐地大家都比较熟悉,知根知底了。他本是江西吉安人,父亲王梦贤原是一介寒儒,分发到这里任侯官知县。他父亲去世后,家贫无法回吉安老家,他就在这里坐馆做先生。好在他学问不错,教书很认真,人也随和,大家都很喜欢他,都把小孩子送来让他教。他妻子有时也给人家作女红,挣点钱补贴家用。他可没有做什么犯法的事情啊,怎么就给抓起来了呢?真想不通!”

“听说他父亲侵贪了不少正课钱粮。”史贻直说道。

药铺郎中说:“好像不是这样,他父亲去世后,先后有四任知县都调查核实过,都说是亏欠,不是侵贪。要讲亏欠,在我们侯官做知县的,哪一个不亏欠啊?他们不是无能,不去收缴,是收不到。我们侯官地处海滨,到处是礁石淤沙,或是山谷河滨,哪有多少田地呀?即使有些田地,所出谷物也很少。居民大都出海捕捞,一年四季大半在海上,你到哪里去收缴呀?收缴不上,就只有拖欠亏空了。拖欠亏空不等于侵贪。你们说王知县侵贪了,有钱了,怎么王溥仁穷得连老家都回不去,只能流落在这里坐馆做先生,妻子还得给人家做女红。这像是有钱的人家吗?真是站着说话不腰疼。”

史贻直根据这些街坊邻居的调查,认为此案很可能是诬告。

史贻直乃与高其倬、刘世明商量，决定再找梅廷谟核实证据。经他们询问后，梅廷谟说："犯官也没有什么确实的证据，只是听说他在朱纲任福建巡抚、赵国麟任福建布政使时，到省衙去具呈，为其父亲辩白，我怕他诬告我，就根据这些子虚乌有的风闻材料，先下手控告了他。"

总督高其倬听了，肺都要气炸了，把桌子一拍怒喝道："你这是诬告妄告，你知道吗？你这一告对你无所谓，可惊动了当今皇上，派了钦差大臣下来，扰乱了国家政事，你该当何罪？"

梅廷谟一听，说惊动了当今皇上，派了钦差大臣下来审查此案，吓得往下一跪，连连说："犯官有罪，犯官有罪！犯官这是妄告诬告，犯官认罪，甘愿受罚。"

高其倬喝道："你既然知罪，本督念你初犯，恕你无罪，下次不可再犯，若下次再犯，必将重惩不贷。好吧，你写个材料，承认这是妄告诬告，并签字画押。"

梅廷谟随即写了个材料，承认这是妄告诬告，并签字画了押。

于是此案最终审定为诬告，判决如下：

一、王梦贤幕友王能之、王溥仁家仆李英，无罪，当庭释放；

二、此案经确查研讯，详细审定，实属子虚乌有，但已惊动皇上，奉差审查，所有搜查过的杨琏货物资产以及王溥仁寓所资产，均已登记在册，仍交地方文武官员严加封锁看管，王溥仁、杨琏继续羁押，经报请圣上后，再行释放，发还资产；

三、王梦贤亏空钱粮1万余两银，米915.8石，谷954石，俱着落在王溥仁名下追赔，若王溥仁家产不能完补，着落徇隐之各上司名下分赔，应于原参亏空案内具题完结。

雍正帝对此案的审理也十分满意，在史贻直的奏折上朱批道："览奏，朕已洞悉矣。审理甚属可嘉，事既子虚，不可枉罪平人，照所奏办理可也。”

于是随即把杨琏、王溥仁释放，所封存杨琏货物家产以及王溥仁寓所资产，全部发还本人，此案就此了结。杨琏、王溥仁均高呼“万岁”，称史贻直为“铁面包公”“青天大老爷”。

十五　二进福建　缴销海澄公印信

史贻直完成了雍正帝交予的一切任务后，即于雍正七年(1729)二月十三日，偕同其随员吏部主事朱叔权，离开福州，日夜兼程，返京复命。三月初十，他们行至江南常州地界，突然接到吏部公文。公文传达了雍正帝的旨意，要他会同福建总督高其倬、巡抚刘世明，对福建全省知府以下(含知府)、知县以上(含知县)官员，进行一次全面甄别，分别优劣，造册具奏；同时缴销一等海澄公黄应缵的印信，确定新海澄公的继承人。史贻直接到雍正帝的上谕后，即命朱叔权先行回京，并将在福建审理各案和处理要务的本章交给朱叔权，由其带回京师，敬呈雍正帝御览，自己则与家仆部爵调头南下，于四月初七抵达福州，向高其倬、刘世明传达上谕，然后与高其倬、刘世明商量，如何对福建全省知府以下、知县以上官员进行一次全面的甄别。

史贻直指出："福建领有福州、兴化、泉州、漳州、延平、建宁、邵武、汀州、台湾(当时台湾系福建省下的一个府，即台湾府，下辖四县二厅，直到 1885 年中法战争以后，才设立行省为台湾省)等九府，一直隶州福宁州，下辖 60 个县厅，知府以下，知县以上，包括各府、直隶州的同知、通判、知州、州同、州判等有百余名官员。而且福建全省都是崇山峻岭,山高路险,路途遥远,西南的汀州府、南部漳州府的龙岩县,距离省城福州都有近千里路程,不可能下去一个府一个府地对各府州县厅官员进行甄别,唯有行文各府、州、县、厅,令各级官员轮流赴省城述职汇报工作,我们三人在听取述职汇报工作时,通过提问与交流答辩,来考察各官的勤堕与工作能力、官守官常,以判其优劣。”高其倬和刘世明也都赞同他这个办法,也唯有这样才能在短时期内,完成对福建全省各府、州、县、厅所有知府以下、知县以上各级官员的甄别,并将他们的优劣上奏朝廷。

史贻直随即又说道:“这样由总督、巡抚衙门联合行文至各府、州、县、厅,要求他们接到行文后,安排好工作,做好轮流前来汇报工作的计划。这中间要有一个过程,总得有半个多月。鄙人则利用这半个多月的时间,到漳州去调查一下海澄公黄应缵的情况,然后再决定如何缴销其印信,并确定其继承人的问题。等我调查回来,各府、州、县、厅的官员们,也都要陆续来到省城述职汇报工作了,我正好与你们两位一起听取汇报,以判他们的优劣。”

高其倬与刘世明感觉史贻直这样安排很好,都同意了。于是史贻直就决定前往漳州调查。为了确保史贻直的安全,高其倬还从督标抽调 20 名武艺高超的军士,作为钦差大臣的卫队,跟随史贻直前往漳州。

黄应缵,一等海澄公黄梧的从孙。

黄梧(约 1618—1674),福建平和人,早年追随郑成功,开展武装抗清斗争,曾任郑成功部总兵,据守海澄。后随着大陆统一,清朝政权日渐巩固,黄梧认识到全国统一是必然趋势,即在清顺治十三年(1656)七月,斩杀郑成功部将华栋等,率部归顺清朝,攻占闽南沿海广大地区,驻守漳州,并捐造战船 100 余艘,封一等海澄公,加太子太保。他还荐举了施琅,说:“施琅家族惨遭台湾当局杀害,其早就心向清朝，只要接受其投诚，必然诸事顺遂。而且施琅智勇双全，熟悉海事，对台湾的军事实力和防守了如指掌，因此只要借以事权，克复台湾，统一全国，指日可待。”

1674 年，耿精忠占据福建反叛，适值黄梧患疽病而亡，其子黄芳度袭爵，据守漳州抗击叛军。次年五月，叛军包围漳州，黄芳度据守孤城坚决抵抗达五个多月，终因粮尽援绝，投井而亡，全家遇难。

黄芳度遇难后，朝廷令其堂兄，黄梧兄长之子黄芳世袭爵，黄芳世病故后，由其弟黄芳泰袭爵，黄芳泰病故后，由其子黄应缵承嗣黄芳度袭爵。而这时，据福建观风整俗使刘师恕奏称：“黄应缵已日在病乡，为日不久，其子侄争袭爵位。而且，黄应缵自告老还乡以后，恃其世爵，恣意妄行，平时唯知沉湎于酒色，坐拥厚资，越礼犯分，纵容家仆，凌辱小民，蔑视府县，种种不法，实难枚举。”由于其拥有“钦颁印信一颗，动称公府文书，可直达部院，便肆其横强，动辄行文四出，如同现任官员一般，不把官府放在眼里，直至向总督衙门索要朱批奏折，连地方最高官府的总督衙门都不放在眼里”。为此，刘师恕建议缴销其一等海澄公的印信。于是，雍正帝便要求史贻直回闽，缴销一等海澄公黄应缵的印信，并与高其倬、刘世明一起商量，在其子侄中选一优秀者承袭爵位。

正因为黄应缵从祖黄梧、嗣父黄芳度皆一门忠烈，为清朝的统一、平定三藩叛乱作出了卓越贡献，付出了巨大牺牲，所以史贻直认为，对于一等海澄公爵位的承袭及其印信的缴销，必须慎重处理，搞得不好影响太大。因此必须赴漳州、海澄进行实地调查，然后根据调查情况而定。于是史贻直便率同高其倬为其挑选的 20 名卫士，南下漳州、海澄。

史贻直率同钦差卫队来到漳州，漳州知府将史贻直一行迎进馆舍后，史贻直即向其说明来意。漳州知府早已对黄应缵所作所为深恶痛绝，只因他是一等公爵，具有印信，位高权重，只能忍气吞声，不敢发作，见钦差大臣前来调查，就将黄应缵在漳州鱼肉百姓、欺压官府的种种不法行为，一股脑儿全部倾诉出来，列举了他十大罪状：

一、黄应缵拥有一大一小两支商队，从事海上贸易。大的商队拥有五艘大海船，可以上至天津、大连，下至广州、越南，东到台湾，甚至远至日本、菲律宾、文莱。一年至少有一二万两银的盈利。小商队主要从事本省近海贸易，盈利较少，每年至少也得数千两银。可他们过关过卡，从不交纳关税，不遵地方法令；

二、包庇海盗。漳州、海澄、平和，多少年来一直都是黄应缵的势力范围，许多不法分子，包括大的海盗、盐枭、不法商贩、地主豪绅，都投靠他。这些人犯了事，只要打出黄应缵的旗号，府县官府就不敢捉拿。而这些人在漳州地方已经形成了一张网，他们为非作歹，欺压良善，鱼肉百姓，老百姓敢怒而不敢言，只得隐忍，官府也不敢声张。这几年地方官府捉拿了好几名海盗、盐枭，结果都被他取保释放了，如海盗匪首陈方，纠集十余人在海上抢劫商船，为非作歹，为害一方，身背数条人命，好不容易被巡防营缉获，结果被他一纸文书给释放了。还有平和匪首黄明，纠众抢劫富商陈武，遭陈武与伙计反抗，竟残忍杀害陈武及多名伙计。后据说黄明系黄应缵远房侄孙，又被他一纸公文给释放了。如此种种，不胜枚举，严重危害了地方治安；

三、漳州、海澄、平和地处闽、粤两省交界处，是这两省的商旅通道，黄应缵的家奴则在其家乡的通途大道两端，非法设立关卡，任意收取税费，以至于商旅裹足不前，严重影响了这一带商业经济的发展；

四、纵容家奴横行不法。黄应缵袭爵已30多年，家大业大，家奴也众多。这些家奴在外也凭借其势力，为非作歹，侵占田产，抢夺人妻，恃强凌弱，巧取豪夺，种种不法，罄竹难书。当然，这些家奴在外面的不法行为，许多都是瞒着黄应缵干的，许多不法事情他也并不完全知道，但起码他管教不严，不能严格约束家奴的责任是逃脱不掉的；

五、黄应缵的这些恶奴，霸占了大片良田，可从不缴纳赋税，以致海澄县正课赋税，年年亏欠数千两银，数千石谷米；

六、最近海澄知县上报一件官司，说船场乡一农户诉讼黄应缵一黄姓家奴，强行霸占了他家12亩水田，因为他家水田与黄应缵这黄姓家奴的水田毗邻，且在他家水田的上游，河水灌溉必须先经过这家农户的水田，而后才能流到黄姓家奴的水田。该黄姓家奴为了使自家水田连成一大片，并霸占整个灌溉水渠，就以二石谷一亩的低价收购他家的水田。该农户说："我家的水田，一年三季亩产就有十石稻谷，二石就能卖了吗？这不就等于抢吗？再说了，我把这水田卖了，我家七八口人以后怎么生活呀！"这官司现在还摆在那儿，海澄知县害怕黄应缵的威势，不敢接；

七、败坏人伦，霸占儿媳。黄应缵有一小妾姓林，原是他的二儿媳，有一次他在酒后，看到他儿媳貌美，就强行玷污了她，后来就迫使他儿子把这妻子让给了他，将其收为小妾。女方娘家也是漳州城里有名的乡绅，上代也做过官，曾上门申斥过他，骂他畜生，猪狗不如，披着人皮的禽兽。他也曾当着林父的面，打了自己几个耳光，承认错误，但木已成舟。原本两家是儿女亲家，走动很亲近，从此林家便与他断绝了关系，不再来往；

八、纵容其子欺男霸女。其长子黄仕宏好色，奸污婢女，后被其妻得知，竟将婢女殴毙。海澄秀才王富贵独生女长得漂亮，且已许配邻村书生黄进，黄仕宏得知，欲强行霸占，王富贵不从，黄仕宏的恶奴竟将王富贵殴毙，王富贵女儿得知也跳楼自杀。仅此黄仕宏夫妻和恶奴就背了三条人命；

九、黄应缵本人年轻时就是酒色之徒，现已六十多岁，且已百病缠身，依然沉湎于酒色，家中妻妾十余人，还依然拈花惹草，看到哪个女婢有些姿色，就想方设法弄到手。他的小妾中有好儿人原本就是女婢，被他奸污以后，就收为小妾。有的不从，被逼跳水自杀，事后黄应缵就给女孩父母一笔银两完事。最近就有一名女婢才十八岁，因对黄应缵奸污不从，被逼自尽。最后黄应缵给她父母200两银完事；

十、对抗朝廷。近年朝廷推行新法，实行“摊丁入亩”“官绅一体纳粮，一体当差”。这是国家的政策法令，是一定要贯彻到底的。海澄县接到指令后，当即行文海澄公府上。海澄公竟把县衙的公文退了回来，说什么“海澄公系勋臣后裔，大清的江山都是我们打下来的，我们家的待遇是先帝爷给的，向先帝爷要去”。就这样，导致海澄县的新政无法推行贯彻。

最后，知府说：“黄应缵的不法行为，细说起来还有很多，就上述这十条，就够他砍十几次脑袋了。”

史贻直又谈起一等海澄公爵位的继承问题，问黄应缵子侄中有没有优秀堪以袭爵的。漳州知府说：“黄应缵只有两个儿子，都不成器，老大酒色之徒，老二花花公子，成天吃喝嫖赌，不务正业。侄子倒有好几个，都还不错，其中最好的就是他伯父黄芳世的孙子黄仕简，康熙五十三年（1714）举人，品行端正，本来已分发到广东揭阳任教谕了，只因其母亲老病，不忍远行，就辞官在平和书院以教读为生，侍奉老母。”

此后，史贻直又分别找漳州府同知、府判、府学教授、海澄知县等，作了个别交谈，反映大致相同。随后史贻直即回福州，与高其倬、刘世明交流了调查情况，共同商量后上奏雍正帝说："黄应缵已触犯国法，本应严惩，念其系勋臣后裔，格外开恩，不予追究。然其子孙皆无德行，不堪袭爵，只有其堂侄，黄芳世的孙儿黄仕简，系康熙朝举人，德才兼备，堪膺袭爵。"关于其印信，史贻直提议，将之收回送部销毁。他指出："本朝制度，一般封爵从不颁印信，当年之所以给海澄公颁发印信，乃由于当年台湾尚未收复，再加上三藩叛乱，战事频仍，黄梧、黄芳度、黄芳世、黄芳泰均辖有数千官兵，不得不颁给印信，以资统辖。三藩平息以后，台湾收复，东南战事早已平息。海澄公手下的官兵亦已裁撤，黄应缵已回乡休致，印信已无所用，也与海疆地方甚不相宜。"为此他建议："将海澄公印信缴销，待将来黄仕简承袭时，另颁敕书一道，俾其世袭。这样不仅保全了黄应缵本人，不致凭借印信横行不法，即使将来承袭之人亦知安分守己，永沐圣泽于勿替。"雍正帝览阅奏折以后，认为史贻直的建议完全正确，随即朱批"依议"二字，由钦差大臣史贻直前往宣布。

这时福建全省各府、州、县、厅官员们，也都陆续抵达福州，史贻直、高其倬、刘世明即在他们汇报工作的过程中进行考察，予以甄别，然后把甄别结果分别优劣，上奏雍正帝，雍正帝也十分满意。

当甄别工作完成以后，雍正帝对于缴销海澄公印信及其承袭人的谕旨也已递达福州。史贻直即率钦差卫队前往漳州海澄公府邸，宣读雍正帝的谕旨。在路上，他突然想起海澄知县曾接到船场乡农户状告黄应缵恶奴霸占其田产的诉状，因害怕黄应缵恶势力而不敢开庭审理，就决定绕道海澄县衙，让海澄知县随他一同前往海澄公府上，在史贻直宣读了雍正帝的谕旨后，当场宣布逮捕黄姓恶奴。黄应缵肯定不敢当着钦差大臣的面庇护其恶奴的。海澄知县听了喜出望外，随即带了书吏和捕快，乘轿跟在史贻直后面，前往黄应缵海澄公府上。史贻直一行刚刚走出海澄县城不远，在通往海澄公府邸大道的入口处，突然被一群手执刀矛之人挡住了去路。钦差卫队长立即上前喝道："尔等何人，怎敢阻拦大人去路？"

挡道之人一个个横眉竖眼，龇牙咧嘴地说："你也不问问，这是谁家地盘！这是我们公爵爷的地盘，来到公爵爷的地盘上，还不乖乖地交钱过境！"

钦差卫队长喝道："放肆！朗朗乾坤，皇家天下，怎容得尔等随意设卡收税！这是谁让尔等干的？"

挡道之人说："怎么样？是公爵爷令我们干的，你敢怎么的？"

钦差卫队长抽出利剑高高举起，说道："你问问我手中的利剑，它答应不答应？"

为首挡道的人说："哟嗬，还想动武啊，好，那老子就陪陪你。"然后他把手向着卫队长一指说："小的们，给我一起上！"说完，七八个小喽啰一起围住了卫队长，一个个张牙舞爪，准备动手打架。只见卫队长把利剑往剑鞘里一插，挥舞着剑鞘就打过去，一下子就撂倒了五六个，其余的倒退了十几步。后面的小喽啰一看阵势不对，急忙回去报信求救去了。

坐在轿子里的史贻直突然感觉停了下来，原以为是卫士们出来时间长了，要方便解手了，可又听到前面乱哄哄的，不知出了什么事，便掀开轿帘，一看前面打了起来，就问出了什么事。轿夫说："海澄公在这里设了卡，要缴过路费。"

史贻直说："那就给他呗，要多少银子？"

这时海澄知县也发现了问题，急忙跑来说："钦差大人，下官知道他们在这里设立关卡，要交钱才能过关，所以下官已经准备了，我这里有钱，我已带上银两了。"说着，海澄知县就急急忙忙赶到前面去交银子。

捕快上前说:“这是我们知县大人,来给你们交银了。”

那家奴恶狠狠地说:“给我跪下,你们把我们的人都打伤了,交点银两就想完事啦!”

这时史贻直见海澄知县下轿,也跟着下了轿,走到前面,听到对方竟要知县下跪,怒气大发,喝道:“混账东西,知县大人是朝廷命官,是你能喊‘跪’的吗?给我统统拿下。”

史贻直一声令下,卫士们起劲了,便一拥而上,将一帮恶奴一个个拿下捆绑了起来。

再说,回去报信求救的小喽啰,把钦差大臣卫队长剑鞘一挥,撂倒了五六个人的话一说,黄应缵的大儿子黄仕宏听了,暴跳如雷,心想这还了得,收费站给端了,就等于财路给断了,立即率领十几个恶奴赶来报仇,正遇着钦差大臣的卫士们把余下的恶奴一个个拿下绑了起来。黄仕宏见了一声令下,十几个喽啰一拥而上,与众卫士抢夺被拿下的恶奴,双方又打了起来。他们哪里知道,这些卫士都是从督标中挑选出来的,平时训练有素,个个都武功高强。海澄公府的这些恶奴哪里是他们的对手,没有几个回合,这些恶奴一个个都被制服了。黄仕宏一看形势不对,拔腿就跑,哪里跑得掉,卫队长一个箭步冲上前去,把他逮住了。黄仕宏还想反抗,接连挣扎了几下都没有挣脱,就乖乖地被卫队长绑了起来,拖在马后。于是卫队长一声吆喝:“请钦差大臣、知县大人上轿。”史贻直和海澄知县就各自上了自己的轿子。卫队长又吆喝道:“起轿!”轿夫们抬起轿子,跟随卫士们后面继续前行。黄仕宏和一群恶奴被拖在卫士们的马后徒步而行。

不一会儿,史贻直一行即来到海澄公府邸门前。周围群众和公爵府家仆见一队官府人员,又见黄应缵的大儿子黄仕宏和黄府的那些恶奴一个个都被绑住双手,拖在马后,大吃一惊,纷纷议论道:“这些是什么人哪,多大的胆子,敢绑黄家大少爷和那些恶奴?”大家都感到好奇,一下子都围了上来。还有些平素一直受黄家欺压的民众,见到这一幕,都暗暗叫好,说:“这班恶棍,也有今天的下场啊!”

钦差卫队长见秩序混乱,为安全起见,立即高声喊道:“钦差大臣到!”围观众人一听钦差大臣到了,立即后退几步纷纷下跪叩头。消息传到公爵府内,黄应缵听了,也立即跑上前来迎接钦差大臣。史贻直掀帘下轿,取出圣旨宣布道:“黄应缵接旨!”

黄应缵一听,立即率领家人上前下跪接旨。史贻直扫视了一下跪在面前的黄应缵及其家人,然后打开圣旨高声宣读:“奉天承运皇帝诏曰:一等海澄公黄应缵年事已高,嗣后即以黄仕简承袭爵位。尔海澄公已无官兵,无需印信,即令将海澄公印信交与钦差史贻直,带回吏部销毁。钦此!”

史贻直读完圣旨后,黄应缵三呼万岁,然后起身接过圣旨,即令人取出印信,呈递给史贻直。史贻直接过印信说道:“海澄公,您好厉害,好威风哦,我一出海城县城就要向我们要过路费,幸亏我还带了些银两,要不今天我还真的来不了啰。”

黄应缵作出很愧疚的脸色说道:“钦差史大人哪,这些都是下面那些奴才瞒着老夫我干的呀,老夫实在不知呀,老夫一定严格审查,将这些奴才重重治罪。”

史贻直说:“哦,没事没事,不过一定得珍惜父祖英名,恪遵功令,望好自为之。”说着,史贻直回过头来对海澄知县说:“哦,知县大人,你不是有案子要审吗?”

海澄知县说:“公爵爷,府上有一名家奴叫黄林吧,有人告他抢占民田。”

黄应缵说:“府上的家奴比较多,谁叫黄林,老夫也不知道,请知县大人等一下，我来问问看。”说着他即吩咐道：“谁叫黄林，去把他带来。”

不一会儿，黄林被带到。知县即当场宣布：“黄林，船场乡农户林一氓告你抢占民田。”

黄林听了还想抵赖，说：“大人，没有啊，大人，草民是买的呀，现有契约在此。”说完他就请人到他的卧室，把他买田的契约取来递了上去。

知县接过契约一看，气得脸都发紫了，指着黄林斥责道：“混账东西，你契约上写着 2 石稻谷一亩田的价格，12 亩田一共 24 石稻谷，你这是买吗？是抢！现在我们海澄县土地买卖的价格，普遍是 20 石稻谷一亩田，更何况林一氓家的 12 亩田，是河滨水田，可以直接排灌，应该高于一般田价。”

这时史贻直说道：“知县大人，问问林一氓来了没有，如果林一氓来了，何不就在这里审讯判决。”

知县听了觉得这是一个很好的主意，可以大大提高民众的声气，扫扫这班恶奴的威风，实际也是打击黄应缵的黑恶势力，随即就高声问道：“船场乡的林一氓来了没有？”

巧得很，林一氓还真的来了。原来正在田间劳作的林一氓，听说黄应缵收费卡的恶奴们被钦差大臣的卫队打得落花流水，一个个都被绑着拖在马后，带到了公爵府邸，心里十分开心，感觉出了一口恶气，随即丢下手里的农活也赶来看热闹了，这时听到知县大人讲到黄林强买他家田地的事，心里正紧张时，听到了知县呼喊他的名字，立即高声应道：“到。”说着就来到了知县大人跟前跪下。

知县见到林一氓，便问道：“你就是林一氓吗？”

林一氓回道：“草民就是林一氓。”

知县随即发话说：“林一氓，你说说，黄林是怎样强买你家土地的?”

林一氓说:“是,知县大人。因为草民的12亩水田,与黄林家的水田相毗邻,而且在他家水田的上游,他家灌溉田地,水必须从我家田地经过,他感到不便,就想霸占我家的田地,开始时骗我,叫我把我家的田地送给他,他把我介绍到公爵府上当一名家奴。当时草民不肯,说我家七八口人,就靠这12亩田活命呢,我把这田送给你,我家这七八口人吃什么呀?我即使到了公爵府做了家奴,也只能填饱我一个人的肚子,我一家老小其他人怎么办?后来他就要买我家的田。草民还是不肯。他就放出风说,我不卖,他就捅死我一家老小。我父母和我妻子害怕了,就劝我卖给他吧,我就只得把田卖给他,而后准备逃到别处去谋生。可我们答应卖给他了,他只肯出2石稻谷一亩的价钱。我又犹豫了,他又放出口风说,不卖,他同样要捅死我们。于是草民没法子,只得与他签了契约,卖给他了。知县大人,草民说的这些,句句属实,草民的邻居们可以作证。”林一氓说完,随即把他家邻居喊了过来。

林一氓邻居过来随即跪下,未等知县发话就说:“知县大人,刚才林一氓说的全是实话,黄林说要捅死他全家的话,是当着我们村好几个人的面说的,不光是我可做证,我们村许多人都可以做证。”

知县喝问黄林说:“黄林,你说,是不是这样?”

在铁的事实面前,黄林只得认罪,说:“他们说的都是事实,是草民鬼迷心窍,想把那一大片田地连成一片,都成为我一家的土地,这才威逼他们。草民认罪,甘愿受罚。”

黄林交代以后,海澄知县即令黄林与林一氓及其邻居分别在各自的供录上画押,然后宣判说:“现在本县对此案宣判如下:一、此项买卖作废,林一氓退还24石稻谷给黄林,黄林则把卖田契约退还给林一氓;二、责打黄林40大板,以儆效尤,以后不得再如此欺压良善。”知县说完，转向史贻直说道：“钦差大人，这样是否可以？”

史贻直说：“判得很好，就这样判定了。”史贻直说完，转脸对黄应缵说：“公爵爷，您说呢？”

黄应缵也连声说：“是，是，是，知县大人判得好，以儆效尤，以儆效尤。”

于是，知县即责令捕快把黄林拖下去打。捕快说没有带板子来。黄应缵随即吩咐家仆，把家里的家法拿来。黄家家仆立即取出黄家的家法板子交给捕快，捕快即把黄林拖下去重重地打了40大板，直打得他呼天抢地，皮开肉绽。

这里捕快刚刚打完黄林40大板，忽然场外有人大喊“冤枉”，然后拨开众人跑来，“扑通”一声，跪在史贻直面前。史贻直见是一名年轻书生，便随手把他扶起，说：“你起来说话，姓甚名谁？哪里人士？因何喊冤？”

那书生说：“小人姓黄名进，本地人氏。一年前，黄应缵长子黄仕宏见小人未过门的妻子貌美，欲强行霸占。我岳父不允，黄仕宏就纵容恶奴将我岳父打死，我未过门的妻子闻知，亦跳楼自杀。听说钦差大人到此，小人特来为我那未过门的妻子和岳父喊冤，请求昭雪。”

史贻直随即对海澄知县说：“县尊大人，此乃贵县地方刑事案件，还是由县尊来审理吧，有本钦差为你撑腰。”

海澄知县早已闻知此事，过去因无人报案，他也不敢多问，此案就一直无人问津。这时既然有人来报案，又有钦差大臣撑腰，便立即受理，高声喊道：“带黄仕宏！”黄仕宏随即被差役押来，可黄仕宏押来站着不跪，差役一棍子把他打跪下。

知县问道：“黄仕宏，你可知罪？”

黄仕宏狡辩说："人不是我打死的，我无罪。"

知县喝问道："人虽不是你打死的，但事情是由你强行霸占人妻所引起的，我来问你，打死王富贵的恶奴姓甚名谁？立即把他带来。"

黄仕宏在众怒之下，自知理亏，立即服软说："小人有错，小人有错。打死王富贵的恶奴叫张四。"他说着随即喊道："张四，张四。"

黄应缵听了，立即派人把张四押来。张四带到，"扑通"一声跪倒在地。

知县喝道："张四，你知罪否？"

张四见主人都认错服罪了，便立即低头认罪，把他怎样打死王富贵的经过述说了一遍。

知县原先就了解案情，现罪犯黄仕宏、张四也已交代清楚，便叫他们在供状上画押，然后当场宣判：

一、黄仕宏一贯欺男霸女，为害一方，罪行累累，本应处以绞监候，然念其为勋臣后裔，罪减一等，责打40大板，以儆效尤，然后发往其平和老家看管，不得再踏上海澄一步；

二、张四，一贯为虎作伥，仗势欺人，任意殴打百姓，致死人命，身背两条命案，不杀不足以平民愤，特判以斩监候，秋后处斩。

知县宣判的话音刚一落地，在场群众一齐鼓掌，欢声雷动。在这欢呼声中，黄仕宏被拉下去打了40大板，直打得他皮开肉绽，嗷嗷直叫。

这时旁边的一位老者说："善有善报，恶有恶报，不是不报，时候未到，时候一到，一切皆报。"

史贻直听了说："老人家，你说得对，时候一到，一切皆报。"说完，史贻直即对黄应缵说："公爵爷，下官任务完成，告退了。"然后两手向着黄应缵一拱致礼，即转身上轿了。钦差卫队簇拥着轿夫，抬起史贻直官轿起程。知县亦上轿紧随其后。黄仕宏和张四则由衙役押解着跟在后面。

随着钦差大臣离去，在场群众一哄而散。黄应缵府邸又恢复了往日的宁静，只是再也没有昔日的气势了，家奴也散去一大半。

十六　三进福建　总督海峡两岸

史贻直收缴了海澄公印信，回到福州，即带着甄别福建知府以下、知县以上各官的题本、收缴的海澄公印信与其他奏本，辞别高其倬、刘世明，与家仆郜爵一起，于五月初登程北上，回京复命。布政使沈廷正见史贻直几次进出福建都是自负旅资，念叨他家业不丰，京官油水稀少，便从省库公中银两内取出400两，交给史贻直，以资他路途中开支，被史贻直婉言谢绝："谢谢您的关照，我心领了。我与家仆郜爵一向节俭，路途用不了多少钱，我们能够自负，该银两还是用在急需开支上吧。"说完两人便登程北上，令沈廷正敬佩不已。

五月十四日，史贻直主仆二人行至浙江杭州，刚步入驿馆，驿丞即手捧一封密封公文上前禀告道："史大人，小的给您请安了，刚刚收到吏部给您的公文，请您拆阅。"说着就双手捧着密封公文递交给了史贻直。史贻直接过公文拆开一看，原来是吏部给他的咨文，内开四月二十五日雍正帝给他的谕旨，要他在福建办完一切公事后，不必回京，把所有奏折密封具呈。福建总督高其倬于七月初十启程来京陛见，在高其倬来京之前，可将省内一切事务，一一向史贻直交代，两人协同办理。高其倬起身后，即着史贻直署理福建总督印务，待高其倬回任后，史贻直再回京复命。史贻直领受了新的任务后，即将所有题本、黄册、奏折与收缴的海澄公印信，全部密封加固，交与家仆部爵带回京城，嘱咐他“抵京后，将这些题本、黄册、奏折和收缴的海澄公印信，全部呈交给吏部尚书，转呈雍正帝”，然后他便只身返回福州去了。

六月十八日，史贻直抵达福州。其实当史贻直出发返京没几天，高其倬和刘世明也都接到了与雍正帝给史贻直内容相同的谕旨，令高其倬进京陛见，由史贻直署理福建总督，要刘世明协助史贻直搞好工作。因此当史贻直回到福州时，高其倬随即把他迎进总督衙门。

总督是清朝的地方最高军政长官，担负“厘治军民，综制文武，察举官吏，修饬封疆”的重任，其中福建总督尤为责任重大，因为福建是大清东南的海防前哨，管辖着台湾。西方国家早已觊觎台湾。1624—1662 年，荷兰、西班牙均侵占过台湾，后被郑成功收复。因此史贻直就任福建总督以后，首要任务就是保境安民，加强武备，确保东南沿海的国防安全。而福建武备最主要的就是水师部队，所以史贻直一上任就加强了对水师部队的建设。

当时福建的水师，原有设在厦门的绿营水师提督，统辖福建全省绿营水师 25 营。雍正帝即位后，为打破汉族官僚对水师的掌控，于雍正六年(1728)十二月，令高其倬在福州三江口地方建立八旗水师营，但高其倬迟迟没有动手兴建。史贻直上任后，立即启动了三江口八旗水师营的建设，一面拨款在三江口沿岸建造水师营的营房，同时组织木工加紧建造水师船只，并派人远赴江西、湖南、广东，采购桅杆杉木、船舵椗木以及樟料等。他向施工人员说：“这是当今皇上亲自下令督造的，关乎我们大清江山永固的大事，不可马虎，玩忽怠惰。建成以后，我们福建就有八旗、绿营两支水师部队，互相支援配合，福建海疆就能固若金汤。”

在他的严密组织、严厉督责之下，至十一月中旬，水师营房建设竣工，所有战船也都打造完成。然后他会同福州将军阿尔赛，把各战船兵丁配备齐全，于是一支雄壮崭新的八旗水师终于建成，实现了雍正帝的愿望。十一月下旬，史贻直会同福州将军阿尔赛，亲赴三江口水师营房视察，安排八旗官兵进入驻扎，还检阅了八旗水师官兵们的会操。事后他上奏雍正帝说：“八旗水师进退有序，整肃合度，各兵丁技艺虽未至于纯熟，只要再加训练，必成劲旅。今福州地方，外有闽安协水师，内有三江口八旗水师，严密巩固，诚为万世之利。”

雍正七年(1729)十一月，福建水师提督蓝廷珍突然身患重病，史贻直得知消息后立即飞敕金门镇总兵许良彬，说：“据说蓝将军生病，不知病情如何？蓝将军是我们福建水师最高统帅，统辖全省绿营水师25营，管控台湾海峡，关系到整个东南沿海、半壁江山的安危。且蓝将军年事已高，一旦不测，将危及整个福建海防，关系匪浅。你距离蓝将军最近，请赶速前往探视，并代表本督向蓝将军表示慰问。且军中不能一日无帅，在蓝将军患病期间，你可协助他工作，一方面帮助其治疗，同时担负起整个水师营的领导责任。如一旦蓝将军有所不测，则暂时由你代理其职务，这样不致军中一日无帅，乱成一团。”当他把这一切安排妥当以后，即刻上奏朝廷，向雍正帝报告了这一切经过，得到了雍正帝的充分肯定，说他“头脑清醒，警惕性高，处置及时妥当，若封疆大吏都能像你这样，则朕高枕无忧矣”。

史贻直在加强三江口八旗水师建设、时刻警惕海防的同时，也对水师营中的腐败现象进行了严厉整肃。就在他署理福建总督不久，厦门海关监督准泰就向他报告说：“厦门水师营巡哨船只在经过各税务关卡时，拒不接受检查，有时还阻挠海关巡哨船只对偷税漏税走私的巡查。厦门水师的一些目兵在进口洋船进港时，纵放小船搬运走私偷税漏税商品，故意勾住海关哨船不让其追赶走私船只，任其逃脱，甚至将海关哨船连人带船拦袭回营，对海关人员进行肆意殴打，后经海关严正交涉，才将人、船分两次放回。可水师营的武官们对其走私偷漏哨船和目兵依旧不闻不问，以致此类偷漏走私事件屡屡发生。而海关人员因畏惧水师目兵行凶作恶，也都畏缩不前，从而造成福建沿海偷漏走私活动日益猖獗，严重影响了海关正课关税的收入。”

史贻直接到准泰的报告后，心想：偷漏走私关系到国家正课关税的收入，此等积弊，岂可放任自流，不予整顿？虽然海关不属于地方管辖，而由户部直接管辖，但发生在自己管辖的地方，自己有责任协助海关搞好严禁偷漏走私的活动。于是，他一面行文水师提督蓝廷珍和金门镇总兵许良彬，要求他们严肃查处水师巡哨船只和有关目兵的偷漏走私活动，一旦查出，即按国法严厉处罚，并要求他们严格约束官兵，嗣后不得再沿陋习，参与偷漏走私，一旦发现，将严惩不贷。同时他还制作了许多关于严禁官兵参与偷漏走私活动的告示，在各海关税卡口岸张贴悬挂，并不断派人下去检查有无发生新的偷漏走私活动。这一方面有力地整顿了水师部队的组织纪律，使那些参与阻挠海关巡哨执法、殴打巡哨执法人员的水师官兵得到了应有的惩处，加强了水师部队的组织建设；另一方面严厉打击了福建沿海的偷漏走私活动，使厦门地区的偷漏走私问题得到了很好的整治，从而确保了沿海贸易顺畅，海关正课税收日增，得到了雍正帝的高度赞扬，“可嘉之至”。

史贻直在加强水师部队建设、整肃水师营纪律的同时，也加强了陆路各营防务的整顿建设，全面考察了各中高级军官将领。

清朝各省的防务主要由绿营承担，各省派驻有提督、总兵，沿海省份还派驻水师提督。各提督、总兵、副将直隶于中央，地方只有监督之权。但副将以下的参将、游击、都司、守备等中高级军官，虽直隶于提督、总兵和副将，但同时也要受各该省的总督指导管理，凡参将、游击、都司、守备缺出时，皆由总督衙门拣选人员，题请补授。而这些参将、游击、都司、守备，实际都是各营军务的直接责任人，有整饬营务，训练士兵，经理兵马、钱粮之责，“责任尤为重大”。为此，史贻直利用一切机会，全面考察了各参将、游击、都司、守备，在福州附近的中高级武官，则在他们因公进见时，通过述职汇报工作、回答提问、交流信息等方式进行考察；对于外地路途较远的中高级武官，则根据路途远近，安排他们轮流调验，以考察他们的工作能力、操守与专长，由此对他们进行全面了解，分别优劣，一旦遇有缺出，即可以选择最适宜人员题请补授。同时通令他们认真整顿营务，要求各营务必做到马匹膘壮，军火充裕，炮位齐全，甲械坚利，旗帜鲜明，兵丁足额。各营操练演习时，均须进行真刀真枪的训练，务必做到技术精练。特别是冬天，是练兵的最好季节，他要求各营务必将部队拉到教场勤加操练。

在加强水陆师部队建设的同时，史贻直还要求他们加强巡逻，确保地方安宁，国防安全。为此他一面咨照陆路提督石云倬，要求他行文通令各镇、协、营抓紧巡查，严令各营弁率领目兵巡哨，不得玩忽职守，如若玩忽偷懒，一经查出将严厉查处。在沿海，他咨照水师提督蓝廷珍，敕其通令各水师镇、协、营，也要不时在海上加强巡防，以防外敌入侵和不法分子的破坏。他还直接行文台湾镇总兵王郡和沿海各水师镇、协、营，要求他们务必营伍整肃，号令严明，加强巡哨，不得懈怠片刻，从而确保了福建全省和沿海的安全。

作为最高地方行政长官，最主要的任务还是安民，主持民政。

但是，主持福建民政的官员除了史贻直，还有福建巡抚刘世明，他是全面主持福建行政事务的主管官员，下面还有布政使和按察使，分别主持全省民政和司法。这样，在行政上就出现了重叠。史贻直在行使福建行政权力时，充分尊重巡抚刘世明，与刘世明及福建布政使、按察使一起讨论了福建的行政事务。

在讨论中，布政使和按察使提出了一些棘手的问题。其中布政使沈廷正说："福建民众有五大陋习。一是'抗粮'陋习。因为福建全省都是崇山峻岭，许多乡村都散落在深山的河谷滩地，人们聚族而居，族大丁多，一呼百应。县衙的差役不敢轻易下乡去催收钱粮，非县令亲自下去催收，不肯轻易交纳。如果遇上萎靡怠惰的县令不严令催交，就拖沓不交。因此福建钱粮特别难收，每年都有许多县拖欠钱粮。二是'争讼'陋习。福建人喜欢打官司，有时为了一点芝麻绿豆大的小事，甚至全无影响之事，争讼不息。而在省城福州有一批讼棍，专门坐镇福州，包揽词讼，挑唆人们互相攻讦；还与各府县讼师上下联络，招揽官司，声称告则必准，准则必赢，以致一些府县的愚昧乡民受其诱惑，走上不归之路，倾家荡产。三是'械斗'的陋习。由于福建都是崇山峻岭，山多地少，居民都是依山傍水，聚族而居，艰难的生存条件养成了人们争胜好斗的习俗，加上土、客之分，各村各寨往往为了争地争水、婚嫁琐事，或其他一些细小矛盾一哄而起，啸聚成群，手执器械，互相斗殴，酿成人命，给人民的生命财产带来严重损失，造成社会动荡不安。四是'结盟拜把'的陋习。由于福建许多都是北方移民、客家人，台湾则是大陆移民为主。这些外来移民初来乍到，为了谋生，互相照顾，往往结成异姓兄弟姐妹，互相帮助。这本来是好事，是社会义举，但一些黑恶势力就利用这一形式结盟拜把，形成秘密结社性质的会党组织，极易被敌对势力所利用，成为反抗朝廷的潜在势力，或扰乱地方治安。五是‘偷盗’的陋习。福建地方山多地少，人口众多，粮食稀缺，自然条件也十分恶劣，谋生艰辛，一些人无法生存，往往沦为盗贼。加上福建地形复杂，陆上到处崇山峻岭，层山叠岭，绵延千百余里，林木茂密，道路崎岖狭窄。沿海则港汉众多，岛屿林立。这些都是盗贼极易隐身藏匿的地方，所以，福建的匪患也特别严重。”

史贻直听了说道：“沈大人，我感觉你这话不够全面。无论抗粮、争讼、械斗、结盟拜把还是偷盗，这些都是少数人，我们不能以偏概全。我认为我们福建出现这样的情况，主要还是因为我们政府的领导力量太薄弱，缺乏管理，只要我们政府的领导力量强大了，加强管理，我看这些问题就容易解决。”

刘世明问道：“制台大人，我本一介武夫，初次担任文职，不懂地方民政，我不是与大人您抬杠，您怎见得我们政府的力量薄弱了?”

史贻直说：“没关系，中丞大人，我们今天讨论政务，各抒己见，讲错了都没有关系。我讲我们政府的领导力量薄弱，不是指各府、州、县政府，各府、州、县政府的组织都是健全的。鄙人说的主要是县以下的基层政府组织。如果县以下都有健全的基层政府组织，上述的这些所谓‘陋习’都能解决，或不会发生。”

沈廷正有些不解地问道：“制台大人，下官今天要冒犯上司了，我们县不就是基层政府吗？怎么县以下还要建立基层政府呢?”

史贻直说：“沈大人，我刚才不是说了吗？我们今天是开会讨论问题，没有什么冒犯不冒犯的，大家一起畅所欲言。我说，县以下当然有基层政府组织，古人云：‘十里为亭，十亭为乡。’乡、亭就是秦汉时期县以下的基层政府组织。汉高祖刘邦在起义之前就是泗水亭长。三国时蜀汉名将关羽，曾被东汉封为汉寿亭侯。我们史家就有一位老祖宗史曾，西汉时被封为将陵侯，当时将陵就是湿沃县（今沾化县）的一个乡。两汉时所封的侯，许多都是乡侯和亭侯。宋、明时期在县以下则设置了区、乡、保甲制度。我看，我们福建现在就可以在县以下设立区、乡政府，建立保甲制度，作为县以下的基层政府组织，贯彻执行国家的方针政策。”

刘世明一听，感觉眼前一亮，一拍脑门说道：“嘿，制台大人，真有您的，您这个办法好，就按照您说的，在县以下建立区、乡政府和保甲制度。”

布政使沈廷正、按察使赵国麟也都说：“制台大人的意见很好，我们也一致拥护。”

刘世明接着问道：“制台大人，按照您的意见，这区、乡政府和保甲制度，该怎么建立呢？”

史贻直说：“我们可以这样：乡村每十户左右成立一甲，不足十户的小村落可以与附近的其他小村落合在一起成立一甲。十甲一保，十保一乡。当然，根据地理环境，乡可大可小，五六个保到十几个保都可以。然后以集镇为中心，把周围五六个乡至十几个乡集合起来，成立一区。当然我们讲的时候由下到上，从甲、保到乡、区，在具体推行建立时，可以由上而下，先从区开始。由各知县根据本县有哪些集镇，以这些集镇为中心，把周围乡村包括进来成立一区，选择一位有威望、办事公正、乡民信得过的乡绅为区长或区董。再由区长具体规划在该区下设若干个乡，并物色好各乡的乡长。然后再由各乡长确定本乡设几个保，并确定保长人选。各保长再确定在本保之内，组成几个甲，选定好甲长。这样一层一层下来，就形成了乡村自然的基层政府组织。但是，这些区、乡、保、甲长，一定要选择办事公正，热心公事，关爱民众，在当地群众中享有崇高的威望，有号召力，群众信得过的人。这就要求我们的知县、县丞、主簿、典史们认真选拔，不可草率，然后一级一级推行下去。”

说到这里，史贻直停了停，然后说道：“区、乡、保、甲制度建立以后，各县定期或不定期地经常召开各区长会议，贯彻国家的方针政策。区长回去再召开各乡长会议，贯彻执行，如此一级一级推行下去，直到保甲长。这样，我们国家的方针政策不就贯彻到底了吗？如果秋冬间要征收田赋了，我们的知县大人只需把各区长召来开会，布置好征收任务，要求各区长回去召集各乡长开会，贯彻执行，各乡长再继续推行到保甲长。如此一级一级推行下来，谁能不遵？哪个不从？群众抗粮的问题不就迎刃而解了吗？怎么还会有亏欠钱粮的事呢？”

刘世明、沈廷正、赵国麟一齐拍手叫好：“制台大人，您这个办法真好。”

史贻直接着又说道：“再说了，有了区、乡和保甲组织，如产生邻里纠纷，民间矛盾，可以请乡保长或区长进行调解，把纠纷矛盾在基层解决，根本无须对簿公堂，何有争讼陋习之产生？而且乡保长和区长都来自当地土生土长的乡绅长老，了解当地风俗习惯，可以采用符合当地习俗的方式解决纠纷矛盾，更容易被当事人接受，使矛盾纠纷化解于无形之中。”

史贻直继续说道：“至于械斗，过去由于没有地方基层政府，各族群之间的矛盾纠纷无人进行调解，不得不诉诸武力。这时有了区乡政府，可以邀请区乡政府进行调解，区乡政府调解不了，可以通过政府的渠道，继续向上级政府请求，直到县、府以至于省一级政府进行调解，无须诉诸武力，进行械斗。须知民众也是有理智的，能够采取和平协商调解的方式解决矛盾纠纷，决不会采取极端的方式，诉诸武力的。”

史贻直接着说道：“有了地方基层政府组织，一旦遇到灾荒，省、府和各县可以组织基层政府开展赈灾救灾。即使是个别居民遭遇灾祸，基层政府也会出面帮同解救的，无须依靠结盟拜把的形式。基层政府，尤其是保甲制度，也是维持地方治安的最有效的组织体系。同一保甲之内的各家各户可以相互监督，一旦哪家出现了秘密会党成员，或偷盗行为，就会立即被发现，其他各家各户即可举报，立即将之擒获，使得秘密结社组织和偷盗之人无处藏身。这样一切秘密会党组织和盗贼就失去了滋生的土壤。因此区乡政府和保甲制度，是我们大清王朝最稳固的基础，有了如此坚实的基础，我们大清王朝就能屹立亿万年不倒。”

刘世明、沈廷正、赵国麟齐声说：“制台大人说得好。”刘世明又问道：“那我们如何在全省推广，普遍建立起区、乡政府和保甲制度呢？”

史贻直说：“中丞大人，我看这样，现在快要到秋冬季节了，相比较而言，秋冬是农闲季节，也是各县征收田赋的时候。我们可以用省府的名义向全省各府、州、县发一通知，要求各厅、州、县召集各知名乡绅开会，一面布置田赋征收任务，同时商讨组织成立各区、乡临时政府的问题，按照传统习惯，共同划定各区、乡的界线，选择委任各区、乡临时政府的召集人，由他们回去催缴田赋，同时筹办各区、乡临时政府。要求在冬至之前把田赋缴清，不得亏欠，同时在春节之前，完成各区、乡临时政府的组织工作。同时各府、直隶州知府、知州以及同知、通判，都要不时下去督促，检查落实情况。现在我们要求各级官员都要振作起来，不要满足于坐在衙门里面发号施令，而要全面组织，并不时下去督促检查。同样，我们在座的包括我本人在内，也不能满足于坐在省城发号施令，也要分片下去督促检查。你们看这样行不行？”

刘世明、沈廷正、赵国麟齐声说：“好，就按照制台大人的意见办。”沈廷正还说：“给制台大人这么一搞，我们福建的地方工作就给盘活了。”

随后，史贻直即以总督衙门与巡抚衙门的名义，向福建全省各府、州、县发布了一个联合通知，要求各厅、州、县利用秋冬农闲时节，召开知名乡绅会议，商讨本年度的田赋征收工作，务必在冬至之前完成征收任务，不得亏欠；同时商量各区、乡政府和保甲制度的建立，务必在春节之前完成这项工作。各府、直隶州知府、知州以及同知、通判，必须分赴各厅州县督促检查，确保这两项中心任务的完成。同时各厅州县官亦要不失时机地做好冬季农田水利建设和防止偷盗工作，维持乡村社会治安。

该通知通过驿站，很快下达到全省各府、直隶州以及各厅、州、县。各厅、州、县纷纷贯彻执行，各府、直隶州知府、知州以及同知、通判，也不时下去督促检查。于是通过这层层会议、层层检查，很快在福建全省乡村，掀起了缴纳田赋和建立各区、乡政府、保甲制度的热潮，不到冬至之时，各厅州县都基本完成了本年度的田赋征缴任务，春节之前，也都普遍建立起区、乡政府和保甲制度，从而使全省农村过了一个热热闹闹的新春佳节。

从此，福建全省建立起了稳固的基层政权，有力地巩固了清朝的封建统治。不仅抗粮、争讼和械斗等陋习都得到了很好的整肃，社会治安大为改观，民众的生活也更加安定。原先坐镇福州专靠包打官司的讼师，失去了打官司的对象和下线的联络，无以为生，便纷纷告退，另谋出路去了。

此外，史贻直还十分关心民瘼，在他任职期间，福建的每次雨水，以及早中晚稻的收成情况，他都一一记录在案，并且都及时向雍正帝汇报。特别是在雍正七年(1729)的闰七月和八、十一月，台湾、澎湖连续三次遭受强台风袭击，其中以闰七月的台风最为猛烈。闰七月二十三日，澎湖厅遭受飓风骤雨，两艘战船冲礁击碎，片板无存，淹毙在船兵丁10名，军械等物悉数沉没，并有兵民房屋和商船飘失。二十六日，台风经过台湾。台湾府报告："暴风迅烈，吹坏居民瓦屋200余间，草房600余间，营房300余间。木城、塘汛、烟墩等设施皆有倒塌之处，战船损坏5艘，军械炮火药等物尽皆沉没，其他战船包括船厂里的各种造船物料，也都有损失。损坏商船百余艘。淹毙兵丁14名，其他人丁6名，土著妇女5名，商船户水手200余名，损失惨重。"史贻直立即组织积极救灾，从省库拨出4000余两银，自己捐出养廉银1500两，并动员其他官员积极捐赈，派员携银前往台湾赈灾，安抚台湾军民，组织驻台兵丁，帮助商民修建房屋，从而使台澎灾民很快渡过难关，恢复了生产。

十七　因地制宜　革故鼎新

史贻直在署理福建总督期间，在整军经武，建立区、乡政府，保甲制度，维护一方平安的同时，还努力革除弊政，对一些旧的政策举措进行改革，因地制宜，建立了一些新的政策制度，把福建的地方政务开展得有声有色，有力地维护了国家和民众利益，得到了雍正帝的充分肯定和广大民众的积极拥护。他的这些改革举措主要有如下几项。

一、改变了福州、兴化、泉州、漳州四府常平仓的积谷办法。

史贻直署理福建总督印务不久，在工作之余，约定布政使沈廷正出去走走，两人边走边说，顺道来到一处仓廪旁，史贻直随口问道："这是什么仓廪？"

沈廷正回说："这是福州常平仓。"

史贻直听说是福州常平仓，便来了兴趣，说："哦，福州常平仓，走，我们进去看看。"沈廷正便通过门卫通报进去，仓吏听说总督大人来到，立即出来迎接。大家见面讲了几句客气话，便朝里面走去，一进仓房，史贻直便闻到一股霉味，便问道："怎么有一股霉味？"

仓吏答道："仓库稻谷存储久了，一直没有出粜，因而有些霉变，发出了霉味。”

史贻直问道：“为什么不出粜呢？国家不有一个每年存七粜三的制度吗？”

这时沈廷正急忙解释说：“制台大人，情况是这样的。我们福建全省都是崇山峻岭，耕地很少，粮食紧缺，其中尤其是东南部的福州、兴化、泉州、漳州四府，粮食最为紧张，全靠台湾接济。因而各常平仓许多都没有储备到足够的粮食，库存空虚，即使库存充足的仓库，也不敢随便出粜，怕卖出去以后，无法买补回来，因而就打破了‘存七粜三’的规定。”

史贻直说：“福建大陆产粮不多，可台湾产粮多呀。台湾自康熙二十二年(1683)统一以来，闽粤地区的民众便大量东渡台湾，出海谋生。虽然朝廷制定了许多严格的条令，禁止大陆居民东渡台湾，但是严格的禁令隔不断两岸同胞间的血肉联系，东渡台湾谋生的大陆民众依然络绎不绝。因此，台湾近年以来土地日辟，西部沿海地区从北到南，尽为良田美宅，糖谷之利甲天下。而且台湾气候温暖，雨量丰沛，一年可收三季稻谷。每到晚稻收割之时，千仓万库都堆满稻谷，不但台湾本地足食，还大量输送大陆。每年输送大陆的大米，包括兵米，驻台兵丁的眷属米，泉州、漳州二府的平粜米，以及各商贩自行贩运的大米，通计不下八九十万石。”说到这里，史贻直停了下来，用手摸了摸脑袋，突然眼睛一亮，说：“哎，有了。福建大陆不是每年要从台湾输入大量的兵米、眷米和泉漳二府的平粜米吗？能不能这样，我们改变一下方式，不直接从台湾输入大米，而是按照一米二谷的比例，把这些大米折成稻谷，输入大陆。我们把这些输入的稻谷，用来置换福、兴、泉、漳四府常平仓出粜的稻谷，再把这些常平仓置换出粜的稻谷，碾成大米，用作兵米、驻台兵丁的眷属米和泉漳二府的平粜米。这样各常平仓久储红腐霉变的问题不就解决了吗？而且在运输上，稻谷的体积容量大，运费高，但大陆的米价比台湾高出许多，这样增加的米价，正好与台湾增加的稻谷运价两相抵销，在经济上也不吃亏呀。”

沈廷正一听，高兴得简直要跳起来，两手一拍说：“制台大人，这办法好，您怎么想得出来的？”

史贻直笑了笑，说：“多动动脑筋不就想出来了嘛！什么办法不都是人想出来的？”

从此，这就成为福建的一项制度，解决了这四府常平仓稻谷久储红腐霉变的问题。

二、改革了台湾换班兵丁的押送制度。

史贻直署理福建总督不久，即通知台湾知府范廷谋过海来福州议事。公事讨论完毕后，史贻直对范廷谋说：“你们在台湾做事很不容易，有什么困难尽管提出来，只要我们能解决的，就尽量帮助解决。”

范廷谋说：“困难是有，就怕不好解决。”

史贻直说：“有什么困难你说嘛，你不说，我们怎么知道呢？你说出来，我们一起想想办法，实在不行，我们就上奏请示朝廷，还有什么不好办的？”

范廷谋说：“困扰我们最大的问题就是大陆的千总、把总们，每年押送换班兵丁去台湾时，经过番社村庄，总要勒逼这些土著居民供应酒菜饭食、柴草、牛车，任意役使土著居民，稍不顺意就拳打脚踢，甚至鞭打他们，往往造成伤残，引起了土著居民们极大的不满。”

原来清初，在台湾驻军有一万多人，都是从福建绿营水、陆师各营抽调派驻的，每三年轮换一次，每年轮换三分之一。轮换的兵丁由福建水陆师各营派千总、把总押送到台湾各军营。这些千总、把总们押送着轮班兵丁，在经过台湾土著居民的村落时，往往匪气十足，任意欺压土著居民，勒逼他们提供酒食、柴草、牛车，任意役使他们，逐渐形成一种风气，一不顺心即鞭打欺凌土著居民，毁坏财物，骚扰土著村社。

史贻直听了十分生气，对范廷谋说："台湾土著居民既然归顺了大清，就如同大陆居民一样，都是大清子民，应该一视同仁，决不能任意逼迫压制他们。你别急，我们一起来想想办法，看如何改变这一状况，不让此类事件再度发生。"史贻直说着，起身在署内转了两圈，突然停下说："哎，有了。要不让福建大陆的千总、把总们欺压台湾的土著居民，不让他们到台湾的土著居民村落去，不经过这些村落，不就行了嘛！"

范廷谋问道："怎样才能不让他们经过台湾的土著居民村落呢？"

史贻直说："这个我有办法，由我总督衙门下个指令，规定以后每年负责押送轮班兵丁去台湾的大陆千总、把总们，只要负责押送过海，到了台湾就不必往下送了，把这些兵丁连同登记名册资料一起移交给台湾镇总兵衙门，然后就在台湾镇总兵衙门休息等候，另由台湾镇总兵衙门派遣自己的千总、把总，将这些轮班兵丁转送至台湾南北各军营，再把各军营轮换下来的兵丁，带回台湾镇总兵衙门，连同名册资料一起交给在此等候的福建大陆千总、把总们，由他们带回福建大陆水陆师各营，就此作为成例。只有澎湖的轮班兵丁，仍由大陆的千总、把总们直接押送至澎湖军营，然后再把澎湖军营轮换下来的兵丁，带回大陆水陆师各营，但他们无须经过台湾。这样台湾的土著居民不就避免了福建大陆千总、把总们的骚扰压迫了吗？台湾镇总兵衙门的千总、把总，要受台湾镇总兵的管辖，不敢在本管理地区为非作歹，否则，台湾镇总兵就要严厉惩处他们。而福建大陆的千总、把总不受台湾镇总兵管辖，在台湾犯下过错，台湾镇总兵无权处置他们，所以他们肆无忌惮。”

范廷谋听了拍手称赞道：“嘿，制台大人，真有您的，您这个办法好，下官衷心拥护。”

从此，这也成了一项政策制度，直到 1894 年的中日甲午战争以后，日本侵占台湾为止。

三、制定了台湾水师舵工、缭手、斗手、碇手等技术兵丁的轮换制度。

水师部队的舵工、缭手、斗手、碇手都是专业技术兵丁，不是普通人员所能替代的。清朝当年三年一换的轮班制度，无法轮换台湾水师部队的这些专业技术兵丁，以致台湾水师的舵工、缭手、斗手、碇手都是长期雇用的台湾当地人，而且长期在役不换。当时台湾才统一不久，民众中的反清复明思想依然存在，可水师中的舵工、缭手、斗手、碇手都是台湾人，这不利于清政府对台湾水师的掌控，也容易给台湾水师官兵们的生命安全带来威胁。为此雍正帝向史贻直提出，如何使台湾水师的这些舵工、缭手、斗手、碇手的技术兵丁，既始终保持着熟练的技术水平，又能够从福建大陆派人去轮班替换，而不依靠台湾人。

史贻直接受了这一任务后，就找来新任水师提督许良彬商量。许良彬回说：“这没有办法。”

史贻直说：“不能把福建水师各营的舵工、缭手、斗手、碇手调派一些到台湾水师营去吗？”

许良彬说：“制台大人，您不知道，海洋里的情况十分复杂。各地的海况也都不同。我们福建水师营的舵工、缭手、斗手、碇手，只熟悉福建大陆沿海的海况，如暗礁、水流、岸线、风信等等，不熟悉台湾沿海的暗礁、水流、岸线和风信。因此，即使把我们福建水师营的舵工、缭手、斗手、碇手派到台湾水师营去，他们也不能在那里驾驶水师船只。”

史贻直听了，点了点头，说：“哦，是这么回事！”停了停，他又说：“哎，许将军，我来问你，能不能派人到台湾水师营去，向那里的舵工、缭手、斗手、碇手们学习呢？”

许良彬说：“这当然可以。”

史贻直说：“既然可以，那我们就派些福建水师营的普通士兵到台湾去，跟台湾水师营的舵工、缭手、斗手、碇手们学习，学习三年以后，技术娴熟了，再把台湾的舵工、缭手、斗手、碇手替换下来。你看这样行不行？”

许良彬说：“这样当然好啰！制台大人，您怎么想得出来的？”

史贻直说：“办法总是有的，只要多动动脑筋。”然后史贻直拍板说：“那就这么定了，每年也如同普通士兵轮班一样，派一些水师营的普通士兵过去，让他们跟着台湾的舵工、缭手、斗手、碇手们学习，学习三年以后，掌握了这些专业技术，再上岗替换原先的舵工、缭手、斗手、碇手，然后再派些普通水师营士兵过去，跟着新上岗的这些福建舵工、缭手、斗手、碇手们学习，学习三年以后，技术娴熟了，再把先前的舵工、缭手、斗手、碇手替换下来，以此类推。这样几年以后，台湾水师的舵工、缭手、斗手、碇手不就都换成大陆的人了吗？”

许良彬说：“制台大人，这个办法很好，就这么定了。不过，这对于缭手、斗手、碇手可以，舵工可不行，舵工的专业性比较强，不是三年就能学成的，学习期限需要更长。”

史贻直说：“三年不行，那就六年，行不行？”

许良彬说：“六年肯定行了。”

史贻直说：“好，那就这么定了，对于台湾的舵工、缭手、斗手、碇手也实行轮班制度,不过他们有别于普通陆师兵丁的轮班制度。他们的轮班期限要更长。缭手、斗手、碇手,六年一换。前三年上船后,先跟着老缭手、斗手、碇手们学习,等学了三年,技术娴熟了,开始接班,把老的缭手、斗手、碇手轮替下来。当新的缭手、斗手、碇手接班以后,再上来一批普通士兵,跟着刚刚接班的新缭手、斗手、碇手学习,等学了三年,技术娴熟了,再把上一班的老缭手、斗手、碇手轮替下来,以此类推。但舵工专业性更强,不是三年就能学成的,学习的时间需要更长,即使三年学会了,还必须再经过三年的实习观察,才能独立掌舵。因此舵工实行九年一换,经过六年的学习和实习,才能成为正式的舵工。"

从此就实现了对台湾水师舵工、缭手、斗手、碇手的轮班制度,使清朝完全掌控了台湾的水师部队。

四、确立了驻台军队武器装备制造的正规财政支出。

清朝在统一台湾后,为了防止反清势力再度在台湾集结,规定清朝在台湾的驻军不准把大陆精良的武器装备带往台湾。台湾驻军的武器装备由台湾驻军自己制造。可台湾驻军的军饷也和大陆地区的驻军一样,仅仅是为其普通士兵提供生活费用和家庭供养,此外便没有其他费用。大陆地区驻军的一切武器装备,都由各地政府制造,统一装备,而台湾驻军的一切武器装备的制造费用,得从他们的军饷中扣除,这样既大大降低了台湾驻军及其家庭的生活水平,引起驻台军士们的极大不满,动摇了军心;同时也使得台湾制造的武器装备十分低劣,极易毁坏。后来为了改善台湾驻军的待遇,清政府规定他们的武器装备不必自己制造,而由福建地方政府制造,每年由轮班兵丁们自带,到了台湾交由台湾总兵和巡台御史检查,如发现有质量问题不堪使用的,即据实题参,将该督抚和承建官员交部议处,责令重新制造。这些武器装备的制造费用都从省库开支,在福建地方公用款项内支出。可自雍正七年(1729)开始,清朝为防止各地方官员贪污腐败,规定耗羡节礼归公,另外对各级官员发放养廉银。因此当史贻直署理福建总督印务以后,福建的地方公用款项已全部用来发放福建各官员的养廉银了,而且还不够,还必须动用别项其他资金。这就造成台湾轮班兵丁所带的武器装备无款制造的问题。这时,史贻直便想到了盐课款项,问福建布政使和盐法道:"盐课款项里能否提供一笔费用,作为台湾轮班兵丁武器装备的制造费用?"

盐法道道员杨弘绪回说:"制台大人,盐课款项都是专款专用,别无其他款项可以动用,只有盐课盈余,目前还有余款。"但是杨弘绪又说:"虽然盐课盈余项内尚有余款,但这是属于上缴中央的财政收支,不经户部同意,地方政府无权动用。"

当时史贻直心想:台湾驻军有一万余人,所用武器装备的全部制造费用33000余两银,三年轮班一次,每年就得花11000余两银。这是一笔很大的款项,若不动用盐课盈余款项,很难筹得如此巨款,赴台轮班兵丁的武器装备又不能不制造。史贻直想到这里,感觉没有别的路子可走了,只有向皇上求救,于是他便上奏雍正帝说:"台湾驻军属于朝廷的国防军,其武器装备本应由国家发放,为了灵活方便起见,由福建地方政府制造,这是可以的,但其制造费用当由国库开支,这是正理。"为此他要求雍正帝准许,"将台湾每年轮班兵丁武器装备的制造费用11000余两银,从福建盐课盈余项内动用",得到了雍正帝的批准,"所奏甚是"。从此,台湾轮班兵丁武器装备的制造费用,便纳入了中央财政的正规支出项,获得了正规的财政开支渠道,并形成常规制度。

五、提出千总的全国统一调配制度。

封建时代知县以上官员(含知县)都有省籍回避制度,即本省人不能在本省做官。清朝这一制度更加严格，还包括江苏和安徽，湖北和湖南，广东和广西，陕西和甘肃。因为清朝江苏和安徽，湖北和湖南，广东和广西，都属于一个省。江苏和安徽称江南省，湖北和湖南称湖广省，广东和广西称两广省，陕西和甘肃称陕甘省。清朝时不仅文官有省籍回避制度，守备以上的武官（含守备）也要回避。但是这里面有一个问题，即清朝的千总、把总等基层武官，基本都是本省人士，因为他们都是从优秀的士兵中逐级提拔上来的，而这广大的兵丁又都是靠当兵吃粮的本省人，因而千总、把总们也必然都是本省人士。然而守备以上的武官，除武进士出身的以外，又都是从优秀的千总中提拔上来的，这就很难完全回避省籍问题。守备以上的都司、游击、参将、副将还好些，因为级别越高，数量越少，特别是参将、副将等高级将领，都由朝廷直接调配，自然没有省籍的问题。而对于守备、游击、都司等中级军官就比较麻烦了，因为他们许多都是从优秀的千总中逐级题补，千总是本省人士，而且都由各省总督拣选题补，怎能回避本省籍贯？其中尤其是守备，基数大，除少数由武进士授职以外，大多是从千总中题补，怎能回避？自史贻直署理福建总督以后，福建已有数名守备缺出，急需题补。当时福建千总一级的武官，基本上都是本省人士，外省人士虽有数名，但要么刚刚才提拔上来，资历尚浅，年俸不够，要么弓马武艺平平，汉仗身材一般，很难题补。要想回避本省籍贯，唯有从外省调济。于是，他便上奏雍正帝，提出“千总的任职必须打破省际界线，将各省每年报送兵部的年满千总，统一调配，分放各省，由各省补授出缺守备”，说“唯有这样，才能解决省籍问题”。他说：“守备回避了省籍，守备以上的都司、游击、参将就更没有问题了。”雍正帝一看，拍手叫好，随即在他的奏折上朱批道：“是，交部议行！”从此统一调配各省优秀的年满千总，就成为嗣后武官题补的一个制度。

六、移福清县丞驻扎平潭。

雍正八年(1730)春节刚过,政务稀少,史贻直就趁政务闲暇之时,到附近各县跑跑。一日,他轻装简从,来到了福清县。进得县衙,主簿得知总督大人驾到,立刻出来迎接,并向史贻直说明:“制台大人,不巧得很,知县陈大人和县丞都到海坛平潭镇去了,只能由小吏我留下值班,来接待您了,不是有意怠慢大人,实在是不凑巧。”

史贻直连忙说:“没事,没事,本督预先也没有通知,就是想下来随便走走看看。”说着主簿就把史贻直迎进了县衙大堂。史贻直在大堂刚刚坐下,就饶有兴趣地问道:“你刚才说什么?什么海坛平潭镇?”

主簿说:“哦,海坛是我们福清沿海的一个大岛屿,也是福建沿海除台湾以外的又一大岛屿,周围还有60多个小岛。平潭镇就是海坛岛上的一个大市镇。海坛海域的渔业资源十分丰富,东临牛山渔场,海产众多,尤以塘屿的紫菜闻名。平潭即为海坛岛与周围各岛屿海产品的集散中心。每到傍晚渔民们从海上归来时,即将他们一天所收获的海产品运往平潭销售。外地客商再把这些海产品销往全国各地。因此这里商贾云集,摩肩接踵,店铺林立,鳞次栉比,交易旺盛,市场繁荣。由于没有官府长期驻守管理,商贾交易中如产生纠纷矛盾,也无人为之调解排忧。而且海坛也是海防前哨,与福清只相隔平潭海峡,对面就是我们福清湾,地势十分险要,极易为不法分子所利用,所以我们知县大人和县丞经常会轮流或一起过去看看,以防不测。”

史贻直听了,连连点头道:“哦,应该的,应该的。”然后史贻直又询问了有关雍正七年的田赋征收和区、乡政府与保甲制度的建设情况。当史贻直得知福清田赋已基本完成征收任务，没有什么亏欠，区、乡、保甲制度也已基本建成，心中十分高兴，听完汇报就起身告辞，打道回府了。主簿要留他在县衙吃饭，他都没有答应，出得县衙，与随从在大街上随便吃了一些，就上马赶回福州总督衙门了。

史贻直回到福州以后，立即取出《福清县志》，察看《福清地图》，发现海坛果然如福清县主簿所说，为福清湾外的一大岛屿，面积与大陆上一般县域差不多大，渔业资源十分丰富。平潭镇亦为岛上一大市镇，商业繁盛，市场兴旺。他心想，偌大一个市镇，若无官府常规驻守，一旦有不法分子混迹商贾，挑起事端，即难以防备。于是他立即上奏雍正帝，提出将福清县县丞移驻平潭，管理平潭的商贾贸易和地方治安，得到了雍正帝的赞同，从而大大加强了海坛一带的国防安全。

史贻直将福清县丞移驻平潭，给清朝中央政府敲响了警钟，引起了中央政府极大的关注，不久清朝即将平潭镇升格为厅。辛亥革命后，民国政府乃于 1913 年将平潭厅改为平潭县，进一步加强了对平潭的管理。

十八　总督两江　节制乡邦

雍正八年(1730)三月，高其倬完成了雍正帝交给他的任务，回任福建总督，史贻直即卸任回京。由于史贻直由钦差署理总督，在福建待了一年零三个多月，其中在雍正七年十二月，因水土不服而肠胃不适，心悸胸闷，病了一场。雍正帝对他十分关心，不仅赐予他许多人参、药物、干果、绸缎、貂皮等贵重物品，还乘琉球国使者经福建回国之机，特令其兄长兵部郎中史贻简送琉球使者回国，陪同到福建，让他们兄弟两人在福州团聚。这次离闽返京，雍正帝还特许他提前动身启程，在闽、浙两省交界处等候高其倬，交接福建总督印务。因此史贻直在四月初三日就起身回京，在闽、浙交界处把福建总督印务交还给高其倬，然后继续北上。然而当他在四月二十日行至杭州途次时，又接到吏部咨文，内开上谕："高其倬着调补两江总督，乘驿来京陛见，再赴新任。其两江总督印务，仍着史贻直暂行署理，钦此！"这样史贻直暂时又不能回京了，得继续署理两江总督印务，而福建总督一职，则由刘世明接任。

如前所述，封建时代官员任职有一个省籍的回避制度，凡知县和知县以上官员都必须回避。雍正七年这一政策稍稍放宽了一些。雍正帝说："江南省之上江、下江(安徽、江苏)，湖广省之湖南、湖北，陕甘省之陕西、甘肃，虽同在一省，但幅员辽阔，各设巡抚司道以统辖之，其情形与隔省无异。且既系同省，则与彼处之人情土俗较为熟悉，未必不与地方有裨。嗣后此数处府、州、县以下官员，不在本籍巡抚辖下者，不必避讳回避。”但这也仅限于府、州、县以下官员，并且必须不在本籍巡抚管辖之下的。而督、抚、司、道等地方大员，仍需回避。因此，史贻直以江苏人氏担任治理包括江苏省在内的两江总督，这在清朝 80 多年以来尚无先例，后来虽然也有广西临桂人陈宏谋担任两广总督，安徽合肥人李鸿章担任两江总督，但他们都与史贻直的情况有所不同。陈宏谋的两广总督衙门在广东的广州，不在广西；李鸿章的两江总督衙门在江苏江宁（今南京市），不在安徽。而史贻直不仅两江总督衙门就在江苏的江宁，而且他老家溧阳县就隶于江宁府，在他的眼皮底下。这在整个封建时代都算是情况独特。这是何等的荣耀啊！

但是史贻直考虑，不能只顾一人一家之荣宠，而置国家封疆、朝廷制度于不顾，想到这里，他立即上疏，提出恳辞。他知道，雍正帝是一位精明强干的皇帝，当然熟悉省籍回避制度，也完全了解他的领导工作能力足够胜任。因此他不直接点出，而是很婉转地提出：“以臣之能力，不足胜两江之重任，又省籍理应回避之处，皆在圣明洞鉴之中。”而皇上之所以有此任命，“或鉴于臣感恩深切，必不敢在家乡地方营私舞弊，即使能力低下，亦可在鞭策之下，勉强而行”。然后他提出：“臣世居江东，宗族姻亲所在皆有，其中贤愚不等。臣深受国恩，一切皆依国法办事，稍有违反，必不容忍。但奸徒不遂其欲，往往借名挟制，无中生有，揣摩于莫须有之中，污蔑以不白之冤，或者嫉恶过甚，怨毒为患，借手报复，防不胜防。当然，这些仅关于臣之个人，臣亦有所不顾。只是两江管领三省，幅员辽阔，事务繁杂，远超他省。举凡军事海防、民生吏治这些经国大事，加上河工水利、清查积欠等等，也都是特旨办里的要务。这些都要总督一人居中调遣办理，即使精明强干之人，尚难以胜任，更何况我这禀赋薄弱、精神不振之人，即使极尽耳目之能，亦难担当如此繁难艰巨之重任。”他说：“臣之身家性命尚轻，而皇上之封疆至重也。”为此他恳请雍正帝，“速简贤能大员，担此重任”。

当然，雍正帝也是一位很有主见的皇帝，他对于史贻直、高其倬的任命，是经过深思熟虑的，既然作出任命，就不会随便更动，所以在接到史贻直的恳辞以后，立即予以勉励挽留，在他的奏折上朱批道：“朕早知卿难为此任也，因一时找不到合适之人，只好难为卿了，大概高其倬冬初可以回任。”对于史贻直的能力，雍正帝是完全了解的，总督两江绰绰有余。他在随后的朱批中又说：“若以办理地方事宜，在卿力量，绰然有余也。”

于是，史贻直在雍正帝的一再挽留下，于五月初一抵达江宁，署理两江总督印务。当然，雍正帝为了工作上的需要，因人而异，完全信任史贻直，不考虑省籍回避问题是可以的，但对史贻直来说，不能不有所考虑。因此他上任以后，首先就把他的家乡溧阳县划归了镇江府，以作回避。

历史上溧阳县自唐宋以来，一直隶属于江宁府。可是他担任了两江总督，而两江总督衙门就设在江宁府，为了防止溧阳县以他为靠山狐假虎威，同时也不使江宁知府在处理溧阳事务时束手束脚，顾虑重重，乃将溧阳县划归了镇江府。当然他依然不提回避问题，而是为工作方便起见。他说，溧阳距江宁 270 里，其中自溧阳到上兴 70 里，虽有小河流经，但是河小水浅，不能通航。从上兴到溧水 60 里，全是山路，羊肠小道。从溧水到江宁 140 里，亦系山路，崎岖不平，不通驿道，跋涉难行。公文上下，输送粮饷，押解犯人，都要绕道而行，十分不便。一有紧急公务，往往呼应不便。而溧阳到镇江只有230里，不仅路程较近，而且有内河水道相通，从溧阳经金坛到丹阳，有丹金溧漕河相通，一到丹阳即可进入京杭运河，直通镇江。一船即可直达镇江，公文上下，解送公粮，押解囚犯，十分便利。再说江宁原辖八县，其中江宁、上元、江浦、六合、句容五县，均地当要冲，事务殷繁，再加上溧水、高淳、溧阳三县，其钱谷、刑名等一切事务，都要一个知府来料理，该知府即使才具优长，亦难兼顾。而镇江府原只辖三县——丹徒、丹阳、金坛，不到江宁府的一半，公务稀松，两府相邻，繁简情形太不均匀了，故将离江宁最远的溧阳，划归较近的镇江府。这样镇江府也才有四县，依然比拥有七县的江宁府少得多。

从上可见，史贻直把溧阳县划归镇江府，完全是从公务工作上考虑的。但溧阳与江宁，有着一千多年的历史渊源，一般是不会随便改动的，史贻直如此划分实际是有意疏远与溧阳的关系。后来陈康祺在他的《郎潜纪闻三笔》一书中就说："溧阳史相国文靖公（史贻直去世后谥'文靖'），雍正七年……署福建总督，明年调署两江，公以本籍疏辞，诏勿许。……是年六月，公遂奏请以溧阳改隶镇江府，从之。……此举殆出自文靖公之避嫌。"

史贻直为了回避本籍，不仅把溧阳划归了镇江府，还给自己规定了三条纪律。一是在他任两江总督期间，不回溧阳老家探亲。虽然他从小就离开了老家，中间只在康熙五十二年（1713）他父亲去世时，在家丁忧三年，此后再也没有回去过。他家中还有二叔史普、四叔史焘；原有四个兄弟，三弟贻忠、五弟贻楷上年相继去世，他因远在福建，皇命在身，没能回乡祭奠，还有四弟贻谦、六弟贻谟，特别是六弟贻谟，他父亲去世时才两岁，这时已二十岁了，已经十七八年没有见了，据说读书学习很好，史贻直很想见他一面，但不能感情用事，必须回避。二是扬州岳丈家，老岳丈早已去世，其他姻亲只与夫人许氏有联系，与他本人从无来往，无须探视。三是如有亲友来访，上门求见，均以公务在身为由不作接待，概由家仆邰爵代劳。

史贻直对家仆邰爵说："如有亲友来访，概不接待，除非是后母。因生母去世后，父亲续娶后母，她当时才十八岁，婚后生了五弟贻楷、六弟贻谟。然而不久父亲去世，那时她也才二十三岁，立志守节，含辛茹苦，抚养两个幼弟成长壮大，不幸去年五弟去世，给她很大打击。她若来访，我必须亲自接待。若其他亲友来访，就概由你邰爵兄代为接待。你就说我已外出处理公务了，不在府中。你问明他们来意后，如因经济上拮据，即由你做主，给予他们一定的经济补助，加以安抚，打发他们回去。如是与公务上有关的事务，你就安排他们通过溧阳县和江宁府，如以后溧阳县划归了镇江府，则通过镇江府，公事公办，通过官府渠道加以解决。如需住宿，你就安排他们到馆舍歇宿，由你支付住宿费用。总之，我们概不接待，但也不能怠慢，要有亲情，不可六亲不认。"

史贻直在任两江总督八个月中，从未会见过任何亲戚朋友，恪遵功令，直到大年除夕，高其倬回任时，雍正帝通过高其倬传达口谕，让他回乡探视，他都以恋念皇上为由，直接从江宁北上，回京去了。

不但史贻直本人恪遵功令，不与溧阳发生任何直接联系，他溧阳的叔父和兄弟们也都严守家规，课读子孙，修身齐家，不与他发生任何来往。就在史贻直上任不久，他的小叔史焘，系乡村耆绅，上县衙办理公务。知县刘华一见就迎上前去，两手一拱说："恭喜啊，史老先生。"

史焘听他这么一说，感到莫名其妙，一下子愣在那儿了，等缓过神来才问："刘大人，您说什么？"

刘知县见史焘愣在那儿，一头雾水的样子，便补充说道：“恭喜您家大侄子贻直公荣任两江总督了！”知县刘大人说完，停了停又说道：“史老先生您看，本省人在本省做这么大的官，这是自古以来所没有的，这是多么大的荣耀呀！”

史焘这下明白了，急忙问道：“有这等事？”

刘知县说：“这是千真万确的呀！我刚从江宁府回来，这是知府大人亲口对我说的，还有错吗？”

史焘听完，二话没说，调头就走。刘知县正向他招手，还要与他说话哩，可史焘头也不回地一溜烟跑远了。刘知县摇摇头，独自回大堂去了。

史焘回到夏庄村，没有回自己的家门，先到二哥史普家去了，进得史普家门，见史普正在厅上看书，走上前说：“二哥，告诉你一件事，你看这事是忧还是喜？”

史普正在聚精会神地看书，没有看到史焘进来，听到史焘说话的声音抬头一看，说：“是你啊！老四，你吓我一跳。”说着他把书放下问道：“你说什么，老四？”

“贻直当了两江总督了，你知道吗？”史焘说。

史普不屑地说：“你在说胡话啦，老四。”

史焘一本正经地说：“我不是给你说胡话，二哥，这是真的，我刚从县衙回来，还没回家门呢，就先到你这里，告诉你。这是知县刘大人亲口对我说的。他刚从江宁府回来，是听江宁知府大人亲口说的。”

史普捋了下脑后的白发辫子，然后又捋了下自己雪白的胡子，摇了摇头沉思道：“这不可能啊，自古以来当官都有一个省籍回避制度，这是规矩，但听你这么一说，好像又是真的，我也弄不明白了。”

“所以我来问你，你看这事是忧还是喜？”史焘说。

史普接着说：“我看这样，老四，现在老三还在江西瑞昌当知府呢，就不管他了，我们先把你我两家，和大房、三房在这夏庄老家的人，一起找来开个会，看大家怎么看待这件事，然后我再交代一些事。”

史焘于是把史随在夏庄的子孙，史贻直在夏庄的弟兄们，自家和史普一家人，一起邀集到史普那儿开个会。史普见大家到齐后说：“今天把大家邀集到这里，就是要向大家说个事。听说贻直现在已经署理两江总督了。中国官场历来有个规矩，就是本省人士不能在本省做官，这叫作省籍回避制度。现在贻直署理两江总督，显然没有回避。但这是当今皇上的任命，是当今皇上对我们贻直和我们家族高度的信任。皇上对我们如此信任，我们决不能辜负了皇上的信任。”每当说到“皇上”二字的时候，史普都要两手抱拳向右上方一举。接着他继续说道：“我们全家人包括我和老四在内，从今以后，不可在外炫耀张扬，严禁欺行霸市行凶霸道，一定要谦虚谨慎，对人和善，凡事都得让人三分。除治理生计以外，最好是概不外出，在家好好读书学习，做学问练书法。对待下人要爱护宽和，在经济上要接济他们，帮助他们成家立业。邻里乡亲有困难的，若能接济他们一定得接济，不可袖手旁观。特别是要教导小孩，一定要努力读书学习，与邻里孩子们要团结友爱，帮助人家，一定得谦虚谨慎，不可炫耀，争强好胜。我们一定要做到‘修身齐家’四个字，决不能给贻直添堵找麻烦。凡贻直在江宁任职期间，我们全家所有人，特别是大嫂贻谟他妈，贻谦、贻谟你们弟兄两人，不能与贻直有任何联系和来往。”

子侄孙辈们有的喊爸，有的喊二叔、二伯，小孩子们喊爷爷、二爷爷，都一齐说：“您老放心吧，这是皇上对我们家族的信任，我们绝不辜负皇上的信任。”每当说到“皇上”二字时，他们也都两手抱拳，向右上方一举。然后继续说：“我们一定遵照您老说的去做，努力读书学习，修身齐家，为我们家族争光，绝不做任何有损于我们家族荣誉的事情，为以后的子孙后代树立榜样。”

史普一听笑了，说：“你们个个都是好样的，看到你们这样，我真高兴，我们史家以后还能继续兴旺发达。我今天要说的就是这些，好了，你们回去吧。”

于是大家一齐散了，史焘与史普打个招呼，也独自回家了。

几乎与此同时，史贻直三叔，在江西瑞昌任知府的史随，在官方邸报和其他文书上也看到了这一消息。当时他的心情也和史普、史焘一样，十分激动，心想，皇上如此垂爱我们史家，我们绝不能有负皇上的期望，连累贻直。想到这里，史随决定辞职，立即展开折本，写好辞呈，次日即去南昌递交给江西巡抚谢旻。谢旻得知史随到来，立即出迎，让进客厅，招呼衙役上了茶，说道：“史大人从来不无故登我这三宝殿的，今日前来一定是遇着什么事了吧。”

史随说：“下官是专程前来递辞呈的。”说着就从袖中抽出辞呈递上。

谢旻听说史随要辞职，吃了一惊，随即接过史随递来的辞呈，拿在手里，和颜悦色地说：“史大人，您虽然年岁大了一点，我看您身体还很健朗，办事干练，很有条理，为什么要辞职呀？”

史随遂把他与史贻直的叔侄关系如实地告诉了谢旻，说：“不瞒您说，中丞大人，我是现今署理两江总督的史贻直亲叔父，他亡父是老大，我行三。我们是至亲叔侄，不能成为上下级的关系，必须回避，当然要辞职啰。”

谢旻恍然大悟地说：“哦，还有这等事？您是制台史大人的亲叔父。史大人，您做得对，做得好，我支持您。”

史随接着说:“中丞大人,此辞呈您不能交给贻直,最好是请您转呈递交给吏部。”

谢旻说:“对对！您说得对,我一定转呈吏部。”

随后,史随即辞职回家,回到家与史普、史㤞兄弟们见面时,讲述了自己辞职的原因。史普说:“老三,你做得对,我们都要遵守皇家的功令和官场纪律。”

史㤞接着说:“三哥是我们学习的榜样,我们整个家族都要向三哥学习,遵守皇家功令。”

兄弟们又一起讲述了朝廷对史家的旷世恩典,大家无不感激涕零。史随又把子侄晚辈们召集起来开了个会,把史普对大家训诫的一番话,不厌其烦地讲了又讲,要大家务必自省,不能给贻直造成任何负面影响,要与他暂时脱离来往。

这还不放心,史随还怕村上有史姓族人去找贻直,于是第二天,他又去找夏庄村史姓家族的老族长史夏治,想请他出面,给夏庄村全体史姓族人打个招呼,请大家不要去找贻直,免得给他带来不必要的麻烦。当他来到史夏治家门口,还未见到史夏治,史夏治倒先看到了他,喊道:“史随,你怎么回来啦?”

史随说:“夏治叔,您大概还不知道吧,我们家贻直已经署理两江总督了。这样我不就成了他的下属了吗?我们亲叔侄成了上下级关系,这影响多不好呀！为了避嫌,所以我就辞官回家了。”

史夏治说:“对,你做得对,应该回避。”史夏治停了停接着说道:“嘿,贻直真有出息,署理两江总督,皇上对你们家真是恩宠有加呀,本省人当本省的总督,这是多大的面子呀！这在过去是从来没有过的。”

史随说:“所以我今天来找您了嘛!”

史夏治问道:“找我做什么?”

史随就把他和史普弟兄二人，分别召集史鹤龄的子孙们开会，一再嘱咐，在史贻直署理两江总督期间，不得与他有任何联系，更不得到江宁去找他的事，向史夏治作了述说，并请求史夏治召开一次全村史氏宗族会议，动员全村史氏宗族人等，在史贻直署理两江总督期间，不要与他联系，更不要到江宁去找他，以免引起外界对他不必要的误解。

史夏治听了说：“好啊，这还不容易嘛！等会儿我就去通知我们全村史氏八个房头，再由各房头自行通知本房的族人，下午到祠堂里开会好了。”

中午史夏治吃过午饭，早早地就去了祠堂，把祠堂门打开，招呼几个人把地扫扫，供桌抹抹。不一会儿，人员都到齐了。史夏治便宣布开会，说：“今天找大家来开会，是要向大家宣布一个好消息。”

史夏治刚说到这里，下面就有人插话说：“我们知道了，村上的贻直署理两江总督了。”

史夏治说：“嘿，你们的消息比我还灵通，我还才知道，怎么你们早就知道了？”

下面有年轻人说：“夏治爷爷，您老了，耳朵背了。其实史普伯、史随伯、史焘叔都已召集他们家族开过会了，消息早已传出来了。”

史夏治说：“既然你们许多人都知道了，那我也不多说了，就长话短说。我说，贻直署理两江总督这事，是破天荒的大事，因为历来做官都有一个省籍回避制度，本省人不能在本省做大官，特别是像两江总督这样的大官，所以这事可以说是当今皇上的特大恩典。这不仅是贻直他们一家的荣耀，也是我们夏庄村整个史氏宗族的荣耀。我们史氏宗族的每一个人都要珍惜这个荣誉。因此，我要求大家在贻直署理两江总督期间，不要与他联系，更不要到江宁去找他，以免给他带来不必要的麻烦。”

史夏治讲完，下面一齐说：“行，我们都听您的，不与他联系，也不去找他。”

史夏治听着，满意地笑了，说：“我知道，我们夏庄人都是好样的，都是带头遵守国家法纪的。你们这里面许多人都是有功名的，有秀才、监生、举人，我希望你们这些秀才、监生、举人，都要以贻直为榜样，向贻直学习，努力学习，秀才、监生都能考上举人，举人都能考上进士，将来都和贻直一样，当大官去。”

那些秀才、监生、举人有的说：“夏治爷爷，谁不想考上举人、进士呢？都想！但是各人的机遇不一样。还有，各人的临场发挥也不一样，不能说没有考上的就都不努力。”

史夏治听了说：“对，你们说得对，也不可能都考上举人、进士的，只要大家努力就行。再说了，即使大家都考上举人、进士了，也不可能都像贻直那样，当上那么大的官。这毕竟都是少数。但不管怎样，大家还是要努力学习的。”

史夏治讲完，大家都一齐鼓掌，说：“好！我们都听您的，努力学习！”

史夏治听了，即高兴地宣布散会。

散会后，大家都说说笑笑，兴高采烈地走出祠堂，三三两两，各自回家了。

后来溧阳知县刘华知道了这些情况，感慨万千地说：“嘿，这样的家族家庭怎能不兴旺发达呢！”

十九　走访府县　对症施策

史贻直长期在吏部任职，深知治理天下，贵在人才。俗话说政策形成以后，干部就是决定因素，要真正实现政通人和，必须有得力的地方官员。因此史贻直上任不久，在交代了一些日常事务后，即带着两名公差，深入地方，考察各级官员。他考察的第一站即为扬州府。

当年的扬州知府是陈宏谋，雍正元年（1723）进士，曾历任翰林院检讨、吏部郎中、监察御史，是史贻直任吏部侍郎时的属下。陈宏谋见到史贻直时，感到格外亲切，拱手施礼后，立即将史贻直迎进大堂，说："请制台老上司多多指教。"

"谈什么指教，你现在也是一方诸侯二千石了，我是来了解了解情况的。"史贻直开门见山地说。

"不知制台大人要了解哪方面的情况？我扬州府治理六县二州。六县是江都、甘泉、仪征、兴化、宝应、东台。二州，即高邮和泰州。"陈宏谋说着，就把这六县两州的人口、田亩总数、历年应缴纳的田赋漕粮等等都报了出来。

"这六县二州，你有没有都下去看过？都有些什么问题？"史贻直问道。

陈宏谋回说:“报告大人,可以说我去过五县二州,去年去过兴化、宝应、高邮三地,今年三月去过仪征,前几天刚去过泰州。至于甘泉、江都两县,都是扬州的附郭之县,就在眼皮底下,平时走出衙门一抬腿就到了,与这两位知县也常见面,交流情况。现在就剩东台没去过,等过了夏天,秋凉一些再去东台。我对这六县二州总的感觉是:高邮、宝应、兴化三州县地势实在太低,几乎每年都要被淹。去年五六月份又被淹了,好在洪水很快就退去,补上夏种,秋粮有成。今年还好,到现在还没有发洪水,就怕六七月份了。仪征虽然在长江沿岸,但其地势都比较高,属于丘陵区域,不受水灾,但容易干旱,不过每年的收成都还可以。泰州在江都之东,滨海之地,已走出兴化的低洼地势,不受水涝,基本可旱涝保收。”

“这些知县、知州呢?工作还能得心应手吗?”史贻直问道。

陈宏谋回答道:“这些知县、知州基本可以,其中兴化、宝应知县和高邮知州都三四十岁,同我相仿,正年富力强,工作勤奋,每年排洪抗涝,都很努力,民众口碑都不错。甘泉、仪征两位知县和泰州知州,年龄稍大,五十上下,还能身体力行,特别对缉盗防盗比较认真,地方安谧,商旅不惊。唯江都知县年事稍高,已近六十,但还能治事,尤其能洁身自好,一尘不染,在这奢靡的扬州地方,能做到这点很不容易。”

“那这些地方的民生民风呢,有没有考察考察?”史贻直又问道。

陈宏谋说:“关于民风民生,宝应、高邮,在大运河沿岸,受大运河交通的影响,南来北往的人多,商业比较繁荣,许多人都靠搬运营生。兴化虽然不在大运河边上,但相距不远,而且是水网密布地区,水上交通比较发达,又距两淮盐场较近,行船搬运苦力也较多,特别是盐帮的势力比较强。因此这三个州县虽然经常受淹,但经济还可以，不致挨饿，且民风比较崇尚义气。仪征主要靠力田营生，民风淳朴。东台、泰州都是滨海地区，两淮盐场的核心所在，民众大多以制盐为业，泰州更是盐码头，亦属盐帮势力范围。至于甘泉、江都，则是盐商聚集之所，财富之区，奢靡之风盛行。”

“有没有一些大的案件发生？”史贻直继续问道。

陈宏谋回说：“有，有，有，主要是些盐枭、贩私、偷盗案件。但都已及时审结了。都有档案可查。”陈宏谋说着，随即回头吩咐刑书说：“去把近期审结的几个案件档案取来，请史大人看看。”

刑书随即把近期审结的几个案件档案取来，呈递给陈宏谋，陈宏谋随即起身，双手转递给史贻直，说：“请制台大人过目。”

史贻直接过案卷，放在桌边，侧过身子翻阅了一会儿，停下来说：“不错不错，陈大人，你这几个案子，案情都审得很清楚，拟案结论很正确，运用的律例也很确当。”史贻直说完，把案卷合起，说道：“陈大人，时候不早了，已到填饱肚子的时候了。走！出去我请你吃扬州特色小吃，扬州包子。”

陈宏谋立即起身摆手说：“不，不，老上司，我早已安排好了，就在我们后厨。”

这时府经历跑来报告说：“陈大人，后厨的中饭已经准备好了，请您与制台大人过去用餐呢。”

史贻直听了抢先回道：“告诉你们知府大人家夫人，就说江宁来的客人，要同你们知府大人，到一品鲜饭店去吃扬州包子呢，你们准备的中饭就留到晚上吃吧。”史贻直说完，就拉着陈宏谋一起走出了知府衙门，两名公差立即跟了上来。一会儿工夫，他们就来到了一品鲜饭店，两人找了一个安静干净的座位坐下。堂倌立刻迎了上来，一看两位虽不是官府打扮，但服装整洁，举止庄重，一副威严的样子，对面还坐着两位公差模样的人，猜想这一定是官家，便满脸堆笑地问道:“几位需要点什么?”

“来四碗……”陈宏谋刚开口说了三个字,即被史贻直打断,说道:“你是广西人,对扬州的小吃不内行。我是江南本省人,上京城来往都得经过扬州,特别是我家内人就是扬州人,对于扬州小吃,我比你内行。”说完他就对堂倌吩咐道:“先来四盘12个包子,每人三个,蟹黄、三鲜、三丁馅的每样一个,每人一小碟醋,然后一人一碗肉丝面。”

不一会儿,堂倌即递上来四盘12个包子,一人一盘,外加一小碟醋,接着又端来四碗肉丝面。四人便开始吃起来,并边吃边说。史贻直夹起一个包子对陈宏谋说:“你看,我们这样,既花钱不多,吃得又舒服,比那大鱼大肉舒服多了。”

陈宏谋回说:“是,是,是。”

史贻直与陈宏谋吃着说着,不一会儿史贻直又说到正题上来了,说道:“陈大人,你现在还很年轻啊,还不到四十,以后前途无量!一定要洁身自好,要注意官常,遵守功令,不但要勤于政事,还要廉政,一分钱不沾,一分钱不贪,爱护百姓。国以民为本,民就是天下,天下就是民啊。”

陈宏谋说:“谢谢您,制台老上司,我一定不辜负您的教诲,牢记您的嘱咐。”

四人吃完,史贻直与陈宏谋擦了擦嘴巴,即起身离去。公差掏出一块碎银,摆在桌上高声喊道:“堂倌,请来结账。”堂倌来结完账,两位公差也跟着离去了。

史贻直带着两名公差与陈宏谋来到大街,回头对陈宏谋说:“好了,陈大人,我们要到镇江去了,就此告别了。”

陈宏谋惊讶道:“怎么急匆匆就要走?制台老上司,下官还想与您多聊聊,请您指教呢,起码您还得到令岳家去看看啊!”

史贻直回道:“我还想多去一些地方看看,要聊,下次到江宁去,聊的机会多着呢。我是来办事的,岳丈家就不去了。老一辈的早就去世了,晚辈们只与他们姑妈来往,我常年在外,与他们素无来往。”

“那我送您到瓜洲渡口。”陈宏谋说着,去雇了两顶小轿两匹马,他与史贻直一人坐了一顶小轿,两名公差骑了两匹马在后面跟着,一路向瓜洲渡口走去。

抵达瓜洲渡口,两人下轿拱手告别,史贻直带着两名公差跳上船去,再次向陈宏谋拱手作别,然后渡船调头向镇江驶去了。陈宏谋在岸上不停地挥手,目送他们驶向江心,才乘轿回府。

史贻直一行过了江,从西津渡上岸,既不乘轿也不骑马,一路走马观花来到镇江府衙,通报进去说:“江宁史贻直前来看望毛老先生。”

镇江知府毛德琦闲来无事,正在厅上展纸挥毫疾书,听门卒禀报没有听清,停下笔来忙问:“什么?什么?”

“江宁史贻直前来看望毛老先生。”门卒重复了一遍。

“哦!制台大人到了。”毛德琦缓过神来喃喃道。他立即收起笔砚,跑到门口来迎接,一见史贻直就拱手下拜道:“不知制台大人莅临,有失远迎,下官有罪。”

史贻直一把扶住毛德琦说:“不知者不怪罪,毛老先生偌大年纪,下拜,不就折煞贻直了嘛!”然后两人手挽着手一起步入大堂,毛德琦要行拜见之礼,史贻直执意分宾主坐下,寒暄了一番,然后毛德琦详细汇报了镇江府及其所辖丹徒、丹阳、金坛三县的基本情况,说:“全府140万多人口,其中丹徒45万多人口,丹阳55万多人口,金坛40万人口。全年解司银两:丹徒49492两,丹阳61542两,金坛55870两。漕米:丹徒61596石,丹阳28420石,金坛41597

石。杂税银:丹徒1657两,丹阳1702两,金坛1200两。谷物:丹徒2万石,丹阳2万石,金坛3万石。主要的特产有纹绫、帽纬、线带、香草、茅苊、香醋、肴肉、鱼、百花酒。”毛德琦虽然年事已高,却每年都能下去考察一遭,所以对这三县的基本情况了如指掌,脱口而出。

史贻直说:“老先生了解得非常详细啊!”

毛德琦说:“制台大人,我每年起码下去跑两趟,与这三个县的许多耆宿文人闲聊过。”

史贻直说:“毛老先生,您偌大年纪,还能每年下去考察两次,把三个县都走一遍,不容易,真乃我等楷模。”

毛德琦说:“哪里,哪里,制台大人您知道的,这三个县都很近。其中丹徒县是附郭首县,县衙就在这京口(今镇江市)城里,出了府衙就是丹徒。丹阳则在京杭运河边上,金坛也有丹金溧漕河相通,都有运河、漕河相连,交通便利,来往方便。上司把我安排到镇江府,大概是看我年纪大了,经理不了繁杂而交通阻隔的大府,为照顾我而把我安排到这政事简易,地方又小,交通便利,地方富庶的镇江府来的。”这时,史贻直虽已将溧阳县划归了镇江府,但朝廷尚未批复,所以毛德琦尚未谈及溧阳。

两人谈着谈着,已到傍晚,史贻直要起身告辞。毛德琦一把拉住他,怎么也不让走,非要留他在府衙吃晚饭,说:“论官阶,您是吏部堂官、封疆大吏,我只是个小小的知府。但是我们两人都是文人,文人相见,格外亲近。”

史贻直说:“这就要您破费了。”

毛德琦说:“不破费,我在后院养了几只鸡,有鸡有鸡蛋,我还种了不少蔬菜,只要到市场买些肴肉、豆腐、干子即可。您知道我是山西人,我们山西的汾酒还是不错的。我带了几瓶在这里。今晚就我们两人，加上您的两位公差。我衙门里的人叫他们都到后厨去吃。”

于是晚上他们边吃边谈，从政事谈到文章诗词，一直谈到深夜，毛德琦才把史贻直他们送到馆舍休息。第二天一早，史贻直他们吃过早饭，就拜别镇江知府毛德琦，前往常州，考察了常州府暨江阴、金匮县（今无锡市锡山区），接着又去苏州，考察了苏州府，与江苏巡抚及司道各官相互见面，交谈了一番，前后经常熟到浒浦营，准备从浒浦营乘船溯江而上，顺便考察一下沿江各营汛的武备。可在浒浦没有找到浒浦营的汛地，经询问当地路人，才知道汛地营房已经倒塌，汛兵们都住到江边的沙埠丛寺里了。史贻直他们来到沙埠丛寺门口一看，里面果然有四个汛兵在打牌呢。史贻直随即进去打招呼说：“都在打牌啦！”

四个汛兵都在聚精会神地打牌，并没有看到门口有人进来。史贻直这么一问，把他们吓了一跳，抬头一看，见两位公差模样的人，陪着一位身着便装的人，以为是常熟县衙的人出来办事，便漫不经心地随口答声“啊”，然后继续打他们的牌。

两个公差见这些汛兵如此无礼，十分生气，上前把桌子一拍说：“长官问你们话呢！”

四个汛兵一听说是长官，吓得立即把纸牌丢下，站起立正，其中一名年纪稍大的汛兵说：“报告长官，我们因闲来无事，就摸几把纸牌消遣消遣，但我们没有赌博。”

史贻直问道：“你们怎么只有四个人？应该有五个人的呀？”

那汛兵说：“报告长官，是有五个人的，那一名汛兵到镇上闲逛去了。”

史贻直继续问道：“那谁去墩台瞭望呢？”

那汛兵回说：“报告长官，我们的墩台倒塌了，没有了墩台，没法瞭望，所以就不去了。”

史贻直说：“不要说‘报告’二字，我问你，你们为什么不向上司报告，请求修建呢？没有墩台瞭望，一旦有坏人做坏事，出了案件，那你们怎么办呢？这多危险啊！”

那汛兵说：“我们不止一次地向棚长、把总报告过了，可一直没有回复我们是修还是不修，所以我们只好等着。其实不光是墩台倒塌了，连我们的营房也都倒塌了，我们无处栖身，所以才住到这破庙里来的。”

史贻直问道：“这些情况你们的上司都知道吗？”

那四名汛兵一齐说：“知道，这又不是一天两天的事了，已经两年了，我们的千总、把总都来过好几趟了，都知道。”

史贻直问道：“其他汛地呢？他们的情况怎样？是否好一点？”

那四个汛兵议论纷纷，有的说“情况与我们差不多”，也有的说“情况像我们这样，营房和墩台全都倒塌的有几处，但是不多。大多数情况要比我们好一点，但也好不了多少。他们的营房墩台虽然没有倒坍，但也都已歪歪斜斜，维持不了多久。因为我们的营房都是泥墙草房，墩台就是几根木头支撑一下，上面用稻草盖一盖。我们江南长江流域台风雨水多，这些泥墙草房和稻草盖的墩台，能顶得住吗？两三年三四年就要倒塌的，即使现今没有倒塌，能保证明后年不倒塌吗？不可能的”。

史贻直又问：“你们多长时间轮换一次？”

先前的那名汛兵说：“轮换？谁来换我们啊，我们都四五年没有轮换了，大概要等到年老退役，才能轮换回家了。”

史贻直继续问道：“那长江两岸的治安呢？盗贼多不多？”

那四个汛兵齐声说：“盗贼？哪来的盗贼？这朗朗乾坤，太平世界，哪来的盗贼？治安好得很，都太平无事。”

史贻直又问道:“那衙门里每年都收到那么多盗案,是怎么回事呢?”

还是先前说话的那名汛兵说:“那些报案的失主想讹诈呗,官府破案,捉拿到盗贼没有?没有。没有盗贼,到哪里去捉拿呢?”

史贻直与他们交谈了好一阵子,了解了长江沿岸各营汛的许多情况,一看时间不早了,说声“打扰你们了”,便与两位公差退出庙门,径直走到江边,见两位渔民在江边用扳网扳鱼,便凑上去问道:“两位在扳鱼啦!”

两位渔民正在专心扳鱼,没注意到后面有人,听到问话的声音回头一看,见是两位公差和一位穿便衣的人,以为是收鱼税的人来了,说道:“我们五天前才交的鱼税,怎么今天又来(收税)了?”

史贻直说:“我们不是来收税的,是来找船只乘船的。”

一听是来找船只的,两位渔民笑了,说:“我们还以为是渔政所来收鱼税的呢。”

史贻直就顺便问道:“鱼税重不重啊?”

其中一位年轻渔民说:“鱼税本身倒也不算重,就是渔政所的人,动不动就来向我们要鱼。他们向我们要的鱼,比我们交的鱼税还多,这加起来就重了。”

史贻直说:“那你们就向渔政所反映嘛!”

那年轻渔民说:“渔政所的人不都是穿一条裤子嘛!官官相护,反映有什么用?”

史贻直“哦”了一声,接着又问道:“这样能扳到鱼吗?”

“能,现在是刀鱼、鲥鱼、鮰鱼洄游的时候,到长江里来觅食,产子,孵化,到七八月份,随着长江上游来水一起入海,所以这几个月是最好的扳鱼季节。”那位老年渔民说。

史贻直问道:“一天能扳到多少鱼呀?今天扳到多少啦?”

年轻渔民看了看鱼篓子说："一个上午，已经扳到七八斤了，一般情况下，一天一二十斤鱼不成问题。"

一位公差说道："那收入不错嘛！"

年长渔民说："收入不错也就这几个月，干我们这一行的季节性很强，主要是在三月到九月这几个月里。十月以后就很难扳到鱼了。"

史贻直问道："这大江两岸治安怎么样？有没有盗贼？偷盗案件多不多？"

年长的渔民说："盗贼当然有，这江边芦苇丛就是他们经常躲藏的地方。"

那位公差问道："那你们不怕？"

年长渔民说："嘿，我们怕什么？我们有什么可抢的，几斤鱼，不值几文钱，他们看不上。他们要偷盗大户人家，一次就能偷盗几十几百两银子，甚至更多。这不，前几天福山镇上就有几户大户人家连续被盗，据说损失不小呢！"

史贻直问道："有没有报案啦？"

年轻渔民说："报案有什么用，那盗贼早就逃之夭夭了。官府到哪里去抓，怎能破案？"

史贻直说："大江两岸不都有汛兵吗？每隔五里到十里就有一个营汛，来往巡缉，怎么还会有盗贼呢？"

年长渔民说："嘿，还说汛兵呢！兵匪是一家，你不知道吗？"

史贻直问道："这怎么说？"

年长渔民说："这些汛兵长期驻扎在这里，盗贼们早就与他们厮混熟了，勾结在一起了。盗贼们偷盗的财物，汛兵们都有份。因此在巡缉捉拿前，汛兵也早就给他们通风报信，贼人就逃之夭夭了，到哪里去捉拿呀？"

史贻直听了若有所思地说:“哦,怪不得刚才在庙里与几个汛兵交谈时,他们都说没有盗贼,治安好得很,原来他们早就与盗贼厮混熟了。”说到这里,史贻直抬头一看,已日当中午,说:“老哥,打扰你们了,我们还得去雇船。”

年长渔民说:“嗨,你们外乡人到哪里去雇船啊,你知道哪家有船,哪家没船啊? 还是我们帮你去雇吧。”说完他对那年轻人说:“好了,收网吧,今天不扳了。”

史贻直说:“这就得谢谢你们了,真不好意思。”

年长渔民说:“不用谢,在外面谁都会遇到困难的,能帮忙的地方,大家都要互相帮助。好在我们渔民与船家是相通的,知道哪家有船,哪家没有,一找就准。其他人就不一定了。”

于是史贻直一行就跟着他们来到江边渔村,进了年长渔民的家,三间泥墙草房,陈设简陋,只有靠墙一张方桌,几张长条凳。那渔民放下鱼篓对坐在里面的老妇人说:“给客人烧点水喝,然后把几条鲥鱼杀杀,今天请三位客人在家吃顿中饭。”

史贻直赶忙招呼说:“不,不,不用麻烦,我们到外面去吃。”

年长渔民说:“外面哪里有饭吃,这里到镇上有八九里路呢。我们渔民穷归穷,但都很讲义气,豪爽,吃顿饭算得了什么? 别客气了,还是派个人跟我去雇船吧。”

于是,史贻直派了一名公差跟随那渔民出去雇船,自己则与另一公差坐在渔民家喝水。不一会儿,那渔民带着船家进来,对史贻直说:“客官,船家我给你带来了。怎么雇,船价多少,你们自己谈。”

史贻直首先对那位老渔民表示感谢,说:“谢谢您的热情帮助。”接着问那船家:“你的船有多大? 我们有三个人,而且要入江。”

船家说："我家的船是附近最大的一条船，别说你们三人，就是再来三五个人也能坐得下。你们人少，可以在里面休息睡觉。我家的船别说入江，还向上游到过江宁，下游去过南通、吴淞口，就是没有入过大海。"

史贻直说："那好，我们就是要到江宁去，你说，要多少钱？"

船家说："客官，你们人虽然不多，只有三人，但你们要到江宁，路途遥远，有一定的风险，我可要贵一点，得要五两银子。"

史贻直说："这样吧，我们不能叫你吃亏，船价给你翻一倍，十两银子，但是我们在路上要停留几处，要多耽搁你几天时间，并且要在你船上吃睡，你得带上充足的米面和蔬菜。"

说完，史贻直向那位公差使了个眼色，那公差随即给船家预付了四两银子的定金。

船家喜出望外，心想，这是难得的一笔大买卖，说："客官，请放心，我一定侍候好你们三位。"说完，他接过公差给他的定金，就回去准备了。

这里老渔民家的中饭已经备好，一碗碗端上，两条清蒸鲥鱼，几条刀鱼，外加几碗时鲜蔬菜，一股清香的鱼鲜味，比外面馆子里的强多了。老渔民很客气，老给史贻直夹菜。不一会儿吃完，公差摸出一小锭银子给老渔民。老渔民死活不肯收，说："您这不是打我的老脸嘛！吃顿饭就要钱，我不就成为财迷了，那我在外面还怎么做人啊？"

史贻直见老渔民死活不肯收钱，就把自己随身携带的一把折扇赠送给老渔民，说："老人家，鄙人身无长物，只有这把折扇随身携带，留给您做个纪念吧，以后您要是有空到江宁去，就拿着这个来找我，我一定好好招待您。"

老渔民收下折扇，等史贻直他们走后，对这折扇好奇，打开一看，见上面写着好多字，自己不识字，就收了起来。两天后，他到福山镇上去卖鱼，把鱼卖完后，来到福山书院，拿这扇子请教书先生看看。教书先生打开扇子一看，立即板着脸喝道："你这扇子是从哪里得来的？是不是偷的？"

老渔民很生气地说："先生您怎么诬赖好人呢？我一生清清白白，从未做过坏事，怎么会去偷呢？这是他送给我的。"

教书先生怒斥道："你瞎说，他怎么会送给你呢？你也不可能见到他啊！你知道这扇子的主人是谁？是史贻直，我们江苏、安徽、江西三个省最大的大官，叫两江总督，你怎么能见到他？"

老渔民于是就把大前天，史贻直带着两名公差到江边觅船，他把史贻直带回家，帮他找到船只回江宁，还留他在家吃了顿中饭，史贻直要付银两，他不肯收，于是史贻直就给了他这把折扇作纪念的过程述说了一遍。教书先生这才相信老渔民的话。

老渔民问教书先生："请问先生，这上面写的是什么字呀？"

教书先生说："这上面写的是当今皇上赠给他的诗。"

老渔民听了把舌头一伸说："乖乖，皇帝还赠诗给他啦！"

教书先生看了，舍不得把扇子还给老渔翁，说："老哥，我给你10两银子，你就把这扇子卖给我吧。"

老渔民说："先生，这上面有皇帝赠史贻直的诗，是史贻直送给我做纪念的，还叫我以后拿着这把扇子到江宁去找他哩，怎能卖呢？不要说10两银子了，就是100两银子，我也不能卖呀！"说着，老渔民从教书先生手里夺回扇子就走。

从此，史贻直微服私访的事就在常熟一带传开了。而且从此以后，渔政所的人再也不到江边直接向渔民们收税了，只是在福山镇的鱼市场向卖鱼的人收税。

再说史贻直这里，他们刚吃完中饭，那船家就来接人上船了。史贻直一行拜别了老渔民，跟着船家去上船。船家临走时，把上午两位渔民扳的鱼全部买走，养在船舱里，准备烧给史贻直他们吃。史贻直跟着船家来到小河汊，上得船来，见一老妇人在船上。船家忙上前打招呼说："她是我老伴。我一人在船上不行，得有个帮手，另外，还得给您烧饭烧水，这些都得靠她。"

史贻直随即向老妇人喊道："老嫂子，这几天我们在船上，给您添麻烦了。"

老妇人一边整理着船橹，准备摇橹，一边回道："不客气，你们坐我家船，我招待你们是应该的。"

史贻直与船家正说着，不一会儿，船已驶出小河汊，进入大江。船家随即扯起风帆，船只顺着江岸扬帆而去。一路上史贻直又先后考察了福山、十二圩、张家港、八圩、大港等营汛，正如浒浦营汛兵所说，这些营汛只有福山汛地因接近市镇，营房墩台比较完整，十二圩和八圩的营房墩台亦均已倒塌。张家港和大港的营房已经漏雨，墩台亦濒临倒塌。一路上船家还对史贻直讲述了许多关于汛兵与盗贼勾结相通的事情，使史贻直全面掌握了汛兵腐败的情况。七八天后抵达江宁，公差给船家支付剩余的六两银子时，往口袋里一摸，只掏出了十两一锭的银子。史贻直一看说："都给他吧，多谢他这几天对我们的悉心照料。"

公差随即把这锭银子塞给船家，说："不用找了，谢谢你这几天对我们的招待。"说着就扶着史贻直上岸去了。

那船家拿着这十两银子，连同那预支的四两，一共 14 两，平时半年都挣不到这么多钱，喜出望外，便千恩万谢，感谢史贻直他们的慷慨。

史贻直回到江宁后，首先把这 20 多天积压的公文批阅完毕，然后把所考察了解到的，包括江苏巡抚尹继善在内的各府州县官员的优劣，以及沿江汛兵营房墩台损坏倒塌，汛兵与盗贼互相勾结的腐败情况，一一上奏，报告给雍正帝。他在有关江苏各官优劣的奏折中，着重表扬了江苏巡抚尹继善、扬州知府陈宏谋、常州知府包括、金匮知县王乔林、江阴知县魏化麟。说尹继善自"莅任以来，临事精明，识见敏捷"，且年轻，"臂力方刚，精神踊跃，凡事尽心不推诿，任劳任怨，实巡抚中之表表出群者"。陈宏谋和包括是各知府中，"最为贤能称职之员"。其中陈宏谋"才具优长，办事敏果，深得民心"。包括自"莅任以来，持躬清慎，办事勤敏"。王乔林"年富力强，有才有守"。魏化麟"老成干练，恪守廉隅"。

雍正帝看了史贻直的奏折十分高兴，对在座商量政务的大学士兼军机大臣鄂尔泰说："你看，史贻直的施政理念就是与众不同，他一上任就先下去考察政务，了解下情，并通过考察，了解各级官员的官常官箴。他这次对于各级官员的考察材料十分重要，为国家的用人行政提供了很重要的参考价值。他对各官的评价也都很恰当公允，大公无私。"

鄂尔泰说："皇上您的眼光真敏锐，史贻直这人真不错，无论是施政理念，还是行政能力都在一般人之上，很强，可以独当一面。"

雍正帝说："是的，朕正考虑把他题补到哪个部门去呢！"

这次被史贻直表扬的这五人也很快得到了提升。其中尹继善升任两江，后历任两广总督、户部尚书、协办大学士、文华殿大学士兼管兵部。陈宏谋升任云南、江宁布政使，后历任甘肃、江苏等省巡抚，两广总督、吏部尚书、协办大学士、东阁大学士，包括升任江南驿盐道。王乔林相继升任镇江、西安知府。魏化麟升任松江府海防同知。

在关于沿江营汛营房墩台损坏倒坍与汛兵腐败的奏折中，史贻直指出，江南、江西两省，幅员辽阔，"沿江一带，沙涯荻岸，居民寥落，防守艰难"，为了确保长江两岸居民生命财产的安全，朝廷在长江两岸设立了许多兵汛，五里一塘，十里一汛，建有墩台，以资瞭望,配备船只,以供巡游。按理应该社会安定,民众安居乐业。然而由于营房墩台年久失修,许多都已倒塌,加上汛兵长期驻守一地,兵匪已熟,相互勾结相通,以致盗案累累,案牍纷纭。为此,史贻直一面与尹继善商量,由尹继善列出江苏的“无碍款项”,供各地修建营房墩台之用,确保营房宽敞,墩台坚固,以壮军威,而资捍御;一面提出沿江汛兵轮换的建议。他说:“由于汛兵久驻一地,与匪盗厮混相熟,受其贿赂,便不认真巡缉,放纵匪盗,如与海汛官兵一样,定期轮班,汛兵与匪盗就不能厮混相熟,受其贿赂,便会认真巡哨,严行查缉追捕。如此则盗贼消停,地方安宁。轮换下来的汛兵,还可训练,上阵杀敌。”雍正帝看了,十分赞同,朱批:“此议甚好!”

雍正八年(1730)黄河泛滥,夺淮入海,导致江苏徐州、海州、邳州、淮安、扬州等地 18 个州县受灾,倒塌房屋 8194 户,受灾人口 573772 人。史贻直得知灾情,立即令江宁布政使,派遣藩库大使携带 5 万两银票,速去安徽芜湖和安庆、江西九江、湖北汉口采购 10 万石稻谷,沿江而下,运至扬州,再通过运河运往灾区,以解燃眉之急。同时他率江宁布政使、按察使等司道官员,前往这 18 州县,会同各有关府州县官员进行考察。他们抵达扬州后,带同知府陈宏谋一同考察了高邮、宝应,然后留下陈宏谋在此组织兴化、高邮、宝应地区的救灾活动。史贻直他们又前往淮安,带同淮安知府一起考察了山阳、淮阴、泗阳、涟水、建湖等县,然后留下淮安知府在此组织救灾。史贻直他们又继续北上邳州、徐州,带同徐州知府、邳州知州一同考察了沛县、丰县、睢宁、宿迁、沭阳、新沂等州县,然后留下徐州知府、邳州知州在此共同组织抗灾救灾。随后史贻直他们又继续前往海州,带同海州知州考察了灌云、灌南、响水、滨海等州县,然后留下海州知州在此组织抗灾救灾。

史贻直一行所到之处,只见许多农田被水淹没,一片汪洋;许多房屋倒塌，或浸泡在洪水中，灾民满脸垢污，衣衫褴褛，聚集在大堤或高阜之上，呼天号地，嗷嗷待哺，见到一点能吃的便一拥而上，你抢我夺。

他们考察一圈之后回到淮安，并通知灾区各府州县官员齐聚淮安，共同研究抗灾救灾措施。这时从汉口、九江、安庆、芜湖采购的10万石稻谷也已陆续运抵。史贻直立即主持分发。他提出："这10万石稻谷按一般受灾县1500石，大县和重灾县2000石的标准分发下去，立即碾米救灾，由江宁粮道在此负责碾米分发。"

救灾粮分发以后，他又提出了救灾和灾后重建的四项措施："一、现在洪水开始消退，洪水退后立即补种晚秋旱谷如荞麦、红豆、绿豆、山芋、玉米等，不能种晚秋旱谷的，就种蔬菜，和着救济粮一起度日；二、江宁藩库除已拨出5万两银采购了10万石稻谷以外，再拨出15万两银，继续赴常州、杭州、嘉兴、湖州，以及湖南、湖北、安徽等地大量采购粮食，按大人每日一升，小孩减半的标准，发放两个月的救灾粮。两个月以后如何救济，届时视情况而定；三、洪水退后帮助房屋倒塌灾民修葺房屋，政府按每户0.4两银的标准下拨3277两银，予以补助，号召各灾民互相协助，帮助修葺；四、受灾地区各府州县官员，一定要动员并组织灾民实行生产自救，不可完全依赖政府，因为政府的救灾款也是有限的，这样才能安全渡过灾荒时期。受灾各地一定要维持好地方治安，不得出现抢劫偷盗和其他暴力事件。"对此，参会的各级官员一致表示赞同。

入冬以后史贻直又拨款采购粮食，发放了两个月的救济粮。在史贻直如此有条不紊的精心组织下，一场严重的灾荒就此安全地渡过。史贻直也受到了雍正帝、灾区广大民众与各级官员的一致好评。

二十　坚持官常　反遭李卫暗算

李卫(1688—1738),字又玠,江苏铜山人,通过捐纳买了个员外郎,于康熙五十六年(1717)补授兵部员外郎,后历任户部郎中、直隶驿传道、云南盐驿道、云南布政使,雍正三年(1725)授浙江巡抚,后以浙江总督管巡抚事,署刑部尚书、直隶总督。

李卫识字不多,文化水平较低,所写奏章经常有错别字,文句不通,但勇于任事,不避嫌怨,办事认真,心狠手辣,了解下情,熟悉民间习俗,因而深得雍正帝的宠信,与田文镜一起,成为雍正帝的两大宠臣,为雍正帝打击政敌、推行新政,立下了汗马功劳。由于两人都是捐纳买官的杂途出身,因而对由科举正途进士出身的知识分子怀有一种偏见,加上有雍正帝作靠山,往往任性使气,盛气凌人。为此李卫也曾几次受到雍正帝的批评。在其任云南布政使时,雍正帝曾批评他说:“近来有人说你恃能放纵,在上司面前粗率无礼,操守不纯,以后极宜谦恭持己,待人和善,不可小人得志,巧取收礼。”又说:“你应该加强涵养。”后来乾隆帝也说:“李卫并非公正贤能之臣,无甚功德于民,却假借皇考恩宠,任性骄纵。”

李卫与史贻直虽同属江苏省籍,但分属南北两端。李卫在江苏北端的铜山,史贻直在江苏南部的溧阳,两人本不相识。李卫长期在地方任职，而史贻直在康熙年间供职于翰林院，雍正年间任职于吏、户、工三部，且经常以钦差大臣身份出差在外，处理要务。因此，他们两人也从无工作上的联系，本无矛盾可言。而且原先李卫对史贻直是非常敬重的。李卫知道史贻直家世显赫，明清以来世代为官，且史贻直十八岁中举人，十九岁中进士，是有名的少年进士，长期在翰林院任职，学问深厚，这时任职中枢，深得雍正帝青睐。虽说李卫“恃能放纵”“粗率无礼”，但也要看他对谁，对于老迈或无能的上司，他是经常毫无礼貌加以训斥的，但对于满腹经纶、能力很强的人，有时候他也是很敬重的。

李卫与史贻直的隔阂，起因是雍正六年(1728)十一月，史贻直以钦差大臣身份，出差福建审理要案时经过杭州。当时李卫以浙江总督管巡抚事，驻节杭州。史贻直抵达杭州时，作为浙江总督管巡抚事的李卫，自然要尽地主之谊，迎接宴请，于是就早早地来到码头迎接。当官船停靠码头，史贻直走出船舱时，李卫就在岸上高喊道：“史大人，得知史大人光临，下官已在此迎候多时矣。”

史贻直抬头一看，岸上站着好几位官员，其中拱手施礼喊话的那位，一口徐州口音，想必就是李卫了，也拱手深施一礼，说：“李大人，烦劳久候，罪在下官，罪在下官。”说着，史贻直即跨上码头。

上了岸，两人又再次拱手施礼，相互寒暄了几句。然后李卫即扶史贻直上了官轿，自己上了前面那顶官轿，一起来到馆舍，稍事休息，便步入餐厅。这时餐桌上菜肴酒水都已备齐。于是两人手挽手分宾主坐定。李卫首先端起酒杯说：“今天史大人光临我们杭州，是我们杭州父老的福分，我代表我们杭州父老表示热烈欢迎。在这里我敬史大人一杯。”说完李卫端杯一饮而尽。

史贻直也随即起身端起酒杯说：“杭州是天堂福地，下官自幼向往，今日到来一睹天堂真面目，与各位大人相聚，真乃三生有幸。

在此下官也敬李大人与各位大人一杯。”说着，也端起酒杯一饮而尽。

接着便大家相互把盏敬酒。这时李卫见史贻直与大家十分欢乐融洽，不像京城里有些大官总摆出一副官架子，便有意与史贻直亲近。他心想：史贻直有那么大的辉煌家世，学问高深，现在又在中枢身任要职，很受雍正帝的青睐，势头正盛，要是能够与他联手，以求在朝廷中枢有个关照，那该有多好啊。于是便在散席之后，私下向史贻直提议说：“史大人，咱俩都是江苏同乡，年龄相仿，不如咱俩就此结成异姓兄弟，这样弟兄们在外也好有个照应。”

史贻直本来对李卫的印象就不好，嫌他粗鲁浅陋，粗话连篇，任性使气，欺上压下，对待上司毫无礼貌，对待民众毫无体恤宽厚之情，而是严厉苛刻，刻薄寡情。一般组织民众垦荒，官府都要提供耕牛农具种子，而且大多是五年以后才升科缴纳田赋，最起码也得三年以后升科。而李卫在浙江组织垦荒，既不提供耕牛农具种子，而且都是当年开垦，当年升科，缴纳田赋，搜刮民众。李卫还到处增设巡检，增加驻军兵丁，加紧对民众的压制，因而广大民众无不对之深恶痛绝。这时史贻直之所以与他相处亲近热烈，相互之间讲些互相恭维的话，有时还当众夸奖表扬他，那都是在官场上的表面文章，出于官场上同僚相见时的表面礼仪而已。但在内心史贻直十分鄙视他，甚至厌恶，不愿与他交接。这时突然听到李卫讲要与他结成异姓兄弟，当然很不乐意，但又不能直接拒绝，只能采取婉转的方式予以推辞，说：“制台中丞大人（这时李卫以浙江总督管巡抚事），这怎么可以？一则，大臣们在外结成异姓兄弟，显系结党营私，有违官常，这是朝廷的大忌。而且当今皇上一再警告不可结成朋党。”在讲到“当今皇上”四字时，史贻直双手抱拳往右上方一举。然后他接着说：“二则，按年龄，下官要年长兄台六岁，怎可凌驾于兄台之上呢！万万不可，万万不可。”

史贻直这样一口拒绝，搞得李卫十分恼怒，按照他平常的性气，早就拍桌子瞪眼睛，破口大骂了，但这次他没有，而是隐忍了。因为史贻直抬出了当今皇上雍正帝，再说了，史贻直讲得很是在理，更何况史贻直原是他心目中十分尊敬的人，所以没有当面发作，反而附和说：“对，大臣们在外不可结成朋党，这是违反官常的，刚才下官只是讲句笑话而已。”李卫嘴上虽这么说，但心中十分愤懑，便悻悻而去。这是他们两人结怨之始。

史贻直署理两江总督以后，与李卫的矛盾便进一步加深。原来，在史贻直署理两江总督时，雍正帝曾嘱咐他凡事多与李卫商量。可史贻直在署理两江总督以后，遇事非但没有与李卫商量，而且连李卫原先已经取得的在苏南地区缉捕匪盗的治安权和在苏南沿海的海塘建筑管理权，都被史贻直和尹继善一起收回了。

原来在雍正五、六年间，李卫以两江总督范时绎软弱无能，江苏巡抚陈时夏办事不严，以致江苏苏州、松江地区盗贼成风为由，一本奏折将他们两人告到雍正帝那儿。雍正帝遂以李卫办事能干，缉捕盗贼有功为由，将江苏全省七府五州一切缉捕盗贼的治安权利和松江府沿海的海塘建筑管理权，全部交给李卫。可李卫缉捕盗贼心狠手辣，全不顾民间感受，往往无辜滥捕滥抓，牵连民众，任意关押，严刑拷打。而且为了加强治安，增设许多巡检兵丁，到处设岗设卡，严格检查。广大民众深感不便，认为有碍交通，不利于商业的往来、经济的发展，纷纷表示反对。尹继善继任江苏巡抚，史贻直署理两江总督，这两人都是进士出身，世代官宦之家，对于地方政事早已耳濡目染，以能干著称，哪容得李卫如此乱来。史贻直巡察到苏州（当时江苏省会在苏州）时，与尹继善一合计，将李卫在江苏的捕盗治安权和海塘建筑管理权全部收回，由史贻直与尹继善会同处理。史贻直对尹继善说:“把江苏全省的缉捕盗贼的治安,松江海塘的建筑和管理,全部交由浙江总督管巡抚事的李卫处置,不符合我大清行省体制规则。广大民众也很难适应,不利于地方经济的发展和社会安定。”

尹继善也很不服气地说:“这李卫也太猖狂了,好像没有他李卫,江苏人就活不下去似的。”

史贻直随即提议说:“我建议把这两项权力全部收回,不能让他在江苏胡作非为。”

尹继善立即表示赞同,说:“下官完全同意。”

史贻直说:“不过,他上奏过朝廷,得到皇上批准的,他恐怕不会那么容易松手。”

尹继善说:“这好办,如果他坚持要插手江苏的治安和海塘工程建设,那我们可以向他提出几点要求:一、他在江苏所设立的巡检及其所安置的巡检官员,其一切费用,概由浙江支付,江苏概不担负这方面的财政支出;二、他在江苏所安排的这些巡检官员,如犯有条律,则由其所在的江苏地方官员审讯处置;三、其所缉捕的‘盗贼匪徒’,得交由江苏所在的地方官全权审讯,不得带去浙江审讯;四、其在江苏所主持的海塘工程建设,所有经费也概由浙江支付,江苏概不支付一分一毫;五、其建造海塘所需民工,也概由李卫自己征集,并安排他们的食宿,江苏地方官概不负责民工的征召与食宿。这样,他在江苏将寸步难行,无法插手江苏的治安和海塘工程,他必然知难而退。”

史贻直说:“你这个办法很好。届时江苏的缉捕治安依然由各府州县官负责,你负督导之责。松江海塘工程,依然由松江知府和所在州县官员负责,我们两人共负管理责任。”

尹继善说:“行,就按照制台大人的这一指示办理。”

从此，他们便把李卫插手江苏缉捕盗贼的治安权和海塘工程的建造管理权全部收回，气得李卫咬牙切齿。从此他便与史贻直势不两立。

当然，史贻直与尹继善这样做，并不是故意与李卫怄气，而是完全从江苏民众的利益出发，维护大清王朝的行政体制，因而深受广大民众的支持和拥护。

还有在议定各级武官的养廉银时，李卫认为他已经取得了江苏捕盗治安的权力，江苏各级武官的养廉银应该由他来确定，至少他也得参与，但是他又不好明说，就先把他给浙江各级武官议定的养廉银数额转告给了史贻直，后来又正式咨照史贻直。可史贻直认为，江南各级武官养廉银的议定，完全是江南省的事情，与浙江李卫无关，因此没有将他给江南各级武官议定的养廉银数额告诉李卫，直到后来正式上报朝廷时，才礼节性地咨照李卫。李卫感觉很没有面子，因而更加恼羞成怒。

从此李卫便千方百计寻找史贻直施政中的错误和缺点，为此他还派了一些眼线到江苏，打听史贻直的一举一动，然后一一记录在案，等到史贻直任职期满返回京城时，便参劾史贻直。他对幕僚们说："凭借当今皇上对本督的宠信，只要我参劾史贻直的奏章一到，皇上必将严厉惩处史贻直，到时他不死也得脱一层皮。"

果然，在雍正八年(1730)十二月二十七日，原两江总督高其倬回任抵达江宁，史贻直与之办理了移交手续后，次日打点行李，二十九日便与家仆郜爵一起北上，返回京城去了。

本来雍正帝考虑到史贻直这几年一直出差在外，这年又署理两江总督，两江是政务杂乱而又繁重难治的地方，而他竟然处理得如此井井有条，远远超出了雍正帝的预期，不仅在史贻直上任的次月，把史贻直吏部侍郎正二品的官阶提升为从一品的都察院左都御史，与各部尚书为同一品级，而且在八月、十月和十一月的上下旬，先后四次给史贻直捎去月饼、葡萄、石榴、干果和哈密瓜，以示慰劳。特别是在史贻直离任时，雍正帝让高其倬捎去口谕，让史贻直春节期间回溧阳老家探亲，过了正月初五再回京报到。这是一个莫大的恩典。但是史贻直没有回溧阳老家，而是从江宁直接回京报到去了。

然而，让史贻直万万没有想到的是，当史贻直前脚刚跨进京城，李卫的参劾奏折后脚就跟着递到了雍正帝的手上。而且李卫在两个月之内，接连上了两本奏折，弹劾史贻直，好像真的要置史贻直于死地而后快。

李卫在这两本奏折里，主要罗列了史贻直六大“罪状”，其中最大的一条就是说他抗旨不遵，而且不孝。抗旨就是违抗皇帝的命令，这是杀头的死罪。其原委是刚才所说的，高其倬回任时，雍正帝曾让他捎去口谕，令史贻直回溧阳老家探亲，过了正月初五再回京报到，结果史贻直没有回溧阳老家探亲，而是在十二月二十九日直接从江宁北上回京了。这事史贻直在回京后就立即给雍正帝上疏，以“犬马恋主”之情，心中日夜想念皇上，向雍正帝作了解释。因为史贻直从雍正六年(1728)十一月钦差福建办理要案，至此已整整两年多没有见到雍正帝了，原先在京时，几乎每天都要上朝，天天相见，现在突然间两年多不见，心中实在太想念皇上了，恨不得马上就插翅飞到京城，见到皇上。雍正帝看到史贻直的奏折后，露出了十分满意的笑容，一句没说就放在了一边。

其实史贻直这里面还有一点深层原因没有说，而明眼人一看就知道的，就是为了防止像李卫这样的政敌小人，无端猜疑，造谣诬告。在回京城的路上，他与家仆郜爵的一段对话，就充分说明了这一层意思。在刚出江宁城渡江北上时，郜爵就疑惑不解地问史贻直："老爷，皇上叫您回溧阳老家探亲，您怎么不去呢？您已经十八九年没有回过老家了，现在已经到了江宁，离老家只有二百多里，近在咫尺，皇上又准许您回家，怎么不趁便回趟老家呢？"

史贻直回说："爵兄，你傻啊，你知道现在有多少双眼睛在盯着我们吗？有人巴不得我们回去呢！只要我们回去了，就中了他们的计，他们就会无端指控我，说我贪污受贿了多少多少钱，回家置买了多少多少田地，给我造成不白之冤。这样的事例在历史上已经很多了。远的不说，就拿康熙年间被圣祖爷誉为'天下第一清官'的于成龙来说吧，他在任直隶巡抚时回山西老家探亲，他的政敌们怀疑他贪污了很多钱，带回山西老家去了，就追到半路上无端搜查他，连他随身携带的干粮书籍和破旧衣服，都被那些政敌当作贪污的金银财宝，强行搜查。最后什么也没搜查到，那些政敌小人才悻悻而回。爵兄，我们不能不防着这一手啊！"

邰爵"哦"了一声，点了点头说："还有这一档子事，老爷，您做得对，这些小人真坏。"

最后由于史贻直果断地决定不回老家，结果李卫们没有捞到能置史贻直于死地的这根稻草。

李卫说他不孝，无非是说他没有遵旨回溧阳探亲，孝敬父母。李卫根本不知道史贻直父母早已亡故。父母不在，何言不孝？

李卫二是说他在资遣山东、河南受灾流民回籍时，处理不当。这年夏秋之际，黄河泛滥，不仅淹没了江苏徐州、邳州、海州、淮安、扬州地区 18 州县，还淹没了河南东部、山东西部菏泽地区。史贻直预料，江南是当年全国最富裕的地区，必然有大批河南、山东灾民流落安徽北部逃难要饭，便预先通知皖北各州县在各交通要道盘查询问，后来得报果然如此。于是在大力组织江苏北部 18 州县积极抗灾救灾的同时，史贻直还积极帮助流落在皖北的河南、山东灾民,展开积极的抗灾救灾。

按照清朝成例,对于外省受灾流民,各省都一概咨送回籍。但史贻直感到,这次豫、鲁两省灾民,一是受灾地区广大,二是流民数量众多,三是流动性强,不能以送回原籍了之,必须采取"分流"的办法,不留后遗症。于是他采取了三条措施:一是在此有亲朋故旧愿意收留的,则由亲朋故旧领回组织营生;二是老弱病残无家可归者,由地方养济院收留,各发棉衣一套,白天外出乞讨,晚上回养济院住宿;三是身强力壮的男女青年,遣送回籍,由当地政府组织生产劳动,抗灾救灾。这样既有利于当地战胜灾荒,也为以后的经济恢复发展奠定基础。于是他先后两次从江宁藩库拨出 2400 两银,由江宁候补知府宝仁带至合肥,会同合肥知县刘良壄分发各有关州县,组织这些青年男女灾民回籍,以大人每日给米一升、小孩减半的标准折钱以供途中买食。灾民由各州县的佐杂官员组织,带同前行,由原庐州知府吴节民来往总理,凤阳知府叶劳居中调遣。抵达原籍后,与各原籍政府办理了交接手续后,方能回来交销。

可见史贻直对这次河南、山东受灾流民的安置和组织遣返,考虑得十分周到,组织十分严密,在自身灾荒十分严重,积极抗灾救灾的同时,还能如此周密有序地帮助邻省抗灾救灾,是非常难能可贵的。可远离事发地点的浙江总督李卫,偏说史贻直帮助河南、山东灾民抗灾救灾不力。为此,当时的两江总督高其倬、山东巡抚王国栋、吏部侍郎刘于义、安徽巡抚程元章也都为他抱不平,纷纷上奏力挺史贻直,说史贻直这次协助河南、山东抗灾救灾十分出色。雍正帝也说,史贻直这次帮助邻省抗灾救灾十分积极有效,难能可贵。

三是说史贻直乱改行政区划,把溧阳划归镇江府。其实这事不值一驳,史贻直已在划溧阳县归镇江府的奏折里,把这一行政区划改变的原因说得很清楚了。他从溧阳到江宁、镇江两地距离的远近，交通的便捷，两府所辖属县的多寡，事务的繁简等多个方面说得有理有据。当然，省籍回避的问题他不好说，也不用说，明眼人一看就知道的。其实他这样做也是为了不给如李卫这样的小人以任何口实。也正因为史贻直把溧阳划归了镇江府，李卫失去了栽赃陷害的口实，才对此表示不满。而正常人都认为，史贻直这一行政区划的改动，是完全合理正确的。

四是说史贻直他们议定的江南各武官的养廉银太少。江南各武官的养廉银，是史贻直与江苏巡抚尹继善、安徽巡抚程元章，以及江南各提督武官们，经过多次会议，共同协商确定的，具体为提督 2001 两银，总兵 1405 两银，副将 809 两银，参将、游击、都司、守备、千总、把总，依次递减。李卫认为太少，但他提不出任何反对理由，便故意把养廉银与薪俸混为一谈，说这些将领养廉加薪俸就这么点银两，何以养家糊口。所谓养廉银是除薪俸以外的津贴，薪俸是原先发放的薪资，完全是两码事。其实史贻直他们议定的这一标准已经很高了。后来清朝正式颁布的武官养廉银，提督只有 800 两银，不到史贻直他们议定的一半，总兵以下依次递减，到把总只有 100 两银。李卫这是故意纠缠。

五是说史贻直随意接受请托夤缘，题官补缺，有求必应。这完全是胡说诬陷。史贻直在署理两江总督时，总共才题补过两次官员。一是溧水知县。当时溧水知县缺出，史贻直先把在上元、六合两县清查钱粮的清查官王之锡，题补为署理溧水知县，后发现王之锡的清查任务还未完成，就让在江宁候补试用的温长发接任。二是提升安徽粮储道刘永锛为安徽按察使。但这都是正常的职务提升和安排，根本没有夤缘请托。这完全是李卫的诬蔑。

六是对史贻直进行恶毒的人身攻击。史贻直在六七月份前往松江府视察海塘防汛工作时，因天气闷热，穿着官服，捂出了一身疥疮。当时史贻直就已经把这事上奏报告了雍正帝。雍正帝还在他的奏折上朱批道："疥癣之疾，目下虽受些委屈，然于身体甚为有益，可将体内所积湿热，排出体外。"史贻直夫人许氏知道了，为了照料史贻直的生活，就乘运河官船南下，史贻直赶到苏州把她接到松江。李卫在参劾他的奏折里就借此污蔑史贻直，说史贻直身患疥疮是下妓院，逛窑子，染上了梅毒，因为清朝是禁止官员下妓院逛窑子的；把他夫人许氏说成是从苏州阊门买来的妓女；把后来史贻直离任回京时，让夫人回扬州探亲，说成是不敢带回京城，暂时安置在扬州。李卫编出如此离奇的故事，就是想要诋毁史贻直的名誉，抹黑史贻直的人格，连雍正皇帝看了都暗自发笑。

雍正帝与史贻直已接触多年，深知史贻直的为人与政治品格，也知道这是李卫在故意找茬，对于史贻直所做的一切政事，他都要否定，把对的说成错的，把好的说成坏的。因此雍正帝对李卫列出的史贻直这六大罪名没有理会，只是淡淡地说：如果你认为各武官的养廉银太少，你可以与高其倬重新议定。而史贻直回到京城，叩见了雍正帝以后，便正式去都察院报到，就任左都御史去了，后来还兼任了吏、户二部侍郎之职，一身而三任，重任在身。

二一　钦差陕西　宣谕化导

在清朝雍正年间，雍正帝对陕、甘两省广大民众开展了一次大规模的宣传教育运动。这也是中国历史上第一次对广大民众开展的大规模宣传教育运动。雍正帝把这次宣教运动叫作“宣谕化导”。这次“宣谕化导”，就是由史贻直具体领导的。

那么，雍正帝为什么要对陕甘民众开展大规模的宣传教育运动，“宣谕化导”呢？原来在雍正元年至二年(1723—1724)，平定青海和硕特蒙古部落罗卜藏丹津的叛乱时，罗卜藏丹津率少数亲随，逃往了准噶尔蒙古部落。雍正帝曾多次咨照准噶尔蒙古部落首领策妄阿拉布坦，要求其遣返罗卜藏丹津。可策妄阿拉布坦就是抗拒不交。雍正五年(1727)，策妄阿拉布坦去世，由其长子噶尔丹策零继位。雍正帝又咨照其交还罗卜藏丹津，噶尔丹策零非但不交，反而胡说：“我父已经成佛，欲使众生乐业，振兴黄教，不可交还罗卜藏丹津。”

雍正帝听了十分震怒，说：“噶尔丹策零不过边缘部落的一个小小部落首领，竟然要使众生乐业，振兴黄教。这话应该是他说的吗？他非但不交出罗卜藏丹津，还如此狂妄。而且噶尔丹策零甚是凶残，到处抢掠，如果将其留在众蒙古部落地方，其他蒙古部落必然受其侵害。”

雍正帝此话一出，各蒙古部落的王公大臣纷纷上奏，要求雍正帝对准噶尔用兵，征讨噶尔丹策零。许多朝廷大臣也都附和，主张征讨准噶尔。于是，雍正帝即在雍正七年三月正式宣布讨伐准噶尔噶尔丹策零。雍正帝决定兵分两路，一路由领侍卫内大臣傅尔丹为靖边大将军，公爵振武将军巴赛为副将军，顺承郡王锡保为管理将军印务，都统陈泰、石礼哈、公爵达福等为参赞大臣，率领大军北出大同、雁门关，屯兵阿尔泰，为北路大军；一路由川陕总督岳钟琪为宁远大将军，四川提督纪成斌为参赞大臣，率领大军西出陇西酒泉，屯兵于巴里坤，为西路大军。

然而雍正帝调兵遣将，看似声色俱厉，决心很大，但是雷声大雨点小，既没有明确的作战方针，而且也行动迟缓，反而给准噶尔一个可乘之机。雍正八年十二月，准噶尔蒙古部落对驻守在巴里坤的西路大军，展开了一次声东击西的突然袭击，掳去驼骡军马十数万匹，幸亏总兵樊廷等率领大军及时救援，拼力冲杀，才击退敌军，夺回了大部分驼骡军马，但损失依然很大。为了防止准噶尔蒙古骑兵的突然袭击，雍正帝又决定在巴尔库尔和科布多地方分别筑城，派重兵驻扎，不断派出游兵，骚扰准噶尔蒙古牧民，迫使其不断向后撤退，清军则节节跟进，想用这种方式，不战而屈人之兵。

这看起来好像是锦囊妙计，以逸待劳，但实际上完全是不现实的纸上谈兵，反而使数万大军长期驻扎在西北边关，远离后方基地，大量的军需物资都要从内地源源不断地输送到西北边关，而担负这大量军需物资运输任务的，主要是陕甘地区的广大民众，从而引起了陕甘地区广大民众极大的不满。可雍正帝不从自己的战略决策上去反思，反而把广大群众的怨言，归咎于他原先的政敌，说早年曾经在此任职活动过的允禩、允禟、年羹尧、延信等人私党的“妖言”迷惑了陕甘地区的广大民众。为此，他要对陕甘地区广大民众，开展一次大规模的宣传教育运动，“宣谕化导”。

由谁来开展这次“宣谕化导”运动呢？当然不能抽调在职官员，在职官员都有他们自己的本职工作。清朝当年的设官授职都是一个萝卜一个坑，这些官员不能丢下他们的本职工作，去开展宣传教育运动，只能在已经取得官员身份，但还在学习的人员中选拔，亦即在翰林院庶常馆学习的新进士庶吉士、在国子监学习的选拔贡生和在各部堂学习的人员。最后挑选了数名庶吉士、一二十名在各部堂学习的官员、二三十名国子监选拔贡生，总共 48 人。而带队人员亦即宣传队的队长，则由雍正帝钦差进士出身，具有一定宣传理论水平的一二品朝廷大臣担任。最后他钦差了从一品的都察院左都御史史贻直、正二品的刑部侍郎杭奕禄、署内务府总管郑禅宝，而以史贻直为总理大臣，总领队，于雍正九年四月初八正式任命。

四月十四、十五日，雍正帝再次发布谕旨，宣布了这次宣谕化导的原委、目标任务和组织纪律。雍正帝指出：“朕因陕、甘二省百姓，听信了允禩、年羹尧等匪类之言，受其迷惑。又因近年用兵西北，转运军需，征调民夫，但朕都严令地方官员，宽予脚价车马钱，严禁克扣。可仍有一些民众不知边境国防的重要意义，以及朕这次用兵西北万不得已之苦衷，囿于私心，妄生疑虑，是以特遣史贻直等前往该省，开展宣谕化导，务使穷乡僻壤，家喻户晓。不可流于形式，潦草塞责，更不可指称公事，扰累地方。倘若奉行不力，扰累地方者，必将严惩不贷。……”

史贻直领命以后，立即召集宣谕化导全体人员开会动员，宣读了上述上谕，然后把全体 48 人分成三组，16 人一组，由杭奕禄、郑禅宝和他自己各领一组,分发宣讲材料,组织认真学习。宣讲材料和学习内容主要是雍正帝历年关于征讨准噶尔蒙古部落和转挽军需的谕旨,以及《大义觉迷录》。雍正帝在这些谕旨中,历诉了准噶尔蒙古部落不断内侵,骚扰边境,祸害百姓,以及不得不征讨的苦衷。关于转挽军需主要强调了不得派累地方,对于转挽军需的民众必须宽予车马脚价,严禁克扣。《大义觉迷录》是一部记录曾静案的案卷实录,包括雍正帝关于曾静案的一系列谕旨,刑部审讯曾静的口供笔录,以及曾静表示忏悔的《归仁录》。

曾静(1679—1736),湖南永兴一位以设塾教读为生的秀才,由于受吕留良反清复明思想的影响,在听信了当时社会上流传的关于雍正帝与兄弟们争夺皇位,清除异己,惩治年羹尧、隆科多等小道消息后,图谋推翻雍正帝。在得知当时手握重兵的川陕总督岳钟琪为岳飞后裔时,便致函岳钟琪,说清朝满族乃宋代金国女真族的后裔——后金,与岳家为世仇。他还在信中罗列了雍正帝"谋父""逼母""弑兄""屠弟""贪财""好杀""酗酒""好色"等十大罪状,策反岳钟琪起兵反清,派他的学生张熙把信送到西安陕甘总督衙门交与岳钟琪。岳钟琪阅后,深感此事严重,便立即上奏雍正帝,并将曾静给他的信函一并转呈雍正帝。雍正帝阅后,遂把曾静、张熙一并逮捕,关押在刑部大牢,还进行了亲自审讯。曾静交代了一切经过,并表示忏悔。

在动员学习会上,史贻直指出:"我们这次宣谕化导的主要任务,就是要通过宣谕化导,大大提高陕甘地区广大民众的思想觉悟,激发他们的爱国精神,积极参与转挽军需,确保前方将士军需物资的供应,鼓舞士气,奋勇杀敌,以剿灭准噶尔蒙古部落。因此我们这次宣谕化导看起来似乎平淡无奇,却关系到这次征讨准噶尔战争的胜负,具有重大的历史意义。因此,我们必须重视,认真学习皇上这一系列谕旨和《大义觉迷录》，全面领会其精神实质，将其转化为我们的指导思想，然后积极投入，努力工作，以求圆满完成这项任务。”

杭奕禄说：“我们这次参加宣谕化导的各位，都是正在学习，即将走上工作岗位的准官员。这次宣谕化导就是我们走上工作岗位之前一个极好的实习机会。我希望我们各位，都能珍惜这次机会，努力学习，并在实际工作中好好锻炼自己，脚踏实地，搞好工作。”

郑禅宝也说：“我们要搞好这次宣谕化导，必须首先自己学习好这些宣教材料，吃透这些宣教材料的精神实质，深刻理解皇上为什么要发动这次征讨准噶尔蒙古部落的战争，深刻体会雍正帝对陕甘民众关怀备至、爱护倍加的爱心，进一步了解当今皇上的英明伟大，是亘古少有的有道明君。只有我们具备了这样的思想认识，才能在宣谕化导中充分发挥，运用自如，收到实际的效果。因此我们必须在出发之前，认真阅读，努力学习这些材料，吃透其中的精神实质。”

学习以后，史贻直根据雍正帝谕旨中的有关指示，宣布五条组织纪律，要求大家严格遵守。这五条组织纪律具体归纳为：一、认真开展宣谕化导工作，务使陕、甘二省直至穷乡僻壤的广大民众家喻户晓，不可潦草塞责；二、宣谕化导的上下人等，均由公家厚给薪资，以及一切车马行李伙食费用，不得另外派累和需索地方，也不得接受地方的任何馈赠，一旦发现，必将严惩不贷；三、宣谕化导人员专司宣传教育工作，不得干预地方事务，也不准与地方官员交往；四、宣谕化导人员如发现地方官员，在转运军需物资中有克扣、骚扰民众者，必须立即报告上奏，如帮同隐瞒不报，则与地方官一并惩罚处治；五、如宣谕化导人员犯有上述错误，而钦差大臣隐瞒不报者，则拿钦差大臣是问；如钦差大臣犯错，而总理大臣隐瞒不报者，则拿总理大臣是问。

然后进行具体分工，由史贻直带领一组，具体负责陕西西安、凤翔二府和同、华、耀三直隶州的宣谕化导任务。杭奕禄和郑禅宝所带的二组，分别负责榆林、延安二府以及陕、甘二省其他地方的宣谕化导工作。

五月初，史贻直即率领宣谕化导全体队员出发，前往陕、甘二省，六月初二抵达西安。而后，史贻直即带领一组留在西安，开展宣谕化导。杭奕禄和郑禅宝则各自率领所属队员继续前行，分别前往榆林、延安二府，各自开展所属地区的宣谕化导。

史贻直他们在西安稍事休息，即开展对于西安地区的宣谕化导工作。首先将雍正帝有关宣谕化导和征讨准噶尔、转运军需的一系列谕旨，写成标语口号，如"坚决反对准噶尔蒙古部落侵犯我大清国土！""坚决反对准噶尔蒙古部落肆意掳掠我牛羊马骡！""还我被掳牛羊马骡！""打倒噶尔丹策零！""处死噶尔丹策零！""坚决拥护对准噶尔蒙古部落用兵！""支持对准噶尔蒙古部落的反侵略战争！""反对侵略，保卫国土！""大清国土神圣不可侵犯！""积极转运军需物资，支援前方将士！""支援前方将士，乃我大清子民的神圣责任！""转运军需，宽给车马脚价。""严禁克扣转运军需的车马脚价！""坚决拥护圣明天子！""允禩、允禟阴谋篡政，罪该万死！""打倒大野心家年羹尧、延信！"等等，遍贴西安城乡内外。在城郊各市镇的交通要道和路口，也都布满了这些标语口号，使广大群众抬头即见，俾人人知晓，发挥了深刻的无声教育作用。

就在他们贴标语的时候，一个十六七岁的花季少女跟着他们看标语口号，当她看到其中一条标语时，突然生气地说："这条不好，瘦金体，亡国之君的字体。"

史贻直在一旁听了，大加赞赏道："姑娘好眼力呀，一眼就看出这是瘦金体，而且知道这是亡国之君宋徽宗的字体，谁教你的？”

姑娘说：“我爹教的呀。从小我爹就教我书法。”

史贻直问道：“你爹是干什么的？”

姑娘回道：“我爹是中医郎中，就住在前面那条大街上。”

接着史贻直对那姑娘说道：“宋徽宗是不好，听信奸佞，残害忠良，把国家搞糟了，到最后国破被俘，成为悲剧，但不等于他的字体也不好。他的字体是文化艺术，与他的政治方针是两码事。”

姑娘见史贻直说得有理，“哦”了一声，接受了史贻直的意见。

这时，这条街上的标语贴好了，准备转到前面那条街上去贴。在提糨糊桶的时候，姑娘要帮忙，与方姓贡生争着提糨糊桶，一不小心把糨糊桶搞翻了，洒了一地的糨糊。姑娘连忙赔不是，表示愿意赔偿。方姓贡生说：“这不怪你，是我没有抓牢桶环。”

史贻直看了忙打圆场说：“没事，没事，糨糊翻了，不够的话，去再打一桶就是了。”

史贻直这么一说，方姓贡生就拎着桶去打糨糊了。大家就转到前面那条街，姑娘向前一指说：“喏，前面那个药铺就是我家。”

史贻直走过去一看，是一家三开间的药铺，店面还不小，正要走近仔细看时，只见里面走出一位老者冲着他喊道：“史大人，外面都传说您领着宣讲团到西安来了，果真是您来了。”

史贻直定睛一看，向他打招呼的原来是郃阳南门大街，当年为他那位挡箭卫士治箭伤的老郎中。史贻直立即上前握住他的手问道：“一别多年，您老怎么到了西安？”

老郎中说：“自从金启勋那场大屠杀以后，郃阳的经济大衰退，生意越来越不好，我就跟着一位采药的老伙计到了西安，把郃阳的老铺面给了我大女婿。”

史贻直指着身边的这位姑娘问道：“这位……”

老郎中说："哦，她是我的小女儿，她喜欢书法，就去看你们的标语了，玲儿，还不快喊史大人。"

那姑娘随即恭恭敬敬地向史贻直深施一礼，喊道："史大人好。"

随后老郎中邀请史贻直进屋坐坐，说："史大人，不要老站着说话，请进来喝杯茶吧。"

史贻直说："不了，老爹，我们才到，还忙着呢。"

说着，史贻直转身要离开。玲儿忙对她父亲说："父亲，孩儿想跟着史大人他们去写标语口号。"

老郎中说："你看，你这孩子，史大人他们忙国家大事哩，你一个女孩子家去掺和什么？"

史贻直一听，说道："行，你就与那贡生方圆一起书写张贴标语吧。"

于是玲儿一连几天，与方圆一起书写张贴标语，配合得相当默契，并在书写标语口号的过程中，互相切磋书法艺术，擦出了爱情的火花，后来竟成为一对恩爱的夫妻，这是后话不说。

他们张贴好标语后，便将西安城区分成三片，各搭建一个龙庭讲台，从六月十二日开始宣讲。开讲之日，各龙庭内都供奉着雍正帝的长生牌位，恭设香案，召集各片的士绅和广大民众，向雍正帝的长生牌位叩头焚香，顶祝雍正帝万岁，然后进行演讲。中心片首先上台演讲的就是史贻直。他上得台来，宣读了雍正帝的一系列谕旨和《大义觉迷录》的有关内容，并以通俗的语言向广大士绅和民众进行解释。他说："当今皇上是至今最圣明的天子，孝顺父母，友爱兄弟，为皇子时，即协助先帝爷整理财政，治理天下，深受先帝爷的青睐，是先帝爷心目中最理想的继承人，所以先帝爷把皇位传给了他。允禩、允禟等人心怀诡诈，阴谋争夺皇储，曾受到先帝爷的严厉谴责。皇上即位后，允禩、允禟又阴谋篡权，到处煽风点火，污蔑陷害皇上，受到了全国上下的一致反对，最后以彻底失败而告终。”

这时史贻直抬头环顾了一下会场四周，接着说道：“皇上自即位以来，面对全国一片乱局，夜以继日忙于工作，经常批阅奏折文件到深夜。而且关爱民众无微不至，尤其对陕甘民众关爱备至，曾多次减免陕甘地区的赋税，或延期缓征。对准噶尔蒙古部落开战以来，陕甘民众担负起转运军需的任务，皇上又一再指出，要对转运军需的民众，宽予车马脚价，严禁克扣，一旦发现克扣，必将重重治罪。喂养骡马的店铺也要给予充分的补贴。”

接着史贻直又严厉控诉了准噶尔蒙古部落，说：“准噶尔蒙古部落，侵略成性，不断骚扰我大清边疆，肆意掳掠，残杀我广大民众。仅在去年十二月，一次就掳去我驼骡军马十数万匹，后经我军奋力反击，才夺回数万匹，依然损失好几万匹。我们平定了青海叛乱以后，青海叛贼罗卜藏丹津逃至准噶尔蒙古部落，被其窝藏。准噶尔蒙古部落拒不交还，誓与我大清对抗到底。可见朝廷对西北用兵实为万不得已之举。当然，爆发战争，军需物资是头等大事，兵马未动，粮草先行嘛。但广大民众转运军需物资时，政府一直是宽给脚价和车马钱的，严禁克扣。”

最后他采用问答的方式，与台下听众互动，问道：“准噶尔蒙古部落不断侵犯我们的边疆，你们同意吗？”台下齐声说：“不同意！”

“噶尔丹策零肆意掳掠我们的牛羊马骡，你们答应吗？”台下又齐声说：“不答应！”

“我们要不要支持朝廷对西北用兵？”台下一片呼喊声：“要，我们坚决支持！”

“那你们愿不愿意转运军需物资呢？”台下又高声呼喊：“愿意，

我等一定积极参加转运军需！”

“允禩、允禟、年羹尧、延信及其私党匪徒搞破坏活动，你们答应吗？”台下齐声回答：“不答应，严厉惩处他们。”

“我们要不要提高警惕，防止他们的破坏呀？”台下一齐回答：“要！”

“我们如果听到他们传播的谣言，该怎么办啊？”台下又齐声回答：“立即向政府报告，检举揭发。”

史贻直从小就熟读儒家经书，明了宋明理学，富于思想哲理，又善于言辞，具有雄辩大略。他讲话时经常引经据典，语言风趣。他的讲演声情并茂，广大士绅和民众莫不抬头延颈，洗耳恭听，引得行路人也常常停步侧耳细听。当他讲到雍正帝慈祥宽怀、屡赐恩德、曲加教诲时，广大士绅民众莫不肃然起敬，有的甚至高呼“万岁”！当讲到准噶尔人的脸面污秽、举止丑陋、语言晦涩时，又引得大家大笑。当讲到准噶尔人的凶残成性，四出劫掠，以及允禩、允禟、年羹尧、延信等匪类的破坏活动时，大家又莫不切齿痛恨。特别是他与广大士绅民众的互动问答，把整个会场的气氛推到了高潮，收到了异常好的效果。

而且，史贻直是朝廷从一品的高官，人们平时连见都很难见到，这时他来公开演讲，大家都抢着来看这一品大员的风采，莫不想一睹为快。因此西安这一中心区域，万人空巷，一起来聆听史贻直的演讲。偌大的广场，前面黑压压一片坐满了人，外面站着的人又一层层一排排，围了个水泄不通，足有一两万人。

史贻直宣讲完以后，其他人员也一个个登台，纷纷作补充讲演。这第一场演讲足足讲了四个时辰。由于会场组织有序，演讲人员准备充分，内容丰富，许多内容都是广大民众过去闻所未闻的，因而个个听得入神，整个会场，鸦雀无声。

会后，史贻直上奏雍正帝，汇报他们第一场宣谕化导的经过时说：“当广大民众士绅，听到皇上屡次减免陕甘地区的地丁钱粮，放宽征收期限，对转运军需人员加给脚价、车马费用等等，无不感激涕零，感谢天恩，高呼万岁。对准噶尔和允禩、允禟、年羹尧、延信等深恶痛绝，深切体会皇上对准噶尔万不得已用兵之苦心，纷纷表示积极支援前方将士，转运军需，绝无反悔。”雍正帝阅后十分欣慰，朱批道：“嘉悦览之。”

其他各会场组织形式和宣讲内容，也大多如此。

六月十二至十八日，西安城区的宣谕化导工作全部结束，然后他们分头前往西安府属各县展开宣讲，务使各穷乡僻壤家喻户晓，人人皆知。其宣讲内容和形式，与西安省城完全一致。至八月二十一日，史贻直在西安府属各县的宣讲亦告完毕。史贻直在临潼县宣讲完毕后，曾去附近农村走访考察，询问了解这次宣谕化导的效果。当他走到一村头，见一老农正在地里埋头刨山芋，就走过去与他搭腔，说：“老哥，在刨山芋啦。”

老农正在聚精会神地刨山芋，并没有注意到有人走过来，听到有人问话，便直起腰抬起头来，一看是史贻直，惊呼道：“史大人，是您！”说着即丢下手里农活，跑过来要给史贻直叩头行礼。

史贻直一把扶住他，说：“免礼，免礼，怎么，你认识我？”

老农说：“您不就是前天在台上宣讲的史大人嘛！”

史贻直说：“前天我宣讲时，你去听啦？”

“去听啦！我们这里男男女女都去听啦！要不我怎么认识您呢？”老农回道。

“你们听了感觉怎么样啊？”史贻直问道。

“大人们讲得好啊，讲得对。准噶尔蒙古部落老是侵犯我们大清，抢掠我们的牛羊骡马，应该征讨，消灭他们。皇上做得对，我们坚决拥护皇上。只要皇上一声号令，我们立即披挂上阵，运输军需物资也好，上战场作战也好，我们都义无反顾，责无旁贷。皇上如此关爱我们，我们怎能不听皇上的号令呢？至于允禩、允禟、年羹尧、延信这些人，不过是跳梁小丑，没有人听信他们的谣言。如果遇到这些破坏捣乱的人，我们一定报告政府，检举揭发。”老农回道。

“你有没有参加过运输军需物资呀？”史贻直问道。

老农回道：“参加过，前年秋冬间去过一次，去年秋冬又去了一次。我驾着大车一直把粮食运送到肃州呢。”

“那有没有给你们脚价车马钱呢？”史贻直继续问道。

“给了，给了，而且给得挺多，比我们在地方上干活的工钱还高。”老农回道。

“有没有人克扣你们的脚价车马钱呢？”史贻直又问道。

老农说：“没有，没有，至少我没有听到，好像我们这里都没有发生过这样的事。”

史贻直听了十分满意，为了不耽误老农的农活，史贻直就此向老农告别，说：“老哥，耽误你的事了，不好意思，再见了。”说完招招手，就离开了。

老农连说：“没事，没事，不耽误。”边说边不停地向史贻直挥手致意，目送着史贻直离去的身影。

史贻直回去第二天，即率同小组全体人员，先后转赴凤翔府、同州、华州、耀州，展开宣谕化导，直至年底，历时半年的宣谕化导全部结束，基本上收到了预期的效果。在史贻直会同杭奕禄、郑禅宝联名上奏的奏折上说，这次宣谕化导基本上取得了三大成就。一是广泛宣传了雍正帝的“圣德”：多次减免了陕甘地区的地丁钱粮，放宽纳税期限，广泛地赈灾救灾，转运军需物资时宽予脚价车马费,严禁克扣等等。二是深刻批判了允禩、允禟、年羹尧、延信等“奸党匪类”的叛逆罪行,使广大民众提高警惕,不受其谣言煽惑。三是提高了广大民众的国防意识,充分认识到雍正帝征讨准噶尔的正确性和必要性,乐意转运军需。正如他们奏折上所说:“一经宣谕圣训,黄童白叟,咸知皇上奉天讨罪,除暴安良,实为三秦百姓贻久远安宁之至计,出于万不得已。用民力正所以保护其身家,办军需复藉以资给其衣食。此陕、甘两省人民感激欢欣之实情也。”因而转挽军需时,无不“鼓舞急公,争先恐后”。

此外,署理陕西巡抚马尔泰,甘肃巡抚许容,陕甘总督查郎阿等,对于这次宣谕化导也都有专折上奏,也都充分肯定了这次宣谕化导的巨大成就和意义,高度赞扬了这次参加宣谕化导人员艰苦卓绝的工作。查郎阿在奏折中报告说:郑禅宝率领宣讲人员在肃州的大小校场宣讲时,他曾率领一批官员“公同敬听”,亲眼看到当地“绅衿士庶,莫不敬聆圣训,踊跃欢呼,联名呼吁,代谢天恩”,大小校场,盛况空前。小校场聆听者几及万人,大校场更达二万余人,听众屏息倾听,气氛活跃。人人都表达了对皇上的感激之情,对准噶尔蒙古部落,以及允禩、允禟、年羹尧、延信等人的愤懑情绪。当宣讲人员问及,以前因搬运军需有无埋怨皇上、表示不满时,听众都异口同声地说:“准噶尔侵犯我国边境,肆意劫掠,皇上发兵征讨,我等无不欢欣鼓舞,岂有怨恨之理。况办理军需,丝毫不扰累民间,我等根本没有感觉有采办军需之苦,反而感觉大沾天恩,使家家都能丰衣足食。历年以来又蒙皇上恩典,蠲免钱粮,缓征旧欠,事事都为我等百姓考虑。我等皆感激不尽,岂有埋怨之情理!”雍正帝看了十分满意,不久即调史贻直为兵部尚书,杭奕禄留在陕西,负责办理军需物资的转运工作。郑禅宝完成宣谕化导工作后,实授内务府总管之职。其他各宣教人员也都分发了实际工作。

二二　组建训练勇健军(上)

雍正九年(1731)秋冬间,清朝组建了一支特殊的军队——勇健军。这是一支怎样的军队?如何组建起来的呢?这还得从雍正帝用兵西北,征讨准噶尔蒙古部落说起。

雍正元年、二年间,雍正帝平定了青海和硕特蒙古部落的叛乱,叛军首领罗卜藏丹津,逃至准噶尔蒙古部落。雍正帝曾多次咨照准噶尔蒙古部落,希望其交还罗卜藏丹津,可准噶尔就是不交。到雍正六、七年间,清朝的财政逐渐充裕,雍正六年国库的库存银已达5823万余两,雍正七年更达6024万余两。随着国库的逐渐充裕,雍正帝即于雍正七年三月宣布对西北用兵,兵分北、西两路,各数万人,征讨准噶尔蒙古部落。然而,战争延续了两年多,非但没有取得决定性胜利,反而在雍正八年十二月,西路大军遭到准噶尔蒙古部落的一次突然袭击,被掳去军马驼骡十余万匹,虽经奋力反击,击退了准噶尔蒙古部落,但损失还是很大。随后在雍正九年六月,北路军一万多人在和通泊地方被围,经过拼死苦战,最后只有二千多人突出重围。当然,清军失利的原因是多方面的,但军队腐败,纪律松弛,士气低落也是主要原因之一。

当年清朝的常备军主要为八旗军和绿营兵两大系统。八旗军主要是满洲八旗。满族原本是关外的游牧部落，实行兵民合一，平时从事狩猎和放牧，战时出兵作战。因而当年的八旗军个个身手矫健，跨马扬鞭，冲锋陷阵，英勇善战，战斗力很强。然而在入关统一全国以后，旗人取得了由国家供养的特权，渐渐地便开始好逸恶劳，贪图享受，整日里提着鸟笼，斗鸡走狗，赌博打牌，疏于训练，以致不知跃马扬鞭、挥刀舞剑、挽弓射箭为何事了。那些八旗将领们更是笙歌鼓乐，狎妓宴游，沉湎于酒色之中，逐渐失去了先前那冲锋陷阵、奋勇杀敌的英雄气概，不再把出征疆场、保卫国土视为光荣之事，不再把建功立业作为男儿之志，反而怕苦怕累，害怕战争，把出征疆场认为是苦差事，是皇帝对自己的不信任，是怀疑惩罚，甚至有人宁愿发配黑龙江，也不愿意出征疆场。

绿营兵也是如此，因承平日久，疏于训练，军容不整，军纪松弛。而且各级将领备弁克扣军饷、吃空额，兵不足额，一到出兵行军，就临时雇用，以致兵不识将，将不识兵，纪律松弛，漫无节制。

而且满、汉界限分明，矛盾重重。广大绿营兵将士们对八旗将领那飞扬跋扈的作风早就不满于心。同样，八旗将领们对绿营兵将领屡建功业也心生妒忌。因而相互间非但不能通力合作，相互应援，反而互相倾轧，甚至有时竟见死不救，互相看笑话，以致这次对西北用兵，非但没有迅速取胜，反而拖延时日，前期还吃了不少亏，耗费了大量的人力物力。雍正帝对此十分烦恼，希望建立一支快速反应部队和突击队，打破这一僵局，迅速进军，底定胜利，于是便派御前太监找来军机大臣蒋廷锡和张廷玉来进行商量。

蒋廷锡和张廷玉来到养心殿，行了君臣之礼后，雍正帝让他们两位坐下，把自己的想法向他们两人作了说明。蒋廷锡和张廷玉听了以后，寻思了一会儿。蒋廷锡先开口说："这快速反应部队或突击队，在目前的军队中，无论是在八旗军还是绿营兵中都很难找到,必须重新建立,进行单独的训练。”

张廷玉说:“按照皇上的心思和蒋大人刚才的说法,这个快速反应部队或突击队,不仅要有整体的素质,而且每个军人都要有特殊的素质。”张廷玉停了停,接着补充说道:“这个特殊的素质,就个体而言,必须要身体强壮,武功高强,行动敏捷。整体的素质就是行动一致,纪律严明。”

蒋廷锡接着说:“这样就必须另外单独招募,组建以后进行单独训练。”

雍正帝问道:“到哪里去招呢?”

张廷玉说:“招募的方向可以从两个方面考虑。一是现有军队。在现有军队内,无论是八旗军还是绿营兵,都有不少武艺高强、身体强壮的人。二是地方。在地方上,我大清现有上亿人口,历来有练武强身之习俗,民间有许多武艺高超的人。不过这些人自由散漫,孤傲不群,不一定愿意从军。”

对于张廷玉的意见,蒋廷锡提出疑问,说:“如果在现有军队里招,在八旗军里招,还是在绿营兵里招,或是两者一起招?那招来以后如何编制?能把旗人和汉人编在一起吗?他们能和平相处不产生矛盾吗?若产生矛盾怎么办?这不能不考虑。一支内部矛盾重重的部队,能起到突击队的快速反应效果吗?”

张廷玉说:“那就在民间招募,可以在全国广泛招募,这样面广,可以百里挑一,质量有保障。”

雍正帝问道:“怎么招?招多少人合适?”

蒋廷锡说:“皇上可以向各省督、抚发个谕旨,要求各省督、抚在省内全面招募,然后集中输送到京城。至于具体人数,既然称快速反应部队或突击队,当然人数不能太多,多了就成为大军,而且质量也不能保障;自然也不能太少,少了就成不了气候,形不成战斗力，达不到目的。微臣以为，以一千到两千人比较合适。”

张廷玉也赞同这一意见，说：“蒋大人所说甚是，以一千到两千人为准，分发各省，由各省督、抚负责招募。”

最后雍正帝拿出主导性的意见说：“那就暂定以两千人为准，分发各省。那各省怎么分配呢？是平均分摊呢？还是按照各省的具体情况分配，有多有少？”

蒋廷锡说：“皇上，恐怕不能平均分配。一般来说，北方人比较粗犷，身材比较高大，习武之风也比较盛行。因此，北方省份可以多一些名额，南方省份少一些。广西、贵州不仅属于南方，而且人口少，又是苗、瑶等各少数民族聚居区，很少练功习武之人，这些省可以再少一些。”

张廷玉接着说：“皇上，按照刚才蒋大人的说法，微臣的意思是这两千人这样分配：直隶、山东、河南、山西、陕西、四川这六省，既是人口大省，习武之风也比较盛行，微臣主张多分配一些名额，各分配160人为准。湖南、湖北、江苏、安徽、浙江、广东等省，经济比较发达，人口也比较密集，文化繁荣，各省以100—110人为准。江西、福建、云南、贵州、广西、甘肃，人口稀少，经济欠发达，其中云南、贵州、广西三省，又都是少数民族聚居区域，各省以60—80为限，不知是否可以？”

雍正帝一听，感觉张廷玉议定的分配方案比较合理，连说：“行，行，就这样定了。”

随后雍正帝即向各省督、抚发布谕旨：“各总督、巡抚：着于所属地方民人之内，招募简选身材壮健，技勇可观者百余人，咨送兵部奏闻，由朕简派官员训练教习，以备军旅之用。武生、武童与乡勇民壮，均可入选。入选者由本省给与口粮一份，以赡养其家口。其本人进京时，由各督、抚动用公款，发给路费。”

各省督抚接旨后，有的很积极，如浙江总督李卫、江苏巡抚尹继善，立即遵旨，把上谕转发给各道、府、州、县，要求他们广为宣传，动员各武生、武童，以及身材壮健、技勇可观的乡勇民壮踊跃报名，然后由各县、州、府，逐级送至省府。其中以李卫最为积极，他要求各府、州、县广为宣传，尽量动员，不限名额。省府的主管官员如此积极认真负责，其所辖的各府、州、县官员自然也不敢怠慢，广为宣传，积极动员，报名登记，并亲自检验是否确实身材壮健、技勇可观，然后逐级选送至省府。浙江李卫由于不限名额，各府、州、县尽量动员，积极报名，结果全省共集中了400名备选人员。李卫与各提督、总兵从这400名人员中挑选了110名。李卫还不放心，怕进京以后还会被挑选淘汰，又从剩余人员中再选30名，作为备选，一同送至京师。选定以后，李卫又把他们集中组织训练，邀请专门的武术教官，教他们武术技艺，以进一步提高他们的武术技艺水平。

但有的督、抚也并不十分乐意，他们认为：一个巡抚要管全省，一个总督要管两三个省，本来日常的政务就已经够忙的了，这时突然增加了一项如此繁重的任务，要招募数十百名习武之人，那么多人到哪里去招？认为招募人数太多，任务太重。但这是皇命，又不能不执行，否则就是违抗圣旨皇命，那可是要杀头的，只好硬着头皮去执行，但心中不悦，自然就拖拖拉拉。最后各省虽然都完成了任务，各督、抚会同有关提督、总兵，对各府、州、县选送来的这些武生武童和乡勇民壮进行了检验，淘汰选拔，按照规定的名额选送京师，但其质量就很难说了。

待各省的招募工作大致完成时，雍正帝于八月二十三日又发布谕旨，要求各省督、抚把已经选拔好的勇健军兵丁送京，着庄亲王允禄、内务府总管常明接待，安排住宿；同时调江南提督柏之蕃署理镶黄、镶白两旗汉军都统，与副将缪宏一起对之进行训练。

九、十月间，各省勇健军兵丁先后送至京师，最迟的是贵州，直到这年的十一月二十九日，才从贵阳起身，快到年底时才抵达京师。当大多数省份的勇健军兵丁抵达京师时，雍正帝又在考虑，应该由谁来负责对这批军士进行训练。于是他又找来蒋廷锡和张廷玉两位军机大臣，共同商量。最初雍正帝考虑让浙江总督李卫来负责训练，因为李卫比较忠诚热情，积极肯干，勇于任事。这次招募工作他也表现得最为出色，本来只有110名的招募任务，结果他选送了140名，超额完成任务。但蒋廷锡和张廷玉都说不妥，因为李卫没有文化，见识短浅，性格焦躁，缺乏将才战略。蒋廷锡推荐史贻直，说："史贻直先祖史际，明嘉靖年间任翰林院右春坊、侍读，因不满当时官场的腐败，愤而辞官还乡办学。后倭寇骚扰东南沿海，他组织训练数千家兵抗击倭寇，先在太湖洞庭西山、溧阳旧县击败倭寇，后开赴浙江平湖，与官军联合剿灭倭寇，得到嘉靖帝赞扬，升任太仆寺少卿，荫一子世袭锦衣卫百户，后升千户。其先人在明朝后期也长期任锦衣卫指挥同知，以文人任武职。且史贻直长期以来明事理，办事有章法，这是带兵官员必备的素质。"

张廷玉也赞同蒋廷锡的意见，说："皇上，蒋大人说得对，史贻直做事有规矩。皇上还记得吗？雍正二年年羹尧陛见时，黄缰紫骝，绝驰道而行，那么多官员都跪地郊迎，唯独史贻直长揖不跪。您看，年羹尧那么趾高气扬，对那么多跪地迎接他的人看都不看一眼，就佩服史贻直。"

雍正帝看了他们两人一眼，说："那好吧，既然你们两人都这么说，那就史贻直吧。李卫来了，就让他任直隶总督好了。"

这时蒋廷锡却提出了一个问题，说："史贻直现在还在陕西负责宣谕化导工作哩！能抽身出来吗？"

雍正帝说:“这个好办,宣谕化导现在已经进入后期,快要结束了,即使剩下一些扫尾工作,也可以交给杭奕禄、郑禅宝去处理。”随后雍正帝即发出谕旨:“着都察院左都御史史贻直,题补兵部尚书,来京陛见,所遗宣谕化导工作,着交与杭奕禄、郑禅宝负责处理。钦此。”

史贻直接到上谕后,把手上负责的宣谕化导工作向杭奕禄作了移交,把他所带领的宣谕化导宣讲小组也一分为二,一部分归杭奕禄领导,另一半归郑禅宝带领,然后他即星夜回京。回到京城以后,史贻直都没有顾得上回家与夫人团聚,就直接进宫,向雍正帝报到。被宣入养心殿后,史贻直一见雍正帝即下跪叩恩。雍正帝一把扶起他说:“爱卿辛苦了,宣谕化导工作差不多了吧。”

“回皇上,陕西的宣谕化导已全部结束,甘肃也已大部分完成,仅剩少数几个州县,年底前能全部结束。”然后他向雍正帝汇报了这次宣谕化导的具体情况,说:“皇上,这次宣谕化导的效果非常好,原来我们与广大民众见面时,大家都把我们当作陌路人,宣谕化导以后见到我们,就如同亲人一般,非要拉我们到他们家里坐坐。现在民众对皇上真是感激涕零,对准噶尔和允禩、允禟、年羹尧他们,简直就是切齿痛恨,都乐意转挽军需。”

雍正帝听了非常开心,笑着说:“难为你们了,爱卿!”然后他又转过话题说:“这次找你来,是有一个新的任务。我们最近组建了一支有两千人的新部队,我们称他们为‘勇健军’,准备由你来统领,组织训练。”

史贻直一听有点急了,赶忙说:“皇上,这可不行,微臣是文人,不会武功。”

雍正帝听了摆摆手说:“文人怎么啦?你我不都是文人嘛!年羹尧那么厉害,不都是你经过调查,查明案情罪证后,给他定了死罪吗？好了，今天你刚到，还没顾得上回家，你先回家看看你夫人孩子吧，明天在家休息一天，后天上午你到兵部报到上任，然后朕让庄亲王领你去勇健军营地，同他们见面。”

于是，史贻直便退出养心殿回家。他回到家刚一进门，夫人许氏猛然间抬头一看，见到史贻直，惊喜异常，说：“回来了！怎么没有预先知会一声，我好派人去接您哪。”说着，许氏立即上前，帮着把史贻直的行李卸下。

史贻直说：“皇上突然召见，我也没有想到。不说了，还有什么吃的吗？给我现成的先吃点，我饿了。”

“怎么，到这时候还没吃中饭？快拿点点心来，给老爷填填饥。”夫人许氏吩咐道。丫鬟随即去厨房拿了点点心放在茶几上，说声“请老爷慢用”。

史贻直边吃边说：“嗨，甭说了。抵京时已经中午，我急着要见皇上，就没有顾得上吃中饭，直奔皇宫去了，待见到皇上时，就只管说话了，好在说话时间不长，直到退出养心殿时，才感觉饿。”

“宣谕化导工作结束啦？”夫人问道。

“快要结束了，还有点扫尾工作。”史贻直边吃边回答夫人的问话。

“没结束就召你回京，那一定又是有了新任务了？”夫人继续问道。

史贻直吃完了，把碟子推往一边说：“是的，皇上最近组建了一支‘勇健军’，没人带领组织训练，叫我去带领组织训练。”

夫人许氏听了吃惊地说道：“这不是‘乱点鸳鸯谱’嘛！叫你这文人去带领训练军队，不让人笑掉牙？”

史贻直嗔怪地说：“不许这样数落皇上，不分尊卑。”

夫人许氏分辩道：“我不是数落皇上，我是针对这件事而言的。”

史贻直解释说:“这你就不知道了吧。我家祖上就是文人带兵的。我烈祖爷爷曾训练过数千家兵,在苏南地区与倭寇打了好几仗,均取得了胜利,把倭寇赶出苏南后,又开进浙江,与官军一起剿灭倭寇。后来我天祖父、高祖父、曾祖父又都历任锦衣卫指挥同知,不都是文人带兵吗?”

夫妻俩正说着,孩子们也都放学回家了,于是一家大小热热闹闹吃晚饭。吃过晚饭,大哥大嫂得知史贻直回来了,也都过来问长问短。大家欢聚一堂,共话家常,直到深夜方休。

二三　组建训练勇健军(下)

第二天,史贻直在家休息一天,第三天一早就赶到兵部报到上任。这时庄亲王允禄已经在兵部等候了。史贻直与兵部各位堂官寒暄一番后,即跟随庄亲王来到勇健军驻地。这时柏之蕃、缪宏已在营寨门口迎候了。大家以礼相见后一起进入营地。这时勇健军2000名军士已全体列队,恭迎新统领的到来。庄亲王首先讲话,向大家介绍了史贻直,说:"这位就是新上任的兵部尚书史大人,是皇上特简担任你们的统领。史大人可是大学问家哦,十八岁中举人,十九岁中进士,在翰林院做学问,整整待了二十年。他的先人在有明一代也都是统兵大员,世代都是锦衣卫的指挥同知,是文官带兵。下面就请史大人给大家讲讲吧。"

庄亲王话音刚落,柏之蕃即带头鼓掌,接着大家一起鼓掌,欢迎史贻直讲话。史贻直上前摆摆手,示意大家停止鼓掌,然后说道:"刚才庄亲王谬赞了,先人带兵那是上代的历史了,这个不说。下官是个文人,但是自古以来,文治必须要有武备,国家才能强盛。文武齐备,才能称为礼仪之邦。所谓'文质斌斌',这个'斌'字,就是'文''武'二字的结合。所以我与大家合在一起,团结一心,就能成为战无不胜的强大的军队,真正成为名副其实的'勇健军',希望以后我们合作愉快。好了,下面由缪大人带领大家继续练功,我与庄亲王、柏大人还有些事情要商量,以后有机会再讲吧。”

接着便由缪宏带领大家继续练武,史贻直则与庄亲王、柏之蕃进入中军营帐,商量以后的训练事宜。史贻直提出:“我们的训练不光是练武功,还要练阵法。大家既然是从武生武童、乡勇民壮中挑选来的,想必武功都是不错的。但是武功只能在单打独斗、单兵作战时发挥积极作用,在整体作战时就必须依靠整体的力量,这就要讲究队形,阵势阵法。因此,一支军队光有武功还不够,还必须懂得阵法,排兵布阵,战略战术,要讲究队形、阵势,懂得利用地形地势,要有韬略。特别是我们以后主要与准噶尔蒙古人作战,蒙古人主要是骑兵。蒙古的骑兵可是很厉害的哦,冲击力很强,我们与骑兵作战,光靠武功是不够的,必须讲究队形阵势,通过各种变化的阵势,把他们的骑兵裹挟进来,然后分割消灭,所以我们要有针对性地训练。而且,我们还要加强政治动员,提高他们为国杀敌的思想认识,让他们懂得为谁作战,为什么要作战。思想动员起来了,战斗力才能够变强,克敌制胜。”

史贻直讲到这里,停下喝了口水,然后接着说道:“作为一支军队的集中训练,要有作息时间表和总的课程表。我提议以后每天的训练分四个时段:早晨、上午、下午、晚上。总的作息时间表:早晨五更起身,起身后即整队,每队分为三行或四行纵队,集体跑步和齐步走,加强整体集中意识,并锻炼身体,增强体质,谓之晨练。晨练以后吃早餐。早餐以后稍事休息,即开始集训,集体训话一个时辰,进行政治思想教育。集训以后稍事休息,开始练功,由柏都统或缪将军教练武功两三个时辰,然后用中餐。中餐以后休息一下,开始练队形阵势,约两三个时辰,然后自由活动一个时辰,再用晚餐。晚餐后学习文化一到两个时辰。作为勇健军没有文化不行，没有文化就不能读书学习，很难提高思想认识。最后熄灯。”

庄亲王和柏之蕃听了大开眼界，从来没有听说过这样训练军队的，真是别开生面，感觉史贻直真了不起，不由得心生敬意。这时庄亲王提出一个问题：“史大人的设计很好，但这集体训话、练功、训练队形阵势和学文化都由谁来教呢？”

史贻直说：“这样，庄亲王，我们首先得把勇健军按照军队的要求建立起新的建制。原先以省为单位，人数多寡不一，组织散漫，不利于军事训练，指挥作战。鄙人建议将勇健军全体军士，以30—40人为一单位，成立一个小队，三个小队组建为一个中队，三个中队组建为一个大队，并把各单位编好号，称为一大队、二大队。每大队下面的三个中队称为一中队、二中队，三中队。每个中队下面三个小队，也分别称为一、二、三小队。每个小队下面也可以10人为一单位，组成三四个班组，称为一、二、三、四班组。每个班组选出一人为班组长。然后由兵部从全国的绿营兵中挑选若干优秀的把总、千总、守备，分别担任各小队长、中队长和大队长。这样，勇健军就形成一个严密系统的整体，训练作战就能指挥灵便，得心应手。”

庄亲王听了大加赞赏道：“好个史大人，您都考虑得那么仔细，柏大人，那以后我们的日子就好过啰！”

柏之蕃也满脸笑容地恭维道：“是，是，是。”

这时后厨传出话来，说中饭已经准备好了，请庄亲王、史大人等过去用餐。庄亲王与史贻直、柏之蕃走出中军营帐，边走边说。史贻直说道：“柏大人，下午我们最好与各队军士逐个见见面，认识认识。大家相互认识了，训练起来效果会更好。”

庄亲王点头称赞道：“好，这个主意好，要不，兵不识将，将不识兵，这怎能训练，带兵打仗啊？”

午饭后,史贻直与柏之蕃按省籍名册,到各队逐个点名进行检验。庄亲王允禄则进宫,向雍正帝面奏陪同史贻直上任,接管勇健军的情形。庄亲王在面奏过程中,不时表露出赞许的神情,称赞史贻直,说:“史贻直真是位难得的人才,他已对勇健军每天训练的主要内容和作息时间表,作了全面的规划设计。他提出勇健军不光是要练武功,还要练队形阵势,要针对蒙古骑兵进行有针对性的训练。他还提出每天早晨要出操,跑步,强健体魄,训练纪律,加强整体思想意识;晚上要学文化,提高文化水平。特别是他要求每天都要对他们训话一次,加强他们的忠勇意识,懂得为谁战斗,为什么作战。真是个帅才,宰相级的人才。”

雍正帝听了十分高兴,笑着说:“史贻直的确是位栋梁之材,宰相级的人才,什么事情,你只要交给他,他都会给你办理得好好的,不用你烦心,而且往往语出惊人,收到意想不到的效果。但是目前还只能提到各部尚书的位置,现在他年纪还轻,不到五十岁。古人云:‘三十而立,四十而不惑,五十而知天命,六十而耳顺。’现在他还在‘不惑’的年龄段,总要到‘知天命’‘耳顺’的年龄段,才能提拔为宰相。提拔太快,出头椽子容易遭打,今年年初李卫就连上两本奏折参劾他。当然,这两本奏折都是道听途说,瞎掰扯,我没有理会,但也得照顾全面哦。”

庄亲王听了满不在乎地说:“李卫懂什么,大老粗一个,只知道打打杀杀,叫他打头阵可以,叫他治国平天下,就不行了,这就得靠史贻直这帮人。”

雍正帝听了点点头说:“十七弟说得不错,治国平天下,还得靠这帮大知识分子。再过几年,让史贻直再历练历练,才能提到内阁大学士的位置上。”

与此同时,史贻直与柏之蕃对 2000 名勇健军兵丁逐个点名检验，整整忙碌了两三天，才检验完毕。通过点名逐个检验，史贻直发现这2000名军士大都汉仗高大、身体强壮，但也有不少羸弱不堪、武功平平之人。检验以后，史贻直随即面奏雍正帝，提出要对这2000名勇健军进行整顿，挑汰选留。史贻直指出："既然号称'勇健军'，就要求所有军士都必须是汉仗高大，身强力壮，武功高超，技艺过人，这样才能名副其实，才能形成强大的战斗力，真正起到突击队的作用。而且作为一支军队，要有自己的组织体系。我们考虑按三四十人组建为一个小队，三个小队组成一个中队，三个中队组成一个大队。要求兵部从全国绿营部队中抽调若干优秀的把总、千总、守备充实勇健军，作为各小队长、中队长、大队长。"

雍正帝听了点头说道："爱卿说得很对，勇健军士兵都要汉仗高大，身强体壮，武艺超群。各省输送来京的时候，朕就在他们的奏折上批评过：'如果不得人，亦当据实奏请，何得苟且挑选，耽误时日，到京看，如有不堪任用者，拿你们是问。如此粉饰，怎能卸责？'现在由你和柏之蕃两人，对这2000名军士进行整顿，对于整顿后落选淘汰之人，发还本省。勇健军也应该建立健全的组织体系，朕也完全同意你们的组建方式。至于从绿营兵中抽调若干把总、千总、守备，作为勇健军的各级官长，史爱卿，你是兵部尚书，就由你到兵部去具体布置落实好了。"

于是史贻直即与柏之蕃按省籍对这2000名军士逐个挑选，分别等级，淘汰了羸弱不堪、毫无技艺之人336名，送还原籍，淘汰率达16.8%。其中尤以湖北、湖南、广西选送的较差，特别是湖北、湖南两省，享有"湖广熟，天下足"的美誉，经济和文化都比较发达，可这两省各选送110名，计220名，竟被淘汰了96人，淘汰率达43.6%。同时史贻直也通过兵部，从全国绿营兵中抽调了数十名把总、千总、守备，充任勇健军的各级领导。

整顿后即开始正规训练。这时雍正帝又加派了兰翎侍卫丁云龙，作为勇健军的教练。史贻直以柏之蕃曾任提督、都统，为统帅一方的地方最高级将领，对于战阵、战法了然于心，便通过商量，决定由柏之蕃专门教练战阵、战法，丁云龙与缪宏教练武功技艺，自己则每天主讲一个时辰的训话。

十二月十六日正式开练。这是第一次开展正规训练，最先开始的第一课，就是由史贻直集体训话。史贻直从为什么要建立勇健军，勇健军的历史任务是什么讲起。他指出："勇健军就是一支军队，一支特殊的军队。它的特殊之处在于，它的军士们具有强健的体魄，高超的武功，超人的技艺，有文化，训练有素，懂得战略战法，因而比一般的军队具有更强大的战斗力。勇健军既然是一支军队，而军队是国家的公器，是用来保家卫国、维护社会安定的政治工具，也就是说是用来打仗的。那为什么要打仗呢，和谁打仗呢？现在国内社会安宁，百姓康乐，自然不用打仗，但是在西北边境上，准噶尔蒙古部落不断地骚扰我们，抢掠我们百姓的粮食财物和牛羊牲畜，把我们的百姓掳去当奴隶。我国西北边疆的百姓就是我们的父老兄弟姐妹，他们的粮食财物和牛羊牲畜，就是我们父老兄弟姐妹们的粮食财物和牛羊牲畜，你们说，我们能让准噶尔蒙古人肆意抢掠，把他们掳去当奴隶吗？"

台下齐声高呼说："不能！"

史贻直接着说道："大家说得对，不能，我们绝不能让他们到我们国家来肆意掳掠，所以我们要和他们打仗，要保卫我们的国家，保卫我们西北边疆的父老兄弟姐妹们。我们西北边疆的土地，一寸都不能让他们抢占。这就要靠我们勇健军，要我们勇健军与原驻扎在西北边境的军队团结一心共同作战，把准噶尔蒙古部落赶跑。准噶尔蒙古部落的军队是骑兵，他们的冲击力很强，一般的军队挡不住他们，这就要靠我们勇健军，一支具有特殊功能的军队，去战胜他们。因此，这是一个很光荣的战斗任务，我们勇健军也是一支很光荣的战斗部队。你们说，你们参加这支光荣的部队开不开心啊？”

台下齐声高呼说：“开心！”一下子，史贻直把勇健军军士们的士气调动起来了。他们听着史贻直训话，个个都意气风发。

以后在历次的训话中，史贻直又大谈特谈忠勇、孝悌、仁爱、信义、和平等儒家的思想学说。在讲到忠勇的时候，他指出：“普天之下，莫非王土；率土之滨，莫非王臣。”接着他解释说：“远古之时，人类与虫蛇禽兽共处一地，常常受到虫蛇禽兽的侵害。于是，上天就派来一位首领，为大家驱赶了虫蛇禽兽；发明了衣服，给大家御寒；发明了农业，种植粮食，使大家免于饥饿；为大家建造了宫室，使民众免于巢眠穴居；发明了各种器皿教大家制作，使众人有了各种生活器具；发明了医药，使大家能够防治疾病；又发明各种度量衡器具和制度，从此便能够制造各种高级器材并相互交易……以后进一步建立了城阁，形成国家，这个首领就成为国王。因此国王是上天派来人间管理臣民的，故而称为‘天子’，是上天之子。天子从古以来就是发号施令的。各级臣僚就是传达国王天子之令，以达于民的。民，就是生产各种生活资料器具，既供自己所需，亦供国王和各级臣僚所需。国王就是要统筹全国，发号施令。各级臣僚则根据国王的命令，管理广大民众。民就得努力生产以事国王。各级臣僚和民众都要矢志于职守，侍奉皇上，甘于为皇上奋不顾身，赴汤蹈火，此为忠勇。我们勇健军就要有这种忠勇思想，人人确立甘于为皇上、为天下百姓赴汤蹈火，视死如归的精神，使我们的勇健军成为一支忠勇之师。”

在以后的训话中，他又大讲“仁义”二字。他说：“我们勇健军不仅要成为一支忠勇之师，而且要成为一支仁义之师。所谓'仁义之师'，就是对广大民众要仁慈，爱护。我们以前讲到，我们组建勇健军就是为了保家卫国，捍卫我们国家的边疆不受敌人侵犯，保卫我们的民众不受敌人蹂躏。广大民众就是我们的父老兄弟姐妹。因此，我们就要像对待我们的父老兄弟姐妹那样，对待广大民众。部队驻扎宿营时，不得骚扰百姓，欺压群众，更不能抢掠百姓财物。军士们不得随便进入店铺和居民房舍，买卖要公平，价格要公道，不得强买强卖，借东西要还，损坏了要赔偿。大家要尊重妇女，更不能调戏奸淫妇女。行军时，不得践踏农民的土地庄稼、偷摘民众的瓜果，等等。总之，我们要制定并形成严密的组织纪律，只有严密的组织纪律，才能确保我们成为一支战无不胜的战斗部队。"

史贻直训话以后，稍事休息，柏之蕃教练队形阵势。先是以小队班组为单位，组织排队训练，训练以个子高矮站队看齐，前高后矮，横队纵队，右转左转后转，前进后退，行动自如，然后依次组合成中队、大队进行训练，逐渐形成一个整体，前后左右，进退自如。

队形训练以后，即按照中国古代作战布阵的形式，进行阵势训练。柏之蕃针对准噶尔蒙古部落骑兵的特点，先后对勇健军进行了八卦阵、一字长蛇阵等队形的训练。所谓八卦阵，即是按照《周易》图形，以乾、坤、震、巽、坎、离、艮、兑八卦，分别象征天、地、雷、风、水、火、山、泽八种自然现象，行军布阵，形成对敌作战的阵势。三国时诸葛亮将之发挥到了极致，以乱石堆成石阵，按照遁甲分成休、生、伤、杜、景、死、惊、开八个门，指挥运动，亦即所谓的太极生两仪，两仪生四象，四象生八卦，八卦而变六十四爻，变化无穷，据说如此运作，可敌精兵十万。当时柏之蕃摆出八卦阵的意图，就是要让准噶尔的骑兵冲入八卦阵以后，通过八卦的指挥运作，把准噶尔蒙古骑兵裹挟其中，分割包围，使其左冲右夺，冲不出去，逐个消灭。

一字长蛇阵，这是古代御敌最常用的阵势，即将部队正对敌人进攻方向，“一”字摆开，以两员主将为首，猛将为尾，击首则尾应，击尾则首应，击中部则首尾皆应，将敌包围其中，逐个消灭。

当然，针对准噶尔骑兵进攻的特点，勇健军还训练了其他一些阵势，如将部队埋伏道路两侧，待蒙古骑兵进入以后，两侧伏兵一齐冲出，猛砍马腿，或用枪猛戳马腹，或预设众多绊马索，道路两侧伏兵各执一端，待敌骑冲入以后，两侧伏兵一齐拉紧绊马索，把敌骑绊倒，然后伏兵冲出，击杀敌人，等等。

在训练排兵布阵时，史贻直还提出要善于观察地形地势，要懂得利用地形设伏。安营扎寨时要观察周围的地形环境，扎营于交通要冲，近水之处，在附近高地设置瞭望哨所，观察敌情，等等。

至于丁云龙和缪宏每天下午训练的武功技艺，内容则更多，光是拳击就有各家拳法，还有散打、对打、射击、少林僧棍、各家枪法、各家刀法、各家剑法，等等。由于勇健军是从全国各省武童武生和乡勇民壮中选拔出来的，集中了全国的优秀武士，其中不乏许多身怀绝技之人，有的使用关公大刀，刀重百斤；有的弓箭手能拉二十石铁胎弓；有的运用气功，气功运作后，以鸣镝射其胸，镗然而返；有的舞动杨家枪，只听到“呼呼”响声，红缨在空中飘舞，不见枪形，看得大家都眼花缭乱。

庄亲王允禄曾多次亲临现场，考察勇建军的训练。每次看完以后即面奏雍正帝，对勇健军大加赞赏，说：“勇健军队伍整齐，纪律严明，前后进止齐一，左右转动灵活；其阵势开合自如，应敌迅猛，隐现万端，变幻莫测；武功高强，技艺超群。有的能拉二十石弓，有的能开铁胎弓，有的能举百斤大刀，还有的鸣镝射其胸，镗然而返，真是闻所未闻，要不是臣弟亲眼所见，简直不可相信。”雍正帝听了非常高兴，不断给这些勇健军兵丁赏赐衣物袍褂、瓜果点心等物品。

到雍正十年(1732)四月勇健军已完成训练,基本形成了坚强的战斗力。史贻直遂向雍正帝面奏交差,说:“皇上,勇健军已经训练完毕,要不要请皇上检阅一下?”

雍正帝说:“不用了,庄亲王已经看过了,而且一直在夸奖你们呢。你们辛苦了。这样吧,现在前线战事正在吃紧,那就赶快把这支队伍拉上去吧。”雍正帝说着又侧身对史贻直说:“不过,爱卿,你是文官,你可不能上前线,你负责护送他们到西安,然后由柏之蕃率领他们,开赴巴里坤前线参战。你就留在西安,以兵部尚书衔总理陕西巡抚,负责军需物资的转运工作。你想,前线战事吃紧,后勤供应必须保证。所以这军需转运的责任,不比前线作战轻松哦。”

于是,雍正十年五月初,史贻直与柏之蕃就率领勇健军开赴前线,五月下旬抵达西安,在西安休整三天后,史贻直即留驻西安,柏之蕃则率领勇健军继续西行,六月中旬抵达巴里坤,正式编入西路大军。

这时北路大军正与准噶尔军酣战,原署理陕甘总督,代理宁远大将军查郎阿立即把勇健军派去支援北路军。于是勇健军继续北上,在哈密地区遇上准噶尔骑兵,他们利用在训练中学到的对付蒙古骑兵的办法,预先埋伏在道路两侧,待蒙古骑兵进入他们的埋伏圈后,便把绊马索一拉,敌骑纷纷绊倒。然后他们一起冲出,有的挥舞大刀,砍断敌骑马足;有的用长矛直刺马腹,将敌军挑于马下,等等。经过两三个时辰的激战,阵斩敌军两千余人。后面的残敌逃入杭爱山区,不敢出来。后来他们在杭爱山一带,又与准噶尔骑兵战斗了数次,均重创敌军,取得胜利,直到光显寺大捷胜利结束。他们也为光显寺大捷作出了积极的贡献。

二四　总理陕西巡抚　转挽军需

雍正十年(1732)春夏间，史贻直随勇健军来到了西安。按照雍正帝的安排，勇健军抵达西安后稍事休整，即继续西行，加入西路大军，参与对准噶尔蒙古部落作战，史贻直留驻西安。这时，原署理陕甘总督查郎阿已代理岳钟琪的宁远大将军之职，成为西路军的主帅，在前线统兵打仗。原在西安办理军需的署陕甘总督刘于义则远在甘州，负责军需物资的中转。西安仅有陕西巡抚马尔泰留守。马尔泰原为工部侍郎，雍正九年才署理陕西巡抚，毕竟资历较浅，欠缺封疆大吏的工作经验，雍正帝遂命史贻直以兵部尚书兼任总理陕西巡抚，在西安主持军需物资的转运事务。

兵部尚书兼总理陕西巡抚，这是一个身兼军、民两政的重要职务。一方面以兵部尚书身份负责军需转运工作，这是军政，以确保前线一切军需物资的供应；另一方面以巡抚的身份，职掌一省之民政，一切政务都要以民众利益为出发点，以民为本，关心民瘼。史贻直在陕西主政期间，始终以这两点作为自己施政的落脚点。他在办理军需时，首先想到的就是如何关爱沿边和前方将士，把沿边和前方将士的利益放在第一位，想沿边和前方将士之所想，急沿边和前方将士之所急，对沿边和前方将士负责。因为沿边和前方将士是这次西北用兵的主体，担负着冲锋陷阵英勇杀敌的重任，若沿边和前方将士有什么闪失，则将毁坏长城，国土不保。

因此，在他刚到陕西上任不久的雍正十年八月，雍正帝为表达对甘肃广大民众的关爱，减轻甘肃人民的负担，下令豁免甘肃全省的地丁银和民屯粮草。他接到了这个上谕以后，立即想到了甘肃沿边的甘州、凉州、肃州、西宁这些地方的驻军和前方将士。因为沿边驻军的军饷向来都是八个月支给“折色”，四个月支给“本色”。所谓“折色”，就是把军饷粮草按一定的价格折算成银两发放，让部队自行采购。支给“本色”，就是按规定的数额直接发放粮草实物。但这部分的粮草实物，就是从上年本地征收的实物赋税中得来。这时雍正帝豁免了甘肃雍正十年的民屯粮草，就断绝了下一年度甘州、凉州、肃州、西宁这四地驻军“本色”粮草的来源，使这四个月支给的“本色”没有了着落，也势必要改成“折色”，发放银两。可当年的“折色”并不是按照当地的粮草市价来计算发放的，而是由户部按规定的固定价格计算发放的，即一石米折价一两银，一束草折价一分银。而当时甘州、凉州、肃州、西宁等地因战争关系，物价飞涨，若按原来固定的价格发放银两，已买不到足够的粮草了，这就等于使他们的军饷大打折扣，大大缩水。而这四地是西北驻军最集中的地方，与准噶尔对阵的西路大军主要是从这四地驻军中抽调去的。当然，在前线的西路大军另由国家单独提供军需物资，他们是不受这物价波动的影响的，但是他们的妻子儿女还都留在原驻地，这就势必影响到这些地区驻军和西路大军家属们的生活，岂不动摇了军心。尽管这些地区不在史贻直主政的陕西，但他还是从大清的全局考虑，立即上奏，建议朝廷把这四个月的“本色”改成“折色”时，要求户部在原规定固定价格的基础上，各按当地物价，略为增加。其中西宁、凉州，在原价粮食一石一两银的基础上，酌增四五钱银；草在每束一分银的基础上，酌加四厘银。而甘州、肃州物价更贵，应在粮一石一两银的基础上，酌加六七钱银；草在一束一分银的基础上，酌加六七厘银，如此才不至于影响到西北大军的情绪和生活。这得到了雍正帝的充分肯定。

雍正十一年冬，史贻直领受了拨运西安、凤翔二府和邠、乾二直隶州 6 万石粟米，并转运湖广楚米 5000 石，前往西北边关的任务。他随即指令布政使和粮道官员，将上述有关府、州、县的仓库出谷碾米，以备拨运，同时积极组织民工，准备转运湖广楚米。然而当湖广 5000 石楚米运抵，史贻直前往接收时，发现竟是粳子糙米，而且已经受潮，色泽不佳，气味也不好。他当即责问湖广押运官："怎么是粳子糙米？你看，还已经受潮，失去了光泽，气味也不好闻。这是怎么搞的？"

湖广押运官说："这都是地方上交来的，我们接收到的就是这种粳子糙米。至于受潮，我们是通过水上船运来的，因为河水流量小，用的都是浅底船，容易被浪花打湿，再加上搬运时，正值秋雨绵绵之时，倍受潮湿熏蒸，所以色泽无光，气味不佳。"

史贻直说："这怎么能运到前线去呢？前线官兵舍生忘死，为国效力，我们应该把颗粒圆净，最好的上等好米，运到前线，供他们食用。如果把这样的劣质大米运到西北大营，供大营官兵们食用，这不仅有损于他们的健康，而且不利于鼓舞士气，增强战斗力，徒劳无益。"他说着，回过头来与布政使硕色商量道："这怎么办？看来退也不能退回去了，若退回去重新调换好米运来，那起码得再等半年以上，前线将士不能饿着肚子等半年啊。再说了，把这些粳子糙米运回去，再在船上摆几个月，那将全部霉烂，不能食用，岂不给国家造成巨大的损失！"他问布政使硕色："能不能把这些粳子糙米留下，就近发给我们督标、抚标、城守营和巡防营等当地驻军的官兵们搭配食用，另从陕西各府库，出谷碾米 5000 石，取代湖广楚米运往前线。你看这样行不行？”

硕色说：“好啊，这当然好。就是把这些受潮，色泽欠佳的粝子糙米搭配给当地驻军时，还得请您与这些驻军将领打个招呼才是。”

史贻直说：“这没有问题。”然后，他便分别与督标、抚标、城守营、巡防营等当地驻军将领们打了招呼，指出：“湖广运来的这 5000 石粝子糙米，本来质量就不好，加上运输过程中受潮，色泽和气味都不甚佳，原本要运往西路大军前线的，为了爱护前线作战将士，同时又不使国家蒙受损失，我考虑把这 5000 石粝子糙米搭配给我们本地驻军食用，以表达我们本地驻军对前线将士们的关爱和支持。”

史贻直的建议，得到了本地各驻军将领们的热烈支持和赞同，各标营统带纷纷表示：“史大人，没问题。我们都是军人，他们在前线冒着生命危险，拼命杀敌，我们这些在后方的军人，应该要为他们着想，就把这些粝子糙米搭配给我们大家分配食用吧。”

于是湖北运来的这 5000 石粝子糙米，最终换上了本地的上等粟米，运往了前线。

这事后来被雍正帝得知，雍正帝感慨万千，对史贻直大加赞赏，对各位大臣说：“这事本来与史贻直无关，不是他的本职工作。他只要照样转运即行，也算是完成了任务。但是他从爱护前线将士出发，不使国家蒙受损失，把劣质大米留下来自己搭配食用，换上了上等好米运往前线。这是什么精神？这是全心全意忠于职守的精神，大公无私为国家的精神。这样才是真正为国家办事。”

关于民事，史贻直从小就熟读经书，深受儒家“民为邦本”思想的熏陶，任何时候都不能损害民众的利益。损害民众利益，必然引起民众的不满与反抗，动摇封建统治的根基，反而损害了他们封建统治者的根本利益。这就是唐代名相魏征所说的“水能载舟，亦能覆舟”的道理。雍正九年，雍正帝派史贻直去陕西开展宣谕化导，就是要向广大民众传递雍正帝关爱民众的信息。他到了陕西，雍正帝曾给他一道“密旨”，要他秘密调查陕西各级官员，在转运军需时有无损害群众利益，引起群众不满的事情。这时他到了陕西，亲自主持转运军需事务，自然牢记雍正帝的嘱托，时时刻刻提醒自己，要维护群众的利益，关爱民众，做任何事情都不能让民众吃亏、受到伤害，在采购军需物资，支付运输脚价时，都要做到不压价，不克扣。如雍正十年秋季采购军马草料时，由于这年陕西地区雨水稀少，略有干旱，收成不济，草料价格猛涨。一石豌豆涨至一两二三钱到一两四五钱银。草价一束涨至一分二三厘到四五厘银不等。而政府部定的官价是，豌豆每石一两银，草每束一分银。若按部定官价采购，则民众必然不卖，若实行强买，就必然损害群众利益。为此，他上奏雍正帝，要求在采购草料时，按各地市场价格采购。他说：“目前，市场上豌豆都是一石一两二三钱到四五钱银不等的价格。草，一束都是一分二三厘到四五厘银不等的价格。若按部定价格采买，民众不卖，完不成采购任务；若采用强买措施，就违反政策，只有采用市场价格，既不违反政策，确保了民众的利益，又满足了喂养军马的需求，一举两得。”得到了雍正帝的支持，朱批道：“依议而行。”

但在采购和转运军需时，有时也会遇到国家利益与民众利益发生冲突矛盾的问题。在这两难之际，许多官员往往站在国家利益一边，损害了群众利益，因而引起了许多民众的不满，以至于激起民变。也有的则完全站在了民众立场上，成为民众的尾巴，损害了国家利益。而史贻直每当遇到这些问题时，在一般的情况下，则动脑筋，想办法，采取变通的措施，既不折不扣地完成朝廷下达的任务，又不损害群众利益，使群众满意。即如在雍正十年十二月初，他接连两次接到户部咨文，要求从西安西部各县与邠、乾二直隶州拨运粟米5万石，另从西安、凤翔二府的府库拨运粟米1万石，分别运至甘肃平凉府城。在他第一次接到户部咨文时，就立即指示布政使硕色："让粮道把西安府西部各县和邠、乾二直隶州所储粟米，通盘核算一下，看看能不能完成这5万石粟米的拨运任务。"

陕西粮道经过通盘核算后回答说："就目前这些仓库所储存的库存量而言，足够拨运5万石粟米前往西北边关，但拨运以后，已所剩无几。然而，这些仓库同时也担负着来年春天的借粜之需，如果把这5万石粟米全部拨运出去，那明年春天的借粜之米就无着落了，这就要影响到明年春天的借粜。届时若不能开展正常的借粜，就将直接影响到当地群众来年的生活和生产活动。而且这时已经到了年底年关时节，转眼就要到明年春天的青黄不接之时，借粜之事已迫在眉睫。"

史贻直问道："到时可不可以向其他州县借调一些粮食呢？"

粮道回答说："到时当然可以从其他州县借调一些粮食。但是这样，一则需要与有关州县协调，必然迁延时日，这会不会耽误借粜工作的及时开展？二则从其他州县借调运来，这就增加了运费，提高了米价，增加了民众负担。"

史贻直听了，寻思以后对布政使硕色说："与其这样，不如减少该地区的拨运任务，从5万石减至3.6万石，存留1.4万石，以备来年的借粜之需，另从其他州县拨运1.4万石。硕大人，你看这样行不行？"

布政使硕色立即表示支持，说："部堂大人，您这意见很好。据下官所知，凤翔府及其所属凤翔、扶风、郿县、麟游等县，仓储比较充足，而且距甘肃较近，运输比较方便，可以把西安府西和邠、乾二直隶州匀减下来的 1.4 万石粟米的拨运任务，转加给凤翔府及其属下之凤翔、扶风、郿县、麟游等县，在他们原拨运 1 万石粟米的基础之上，再增加 1.4 万石，总共拨运 2.4 万石。”

史贻直把手一拍，说：“好，就这样定了。西安府西各县，邠、乾二直隶州 3.6 万石，加凤翔府 2.4 万石，正好 6 万石，这就圆满地完成了部定的拨运任务。”

随后，他在运输方式上也作了调整，他奏请雍正帝，要求把原来规定由陕西供米各府县自行将这 6 万石粟米直接运至甘肃平凉交付的“长运”，改为“递运”。古代把这种直接运至目的地的长途运输方式称为“长运”，中间经过一个至多个转运站的运输方式称为“递运”。亦即陕西供米各府县各自把所供之米，运至甘肃泾州，由甘肃省府派人在此接收，然后由甘肃组织动员民工，再次把这 6 万石粟米，运至终点站平凉府城交付。史贻直认为，陕西有关各府、州、县，在这歉收之年，依然提供了 6 万石军需粟米，已属不易，还得自行把这些米直接运至沿边平凉府城，这负担似乎太重了一些。为此他请求雍正帝，要求把陕、甘两省民众的负担均衡一下，指出：“陕西有关各府、州、县提供粟米，并各自把粟米运至甘肃泾州，余下的从泾州到平凉府城这段运输任务，只有两站，路途较近，任务不重，交由甘肃民众负担。这样负担均衡，群众就乐意接受，而且照样能达到预定目标，不耽误正事。”

并且在运输时间上他也请求雍正帝作了调整。户部原议在冬腊月间，趁农闲之时，夫役马骡易征，可及时完成运输任务。但史贻直认为，冬腊月间虽然是农闲季节，但也是一年四季中最冷的时候，在西北的黄土高原上，此时最低气温通常都在零下 20℃上下，甚至更低，西北风刮在脸上，如同刀削一般。到处都是冰天雪地，冰坚路滑。运输大军行进在这坚冰雪地之上，一不小心就会滑倒，坠落山崖，造成车毁人亡，骡马倒毙，粟米撒满大地山崖的事故，不仅给运输的民众造成巨大灾难，也给国家带来巨大的损失。为此他在奏折中提议把冬运改为春运，在来年正月二十五日正式起运。他指出："届时正是春回大地之时，阳光和煦，冰雪已融，道路畅通。而陕甘地区一般要到四月才开始春耕农忙，所以这时依然是农闲之时，夫役骡马大车极易征调，照样能按时完成运输任务。"

雍正帝览阅了史贻直的奏折，认为史贻直所提这两点建议很好，将"长运"改为"递运"，并把"冬运"改为"春运"，完全符合客观实际，实事求是，说做事就应该这样，才能收到客观的效果，便当即批示："依议而行。"

届时，元宵已过，又是农闲之时，民力有余，通过运送军需，还可以取得余利；加上此时雨旸时若，二麦长势良好，丰收在望，物价平稳，民众的积极性很高。史贻直一声号令，广大群众积极响应，争先恐后，踊跃报名，急公任使，6 万石粟米，不到两月，就已全部运至甘肃泾州，交付甘肃转运。甘肃民众也很快运抵了平凉府城，交付接收。

雍正十一年十月底，雍正帝再令陕西拨运粟米 6 万石，并转运湖广楚米 5000 石至肃州，并要求趁冬季农闲之时完成任务，不误农时。甘肃已地处前线，任务众多，故甘肃巡抚许容奏准雍正帝，请交由陕西长运，甘肃无力参与运输。史贻直接到这一任务后，义无反顾，一口允承。然而如前所说，冬运虽值农闲之时，但是隆冬季节，冰雪覆盖，道路湿滑，夫役车辆骡马，极易损伤倒毙。这不仅使国家和民众蒙受损失，而且耽误运输任务。特别是这次要直接运到肃州，2000 余里，路途遥远，更加艰巨。史贻直思前想后，为了维护民众和国家利益，还是上奏给雍正帝，请求把冬运改为春运，得到了雍正帝的允准。考虑到这次运输任务比较重，一是运输量大，共有6.5万石粟米；二是路途遥远，远的有2000余里，近的也有1000多里，为确保运输任务按时完成，他把运输时间拉长一点，起运的时间比上次提前了近20天，定为来年的正月初六。

为了顺利完成这长距离的运输任务，史贻直预先对整个运输过程作了通盘筹划，一面组织班子，委派司道等大员具体负责。同时他还派人预先将沿途道路桥梁进行修整，使道路畅通，便利运输，以免届时受阻，延误时日，耽搁运输任务。此外，他还按路途距离远近，沿途在各城镇村屯设站，准备好足够的人畜吃食草料，以备运输大军沿途驻足休息；并派有专人沿途稽查，一旦遇有问题，及时解决。然后他便对有关各府、州、县，进行全面动员，要求各府、州、县，按照拨运任务的多寡，预先征调好足够的运夫骡马车辆，做好一切准备工作。由于春节以后依然是农闲之时，人们在家闲着无事，政府又支付充裕的脚价车马运费，可以挣些银两补贴家用，购买种子农具发展生产。因此一经号召，广大民众争先恐后，踊跃报名参加。不多时，各有关府、州、县的夫役车辆马骡都已征调齐备，只等号令。

当这一切准备就绪以后，大家在家过上一个愉快的春节。春节一过，正月初六，史贻直一声令下，大家便一齐上阵，开赴预先安排好的各有关仓储，搬运粟米。由于事先组织周密，准备充分，时间一到，大家就集合完毕，开始搬运装载，不多时，全部6.5万石粟米就装载完毕。

正月初六这一天天一亮，史贻直就早早地来到西安府库，他要亲眼见证西安府库的拨运工作。当他走近一看，府库里外全是前来搬运的夫役，黑压压一片，到处都是骡马车辆。这时布政使硕色和西安知府已先他一步到达了，正在指挥夫役们搬运粮食，上车装运。他便上前与他们招呼说："两位来得比我还早嘛！"

布政使硕色与西安知府闻声一看，见是史贻直，忙说："史大人，您也来啦。有我们在这里，您放心就是。"

史贻直说："你们在这里，我当然放心啰。不过这么一大档子的事，我总得要来看一看的，不能布置一下就完事，做什么事都要脚踏实地的。"说着，他就绕着各粮囤转了一圈，看到一愣头小伙子搬运米袋时，由于用力过猛，把米袋子的缝线抓断了，把米洒了一地。他正要说话，见旁边一老汉，大概是小伙子的父亲，立即过来帮他把米袋破口扎紧，叫他把地上的米扫起，灌进这米袋里，并批评他做事莽撞，说："这么大了，做事还这么毛糙，愣头愣脑的。你看，洒了一地了吧。幸亏还没起运，还在仓库里面，地上干净，扫起来就行，要是在路上呢，这就麻烦了，要吸取教训！"

小伙子说："知道了，我又不是有意的，下次我当心就是了。"

这时，边上一位姑娘见状，立即停下手上的活，去到外面拿了针线包过来，帮他把米袋重新缝好，让小伙子搬至车上装好。批评那小伙子的老汉见此情景，对姑娘千谢万谢，说："姑娘，真对不起，谢谢你了，要不是你，我们真是没办法了。我们又没带针线包。"

那姑娘说："没关系，大叔，在外面做事，谁都有个不方便的时候。"姑娘说完就回来扛起米袋子，往自己车上搬运了。

这时小伙子自己车上已经装好了，立即过去帮姑娘搬运。只见他两手抓住米袋两端往肩上一甩，扛起就跑。姑娘笑着说道："你力气真大。"

小伙子回道："我是男的嘛，力气当然比你们女孩家大喽。"

就在小伙子与姑娘一起搬运装车的时候，姑娘的父亲走过去对那小伙子的父亲说："老哥，你们是啥地方的？"

小伙子父亲说："我们是灞桥的，你们呢？"

姑娘父亲说:“我们是河西的,离你们灞桥十来里地。”

小伙子父亲说:“怎么不带儿子来,带个姑娘来呢?”

姑娘父亲说:“嘿,没有儿子,只有个闺女。老哥你几个儿女?”

小伙子父亲说:“两儿一女,大女儿出嫁了,已经有了外孙了。大儿子刚结婚,他妈不让他出来,所以这次就带着二小子出来了。”

姑娘父亲问道:“这二小子个子倒不小,力气也蛮大,几岁啦,谈亲事没有?”

小伙子父亲说:“二十啦,前阵子只顾忙着给老大成家,还没顾得上老二的事呢。你家姑娘呢?”

“我家姑娘才十八,有几个媒婆来说过亲,我舍不得,没答应。”

这时小伙子也已帮姑娘把车装好了,过来对他父亲说:“她家的车也已装好了,父亲,我们出发吧。”

小伙子的父亲说声“行”,随即转身对姑娘的父亲说:“老弟,我看你年纪也不小了,而且只带个姑娘家,我看这次我们两家就结伴而行吧,我家二小子好歹也是个大男孩,还有点力气,路上好有个照应。”

姑娘的父亲说:“那敢情好呀。”两人说着往外走。

史贻直听到两个老汉这一段对话,感慨万千,感觉民众说话就是通情达理,便跟在他们身后。当他们走出府库大门时,小伙子父亲对姑娘父亲说:“老弟,我们两人坐这车,我们老哥俩在车上还可拉拉家常,唠唠嗑,同他们年轻人没话说。”

姑娘父亲听了,说声“好嘞”,转身就跳上了小伙子父亲的那辆车。小伙子见状,也顺便跳上了姑娘这辆车。只见小伙子从姑娘手里接过鞭子,在空中甩了一圈,“啪”的一声,那骡子驾着车就往前奔。这里小伙子的父亲也扬鞭“啪”的一声,这骡子也跟着奔上了大路。

这时史贻直看着前往咸阳的大道上，一队运粮大军，一字长蛇阵摆开，足有十几里路长，望不见头。有驾着车的，有拉着骡子驮的，也有推着独轮车的，吱吱嘎嘎，热闹非凡。

与此同时，陕西的其他各府、州、县，也与西安一样，各路运粮大军齐集各自所在的粮库，有条不紊地搬运装载，运往肃州。正好这一天天气晴朗，阳光暖煦，冰雪已开始消融，人畜皆感舒适。各路运粮大军，肩挑马驮车载，从各府州县同时出发，一起奔向甘肃边境，向肃州汇聚，鱼贯而行，绵延数十百里，形成一支支浩浩荡荡的运输大军，十分壮观。

待运粮大军全部上路后，硕色对史贻直说："部堂大人，这下您可放心了，回衙门好好休息一下吧。"

史贻直说："硕大人，这几天你跑上跑下，也够辛苦的了，走，我们都一起回去休息。"说完，他拉着硕色一起离开了西安府库，回衙门去了。

十余日后，前路大军已运至肃州。史贻直已知会署理陕甘总督刘于义、甘肃巡抚许容，早早预备好接收。到三月中旬，整个运输任务也已全部告竣，按时完成。人畜车辆皆无损耗，运输群众人人喜形于色。

雍正帝得知这一情况，感慨万分，十分佩服史贻直的组织能力，勉励他继续努力，搞好工作，同时也希望各级臣僚都能像史贻直那样，把精力全部放在工作上。

二五　实事求是　停罢浮夸工程

从雍正七年(1729)开始,由于长期对准噶尔用兵,大军云集西北,全国民众长期担负着军需物资的供应,其中陕西、河南、湖广三省,因接近西北沿边地区,其军需物资的供应任务尤重。即如湖广,当年为全国经济大省,享有“湖广熟,天下足”的美称,为全国的主要产粮大省,又与陕西交界,与西北沿边地区较近,自然担负着重大的军需物资供应任务,每年都要向西北前线输送大批粮食、军马以至于作战部队,因而运输任务十分繁重。为解决这繁重的运输任务,湖广总督迈柱于雍正十一年(1733)上奏朝廷,提出疏浚从荆子关(今河南淅川荆紫关)到陕西商州龙驹寨(今陕西商洛市丹凤县)的丹河,以利运输。雍正帝接到迈柱的奏折以后,即召集朝廷大臣进行廷议。经过讨论,内阁大臣们一致认为这是好事。随即由户部将廷议讨论的意见转发给总理陕西巡抚的史贻直,要史贻直根据具体情形,趁此冬季农闲之时,估算一下用工数量,动用库银,将丹河拓宽浚深,以垂永久之计,以纾广大民众的转运之苦。

丹河是湖北汉水最大的一条支流,发源于陕西商洛市西北部秦岭南麓,经商县、丹凤、商南、河南淅川,注入湖北丹江口水库,全长390公里,其中在陕西境内全长249.6公里,因产丹鱼而得名,至今丹河仍见有这种红色的鱼。也有说远古时，大禹的外孙丹朱曾在此治水，后人为纪念他，遂把这条河称为丹水、丹江，俗称丹河，古代亦称丹渊、赤水、粉青江。陕西境内称州河，河南淅川县境称淅江，湖北丹江口市境称均水。

史贻直接到户部的咨文后，即找来潼商道员张正瑗和商州知州王如玖讨论商量，三人见面施礼后，史贻直即开门见山地说："今天找你们两位来，有一件非常重要的事，要与你们商量。最近户部发来一本咨文，要我们疏浚从龙驹寨到河南淅川荆子关的丹河，用来通航运输。我没有到过这地方，对丹河的情况一点都不了解，所以请你们两位来，一起商量一下，看如何疏浚法。再说了，丹河在商州境内，这是你们两位的辖区，要疏浚的话，也只能请你们两位出来主持了。当然，我不会一推了之的，我会同你们一起商量办理的。喏，这就是户部发来的咨文，你们两位先看看吧。"说完，他随即把户部的咨文给他们两人传阅一遍。

两人看过以后，张正瑗首先开口，说："史大人，下官虽然荣任潼商道，也去过商州，却不曾对丹河进行过具体考察，从何处开始疏浚，如何疏浚，要动用多少民工，动用多少库银，心中都没有数。"

王如玖接着说："观察（观察是明清时对道员的尊称）大人说得对，要疏浚丹河，下官职责所在，当然义不容辞。但是抱歉得很，下官虽然身任商州知州，丹河就在下官辖境之内，下官也曾去过丹河的好几个地方，可从未沿着丹河走过一遍，要如何疏浚，从何处着手，要组织多少民工，商州地区的民工够不够，要动用多少库银，商州的库银够不够，对于这些，下官同样心中无数。"

史贻直说："这不能怪你们两位，两位的辖区那么大，谁都不能把整个辖区跑遍，就如同鄙人一样，鄙人虽身为总理陕西巡抚，哪能把整个陕西跑遍呢？不过上面已经把这个'球'抛过来了，我们接这个‘球’是职责所在，要义不容辞，当仁不让。这是所有官员做事的本分。今天请你们来，就是来共同商量的，不能一推了之。”

张正瑗与王如玖两人交流了一下，然后张正瑗说道：“部堂大人，现在我们两人均未对丹河进行过具体的考察，很难作出具体规划，能否容我们两人对丹河进行一次具体考察，然后我们根据考察的情况，再作具体规划。”

史贻直说：“张大人的意见很好，是要进行实地考察的，否则纸上谈兵哪能行啊？那要出大问题的。不过时间得抓紧，因为上面已经把任务布置下来了，要求在冬闲之时完成，迟了就完不成任务了。另外，你们去考察的时候，我把渭河水利道道员马大人派给你们。他是水利专家，内行，与你们一起去考察。”

张正瑗和王如玖一听，喜出望外，不约而同地说：“这太好了，部堂大人，太感谢您了。”然后王如玖说：“我们一定抓紧时间，这次回去，我立即就去考察。”

张正瑗也说：“我也不回潼关道员衙门去了，与王大人一起去商州，我们一起对丹河主河道展开全面考察。”

史贻直听了十分高兴，说：“好，我马上派人把马大人请来，随你们一起去商州，开展考察。不过，你们在考察时，最好把每一段河道的疏浚工程，绘成地图，具体说明该段工程如何整治，大致有多少土石方工程量，需要多少民工和工时，花费多少库银。地图越详细越好。”

不一会儿，渭河道马道员应约而至，还带来了一名随员。大家见面施礼后，史贻直指着那名随员问道：“这位是……”

史贻直问话还没有说完，马道员就抢先说道：“部堂大人，诸位大人，我给诸位介绍一下，他叫朱志宏，是我们渭河道的专职官员，大家都喜欢叫他‘专治洪’，就是专门治理洪水的。他也的确对水利河道建设十分内行精通。”

大家一听高兴极了，齐声说道：“这太好了，有专家指导，一定马到成功。”

随后，大家一起交流了基本情况，决定前往现场考察，便辞别史贻直。马道员与朱志宏即回去携带了行装和测量工具，与张正瑗、王如玖一起来到了商州。在商州休息一天，王如玖又带上两名书办，沿着丹河向龙驹寨出发。

在商州到龙驹寨这一段，虽然没有疏浚任务，但他们依然认真地考察了河道迂回曲折的走势。两边河岸都是高山陡壁，许多河岸都有六七十度的坡度，嶙峋怪石突兀，高度都在数百米以上。站在河岸高坡上向下看，丹河就如同一条白色的衣带，在山脚弯曲缠绕。河岸到处都是突兀巨石，茂密的灌木，原始森林。许多地方没有道路，必须攀缘而行，披荆斩棘，不要说在这里疏浚河道，就是徒步行走都十分困难。从商州到龙驹寨，直线距离不到一百里，他们足足走了三天，方才抵达龙驹寨，商州同知即驻扎在龙驹寨。

由于在这崇山峻岭、乱石丛林中攀越了三天，当他们抵达龙驹寨时，已筋疲力尽，一到商州同知衙门，都顾不上寻觅凳椅，一屁股就坐在地上。州同知周大人招待大家先洗个澡，消除疲劳，饱饱地吃上一顿，住下休息一天，在龙驹寨转悠一下，然后第三天吃过早中饭出发，继续沿着丹河主河道向东南而行，经日月滩、仓坪、柏家坪、东沟、高塬、西岭、南岭、土门、竹林，历时四天，一路考察，抵达商南县。

当他们抵达商南县时，史贻直已先他们到达。待大家一跨进县衙大门时，猛然间见到史贻直正向他们走来，都大吃一惊，想不到史贻直会亲自来参与考察，然后都一个个满面笑容地说：“部堂大人，您也来了？这路不好走吧。”

史贻直见他们一个个都疲惫不堪的样子，立即迎上前去，两手一拱笑迎道："诸位大人辛苦了！我是走官道坐车而来的，没有你们辛苦，所以比你们先到。"说着，他就扶着马道员和张正瑗走进县衙大堂，招呼衙吏端些椅子板凳，先让大家坐下休息一下，简单交流了一下这几天的行程，然后说道："大家先去洗个澡，今天我与知县刘大人备了一桌丰盛的酒菜犒劳大家。大家洗完澡休息一会儿，就一起到餐厅聚餐，痛饮几杯。"

这时渭河道马道员走过来，要把沿途所经过的高山峡谷，崇山峻岭，原始莽林，嶙峋怪石，以及河道蜿蜒曲折的情况，向史贻直先作简要的汇报。史贻直拍拍他的肩膀安慰道："马大人，你们辛苦了，好了，先去洗个澡，休息一下，考察的情况，晚饭以后再慢慢说吧。"

随后马道员起身，步履蹒跚地跟随大家去洗澡了。

众人走后，史贻直与刘知县继续闲聊。史贻直详细询问了商南的风土人情和物产。刘知县说："商南正如刚才马大人所说，到处都是崇山峻岭，土地很少，可以说是八山一水一分田。水田都处在丹河及其支流在山间的盆地，凭借着丹河及其支流灌溉。另外山坡谷地上也有一些旱地。商南虽然地区广大，因为都是崇山峻岭，所以人口稀少，全县只有三万多户十几万人，有水田十五万多亩，十万多亩旱地。民人勤劳朴实，多不识字，农时下地耕作，农闲时上山砍柴，狩猎。手工业主要是制作竹木铁器具，女子则纺纱织布，基本都能温饱。"

刘知县与史贻直说着说着就到了傍晚时分，这时张正瑗一行也都洗过澡，休息了一会儿，纷纷走了出来。刘知县便请史贻直，招呼大家一起到餐厅用餐。待大家坐定以后，史贻直首先开口说道："今天首先要感谢刘知县，为大家准备了一桌丰盛的酒菜。同时也要感谢大家，不辞劳苦，从商州沿着丹河攀越山岭，穿梭于茂密的莽林竹海之中，不容易呀！但是大家都是为了朝廷的大业、大清的兴旺，劳苦功高。我敬大家一杯。”

接着商南刘知县起立说：“诸位大人今天能光临敝县，是敝县的光荣，要在平时，请都请不来呢。今天诸位大人光临，也是敝县的福分。敝县是贫穷小县，没有好的招待，就是一些山中野味，不成敬意，请诸位大人谅解。这里我敬诸位大人一杯，我先干了。”

随后张正瑗端着酒杯站起说：“这里是下官的辖区，下官也算得半个主人，代表本地百姓热烈欢迎诸位大人。特别是史大人，兵部堂官，总理巡抚，这恐怕是我们商南历史上接待过的最大官员了。我对于史大人和诸位大人的光临，表示衷心的敬意，我先干了。”

接着商州知州王如玖站起，刚端着酒杯要说话。史贻直立即摆摆手说：“我说大家不必循规蹈矩的，一个一个轮着敬过来，随便，放松一些，敞开胸怀喝，放开肚皮吃。”

马道员立即附和说：“史大人说得对，一个个敬过来，只顾喝酒了，这对得起刘大人为我们准备的这一桌子菜吗？诸位看，这都是山珍呐，野鸡，野猪肉，獐子肉，狍子肉，木耳，香菇，还有什么菇，什么蕈的。这在西安城里，哪里能吃到，还是让我们好好吃吧。”

于是，大家便边吃边互相举杯，相互敬酒，一直吃了两个时辰，尽兴而散，回馆舍休息。

第二天天刚亮，大家就早早地起身，吃过早餐继续前行。这次史贻直与刘知县也加入了考察队伍。他们从商南县城出发，经清泉、富水、清油河、梁家湾，一直走到湘河。这时天色已晚，大家就在湘河驿住下，第二天继续考察。这时队伍一分为二，张正瑗、马道员他们带着原先的队伍继续前行，直到王家店月亮湾，这里已与河南省交界，再往前六七里路，就是河南的荆子关了。史贻直则与刘知县带着一位书办留下，委托本地里正找来五位老者，在一品香饭馆开了个座谈会，由书办做记录。这五位老者即一位私塾教师、一位山货商贩、一位小店主、一位老农、一位樵夫，连同里正本人，一共六人。

这六人来到一品香饭馆后，见刘知县和史贻直已在靠窗口的干净桌子边坐下了，里正随即把五人引来，先向刘知县和史贻直一一介绍了这五人的身份，然后招呼大家围着桌子坐下。待大家坐定后，刘知县指着史贻直说："各位父老，这位是我的朋友，这两天到我们商南来，看到我们丹河感觉特别奇怪，想了解一下有关丹河的情况，所以请大家来，一起讲讲丹河的事。"刘知县讲完转身对史贻直说："请您说两句！"

史贻直欠了欠身子，两手一摊说："还是请乡亲们说吧。"然后他向旁边的私塾教师点了点头说："还是请这位先生先说吧。"

私塾先生很恭敬地向史贻直鞠了一躬，说："这位先生相貌不凡，定是位贵客，我们要是不积极发言，就怠慢了贵客，那老朽我就先开个头。"他向史贻直点了点头，继续说道："说起丹河，它可是我们商州、商南地区老百姓的母亲河、生命河呀，我们商州地区几十万老百姓，无论是喝水、灌溉、运输还是一切其他生活用水，全靠这条丹河。要是没有这条丹河，就没有我们商州，和这商州地区几十万老百姓。"

里正接着说道："先生说的不错，不光是我们商州几十万老百姓，就是丹河两岸这崇山峻岭中的花草树木，牲畜禽兽，哪一样不是靠丹河的水滋润的呢？所以，没有丹河就没有丹河两岸的一切。"

史贻直问道："丹河的水性怎么样，会不会发大水？"

那位老农说："一般情况下，丹河的水是很温顺的，风平浪静，碧波荡漾。这时运输灌溉，戏水游泳，取水做饭都很顺利，但是一到夏季发水，从秦岭主峰向东，直到我们这里，一千多里，两岸崇山峻岭的雨水，全注入这丹河，这时丹河的水陡增数丈，滔天骇浪，汹涌而下。这时不用说人畜生物，即使是高楼大厦等庞然大物，也都会被立时吞噬冲垮的。”

史贻直继续问道：“刚才两位先生说到运输，请问何时可以运输？能通航多大的船只？”

山货商贩和店主说：“嗨，哪能通航大船？一般情况下，只能通航平底或船底很浅，装载几百几千斤的小船。因为丹河的落差很大，平均一里河段，上游河床水位与下游河床水位落差就将近一丈，所以丹河的水是很浅的，不能通航大船，只能通航船底比较平浅的小船，而且不能全年通航。夏季，尤其是六七月份雨水季节，秦岭以南、汉中地区的山水全涌入丹河。这时正如这位老农所说，河水陡增数丈，白浪滔天，波涛滚滚，一泻千里。这时别说是船只，神仙也难与之抗衡，如何通航？冬季，枯水季节雨水稀少，丹河只剩下涓涓细流，水深只有数寸尺余，即使最小的船只也要搁浅，所以也不能通航。通常一年只有春秋二季，春夏的二、三、四、五月份，秋冬的八、九、十、十一月份，适宜通航。当然啰，这也要看各年的雨水气候变化。因为我们两人常年都有货物要运，所以知之较详。”

“那能不能把河流疏浚一下，使河床积水加深一些呢？”史贻直问道。

那樵夫言道：“这位先生，你没有来过丹河，你还不了解这丹河的性质。我是个樵夫，整天在山上砍柴，天天和丹河打交道，稔知丹河的性质。丹河有四大特点。一是峡谷多，峡谷两岸尽是高山陡坡，拓宽河道必须把这陡坡削掉。这山石陡坡能削得掉吗？二是峡谷河床狭小，两岸丛林竹海的枯叶残枝、草根垃圾，全冲刷到河底，经过千万年的淤积，河床残渣的淤积已达五六丈深，每当雨水季节，开始时雨水全被这淤积物吸收了，丹河毫无反应，可如果继续再下的话，河水会突然暴涨数丈，奔腾而下，冲毁一切。如果要把这些淤积残渣疏浚清除掉，五六丈深，人不能进去，如何疏浚？人若一跨进去，就要陷入淤泥残渣之中，遭受灭顶之灾。再说了，那么个峡谷，疏浚的残渣淤积物又往何处堆放？搬不上来，运不出去，无处堆放。如果要拓宽峡谷，必须开凿陡坡，刚才讲了陡坡都是怪石巉岩，非但开凿不动，即使能开凿下来，乱石也无处堆放，实际就是无法疏浚。当然，丹河也有盆地宽谷，谷宽湾多，地势平坦，有的谷宽达二三里至五六里，是本地区主要农业分布区。河床也有四五十至七八十丈宽，河底都是细沙砾石。这些细沙砾石可以疏浚，但疏浚后无法处理，依然只能堆积在岸边，大雨一来还是冲入河底，淤积河床，等于没有疏浚，这是第三。四是落差太大，刚才商店老板说了，一里长的河段，落差就将近一丈。这是无法疏浚，不能通航大船的根本原因。数千年来，虽然多次提出疏浚，但都没有成功，原因就在这里。”

私塾先生接着说：“樵夫兄说的不错，据说远古时，禹的外孙曾在此治水，可没有任何遗迹，估计也只是传说而已。不过在唐朝中宗景龙年间，确实开发过丹江航运。崔湜提出开通丹河运道。中宗以崔湜为专使，发动数万民工，开辟文昌关，但最后也只是开辟了一条丹灞道，即从商巉山至石门的一条羊肠小道，而丹水依然如故，并没有疏浚。”

樵夫补充说道：“这丹灞道，我听我堂兄说过。我堂兄是采草药的，他去过丹灞道，回来对我说过，什么丹灞道呀，就是在商巉山与石门的山间开凿了一条通往蓝田的羊肠鸟道，只能肩挑背负而过，根本不能通行车马。”

最后史贻直说道：“诸位父老，今天谈得很好，许多都是我过去闻所未闻的，使我茅塞顿开呀，增长了许多见识。现在已到中午吃饭的时候了，就谈到这里吧，谢谢大家。”说完他向大家鞠了一躬，随后他转身对刘知县说：“县尊大人您再说两句。”

刘知县站起说：“把大家在百忙之中请来，辛苦你们了。你们今天把丹河的基本面貌，它的陡坡、河床、河谷、盆地、水性特点等等，都作了全面介绍，使我们加深了许多对于丹河的新认识，谢谢你们。我们没有别的酬谢，就请大家在这馆子里吃一顿，有酒有菜，你们随便用。我与这位朋友还有点急事，还要赶路，就不陪你们了，就请里正陪你们吧。”说完他向店里喊了一声：“小二，上菜！”随后他转身拍拍里正的肩膀说：“有劳你了，请代我们多敬大家几杯酒。”

于是大家起身相互客套了一番，史贻直与刘知县便向大家拱手告别，走出了店堂。

史贻直走出一品香饭馆后，由刘知县领着，径直向湘河驿走去。抵达湘河驿时，请门卫通报进去，驿丞立即出迎，恭恭敬敬地把两位迎进上房，吩咐做饭。吃过中饭后，两人又在湘河附近的丹河段考察了一番。这时史贻直方才体会到，丹河真如上午几位老人所讲的那样：峡谷曲折，岸高坡陡，谷深，丹河如同一条衣带一样，在这深深的谷底，弯弯曲曲地流淌。傍晚时分，他们回到驿馆。不一会儿，张正瑗一行也回到了驿馆。大家会合，第二天就从官道到商南县，除刘知县及其书办留在商南而外，其他人员都回西安省城去了。

在西安，大家把考察到的情况汇总讨论后，决定由渭河道马道员根据考察的实况和大家讨论的意见，把丹河各段的险情写成报告，并绘制成地图，上呈史贻直，再由史贻直上奏朝廷。

史贻直在奏折中说："丹河发源于商州西北部的秦岭南麓，东南流入河南，经淅川、丹江口，注入汉水，为汉水的第一大支流。其中在商州至龙驹寨之间一百三四十里为峡谷盆地段，盆地河床宽在45—75丈，河谷约2—6里，谷地平坦，为有名的'百里洲川'，农田连片。但河道迂回曲折，落差较大，河床从220丈陡降至162丈，降幅近60丈之巨。从龙驹寨至商南竹林关为峡谷段，全长约百里，河床从162丈降至120丈，百里之间陡降42丈。河谷狭窄，两面都是峭岸陡壁，坡度都在30°—70°，而且许多都是深切曲流，水流湍急，不宜农耕，很少有农田分布。从竹林关至月亮湾之间约百里，为峡谷与宽谷相间之段，河床从120丈降至60丈，湾滩较多。湾滩处河谷开阔，一般在60—180丈；而峡谷处依然狭窄，两岸山高坡陡，坡度都在30°—60°，水流湍急。

"因此，丹河自古以来，水流随季节变化，或消或涨，无关人事。在一般年份，风调雨顺，水不涸不盈，滩河顺流通畅，可以来往通航。但一旦遇到干旱，或枯水季节，河干水退，船只就会搁浅，不能通航。如遇大雨或长期雨水不停，河水就会突然暴涨，惊涛骇浪，船只就会被冲翻漂没，因而不能常年通航。如果要疏浚的话，则全段有180处险滩，峡谷处两岸壁立陡峭，巨石嶙峋，工匠无立足之地，斧凿无施工之处。河谷稍宽的滩湾河段，又到处淤沙壅塞，乱石纵横，若要疏浚，挑挖淤沙，搬走乱石，可河泓一线，无隙地可容淤沙，无平地可以垒石。若把淤沙拥塞山脚，乱石移至河干，则雨季一到，大雨倾盆，浊浪滔天，淤沙仍然壅滞河床，乱石冲至滩底。而且每到夏秋间，沿岸农民皆借丹河之水灌溉农田，到处筑堰蓄水，涓滴不漏，河水仅剩中泓一线，无法通航。雨季到来时，山水暴发，百堰尽开，百谷奔腾，冲断纤路，徒步都难行进，驾船更是望洋兴叹。因此丹河之水，自古听其自然，无须人为。故而臣等以为，不必浪费民力，虚靡国库，为此不可为之工程。”

雍正帝刚览阅完史贻直的奏折，大学士兼军机大臣鄂尔泰和张廷玉进来了。待鄂尔泰和张廷玉施礼坐定后，雍正帝说：“关于疏浚丹河的事，史贻直的奏折来了，说他们经过实地考察，发现丹河处在深山峡谷之中，两岸都是陡崖绝壁，河床深谷到处是淤泥残渣，无驻足施工之处，而且落差很大，无法疏浚。原来迈柱开凿丹河的建议，只是一个不了解具体情况的凭空设想。当年皇考圣祖爷，也曾想疏浚丹河以利通航，但最终没有实现。朕原以为皇考当年经济实力不够，因而未曾疏浚，现在览阅了史贻直的奏折，方知丹河地理形势的险要，原议只是一个不切实际的空想。”

鄂尔泰和张廷玉听了说：“既然如此，那就作罢停议吧。”

雍正帝最后拍板说：“行，就此停议。”

于是，一项疏浚丹河、劳民伤财的巨大工程，就此作罢。

二六　家乡劣绅的诬攀

雍正末年，史贻直突然莫名其妙地受到一场官司的缠绕。这到底是怎么回事呢?

原来金坛薛埠茅山有个风水算命先生，名叫黄英武，早年也曾在茅山三清观学过几年道学，后来因不守道规，被老道逐出了山门，无事可做，便专门给人相面算命，看风水。由于其人善于察言观色，猜摸心理，顺着人的心思，巧舌如簧，巧言令色，说得人心花怒放，心服口服，因而人称黄半仙，说他算命算得准，看风水也很灵验，在句容、金坛、溧阳、溧水一带有点名气。当然，因为他姓黄，名英武，也有人送他外号“黄鹦鹉”，说他是鹦鹉学舌，全是胡说八道。

雍正八年(1730)的秋天，黄半仙突然兴起，约了几位朋友游长荡湖，吃毛蟹(大闸蟹)。他们雇了一条游船，拎了两坛金坛封缸酒，一篓子毛蟹，从金坛社头下湖，沿着湖西一路南下。他们在船上一边吃着毛蟹，喝着封缸酒，一面欣赏湖光山色，经别桥、指前标，抵埭头上岸。上得岸来，他们先去史侯庙，拜谒了溧阳壮侯神像，参观了庙园，然后一路南下，想去溧阳太白酒楼，享受一下板栗炖蹄髈、香菇竹鸡、雁来蕈炒鸡蛋的美味。这时正是戴埠板栗上市之时。戴埠板栗具有个大、粉面、味香而甜的特点，与猪蹄髈一起炖，收汤以后，酥面的板栗特别鲜美。秋天也是竹鸡最肥的时候，秋雨绵绵之后，更是雁来蕈采摘的季节。于是他们一路南下，走了八九里之后，来到一个村庄，村后有一座祠堂。当他看到这座祠堂时，停下端详了一会儿，然后突然惊叹了一声，装腔作势地说："啊呀！真了不得，这是谁家的祠堂，这村必出宰相，即使出的不是宰相，也是宰相级的人物。"

随同的人停下惊奇地问道："何以见得？"

他故弄玄虚地说："你看这祠堂，它砌在什么地方？这是一块风水宝地。"他一边说着，一边从搭在肩上的行李口袋中取出罗盘，左右前后摆弄比画着，又跑到祠堂后面看看。大家也跟着他这么前后左右地转悠，听他瞎吹。他在祠堂后面指着一块高地说道："你们看，这北面是长荡湖，南面是溧阳城，溧阳城南面便是一片丘陵，再南面便是南山。整个地形就是南高北低。可是这祠堂的后面，朝着长荡湖的地方反而高，南面向着溧阳城的方向反而低，这是多不容易的地势啊。"说到这里，他故意侧身对身旁的那个人，捂着嘴轻声地说："这是条龙脉。"但声音又不太低，让其他人也能听到。然后他又装着一本正经地说："你不可对外说哦，说出来，这可要杀头的哦。"其实其他的人也都听到了，他这是在故弄玄虚罢了。

其实黄半仙知道这村是夏庄村。他是个整年在外跑码头、相面算命看风水的，方圆百余里之内，哪个村哪个镇他没到过？特别是他刚才经过的埭头村和这时所在的夏庄村，是溧阳史家聚居地。溧阳史家自东汉以来就是江东第一大家族。特别是这时史贻直正坐镇江宁，署理两江总督，而且已经晋升为都察院左都御史。这可是与六部尚书一样，都是从一品的大员，与正一品的宰相，只有半步之遥。他这整年在外跑码头的人还不知道吗？须知凡是相面算命看风水的人，小脑特别发达，灵活，反应快，能察言观色，眼珠子转得特别快，消息特别灵通。他也明明知道，夏庄在明清之际的一二百年里面，出了十几名进士、二十几名举人、知县以上的官员数十百名。他在这里这么一摆弄，无非是想显示一下他堪舆术的高明而已。

黄半仙这么一卖弄，在附近放牛的一个老头全看在眼里了，虽然祠堂后面“是条龙脉”的话他没听到，但祠堂砌在风水宝地上，他可听得清清楚楚。原来他就是夏庄史姓人氏，听到这句话非常高兴，回去以后便逢人就说，见人就夸。这样就一传十，十传百，“夏庄祠堂砌在风水宝地上”的事，便人人皆知。

可是言者无心，听者有意。夏庄邻村上庄的一名乡绅罗喜定听到这句话后，便对他夫人史氏说：“据说你们夏庄祠堂地基是块风水宝地！”原来他夫人史氏就是夏庄村人。

他夫人不解地问：“有这事？你听谁说的？”

罗喜定说：“你没听说？外面都传遍了，听说是茅山一位叫黄半仙的风水先生说的。”

他夫人还是不大相信，又问道：“真的？”

罗喜定说：“应该是真的。你看，我们上庄与夏庄相邻。原来你们村不叫夏庄，叫‘下庄’，这你是知道的。为什么这么叫，我也不知道，这应该是二三百年前的事了。大概我们罗家先来，你们史家后到，我们村便叫上庄，你们家便叫下庄，因为一个在前，一个在后，就这么叫开了，原无贬损之意。后来因为你们下庄出的人才多了，当官的多，感觉这个村名不好，被贬低了，就把‘下庄’改为‘夏庄’了。这也就是二三十年前，康熙年间的事。”

史氏点头说：“是的，应该是这样。”

罗喜定接着说道：“你看，我们两个村紧邻，人口土地都差不多，经济条件也都一样，为什么你们下庄能出那么多人才，十几个进士，二十几个举人，知县以上的官员数十百员，而我们上庄只出了一个举人，两个贡生，知县以上的官员一个都没有，只有两个教谕。这不是风水的关系是什么？”一段话说得他夫人哑口无言，无以对答了。

接着罗喜定又说道：“哎，我们能不能在你们夏庄祠堂那里搞一块地？等我们老爷子百年以后，就葬在那里，也沾点你们夏庄风水宝地的仙气，让我们的子孙后代也发达发达！”

夫人史氏说：“那怎么行？夏庄人会答应吗？”

“找你弟弟帮帮忙嘛！”罗喜定阴阴地说。

“他一个穷秀才，吃了上顿没下顿，他能帮什么忙？”夫人史氏回说道。

“把你兄弟找来商量商量，这么一商量，办法不就出来了嘛！去，把舅姥爷请来。”罗喜定说。

于是夫人史氏就回娘家，把她弟弟秀才史玉成找来了。史氏回来一进门就说：“老爷，我把弟弟找来了。”

罗喜定从书房出来，见到夫人和她弟弟，还没有等他内弟喊姐夫，就热情洋溢地迎上前去，抓住他内弟的手喊道：“舅姥爷来了，有失远迎，有失远迎，罪过呀罪过。”

史玉成连忙说：“姐夫客气了，有什么事，姐夫尽管吩咐就是了，小弟一定竭诚办理。”

罗喜定假装生气地说：“一定要有事才能找舅姥爷，不兴请舅姥爷来喝几杯？夫人，请准备中饭，我要与舅姥爷好好喝几杯呢！”

史氏听到备饭的话，即与婢女一起去厨房操作了。这里罗喜定与史玉成随便闲聊些今年收成的情况。两人谈着谈着，罗喜定就把话题岔到他家老爷子的病情上去了。罗喜定说：“我家老爷子的身子骨恐怕不行了，估计过不了今年冬季，可至今墓地尚未确定,已找风水先生看了好几个地方,都说不好。”

史玉成说:“我前几天还看到他在场地上转悠着呢,怎么最近又返床啦?”

罗喜定唉声叹气地说:“唉,七十几岁的人了,别看他这几天还好,说不定哪一天说不好就不好了,我得预先准备好呀,免得到时候手忙脚乱。”

“这倒也是真的,姐夫,我不是咒他老人家,要预先准备好,否则一旦横下来,一时还真难找到合适的地盘。”史玉成真诚地说。

“就是嘛,可我注意了好几个地方,就是没有看到合适的。”罗喜定很为难地说。

史玉成说:“我看棠下那边倒有一片开阔地,要不要请风水先生去看看?”

“棠下那里好是好,就是太远了的,我倒是看准了一个地方,确实是好,连风水先生都不要请,就是不知行不行,所以今天请您来商量商量。”罗喜定说道。

“什么地方?”史玉成问道。

“就是你们夏庄史家祠堂南面那块空地。”罗喜定试探性地说。

史玉成听了,身子往后一靠,侧着脸说:“那怎么行啊?肯定不行,我们夏庄史家肯定不会答应的,那是我们夏庄史家祠堂的公有地,史家怎么会答应呢?”

“所以今天请您来商量嘛!”罗喜定说。

“我可不行,姐夫,一是我辈分很小,我54世,是小辈,我们村上50世的老人还有好几位呢,哪有我小辈说话的份啊?再说了,我的功名也很低呀,只是个秀才,我们村上做大官的都有好几位,进士、举人、贡生、监生好多人,哪有我秀才说话的地方?不行不行,姐夫,您还是另谋主意的好。”史玉成边说边两手往外推。

罗喜定央求道:“姐夫我求您了,我的舅姥爷!”

就在这时夫人史氏已把中饭备好,高声喊道:“午饭已好,你俩准备喝酒吧!”

罗喜定连忙说:“舅姥爷,不说了不说了,还是喝酒吧。”说着就转身去拿酒瓶酒杯。这时婢女已把菜端了上来,罗喜定也已把酒杯酒瓶拿来,冲着夫人喊道:“我说夫人,我们一起来陪舅姥爷喝几杯。”

于是夫人史氏端着菜出来摆好坐下,罗喜定给内弟、夫人斟上酒,自己也满上一杯,三人边喝边说。酒喝到一定的分上,罗喜定就把刚才要在夏庄祠堂南面找块坟地,请求舅姥爷帮忙的事,向夫人史氏说了一遍,然后做个手势,要夫人向弟弟央求央求。史夫人会意,立即举杯对史玉成说:“弟弟,姐平时忙,很少照应弟弟,姐在这里向弟弟赔礼,姐敬弟弟一杯。”姐弟两人喝完,史氏接着说:“不过,弟弟,姐夫请你帮忙的事,你可一定要出力哦。当然,我们也不是叫你白出力,我们肯定会重重感谢你的。我知道我们爹穷,没有给你留下多少田地,等下叫你姐夫给你 50 两银子,先给你置 10 亩田地吧。另外,我家大侄女也已十六岁了,应该说个人家了,我看我们村东的罗亮家很不错,罗亮与你一样是个秀才,而且家庭富裕,他儿子罗成功今年十八岁,刚刚考上秀才,小孩蛮有出息的,姐给你做媒,把大侄女嫁给他家成功,弟弟,你看成不成?弟弟,姐对你好吧!”

史玉成赶忙起立,向史氏行礼,说:“谢谢姐姐,姐为小女做媒的事,我看很好,全凭姐姐做主。”

史氏说:“那成,就这么定了,等下午,我去罗亮家去说。不过弟弟,你姐夫请你帮忙的事,你可不许推托哦!”

史玉成听到后面这话,立即显示出为难的表情,但很快又收回去了，说：“小弟尽量努力罢了。”

这时罗喜定开口了，说：“舅姥爷，我倒想出个办法，你看成不成？你呢，先在祠堂南面那块空地上开一块菜地，看看有没有人出来反对。如果没人出来反对，过个时候，你就把这块菜地当作你的私产卖给我，这不就成了嘛！”

史氏听了，把桌子一拍，说：“嘿，你这老不死的，这主意好！弟弟，你姐夫这主意好，我看就这样吧。”

史玉成听了，觉得也只有这个办法了，忙说：“姐夫，这主意好是好，不过到底行不行，我也不知道。姐，姐夫，那就这样试试吧。”

于是他们三人痛痛快快地喝了一阵子。下午史玉成就回家了，第二天他就趁没人注意，去祠堂南面的空地上开辟了一块菜地，足足有半亩地大，而且很快就种上了菜。但也很快就被人发现了，夏庄村上就有人出来反对，说：“这是宗族里的公有土地，玉成他不该私自霸占，开辟成菜地。”但也有好几位村民说：“玉成家经济困难，他在那里种点菜，就让他种吧。大家都姓史，都是一棵老树桩上砸下来的。他不种，那块地反正也空着。”结果尽管有人议论，但大多数村民都原谅史玉成了。从此史玉成便在那里种了两年菜。

雍正十年春，罗喜定老父亲一病不起，史玉成就把这块地私自卖给了罗喜定。罗喜定父亲去世后，就茔葬在那里。这下可引起了夏庄村民极大的公愤。原来史玉成在这里种菜，因为他姓史，家庭困难，大家同情他，让他种，只是给他使用，但这块土地的所有权没有变，依然是宗族公有地。但罗喜定把他父亲茔葬在这里，这性质就变了，说明这块地已不是史氏宗族的公有地了，而变成他罗喜定家的祖坟山了。于是，史氏宗族经过商量后，就一纸状书把罗喜定告上了衙门，说罗喜定霸占了史氏宗祠土地，要他迁坟还地。

这下罗喜定害怕了。因为史家是溧阳第一大家族，家族势力大，夏庄又是当官的最多。他更不能说是史玉成私自卖给他的，这不但坑了史玉成，而且官司肯定要输，干脆就抬出夏庄最大的官员。夏庄最大的官员是谁呢？当然是史贻直了，当时他以兵部尚书总理陕西巡抚，从一品的高官。他心想，“就说是史贻直卖给我的，看你们还有何话可说”。可是空口无凭，得拿出证据来呀，这时他又想起了一个人，就是史惇化。

史惇化是史贻直的堂叔，雍正元年的进士，授湖南城步县知县。当时城步县所在的宝庆府知府许登瀛，原是史贻直任户部侍郎时的户部郎中，是史贻直的下属，也曾受到过史贻直的保举。史贻直对他有恩。因此，史惇化在赴任城步知县之前，曾赴京拜访过史贻直，请他向许登瀛打个招呼，结果史贻直非但没有为他向许登瀛打招呼，还当场批评了他，说当官要遵守官箴，忠心耿耿为皇家当差，勤勤恳恳为民众办事，不可贪赃枉法，投机取巧。你的前程如何，要靠你实干，不是靠别人为你打招呼打出来的，不能依赖别人。结果，史惇化上任以后，由于实行严刑峻法，引起苗族、瑶族等兄弟民族极大的不满而丢掉官职，因而对史贻直十分不满，经常表达对史贻直的不满，说要是当时史贻直肯帮忙，在许登瀛那里打个招呼，他也不至于会丢官。罗喜定认为此人可以利用，虽然不当官了，但是进士出身，依然有他的社会地位，说话顶用，于是就去找他，要他证明这块地是史贻直卖给他的。开始时史惇化没有答应，但经不起罗喜定软磨硬缠，又搁不下面子，最后就糊里糊涂答应了，作了伪证，证明是史贻直卖给他的。

本来溧阳知县已经判罗喜定输了，要罗喜定迁坟还地。可是史惇化的伪证一到，知县就感到事情大了，既然此案与史贻直有关，不管是真是假，都不是他所能判得了的。他就把案子往省里一推，上报两江总督衙门，让两江总督来判。当时的两江总督是赵宏恩，他接过案卷一看，此案牵连到史贻直，感到这事情太大了，他也不好判，就一本奏折，把此案推到了雍正帝手中。

雍正帝阅完奏折，接过案卷一看，“呵呵呵”地笑了，说：“这肯定是个诬妄之事，史爱卿已二十多年没回过家了，他怎么会卖这块地呢？再说了，他明知这是一块公有地，怎么还会做出这样的事呢？他这么大的官，难道连这点都不懂吗？”

在一旁的大学士张廷玉说：“皇上，要不要把史大人找来问问情况？”

雍正帝把案卷往桌子上一扔，说：“问什么呀？明眼人一看就知道这是诬陷。再说了，史爱卿在西安，怎么问啊？”

张廷玉说：“史大人不在，可他大哥史贻简现任兵部郎中，他可在呀！而且他们兄弟情谊很深，史贻直不在家的时候，他家的事情都由他大哥史贻简帮助处理。史贻直夫人和孩子们都听史贻简的。赵宏恩既然写了奏折，把此案报了上来，我们得给他一个答复，表明我们的态度和意见。我们问明了情况，就可以写批示表示态度和意见了，要是不问明情况，怎么写批示表示意见呢？这个批示不好写呀。”

雍正帝听了，觉得倒也是这个理，便说：“那你们就问问史贻简吧。”

于是张廷玉就把史贻简召来军机处问话。史贻简来到军机处，见张廷玉正端坐在案前，赶忙上前施礼，说：“中堂大人找下官？”

张廷玉见史贻简进来施礼，忙摆摆手说：“免礼免礼，坐下说话吧。是这样的，史大人，两江总督衙门转来了你们老家溧阳的一件案子，与你们家贻直大人有牵连。史贻直大人现在西安，无法向他了解情况，就请你来看看，说明情况，好给两江总督衙门一个回话。”张廷玉说着，就把案卷推到史贻简面前。

史贻简拿起案卷一看就申诉道：“中堂大人，这是不可能的。我们家贻直从小就出生在京城，后虽随母亲回老家接受启蒙，可十岁时又接回京城读书了，从此就一直在京城，直到康熙五十二年(1713)，家父去世，他才回溧阳老家丁忧。我父亲墓地离我们老家30多里，我们兄弟两人一直在父亲坟茔旁结庐而居，直到康熙五十五年服阕，他回京复职。可见，贻直除为父亲奔丧外，一直在外，老家的人他根本就不认识，他连罗喜定这个人都没有听说过，何来卖地之事？史惇化，我知道，是我们还没有出五服的堂叔，雍正元年进士，授湖南城步知县。赴任前曾来找过贻直，要贻直给宝庆知府打个招呼。贻直没有答应，并说做官一定要遵守官箴功令，怎么可以随便打招呼呢？后来我们这位堂叔不知怎么搞的，丢了官，因此，一直对贻直不满，作伪证也是可能的。如果说是贻直卖了地，那一定有卖地的凭证，买卖双方和中间人都要在上面签字画押，他们有这个凭据吗？再说了，既然是卖地，也要有地契，他们能拿得出这个地契吗？可见他们一个证据都拿不出来，怎能说我们家贻直盗卖祠堂公有土地呢？”

张廷玉见他说得有理，便说：“行，史大人，我们既然接到这个案卷，自然要问清楚的，否则也不好处理呀，你不要见外哦！就这样，没事了，你回去吧！”

史贻简回去后，就把张廷玉的问话以及他所看到的案卷内容写信告诉了史贻直。史贻直亦写了本奏折上奏雍正帝，其内容与上述史贻简向张廷玉所陈述的内容基本相同。

张廷玉把雍正帝关于此案“诬妄”的谕旨，以及史贻简所陈述的内容，随同案卷，一起批转给了两江总督赵宏恩。赵宏恩又转批给了溧阳知县。溧阳知县遂根据雍正帝的谕旨和史贻简的陈述，以罗喜定“诬告朝廷大员”的罪名，判处罗喜定斩监候，勒令他迁坟还地，将其父亲坟墓迁走，把土地归还给夏庄宗祠。史玉成以盗卖宗族公有土地的罪名，史惇化以作伪证帮同诬告朝廷大员的罪名，均判处监禁五年。

案子宣判以后，罗家随即迁坟还地，并买了猪头三牲和水果点心，到史氏宗祠，祭祀史氏列祖列宗，表示谢罪悔过。

夏庄人得知此案的处理结果以后，个个欢天喜地，有的敲锣打鼓到祠堂里表示庆贺，庆祝打赢了官司。但史贻直的三叔史随另有看法。他随即找来兄弟史焘说：“老四，宣判结果以及罗家迁坟还地表示悔过，这一切，你都知道了？”

史焘说：“知道了。”

史随问道：“那你听了这样的宣判结果，有没有什么想法？”

史焘说：“判定罗家迁坟还地那是对的，对他们三个人的处罚似乎是太重了一点。”

史随说：“老四，你说对了，把罗家判输，勒令迁坟还地，这都是对的。但是判处罗喜定斩监候，玉成和惇化叔监禁五年，似乎重了。当然，刘知县按照这案子的情节和严重性，对他们如此判罚是对的，应该的。但是从我们夏庄与上庄的关系来看，如果真的在秋后把罗喜定斩首了，就容易让两个村庄世代为仇，这不利于我们两个村庄以后的发展。两个村庄既然相邻，就应该世代友好，互相帮助才对。再说了，把玉成和惇化两人监禁五年，玉成还年轻，家里小孩还没有成年，他监禁五年期间，家里小孩怎么办，谁来把他们养大？他这个家不就毁了吗？还有惇化，进士出身，做过知县和浙江书院山长，是个乡绅，有头有脸的人，监禁五年，叫他以后怎么做人？而且，这事又没有造成严重的人员生命财产的损失，没有必要采取如此严厉的惩罚措施，如果造成了严重的生命财产的损失，那又是另外一回事。因此，我的意见是对他们好好教育一顿，叫他们好好认错，以后改正就行了，把他们放了吧。”

史焘说：“三哥的意见很好，小弟同意。”

史随说：“既然你也同意，那我就召集全村人开个会，把我的意见对大家说明清楚，如大家都同意这样，你就到县衙对刘知县说明，这是我和夏庄全体史氏族人一致的意见。因为你是县里的孝廉方正，与他们有联系。我自辞官回家以后，从未与他们打过交道，不便出面。”

史焘完全赞同。于是史随下午就在史氏宗祠召开了全村宗族会议，向大家说明他对于这事的处理意见，说：“为了增进上庄与夏庄两个村庄之间的友谊，不致世代为仇，同时玉成年轻，子女幼小，无人抚养，惇化亦为乡绅，都是可教育之人，对他们教育教育，让他们认错，表示悔改，就算了，把他们都释放吧。”大家觉得史随说得有理，便一致同意释放。

第二天一早，史焘即到县衙，向刘知县转告了史随的意见，并把史随召开全村宗族会议，一致同意释放的情况报告了刘知县。刘知县觉得史随的意见很好，为了增进两村的友谊，似以释放为好，遂将他们三人提出，狠狠地批评教育了一顿，让他们认个错，表示悔改，然后就把他们放了，由史焘具结，各回其家。于是，此案便以史家的宽怀大度告终。

二七　奠定乾隆初年治国方针

雍正帝与准噶尔蒙古部落的战争，自雍正七年(1729)打到雍正十一年，准噶尔虽然取得阔舍图、和通泊战役的两次大胜，但是战争延续了四五年之久，准噶尔蒙古部落已经筋疲力尽，雍正十年光显寺一仗，准噶尔部落三万余人大部被歼，噶尔丹策零仅率少数残部逃归，从此开始衰落，无力再战，雍正十一年便开始与清朝议和，西北边防形势开始缓和，雍正帝即于十二月发布谕旨，调兵部尚书史贻直任户部尚书，仍留西安，总理巡抚及一切军需事务，待诸务妥协，再请旨回京。

史贻直接旨后，心想，陕西本来就经济落后，除军需任务以外，民风淳朴，案牍简少，民生事务本就不多。这时战事已经停息，军需任务很少，经过这几年的整顿，各衙门办事也都已有章程。原先已经有一巡抚，就无须再加上一个总理巡抚。为此他在雍正十二年秋即上奏雍正帝，请求调回户部工作。雍正帝阅后告诉他说："西北虽然战事停息，局势缓和，但是西安地位重要，不能没有朝廷大臣坐镇，爱卿不要着急，待陕甘总督查郎阿回到西安后，爱卿再回户部工作。"然而次年八月二十三日，雍正帝溘然长逝。九月十五日，史贻直接到乾隆帝要他返京回户部办事的谕旨，以及吏部所发关于雍正帝去世的咨文，立即回京。十月初十，史贻直抵京，直奔皇宫，首先到养心殿向乾隆帝报到，进得养心殿，见乾隆帝正端坐在龙椅上，随即上前跪倒，高呼："臣史贻直叩见皇上，吾皇万岁！万岁！万万岁！"

乾隆帝见史贻直回京，喜出望外，立即上前扶起，说："爱卿平身，看座。"执事太监随即端过一张椅子。史贻直坐下。乾隆帝接着说道："好哇，终于把爱卿盼来了。爱卿不但才干优长，而且办事认真，组织能力强。朕在藩邸时，就经常听到皇考夸奖你。"

史贻直听了微微起身言道："皇上过奖了，为国家朝廷出力，应该的。"

"皇考在临终前一直念叨着你，还有一袭'遗念衣'要朕转赐给你，说你这四年在西安办事认真，诸事顺遂，十分辛苦。"说着即转身到后殿取出雍正帝留给史贻直的"遗念衣"，双手捧着转交给史贻直，史贻直立即起身双手接过打开一看，是一袭四团龙补服，不禁大惊失色，这是清朝亲王郡王才能穿的礼服，无上的荣宠，想起这十多年先帝爷的恩德，不觉热泪夺眶而出，泪流满面。乾隆帝见了，也唏嘘流涕，泣不成声。君臣俩相对哭泣，默默无语。隔了好一阵子，乾隆帝言道："好了，爱卿。现在朕刚刚即位，许多事情还得仰仗爱卿哩。今朕所办之事，即皇考之事，希望爱卿始终如一，如皇考临御之时一样，咱君臣协力同心，共襄国是。"

史贻直听罢，抹了抹眼泪，立即躬身下跪道："臣祖孙父子叔侄兄弟，一门三代，八人为官。深荷国恩，世食俸禄。且臣本庸才，学识寡昧，侍从圣祖皇帝 20 余年，复蒙先帝爷知遇之恩，越级提拔，内任六部堂官，外理封疆督抚，荣宠备至，如此大恩大德，万世报答不尽。臣丹心一片，一定尽心尽力为皇上效力，并始终如一，益矢愚忠，以事先帝之心事皇上，即以报皇上之心报先帝，不知有他，且不知有已，鞠躬尽瘁，死而后已。”

乾隆帝听罢连说：“言重了，言重了。”说着，就起身把史贻直扶起，然后坐下继续说道：“爱卿，你这四年，坐镇陕西，够辛苦的了。这次回来又是一路车马劳顿。我看这样吧，你先回家休息几天，然后到户部报到，与各位同僚见见面，而后我们再详细谈谈。朕还想向你请教一些治国理政的方针政策呢。”

乾隆帝说完，史贻直即起身告退，随即又跪下启奏道：“皇上刚刚继位，国事堆积如山，大行皇帝的梓宫在御，典礼繁重，均需皇上主持处理，伏乞皇上稍自节哀，切勿哀毁过度，以上慰先帝在天之灵，下答四方万民敬仰之至意。”

史贻直说完退出养心殿，随即到乾清宫，向雍正帝的梓宫祭拜。当他走到乾清宫门口时，即高声痛哭着冲向停放在乾清宫正中的雍正帝梓宫，捧着四团龙补服，用头撞击着雍正帝的梓宫，哭得伤心极了。他想着这十几年里雍正帝的恩德，越想越伤心，越伤心就越泣不成声，以头磕碰梓宫。执事太监怕出事，随即报告乾隆帝。乾隆帝即派人把史贻直硬拉回了家。

史贻直回到家，先把四团龙补服交与妻子许氏，交代把它保管好，说“这是只有亲王郡王才能穿的礼服，代表了朝廷的最高奖赏，好好保管，让子孙后代永远铭记朝廷的恩德”。待许氏把四团龙补服收起，夫妻俩坐下叙谈了这三四年别后的情谊，然后又与大哥大嫂叙谈，相互交流了别后这三四年各自的境遇，最后与孩子们欢悦纵谈，检查了他们各自的学习成果。第二天，他即到户部报到，与户部满尚书海望、满汉左右侍郎托时、李绂、申珠珲、赵殿最，以及各司郎中、员外郎、主事们见面交谈。然后他便独自思考有关国家的大政方针，先是国家治国安邦的总纲，然后分别是人事干部政策、财政方针、司法刑名政策、军事战略方针等等。周密思考后，他用两三天的时间写了一本两万多字的长篇奏折，上呈乾隆帝。乾隆帝阅后，便召史贻直到养心殿，两人促膝详谈。

在养心殿，君臣二人施礼坐定后，史贻直首先从治国安邦的总纲说起。史贻直说道："皇上，无论哪一个朝代，其姓氏的继承是不变的，但是每一位皇帝在其自身发展的阶段上，往往是形势各异，其治理的方针政策，就不能不有所改变。即如唐朝高祖、太宗时，经过隋朝末年的农民战争以后，需要休养生息，所以太祖、太宗主要是发展经济，重建家园，重振国威。高宗时面临的主要是继承问题。武则天面临的是如何巩固她女性统治的问题……就以本朝而言，圣祖皇帝登基以后，擒鳌拜，平定三藩叛乱，统一台湾，两次亲征噶尔丹，立下了丰功伟业，奠定了康熙盛世的基础，便以宽大为怀，尽量减轻农民负担，对各级臣工也都宽厚仁慈。一些不逞之徒便利用圣祖爷的宽厚仁慈，贪污腐败侵吞国库。结果导致先帝爷登基的时候，全国的库存银只有 800 万两，国库空虚，再加上八王爷、九阿哥、十四阿哥都在谋夺皇位，年羹尧、隆科多各自坐大。他老人家虽然继承了康熙盛世，但是已危机四伏，实际上是一个空架子。因此他老人家不得不采取财政紧缩的政策，节减开支，严行税收，同时采取果断措施，严厉处置这些政敌，突出了一个'严'字。皇上您现在所处的时代又不同了，可以用四个字来形容现在，就是'国泰民安'，所以您就大可不必采用先帝爷那样严厉的政策，而以宽松为怀。"

乾隆帝听了连连点头道："你说得是，分析得非常精辟。总纲如此，那么子目呢？"

史贻直继续说道："子目的内容就比较多了，包括人事干部、财政经济、司法刑名、国防军事等等。从人事制度来说，首先就是科、道、铨、仪这四大部门，要用正途出身的人。科，就是六科给事中，这是隶属于都察院，专门用于监察六部的监察机构。六部是中枢机构，整个国家机器的总部。既然是用于监察六部，那就必须对六部产生演变的历史过程、各自的职能、各部的组织机构及其办事细则、各部有关的典章制度等等，都要有全面的了解。这要求对于中国的二十二史、历朝历代的百官制度，要有全面的了解，具有深厚的历史知识。这就不是一般杂途出身的官员们所能了解得了的，只有熟读经书、熟谙各部典章制度的读书人才能胜任，亦即正途出身的人方能胜任。

"道，指隶属于都察院的十五道监察御史。这是皇上专门用于监察各级地方官员的专职机构。既然要全面监察各级地方政府，那就必须全面了解各级地方政府的辖区、历史沿革、地方出产、财政收支、风土民情等等地方史志，否则就无法履行其职责，这也需要饱读诗书、正途出身的人。特别是监察御史，必须具有高尚的情操，自觉理顺其与各级地方政府的关系，不得与地方官员上下内外勾结，同流合污。这一切也都需要经过'修身、齐家、治国、平天下'教育的正途出身的人充任。

"铨，即掌管铨选官吏大权的吏部，古代称之为'人伦水鉴'，需要正确把握评选人才的尺度。何为人才？真正的人才，不仅需要有卓越的实际工作能力，还需要有丰富的学识、高水平的学说见解、看问题的敏锐性和过人的睿智，更需要有经过陶冶的品性、大公无私的精神。要掌握如此高水平的铨选尺度，没有高水平的学术文化素质是不行的，这就需要具有进士功名正途出身的人来把握。

"仪，就是职掌各种典礼仪式、外交礼仪、教育选举的礼部。凡宗庙社稷的祭祀仪式，朝聘宴享的迎送礼仪，以至五礼六乐，兴贤育才之大典，统归礼部执掌。因此礼部的官员，不仅要懂得历代各种礼仪的变革，还需要掌握南宫音律的音乐知识，能够品评乡、会、殿试文章。这就更需要具有进士功名、学识优长的正途出身之人来充任了。”

乾隆帝静静地听着，并不时地连连点头，说：“你说得很对，这四大部门的确非比平常，必须要由正途出身之人来充任。”

史贻直继续说道：“还有官员的升迁必须按资格次序。”他指出：“官员的升迁历来都有一定的制度。古代官员三年一考，三次考核都合格优秀者，方能升迁，所以唐虞三代能够‘官治其职，人忧其事’。现在内阁九卿等朝廷大臣，地方督、抚、提、镇等封疆大吏，他们的升迁，名义上虽由天子直接掌握，但也是经过长期考察的。其他大小京官，依例由科、道官员三年任满，经考核合格，依次内升迁擢，或与积有一定资历的地方司、道官员同级对调。六部郎中、员外郎等司官，或者由地方正途出身的官员循例考选，或者由年历资深的道、府官员，不论其出身，签掣授职。地方官员，自司、道以下，则有‘大计’‘考察’等制度；府、州以下官员，则根据他们的资历年俸，实行‘特荐附荐’‘行取钦取’制度，进行升迁。

“但自本朝入关以后，随着疆域的不断扩大，人才需求不断增加，单靠科举制度已不能满足人才紧缺的需求，于是除科举以外，另辟了捐纳卖官制度，并采取快速渠道提拔官员。尤其是前一时期，八王爷的笼络手段吸引了一部分科举正途出身人员，加上先帝爷实行‘摊丁入亩’‘官绅一体当差，一体纳粮’的改革举措侵害了官绅阶级的利益，引起了一些官员的不满，导致他们消极怠工，先帝爷不得不提拔了一些如田文镜、李卫等杂途出身人员为封疆大吏和各部堂官。这些对当时的政权建设和巩固，无疑是起到了积极的推动作用，但也打破了正常的用人制度，官员的升迁不再按资历年限的限制。科、道官员的内升制度取消了，大小京堂许多都是花钱买的。地方道、府官员的签掣制度取消了，许多都不经由六部堂官的推荐，直接由地方督、抚来题补了。‘行取钦取’制度没有了，州、县官员都想通过快车道，追求直线提升，早晨还是州、县官，晚上就要求成为司、道之职。

“为此臣以为，为了培养人才，朝廷需要确立一定的奖励政策，以使杰出人才能脱颖而出，但是正常的资历次序还是要有的，如果没有正常的资历次序，官员的升迁就乱了套。打破资历次序，固然能使杰出人才脱颖而出，很快得到重用，以利发挥他们的聪明才智，但也难免混进一些急功近利的小人，滥竽充数。而且这样也败坏了官场风气，为那些急功近利的小人提供了可乘之机，这些人不踏踏实实地努力工作，而专事钻营，巴结上司，逢迎拍马，甚至贿赂买官。同时这也阻断了那些一贯勤劳踏实、认真工作的老实人的升迁之道。”

说到这里，史贻直的嗓音有些沙哑，乾隆帝即打断他的话说：“爱卿，别急，先喝口茶，润润嗓子再说。”

于是，史贻直停下，端起茶杯喝了口水，觉得嗓子好多了，就继续说道：“皇上，社会上的人，任何时候总是杰出的上智少，而中材多。对于这些少数杰出的上智者，只要有适当的奖励政策，就足以使他们脱颖而出。而正常的资历次序，又为踏实勤奋的大多数中材者，提供了晋升之道。如此则整个官场就能正常运转，呈现一片生机盎然的景象。以上这些都是关于干部人事制度的问题。”

讲到这里，乾隆帝打断他的话说：“爱卿，你已经讲了两个时辰，朕知道，你要讲的话很多，不是一下子能全部讲完的。这样吧，咱一个一个问题讲，一次讲一两个问题，让你讲深讲透，有关国家方针政策问题，就应该讲深讲透。咱今天就讲到这里，你先回家休息一下，明天同一时间继续再讲，不急，咱有的就是时间。”于是史贻直起身告退。

第二天早朝刚一结束，史贻直正要转身退出金銮殿，就被执事太监叫住了，说："史大人，您别走呀，万岁爷昨天不是讲好了嘛，今天还是接着昨天的话题继续讲。"于是，史贻直回转身来，跟着执事太监，来到养心殿。这时乾隆帝已先一步抵达，端坐在御案前了。史贻直忙上前施礼叩见，口呼："吾皇万岁！万岁！万万岁！"

"爱卿平身，看座。"乾隆帝说着，执事太监就端过椅子，让史贻直坐下。然后乾隆帝说道："爱卿，咱还是接着昨天的话题继续讲吧。"

史贻直说道："好的，皇上，今天我们讲第二个问题，关于国家的财政经济问题。财政问题，首先是货币。目前市场上大量使用的货币是制钱，只有大额交易才使用银两。由于近年出现了'钱贵银贱'的问题，所以就有人提出'禁用铜器'的主张，除军器、乐器、天平、砝码、戥子及五斤以下的圆镜外，其他一律不准使用黄铜铸造，并广设钱炉鼓铸钱币。臣以为，钱币是一门很高深的学问，它具有两重属性：一是作为铜质，具有供人们使用的自然属性，天生五金，就是供人们制作各种器具使用的。如果禁止用黄铜制作各种器皿，就是扼杀了铜金属的自然属性。这就违反了自然法则。二是作为货币在市场流通的公共属性。因此，钱币如同流水一样，必须顺其流淌，不予干扰，则水波平稳，清澈见底；如若干扰，必然扬起波涛，汹涌澎湃，形成灾难。再说，全国有数十百万人从事铜器制作，如果禁用铜器了，那数十百万的铜器制作工匠吃什么？他们失业了，为了生存，则流向山林湖泽，沦为盗匪，反而成为国家的安全隐患。为此，不如放开铜禁，让百姓们自由使用铜器。政府所要做的工作就是加强铜矿的开采，增加铜质材料的采购供应，在有关地方如江宁、武昌、广州、成都等经济比较发达的地方，增加一定数量的钱币铸造,使钱币的供应量与经济发展相平衡。

“此外,钱币的铸造也很有讲究,即铜与锡、镍的比重要合理,在一枚钱币中,铜与锡镍相加的值,正好等于币值。这样既保证了钱币流通顺畅,也不至于扰乱市场秩序。如果铜的比重高了,那钱币自身的价值就会高于其市场价值,不法分子就会盗买钱币,私自熔化作黄铜,并制作黄铜器皿买卖以赚钱。如果铜的比重太少,那么钱币自身的价值,就会低于其市场价值,成为劣质钱币。这将造成钱币贬值,扰乱市场秩序。”

乾隆帝听到这里,打断史贻直的讲话说:“哎呀,爱卿今天所说,真是闻所未闻,高深的学问,户部要好好听听,研究实行。”

史贻直说:“皇上,刚才所讲只是钱币问题,发展经济还有赋税问题。当国库充盈的时候,可以轻税薄赋,适当地减轻内地关税,以活跃市场;同时适当地减免一些田赋,以减轻农民负担,激发农民的生产热情,发展经济。可是前几年鼓励开垦荒地,鼓励报垦,结果有的省份,如河南,每年都报垦几万甚至几十万顷的土地,平均每个州县每年都要开垦数十百顷的土地。须知河南乃中原地区,地势平缓,雨水充沛,又居黄河中下游,从商周以来的三四千年,一直是我国的农业大省,已历经三四千年的开垦,哪有那么多荒地可供开垦,而且年年如此。实际上都是虚报谎报,欺骗朝廷。须知报垦以后就得开科,征收赋税。河南年年报垦那么多荒地,就得每年加征那么多田亩的赋税,因为是虚报谎报,加征的赋税无处征收,就摊派到广大农民头上,以致农民负担年年增加,沉重不堪。河南不仅年年谎报那么多垦荒,而且年年劝捐。州县官员亲自上街,手拿簿籍,见到商民,即令报捐数额,记在簿籍,然后即令兑现,而且以劝捐成绩作为评定官员的政绩。许多官员都把劝捐当作一项重大任务来抓,以致地方政务轻重倒置。有的地方官一年数换,民众就得一年数次捐纳，从而大大增加了民众的负担。”

说到这里，史贻直喝了口茶，然后继续说道：“‘劝捐’是战争或灾荒年代不得已而行的政策，在太平盛世，国家理财，自然有关税、田赋和盐课等光明大道，怎可以如此地搜刮无度呢！”为此，他建议乾隆帝“必须另委朝廷大员去接任河南巡抚，立即停止河南的‘劝捐’，并对其近几年的报垦进行重新核实，以减轻农民负担”。

乾隆帝当即接受了史贻直的建议，说：“爱卿说得是，朕会马上派朝廷大臣去河南处理这两件大事的。你今天讲得很好，和平盛世，应以宽大为怀，轻税薄赋，减轻民众负担，藏富于民。今天你又讲了两个时辰，今天好了，就到此休息吧，明天接着再讲。”

乾隆帝讲完，史贻直喝口茶就告退，回户部去了。

第三天早朝过后，执事太监刚走过来还未开口，史贻直即心领神会地说：“公公，不用说了，咱一起去吧。”说着史贻直就随着执事太监，来到养心殿，叩见乾隆帝。乾隆帝忙说：“爱卿平身，看座。”史贻直坐下说道：“皇上，咱还是接着昨天的议题继续说吧。”

乾隆帝笑着说：“对，继续说。”

于是史贻直接着说道：“我们今天讲第三个问题，即司法方面。这方面我们的《大清律集解附例》比《大明律》要全面完整得多，臣没有新的补充，只是有一点，即前几年颁布的《侵挪亏空仓谷科罚条例》，在定罪罚没标准方面，没有具体分析，容易造成轻重失宜，与该条例的指导思想初衷不符。即如该条例一开头就说，亏空仓谷一石，即照一两银计算。这里就存在很多问题：因为仓谷的品种很多，有大米、稻谷、小米、高粱、玉米、各种豆类等等，它们的价格都不一致，即如大米与稻谷而言，向来是一米二谷，亦即一石米的价格是稻谷的两倍。若按照该条例，亏空大米 99 石，反而比亏空稻谷 100 石轻。可实际上 99 石大米，其价格相当于 198 石稻谷，这样亏空多的获罪反而比亏空少的处罚更轻，如照此办理，则侵挪亏空的数额越大，量罪处罚的偏差也越大。而且各省谷物粮食的价格也不尽相同，即如江浙一带稻谷的价格一般都是五钱银，而陕甘地区就得六七钱银。即使在同一地区，在不同的季节其谷物的价格也不同，一般来说，在收成季节，谷物价格就便宜，反之，在青黄不接之时，其价格就贵，那怎么定罪呢？”

对此史贻直指出：“处罚定罪之时，不能按照市价，应该给一个折中定价，这个折中定价就是一米二谷，一石米折中定价为一两银，那一石谷折中定价就应该是五钱银，其他小米、高粱、玉米与各种豆类，均按谷物的价格计算，这样定罪处罚就比较公平。”

最后关于国防军事方面，史贻直指出：“自古尧舜之时，亦有苗民。无论何时，边外都有番邦，境内则有盗贼。因此，整军经武之事永远不能忘怀，越是太平盛世，越不能放松警惕。不过，皇上，微臣有一个新的认识，就是我们大清以后最大的威胁不是准噶尔蒙古部落，也不是国内的苗、瑶等兄弟民族。准噶尔蒙古部落力量有限，动摇不了我们大清这棵大树。国内的苗、瑶等兄弟民族，文化经济落后，我们只要稍加武力，然后以文化和经济去安抚他们，即可平安无事。微臣逐渐感觉到，我们以后主要的威胁可能来自洋人。北方的俄罗斯不断向东扩张，已经侵占了黑龙江以北的许多地方。南方海上以前有葡萄牙、荷兰、西班牙，曾一度侵占了我们的台湾。现在则有英夷、法夷。为什么说他们是最大的威胁呢？因为他们有自己的宗教文化，什么基督教、天主教、东正教，这宗教的感染力很强，能吸引我大清子民。据微臣所知，福建、广东沿海一带，已有少数人员信奉基督、天主教了。他们还有先进的火器、数学和西医技术。圣祖爷就曾学过数学，从荷兰人手里购买了许多红衣大炮。这次准噶尔蒙古人之所以如此厉害，据说就有西洋人帮他们的忙，为他们铸造大炮炮弹。如果他们再与倭寇联合一起，就对我们形成了包围之势。皇上，对此我们不能掉以轻心，不能不防啊。

“另外，微臣感觉，我大清自定鼎以来，经过八九十年的和平发展，许多将领开始安享富贵，不想打仗、不敢打仗了，贪生怕死。有的谎报军情，明明打了败仗，还谎报胜仗。部队的军纪松弛，兵额不足，吃空额。有的水师部队参与海上走私，等等。为此，微臣以为必须对部队进行切实整顿，加强战备。现在虽然是太平盛世，依然必须提高警惕。各级将领都要有战争意识，随时准备作战。部队要勤加训练，保证足额，武器配备充足。这方面皇上比臣了解得更多，臣作为文官，只是想提个醒而已。臣如有说错的地方，敬请皇上多多指教。”

乾隆帝听了，龙颜大悦，说：“爱卿连续讲了三天，从治国安邦的总纲，讲到人事干部、财政经济、司法、军事四个方面，讲得非常透彻，许多都是朕过去闻所未闻的，非常宝贵。朕这几天得好好琢磨琢磨，看如何贯彻爱卿的这些方针政策。爱卿以后如还有好的建议，随时可以提出来，朕一定参考采纳。真的辛苦你了，回来没几天，就连续讲了三天。回去好好休息吧。”

乾隆帝说完，史贻直就告退回部了。

二八　署理湖广总督　平反麻城冤狱(一)

雍正八年(1730),湖北麻城发生了一起涂如松杀妻和汤应求等官员受贿包庇案,在承审官员的高压政策及严刑逼供下,涂如松和有关官员虽然承认了罪行,可缺乏有力证据。后来在一次搜查娼妓的行动中,声称已被杀害的涂如松妻子杨巧姑,在其兄长杨五荣家的复壁中被搜查出来,逮捕归案。该案扑朔迷离,拖了五年无法结案,舆论沸沸扬扬。湖北两名主管官员巡抚吴应棻和总督迈柱对该案的意见也不统一。刑部拿不定主意,就在雍正十三年(1735)九月十九日,乾隆帝即位后第一次上朝时,由刑部尚书徐本上奏给乾隆帝,请乾隆帝定夺。

徐本的话音刚落,大学士兼军机大臣张廷玉接着奏道:“启禀皇上,老臣最近也接到湖北信息,说湖北麻城涂如松杀妻案主审官员高人杰,原系广济县试用知县,因善于逢迎拍马,深得迈柱欢心。迈柱嫌原麻城知县汤应求审案不力,即以之署理麻城知县,负责审理此案。高人杰为了在迈柱面前表现自己,乃采用高压手段,严刑逼供,屈打成招,锻炼成狱。其实这是一桩天大的冤案。”

乾隆帝听了十分震怒,说:“我大清律法向来讲究实事求是,公平审理,岂能容忍官员如此草菅人命,制造冤案!应该有冤必伸,平反昭雪。这样吧，皇考在世的时候就已有旨：着湖广总督迈柱来京任职，湖北巡抚吴应棻来京陛见。朕决定另派公正廉明大臣下去，重新审理此案。诸位爱卿看看，哪位大臣前去比较合适？”

大学士、军机大臣张廷玉首先上奏说：“皇上，户部尚书、总理陕西巡抚史贻直史大人即将回京。史大人在先帝初年历任礼、吏、户、工等部侍郎，曾五任钦差大臣，先后审查了年羹尧等众多积案，并历署福建、两江总督，都察院左都御史，兵、户等部尚书。史大人办事干练，公正廉明，众所共知。为此，老臣认为，史贻直大人是前往重审此案的不二人选。”

张廷玉此言一出，众大臣纷纷点头表示赞同，说：“张中堂所言极是，史大人真正是出任湖广总督审理此案的最好人选。”

乾隆帝听了随即说道：“既然众爱卿都这么说，那就这么定了，待史贻直回京，朕再与他谈这件事。”

随后的二十天，史贻直即从西安回京，先后叩见乾隆帝，祭拜了雍正帝的梓宫，去户部与各同僚会面，并遵旨就乾隆帝登基以后的大政方针，拟就了长达两万多字的长篇奏折，向乾隆帝提出了比较全面的施政纲领，还与乾隆帝连续三天进行了长时间的独对讨论，进行讲解。过后十多天，乾隆帝估计史贻直已休整得差不多了，对户部的工作也已基本部署到位，便令执事太监宣召史贻直进宫。半个多时辰后，史贻直即来到了养心殿，叩见乾隆帝，三呼万岁。乾隆帝欠了欠身子说：“平身，看座。”待史贻直坐下，乾隆帝关心地问道：“爱卿，这几天休整得怎么样？”

史贻直欠身说道：“不用休息，又不干重体力活，哪用休息！”

执事太监在一旁插话说：“奴才刚才在户部问过史大人休息得怎么样了，户部的海望大人说，史大人回京以后一天都没有休息。自皇上与史大人独对以后，史大人一直在上班，部署工作。”

乾隆帝听了深有感触地说："爱卿如此地专注工作，真乃百官之楷模，怪不得皇考在世时一直在夸奖你呢。"

史贻直说："皇上过奖了，作为臣子，既食皇家俸禄，就得为皇家竭尽所能，不遗余力。这是作为臣子的本分。"

乾隆帝说："听爱卿之言，连朕都深受教育，要是满朝文武大臣都能像爱卿这样就好了。"

史贻直谦虚地说："微臣做得还不够，还得继续努力。"然后他岔开话题，把谈话引到正题上，说："皇上一早宣微臣进宫，是不是有什么要事吩咐？"

乾隆帝说："是的，今天有件紧要之事须与你商量。前几年湖北出了个涂如松杀妻案，审理不清，扑朔迷离，引起了社会极大的反响，朝廷决定另派大臣下去重新审理。在你尚未抵京时，就有满朝文武大臣推荐你，说你办事干练，公正廉明，建议由你去重新审理。你看如何？"

乾隆帝原以为史贻直会推辞的，不承想史贻直听了毫不迟疑，当即表示"可以"。

乾隆帝接着说："你在陕西一待就是四年，在外兢兢业业，现在刚刚回来，还没有待上几天，又要派你外任，真是太辛苦你了。"史贻直听了刚要起身表白，乾隆帝一把把他按在椅子上。但是史贻直还是说了，把他上次叩见乾隆帝时说的重复了一遍："臣祖孙父子，叔侄兄弟，三代八人为官，世食大清俸禄。臣更是深受圣祖爷的教养，先帝爷的栽培。臣身家性命都属于大清，何谈'辛苦'二字！"

乾隆帝听了说："既然如此，那就请爱卿听旨。"

史贻直当即下跪，听乾隆帝宣旨："着大学士、湖广总督迈柱来京任职，着湖北巡抚吴应棻来京陛见。湖广总督一职由户部尚书史贻直署理，并兼理湖北巡抚。待史贻直到任，办理完交接手续后，吴应棻方能来京。”

史贻直跪颂道：“臣领旨，吾皇万岁，万岁，万万岁。”随后起来对乾隆帝说：“皇上，臣在部里还有些事没有处理完毕，能否过十几天，待臣把这些事务安排妥当，再去上任？”

乾隆帝说：“当然可以，等你把部务安排妥当后再去。”

史贻直领旨后即退出养心殿，先回户部，宣布了他将出任署理湖广总督兼湖北巡抚之事。户部同人们无不感到惊讶，其中尤其是满尚书海望，说：“好不容易把您盼来，我们同舟共济，把部务搞好，可刚一回来，您又要走了。”

李绂在一旁说：“这就叫作‘能者多劳’呗。”

史贻直说：“好了，好了，食君之禄，当然要服从君命。我们还是处理各自的部务吧。”

户部同僚们便各自回自己的岗位，处理部务。史贻直办理完事务，下班回家，即把乾隆帝差遣他署理湖广总督，兼管湖北巡抚之事对夫人说了。在旁的丫鬟一听，满腹牢骚地说：“瞧，刚从西安回来，凳子还没有焐热，又要奔波到武昌去了，我们家老爷真是奔波的命。”

夫人连忙喝住她：“小孩子家懂得什么，这是国家大事，小孩子不得插嘴！”

丫鬟听了很不服气地说：“本来嘛，满朝文武大臣那么多人，难道就派不出一人到武昌去？要是我们老爷在西安不回来呢，难道涂如松杀妻案就不审理了？”说完小嘴一噘，去厨房给史贻直倒茶去了。

夫人听了，笑了笑说：“你别说，这丫头虽小，可她这话也不是没有道理。”

史贻直对夫人说:“你还夸她呢,都是你平时惯出来的。作为朝廷大臣,理应为国家操劳分忧,奔波辛劳是分内之事,只是又要连累你了。”

夫人随即说:“这有什么连累不连累的,为夫君分忧也是应该的,只是你一人在外,没人照应,诸事都得自理,你自己得多多保重。”

史贻直安慰她说:“你看,我都五十多岁的人了,还不能自己照顾自己吗?再说,这近十年来,我不经常出差在外嘛,我已学会自己照顾自己了。没事,你放心。如果时间长了,我派人来接你过去住一些时候。”夫妻俩又说了许久,方才休息。

第二天,史贻直把在兵部职方司任郎中的大哥史贻简请来,告诉他自己将要署理湖广总督印务,去武昌审理要案,家中之事还得麻烦大哥,多多照应。史贻简听了,惊讶地说道:“怎么,刚回来才几天,接着又要走呀!这怎么说呢?不过二弟,家中之事有你大哥在,你尽管放心。你在外面为国家朝廷出力,也是我们家族的荣耀,为你照应家庭,也是我义不容辞的分内之事,要不怎么说我们是亲兄弟呢,打断胳膊还连着筋哩。”

史贻直有些不过意地说:“这近十年来我经常外出,家中之事全仰仗大哥,让大哥费心,为弟我真有些过意不去。”

史贻简说:“这有什么过意不去的,从小就是我们两个人在一起玩,长大以后又一起在京城。现在父母都不在了,京城就我们兄弟两人,我们不互相照顾,谁来帮助我们啊?其实你也帮了我不少大忙。那年我内阁中书秩满,吏部要把我外放知府,因我不善于官场交际,不宜外任,不是你上奏先帝爷,把我留下来的吗?”

史贻直说:“好了,好了,我们兄弟之间不说这些客套话了。奕簪、奕昂、奕瑰,你们三个过来。”

奕簪、奕昂、奕瑰兄弟三人立即从书房出来，见了史贻简齐声喊道："大伯好。"

史贻直对他们兄弟三人说："为父最近要到湖广任职，当父亲不在家的时候，你们一定要努力学习，多听大伯的话，有不懂的地方，要向大伯请教，不可在外惹是生非，还要多帮助你们的母亲承担家务，一定要好好听大伯的教诲！"

奕簪、奕昂、奕瑰兄弟三人齐声说："是。"

嗣后十余日，史贻直处理完部务，与满尚书海望，以及左右侍郎托时、李绂、赵殿最等告别，交代了部务，回家又与史贻简告别，并与夫人许氏说了许久，而后便与师爷、家仆郜爵一起登程，从官道马不停蹄地直奔湖北省城武昌去了，于乾隆元年(1736)正月十一日抵达汉口渡江，过了江刚要上岸，就看见前面黑压压一片顶戴。原来是湖北巡抚吴应棻领着湖北布、按二司，粮储、驿盐、河工等道，以及学政、武昌府、武昌县等大小官员数十人，在接官亭迎候了。史贻直上得岸来，与各位前来迎接的官员一一施礼寒暄后，吴应棻即护送史贻直进驻湖广总督衙门。

次日，史贻直即去湖北巡抚衙门，与吴应棻交接了湖北巡抚事宜。在一切交接完成后，史贻直便开始视事。他这次来武昌的首要任务是重审涂如松杀妻案，所以他首先去按察司署，把该案的全部案卷调来仔细阅读。他认真看了案卷以后，即召来湖北布政使、按察使等司、道官员，听取他们对于涂如松杀妻一案的看法。当史贻直宣布了这次会议的主旨后，布政使安图首先带着愧疚之意说："制台大人，下官是主管民政的，平素只关心民政上的事，对于涂如松杀妻案，没有留心，只是听人说说而已，据说是个冤案，但其中的具体细节，因非经手之事，不得而知。"

按察使袁承宠面露难色地说道："总督大人，下官虽是主管刑法，照理对此案应该是洞察一切的，但此案一直都是迈柱大人亲自抓的，下官就不好插手了，也很难对此案有明确的说法，只觉得内中奇诡无比，扑朔迷离。原告所诉被杀之杨氏，业已现身，但杨五荣、杨同范旋又否定，说此女非杨氏，而是妓女黄鹂英。现身之杨氏也跟着推翻了原先的供词，自称是黄鹂英。而被告涂如松又已供认杀妻之事实。前总督迈柱大人又坚持原判，因此把下官也搞糊涂了。”其他道府官员也都唯唯诺诺，没有主见。

史贻直听了，感到也难怪他们。因为迈柱是武将出身，一向独断专行，听不得别人的意见，作为其下属的他们，只能是唯命是从，不可能发挥自己的主观能动作用，随即和颜悦色地说：“各位大人，你们都没有亲自参与，不了解具体案情，这不怪你们。不过我仔细查阅了案卷以后，感到此案的关键是妓女黄鹂英的真实身份，她到底是涂如松的妻子杨巧姑，还是妓女黄鹂英。如果她确实是涂如松的妻子，则该案便可迎刃而解，如果她不是涂如松的妻子，而确实是妓女黄鹂英，那杨巧姑何在？是否真的已经被害？则该案将更加曲折，必须深挖杨巧姑的去向与结果。因此第一步必须首先确定此黄鹂英（杨巧姑）的真实身份。要搞清黄鹂英（杨巧姑）的真实身份，最简单易行的办法是让涂如松与其母亲许氏来指认。但是涂如松是被告，他及其母亲指认的证据不够有力，最好是让杨巧姑娘家的人来指认。当然不可能叫杨五荣、杨同范来指认，但可以让杨柳庄曾为杨五荣妻子接生，并带着杨同范贿赂她的十两银子，告发杨同范、杨五荣窝藏杨氏的那位产婆老妪，还有曾经把杨巧姑收为童养媳养大成人的王廷亮夫妇，以及杨巧姑的婚前恋人，后又将其诱骗窝藏月余之久的冯大，以及冯大的婶母罗氏等来指认。因为这些人都是局外人，案件的真假与他们都没有切身利害关系，不影响他们的前途和利益，只要对他们晓之以理，讲明做人的良心和道义，我想，他们一定会实事求是，讲真话的。只要他们讲真话，不管他们说该女子是杨氏，还是黄鹂英，都能使本案一目了然，更加清晰。诸位，你们看这样行不行？”

布政使、按察使和各道、府官员听了齐声说道：“制台大人想得很周到，这办法好，我们都听您的。”然后大家低头，窃窃私语：“嗨，到底是久经沙场的断案高手，一来就想出这绝妙的一手，迈柱大人和我们这么多年就没有想到这一点。”

于是史贻直便吩咐师爷发文，通知麻城县令陈鼎，将杨柳庄的产婆老妪、王廷亮夫妇、冯大，以及冯大婶母罗氏等一干证人，送至武昌省城。师爷将文书写好后，史贻直即差遣武弁将文书送至麻城。而后他看日色尚早，便约同按察使袁承宠和武昌知府，一起到武昌府监狱去看看。

他们三人来到武昌府监狱，武昌知府对典狱官说明了总督和按察使两位大人来监狱视察的来意后，典狱官立即打开大门。他们三人进去，先巡视了一遍男监，然后又来到女监。在女监巡视了一遍，史贻直即问典狱官：“一名叫杨巧姑或黄鹂英的女犯关在哪一间？”

典狱官即领他们来到关押杨氏的囚室前，指着里面的女囚犯小声说：“就是她。”史贻直向里面看去，只见里面坐着一名二十几岁的女犯，半闭着眼睛无精打采，身体孱弱清瘦，脸容憔悴，但也白皙清秀，可见原本是一位活泼俊俏的乡村姑娘。史贻直看着看着，突然大喝一声道：“杨巧姑！”

杨氏坐在里面神情恍惚，原没有注意外面，不知外面站着三四个人在看她，突然听到外面高声呼唤“杨巧姑”的名字，不由自主地一个起立站定，应声说：“到！”

史贻直随即令典狱官打开囚室门，进去走到杨氏面前，和颜悦色地说:“你就是杨巧姑?”

“是!”杨巧姑小声地说。

“你不是叫黄鹂英吗?”史贻直问道,同时示意她坐下,叫她慢慢地说。

这时杨氏方知自己说漏嘴了,但已经说出口暴露了,再也不能改口收回去了,只得坐下老老实实地说:“那是我哥杨同范、杨五荣叫我这么说的。”

“这就是你的不对了,公堂之上怎可说假话,提供伪证假口供呢? 你哥叫你作假固然不对,要将他们绳之以法,而你这么一个成年人,难道还分不清是非? 一个人生在世上,要堂堂正正,规矩守法,做事说话都要实事求是,不可瞎编胡说的。人在做,天在看。人间发生的一切事情,老天爷都在看着呢! 人不可欺天,你知道吗? 谁欺骗老天爷,老天爷就会惩罚谁。”史贻直依然很温和地训示道。

“知道。”杨氏低头回答道。

“那你真是杨巧姑而非黄氏?”史贻直再问道。

“奴婢现在再不敢欺骗老天爷了,我已经受够了老天爷的惩罚了。奴婢的确是杨巧姑,我夫涂如松、婆婆许氏可以做证。”杨氏急切地说。

“好,只要你说实话,本官可以为你开脱。”史贻直说道。

“奴婢一定说实话,不再听他们瞎说了,奴婢受够他们的罪了。”杨氏有些后悔地说。

这时湖北按察使袁承宠忙上前对杨氏说:“这是新到任的总督史大人,是我们湖广最大的官,你听史大人的话不会有错。”

杨氏听了,打量了史贻直一番,觉得这位官员与她以前见到的官员的确不一般,仪表堂堂,十分威严,但又十分温和慈祥,说的话很有道道,可信,随即说道:“行,奴婢听这位老爷的。”

随后,史贻直他们便退出杨巧姑的囚室,典狱官吩咐关闭锁上囚室。这时史贻直似乎有些兴奋,很快走出了监狱,按察使和武昌知府在后面紧紧跟着。在监狱门口,史贻直对按察使和武昌知府说:“咱就此作别吧,你们都回衙门去,我也回总督府去了。”

袁承宠回头对王知府说:“那请王大人派人护送史大人回总督府吧。”王知府随即命人抬来一顶官轿,几名武弁护送着史贻直回总督衙门去了。

史贻直回到衙门十分高兴,心想杨巧姑的身份一定,则该案就已经落实一半了。随后他又警惕地警告自己:“不可高兴得太早,杨巧姑的真实身份光靠她自己承认还不够,还必须一干证人指认方为牢固。同时还必须邀请黄州知府蒋嘉年来一起参与会审,因为他早年曾审核过此案,发现了其中的种种弊窦,只是前任总督迈柱没有采纳他的意见,导致了此案误入迷途。同时还必须把湖南布政使、按察使一起请来参与会审,这样方显得公开、公正和公平。”随后他即连发两封文书,差人分别送往黄州府衙和湖南长沙省城。

不几天,黄州知府蒋嘉年即应召抵达武昌省城,立刻拜见总督史贻直。史贻直将他让进客厅分宾主坐下,两人寒暄一阵后,史贻直首先说道:“蒋大人,关于涂如松杀妻一案,案卷中记载你曾经审核过此案,发现其中多处疑点,只因天门知县高人杰从中搅混,前任总督迈柱大人没有采纳你的意见,结果此案延误至今,酿成了天大奇冤。现在皇上让我来重审此案,我想听听你的意见。”

蒋嘉年客气地说:“制台大人过奖了,当年麻城知县高人杰将此案上报,下官是认真审核过,发现其中有许多疑点,现在我记得的起码有这么几点。一是起初杨五荣、杨同范认定河滩暴露的尸体为杨巧姑，可前麻城知县汤县令、仵作李荣勘验无发、大足、有喉结，显系男尸。后高人杰带领衙役在另一处发掘了一具女尸说是杨巧姑。一具尸体怎么会葬在两处呢？二是高人杰他们发掘的这具女尸只有头发、裙裤和小脚趾骨，而无全身尸骨，怎断定是杨巧姑的尸体呢？在仵作薛必奇的验尸簿中也缺乏女人尸体特征的记载，这显然是假的。后来我也曾令黄州府的仵作秘密去河滩检验了那具尸体，的确是具男尸。三是说涂如松贿赂了知县汤应求、刑书李献宗、仵作李荣总计700两银。史大人，这700两银可不是一个小数目，一个仅靠种地砍柴勉强度日的涂如松，哪来这700两银子？不用说涂如松，就是一般的地主也不容易办到，除非是拥有数百亩以上土地的大户人家。如果说涂如松贿赂他们三五十两银子，我信，因为涂如松把家产变卖变卖，能筹集到三五十两银子。说他贿赂他们700两银子，谁信？这断案的人就不动动脑子？而且这只是一面之词，汤应求、李献宗、李荣他们坚不承认，既无人证，也无物证，怎可定案？”

“蒋大人说得极是，看来此案完全是人为装砌而成。”史贻直若有所思地说道。

随后蒋嘉年又汇报了一些有关黄州府的情况，即欠身告退。

不数日，麻城知县陈鼎带着一干证人也抵达武昌，湖南的布政使、按察使也都到了。史贻直便决定次日即正月二十三日正式开庭，邀请湖北、湖南两省布政使、按察使和蒋嘉年、陈鼎一起参加会审。第一次过堂先审定杨巧姑的身份。

这一天在湖广总督府大堂之上，在“明镜高悬”的牌匾下，高高端坐着总督史贻直。两边分别坐着两省布政使、按察使以及蒋嘉年、陈鼎。前面靠墙站着陈鼎带来的一干证人。史贻直示意给涂如松母亲许氏看座。衙役随即端来凳子，许氏向史贻直表示感谢后坐下。然后史贻直把惊堂木一拍,高喊:"带犯人涂如松、杨巧姑(黄鹂英)、杨五荣、杨同范!"两边衙役敲着杀威棒发出一阵阵"威武"声。狱卒押着四名犯人进来,四人一进大堂便自动跪下。史贻直呼女犯人单独跪到前面。杨巧姑乃爬行了几步跪到前面,并趁爬行时偷偷抬头看了一下,认识堂上坐的就是那天在囚室里与她讲话的那位大人,心里就比较踏实了。随后史贻直又把惊堂木一拍高呼道:"下跪女犯姓甚名谁,报上名来!"

"女犯杨巧姑。"杨巧姑说。

杨巧姑话音刚落,跪在后面的杨同范、杨五荣同时低声提示杨巧姑说:"黄鹂英!黄鹂英!"旁边的衙役立即敲着杀威棒喝道:"肃静!肃静!"

史贻直听了发问道:"你就是杨巧姑吗?你不叫黄鹂英吗?"

杨氏声音有些沙哑地说:"女犯人我就是杨巧姑,黄鹂英是我哥杨同范、杨五荣唆使我这么称呼的。我现在要实事求是老实交代了。"

史贻直接着问道:"你既然自称是杨巧姑,那我问你,后面跪着的三人分别是谁,与你是什么关系?一一指名道来。"

杨氏扭过头去看着后面跪着的三个人,一一指认道:"右边跪的是我的丈夫涂如松,中间隔开一个空位跪着的是我哥杨五荣,左边跪的是我堂兄杨同范。"

史贻直又问道:"那后面坐着的那位老妇人呢,她是谁?"

杨巧姑又扭过头去,看到许氏正坐在后面,说:"那是我的婆婆许氏。"

然后史贻直又令杨柳庄产婆老妪、王廷亮夫妇、王廷亮妻侄冯大及其婶母罗氏一一指认,他们也都一一指认说:"下跪的女犯是杨巧姑无疑。"涂如松的母亲也站起来指着杨巧姑说:"下跪的女犯是我的儿媳杨巧姑。”

史贻直又问道:“涂如松,你说呢?跪在前面的那名女犯人是谁?”

涂如松回说道:“前跪的女犯是我的妻子杨巧姑。”

史贻直又问杨五荣、杨同范:“那杨五荣、杨同范你们两人说呢?前面下跪的女犯人到底是谁?”

杨五荣一见这阵势,吓得哆哆嗦嗦地说:“是,是,是我妹妹杨巧姑。”

杨同范见已无法挽回,不待史贻直提问,就垂头丧气地自动跟在杨五荣后面说:“前面跪的女犯人,是我堂妹杨巧姑。”

这时史贻直把惊堂木一拍,气愤地责问杨同范、杨五荣道:“杨同范、杨五荣,既然她是你们的妹妹杨巧姑,那你们为什么要说她是黄鹂英?目的何在?”

这时杨五荣、杨同范知道已彻底完蛋,两人相互看了一眼,然后还是杨同范壮着胆子说:“为了维持原判,栽赃涂如松。”

“杨五荣,你说呢?”史贻直提高了嗓门问道。

杨五荣也说:“是的,是为了维持原判,栽赃涂如松。”

至此,史贻直如释重负,松了口气,抬起头来满面笑容地向两边坐着参加会审的两省布政使、按察使,以及黄州知府蒋嘉年、麻城知县陈鼎看了一眼,说道:“各位大人,你们看,还有什么要问的吗?”

各位会审官员齐声说:“制台大人审问得甚是周详,我等没有新的补充。”

史贻直接着说道:“既然各位大人没有新的补充,那我们今天第一堂会审,关于杨巧姑的身份问题,就审讯到此。各犯人在供词上画押,并请证人也在各自的证词上画押。”

当各犯人和证人分别在供词、证词上画押后，史贻直说道：“下面我们继续会审，杨巧姑、涂如松，你们分别讲述各自的身世与你们曲折的婚姻过程，以及后来的一切遭遇吧。”

于是杨巧姑与涂如松分别讲述了各自的身世，以及如下一段曲折离奇的婚姻，控诉了地痞流氓与颟顸酷吏利用他们家庭中的细小矛盾，相互勾结构陷铸就的一桩天大冤狱。

二九　署理湖广总督　平反麻城冤狱(二)

原来在湖北麻城城北约三十里处，坐落着一个名叫杨柳庄的小山村。村上三十来户人家，大都姓杨，只有几户杂姓。其中有户杨姓人家，生有两女一男，长女十来岁时夭亡；男孩行二，名叫杨五荣，大头大脑，身体壮实；小女名叫巧姑，因为行三，小名“三姑”。由于这家男人常年生病，缺乏劳动力，因而家境清贫，就在杨巧姑四岁时，为了活命，就把她送给七八里外的王家庄王廷亮家做童养媳。

这王廷亮家虽不富裕，但也衣食无忧，种有祖上留下的二十来亩田地，一年倒也有四五十石收成，若遇丰收年景，可有五六十石收获，除去田赋，一年至少有三十至四十石收入。夫妇俩生有一个独子名叫王祖儿。这王祖儿生得浓眉大眼，口齿伶俐，嘴巴甜，讨人喜欢。王廷亮夫妇本想再要两个小孩的，可自王祖儿之后，就再也没有怀上。正当王廷亮夫妇俩郁闷之时，听说杨柳庄有人要把小孩送人，而且是个女孩。王廷亮夫妇眼睛一亮，心想我们正想要个小孩而不可得，现在有人要把小孩送人，夫妻俩一合计，决定收养这孩子，于是就托人捎信，说自己愿意收养，而且可以贴补几石粮食给他们。杨家本想只要把小孩送出去，少一张嘴吃饭就行，这时听说还有几石粮食补贴，喜出望外，一拍即合。王廷亮随即差人送去四石粮食，缓解了杨家的饥荒。杨家也十分感激，随即把杨巧姑给他们带去。

送粮回来的人回复王廷亮夫妇说："粮食已给他们送去了，小孩也给你们抱来了，我们的任务完成了。"

廷亮妻子随即招呼送粮人进屋，吩咐王廷亮招待客人喝茶，支付送粮人的工钱，自己则一把拉过小女孩，上下打量着，只见女孩长得眉清目秀，皮肤白皙，十分俊俏，廷亮妻子高兴地问道："几岁了？"

"四岁。"小孩刚到一个陌生地方，心里有点胆怯，因而回话声音很小，但很清晰。

王廷亮妻子随手拿来几块糖果，剥了一块放到巧姑嘴里，还有两块即塞到巧姑的小手里。

过一会儿，送粮的客人喝了茶，收了工钱就告退了。这时廷亮妻子冲着丈夫说："你看这孩子长得有多俊！圆圆的脸蛋，一对大眼睛，白白的皮肤，就是瘦了点。"

说着说着，廷亮妻子就与王廷亮合计道："现在孩子还小，我们就把她当女儿来养，待孩子长大了，就把她当儿媳，给我们祖儿做媳妇，你说可好？"

王廷亮头一抬，回答道："你的想法太好了，我非常赞同。"

廷亮妻子见廷亮同意，即冲着他说："那你还不快去把祖儿找回来呀！"

王廷亮听了随即转身外出，不一会儿就把在外面玩耍的王祖儿领了回来。王祖儿一跨进门，廷亮妻子就向他招招手说："祖儿快来，爸妈给你找了一个小妹妹来了。"

王祖儿抬头一看，只见妈妈怀里偎依着一个小女孩，也立即跑过去偎依在妈妈怀里。两个小孩一左一右，把廷亮妻子乐开了花。王廷亮在一旁看了笑嘻嘻的，也十分开心。

廷亮妻子指着王祖儿对巧姑说："他是你的哥哥，名叫祖儿，你以后就喊他祖儿哥。"随后又转过脸来对王祖儿说："她叫巧姑，是你妹妹，以后你就喊她巧姑妹妹。"

"噢，巧姑妹妹。"王祖儿连连点头说。

这王祖儿是独生子，在家里没人陪他玩，平时爸妈都在田里忙农活，没空陪他玩，他就天天跑出去与邻居家小孩玩。可邻居家小孩都有两个三个的，大的领着小的，都能互相照顾，可他总是一个人，孤形只影，老是被人欺负。那些大的小孩老是欺负他，比他小的呢，他也不敢惹，因为一惹小的，那大的就来帮忙报复，所以每次小孩子们发生矛盾纠纷，总是他吃亏，所以心里总想有一个哥哥或弟弟，这样当自己被人欺负时，好有个小帮手。这时有了小妹妹了，心想以后可以不找人家小朋友玩了，就与巧姑妹妹一起玩，即使与人家小朋友发生矛盾，也不怕了，自己也有个小帮手了，所以心里不知有多高兴。想到这里，王祖儿冲着巧姑说："巧姑妹妹，走，我们出去玩！"王祖儿说完就拉着巧姑的小手，跳跳蹦蹦地出去玩了。王廷亮夫妇看着这一对活泼的小孩，相对会意地笑了笑，心里不知有多开心。第二天一早，廷亮妻子即到镇上扯了些新布，给两个小孩每人做了一套新衣服。两个小孩穿着新衣服，也格外神气。

从此王祖儿与杨巧姑整天手拉手，同出同进在外面玩耍，村里的小朋友们莫不投以羡慕的眼光。大人们也都很喜欢他们，有时候与他们开玩笑，故意逗他们玩，问道："祖儿，这小女孩是谁啊？"

"是我巧姑妹妹。"王祖儿随口答道。

那大人又说："不对吧，她是你媳妇，你们俩是一对小夫妻。"

“不，不是。我妈妈说的，她是我妹妹。不信，你问巧姑。巧姑，你说是吧！”王祖儿扭过头去对巧姑说。

“是的，我是他妹妹，他是我哥。”巧姑也扭过头来对那发话的大人说。

看着这两个小孩一副认真的样子，大人们也都笑了。后来说得多了，他们俩也认了。王祖儿噘着小嘴说：“夫妻就夫妻，夫妻又怎样？”巧姑也跟着说：“对！哥说的对，夫妻又怎样？”逗得大家更乐了。

这样一连过了好几年。王祖儿在十三岁的时候染上了时疫，经多方医治，依然医药罔效，一命呜呼。王廷良夫妇俩哭得昏天黑地，尤其是廷亮妻子，竟一连好多天茶饭不思，哭得像个泪人儿。巧姑也伤心至极，趴在王祖儿的尸体上呜呜大哭，心想多好的一个哥哥呀，既温暖，又体贴，从此再也没有人陪她玩了，越想越伤心，不觉又呜呜地哭了起来。最后还是王廷亮拿定了主意，虽然王祖儿只有十三岁，但毕竟是王廷良的独生子，是夫妻俩的掌上明珠，便按照成人的丧礼，请人到镇上买了口大大的棺材，把王祖儿入了殓，并请风水先生看好坟地，请人把他抬到坟地下葬，丧事足足办了三天。

自从王祖儿去世以后，廷亮妻子足足两三个月没有缓过神来，老是一个人呆呆地坐在那儿一言不发。每当这时，巧姑就端过一张小凳，坐在母亲身旁，默不作声，陪伴着母亲；每到餐头之时，则主动承担起烧水煮饭之事，然后扶起母亲坐到桌旁，再盛好饭端来，放在母亲手边，请母亲吃饭。廷亮妻子本来就十分疼爱巧姑，把她视如己出，这时看到巧姑如此乖巧，更加疼爱了，一把把她拉过来，搂在怀里，关切地说：“我的儿，你祖儿哥不在了，以后你嫁给谁呢？”

巧姑抬起头，看着廷亮妻子说道："我不嫁，以后我给爸妈养老。"一句话把廷亮妻子的眼泪都说出来了。

这样又过了两三年，杨巧姑长到十三四岁了，完全是一个大姑娘了，身子比以前丰满了许多，一双大眼睛水灵灵的，特显神气，白皙的皮肤，穿着一袭白衣，更显得雅致高洁，亭亭玉立，人见人爱。于是就开始有说媒的上门来了。廷亮妻子总是说："我们家闺女还小哩，不急，还不到谈婚论嫁的时候，到时候呀，再请您帮忙做大媒。"做媒的虽然已经被一个个挡回去了，可巧姑毕竟是十三四岁的少女了，情窦已开，这时已经有一青年小伙子走入了她的视线，就是冯大。

说起这冯大，不是别人，就是廷亮妻子的侄儿，住在离王家庄二里地的小村上。这冯大也是独生子，从小娇生惯养，好吃懒做，而且油嘴滑舌，这时已经十八九岁了，正是追求异性的时候，见巧姑那么美丽动人，两个村又靠得近，便有事没事常往姑妈家里跑，甜言蜜语，乘机接近巧姑，还时不时从小山上采几朵野杜鹃、野蔷薇花送给巧姑，讨巧姑的喜欢。因为是亲戚，按理巧姑还得喊他表兄呢，所以开始时巧姑并没有在意。后来接触的次数多了，巧姑也渐渐对他产生了好感，开始接近，常常跟着冯大，一起到田野里去玩。时间长了，廷亮夫妻俩也看出来了。可廷亮并不看好冯大，总觉得这孩子不学好，好吃懒做，庄稼人不勤劳怎么行？而且油嘴滑舌，不守本分，便对妻子说："你们家冯大好像看上我们家巧姑了，这可怎么好？"

其实廷亮妻子也不看好冯大，也曾对他大哥说过，叫好好管教管教冯大，不能由着他这么游手好闲。她大哥总是无可奈何地说："都是你嫂子宠着他，我说了没用，我也没办法。"廷亮妻子后来见说了没用，也就不说了，这时听廷亮这么一说，真也觉得是个问题，便对廷亮说:“那你说该怎么办呢?”

“我说干脆还是让杨家把巧姑领回去吧。一则我们不是她的亲生父母,免得以后人家埋怨我们,再说,也不能毁了巧姑一生啊!”王廷亮说。

“好吧,那你就通知杨家把巧姑领回去。”廷亮妻子点头道。

第二天,王廷亮就托人去通知杨家,来把巧姑领回家。很快,巧姑的亲哥杨五荣就来到了廷亮家,还带来了一只鸡,一篮子鸡蛋。双方坐下后,廷亮妻子开口说道:“巧姑她哥,这不,巧姑已经十四五岁了,长成个大姑娘了,要到谈婚论嫁的时候了,我们不是她亲生父母,不好做主,还是你们把她领回去吧,自个儿给她找个好婆家。”

“叔、婶,说哪里话来,已经十多年了,您二老帮我们把巧姑养这么大,就是巧姑的生身父母,我们真的十分感谢。现在长大了,反倒叫我们领回家,这怎么好?”杨五荣不好意思地说。

“甭客气,其实我们就是一家人,以后巧姑出嫁了,我们不都是巧姑的娘家吗?”廷亮妻子客气地说。

大家又寒暄了一阵子,吃过中饭后,杨五荣就把巧姑带回家去了。临行时,廷亮妻子给巧姑重新梳了头,给她穿了一套新做的衣服,打扮得体体面面的。巧姑眼睛红红的,流着泪,跪下给廷亮夫妻俩磕了个头,然后留恋不舍地跟杨五荣回去了,走出老远了,还不时扭过头来,眼泪汪汪地看着廷亮夫妇。

巧姑回到自家,这时父母早已双亡,家里只剩下大哥杨五荣与过门不久的嫂子。开始时巧姑有些不习惯,慢慢地也习惯了,这样又与兄嫂一起生活了一两年。到十六七岁时,杨五荣即央媒婆给她说了门亲事,是沈家村的沈家。据说这沈家不错,有三四十亩地,还有三间大瓦房,未来的丈夫是个独生子,还上过几年私塾,能断文识字。巧姑听了也十分乐意。

雍正六年(1728)的八月初八,是个好日子,沈家择定这日来娶亲。这天上午巳时,沈家的花轿和迎亲队伍就早早地来到了杨家,在杨家吃过中饭喜酒。下午未时,在一阵鞭炮喇叭声中,五荣妻子搀扶着新娘子巧姑走出门,上了花轿。迎亲队伍即抬着花轿,吹吹打打就往回走,走到举水大河时,因桥狭只架了两块木板,抬着花轿不能过河,就把花轿抬到专门在此摆渡的船上,摆渡过河。轿夫和其余迎亲队伍都从桥上过去,到对岸的歇脚亭等候。由于这天是个好日子,结婚办喜事的人家还真多,轿夫刚把花轿抬上船,后面又来了一顶花轿,也与他们一样,把花轿抬上渡船,其余人等也都到对面歇脚亭等候。就在这时,突然天暗下来,一阵狂风夹着阵雨袭来,把渡船吹到下游几十米处掉了个头,不过很快就天空开朗,风息雨停。那时此地有个旧风俗,在喜庆节日之时,大家都喜欢抢先,说谁在前先到,谁就交好运。所以雨一停,两家轿夫都抢着去抬花轿,抢在前头争个好兆头。由于沈家的人先到,坐在歇脚亭里侧,后来的人就坐在外侧,抢先出去,但由于刚下了一场雨,路上有些湿滑,一个踉跄,险些跌倒,于是沈家的轿夫反倒抢先上船,抬了一顶花轿就走。另一家轿夫虽然落在了后面,但下午申时也早早地到了家,在一阵鞭炮唢呐声中,新娘由伴娘搀扶下轿,跨过火盆,进入堂屋,与新郎举行婚礼拜堂。轿夫和迎亲队伍们都去吃喜酒去了。

喜酒吃到深夜,新郎新娘也早已拜过堂,送入了洞房。于是大家就一齐去闹新房,一直闹到半夜才散。新郎新娘第一天新婚燕尔,当然是亲亲热热,顾不上说话。劳累以后也很快入睡了,待到天亮,两人醒来说了一番话。这时巧姑谦虚地说道:“你念过几年私塾,能断文识字,以后要教我识字。我也要识字,识字有文化,就不会受人蒙骗欺负了。”

这家新郎名叫涂如松，一听这话有点惊奇，但这是新婚夫妻第一次说话，他还是很客气地说：“谁说我念过私塾啦？没有，我压根儿就没念过书，也不识几个字，只认识自己的名字和钱币钞票上的几个字，以及一二三四五六七……几个数目字。”

“媒婆说你念过私塾，还有人喊你沈公子呢，还说你家有三间大瓦房，三四十亩地呢！”巧姑说道。

“我不姓沈，我姓涂，我叫涂如松。我们这个村叫涂家边，村上人都姓涂，没有姓沈的。我家也没有三间大瓦房，三四十亩地，只有三间草房，二十来亩地。”涂如松急切地辩白说。

“不对不对，搞错了，搞错了。”巧姑急切地连连说道。

“没错没错，不信你问我妈去！”涂如松坚定地说。

“不，我不是说你错了，船上错了。”巧姑说着，就立马坐了起来。

“什么船上错了，你都把我搞糊涂了。”涂如松感到莫名其妙，睡眼惺忪地说。

于是，杨巧姑就把昨天下午在举水大河渡头，两家花轿摆渡，后来又抢着抬花轿的事，原原本本地告诉了涂如松。这时如松母亲许氏听到他们小夫妻俩一早就在房间里叽叽咕咕，还以为小夫妻俩在说悄悄话呢，可后来听他们说话声音越来越大，不知出了什么事，就跑过来敲他们的房门，问出了什么事。涂如松和巧姑起来开了房门，涂如松就把刚才巧姑说的事告诉母亲。许氏听了大吃一惊，不想竟出了这等大事，不过到底是上了年岁的人，做事沉稳，沉思了片刻说道：“媳妇，你甭急，这事得慢慢来。”随后她又吩咐如松道：“待会儿，你去把你二叔请来。”

随后天也大亮了，如松即出门请他二叔去了，说他妈请二叔有事商量。他二叔一听大嫂找他有事，随即跟着如松过来，一进门就向如松妈拱拱手贺喜，说：“大嫂，恭喜呀，您娶了个好媳妇。”

如松妈回说道：“同喜同喜！他二叔，您请坐，老身我有话要跟您慢慢说。”接着就把巧姑刚才所说，昨天下午在举水大河渡船上抬错花轿之事，一五一十地告诉给了他二叔，说：“您看这怎么办？”

他二叔听了也大吃一惊，不想竟会出现这等事情，沉思了片刻，深感此事棘手，便说道：“大嫂，别急，先别声张，就当没事儿一样，先到沈家村去打听打听，看看沈家有什么动静，怎么反应。”

“好，您这主意好，那还得麻烦您，请您跑一趟了。”如松妈说道。

“好，这事也只有我去最合适。”他二叔停了停，接着说，“大嫂，那我就回家收拾收拾，吃过早饭就去。”说完就往外走，走到门口又回头冲着涂如松和巧姑叮咛道：“你们千万别声张，知道不？”

“知道，知道。”如松和巧姑齐声说。

如松二叔回家吃过早饭，立即动身赶到沈家村，打听观察沈家的动静。

再说，这沈家也发现新娘被调了包，一早沈家新郎就起来对他父亲说：“父亲，新娘不是杨家的巧姑，而是王家的玉娘。”然后他把新娘所说，昨天下午在举水大河摆渡时，两家抢着抬花轿的事说了一遍，而且补充说是他们沈家先抢了涂家的花轿。

沈家父亲听了，也是先大吃一惊，后来慢慢地心里就有了数，沉思良久说道：“新娘虽然被调了包，但是已经拜堂成了亲，过了洞房花烛夜，木已成舟，不可再换了，否则新郎新娘都无法出去见人了，特别是新娘，要被人家戳脊梁骨的。再说，这事若传扬出去，连花轿铺都得破产关门，抬错花轿，新娘被调了包，以后还有谁敢租用他们家的花轿呀。连这些轿夫都要被解雇失业，这要砸掉多少人的饭碗啊!”接着沈家父亲瞥了一眼新娘，然后冲着他儿子说，“儿啊，你看这王家新娘，虽皮肤黝黑，不如杨家新娘俊俏，但五官端正，脸庞有模有样，身材匀称壮实，一双大脚，是个干活的料。咱农家图个啥，能干活勤劳就行，勤劳能致富。俊俏漂亮能当饭吃吗？这媳妇我认了。再说了，诸葛亮那么个大人物，据说他的妻子就长得丑，他都没有嫌弃。你看你妻子，五官端端正正，有模有样，你该知足了。好了，将错就错，不许声张，照样高高兴兴做喜事，要像个喜庆的样子。”所以沈家毫无异常，照样喜气洋洋。

如松二叔观察了半天，见沈家毫无动静，就回去把这情况都对他大嫂说了。许氏谢过如松二叔，回头对如松和巧姑说：“既然沈家已经默认，毫无动静，那我们现在也必须承认现实，不可声张，也喜气洋洋，拿出个办喜事的样子来。”

就这样，一场抬错花轿、调亲换包的大风波竟然不声不响地平静下来，就如同没有发生过一样。可巧姑心里总有个疙瘩，老惦记着本属于自己的那沈家的读书郎、三间大瓦房、三四十亩地，因而对涂如松缺少夫妻感情，有事没事总爱往娘家跑，而且往往在娘家一住就是十天半个多月，迟迟方回。涂如松一直隐忍，未曾发作。如松母亲许氏为了平息儿媳的怨愤，也尽量拉过家务活，好让巧姑歇息，并时不时抽空对巧姑说：“媳妇呀，你别看咱如松他老实巴交，可干活却是一把好手。你看咱田里的庄稼长得多好，全靠如松他一人忙活。农闲时他就上山砍柴，你看咱门前一大堆柴草，全是如松一人砍的。平时隔三岔五的，他就挑一担柴草上集市卖掉，换些家用零钱，所以我们一年四季都不缺零花钱。一到冬天农闲了，他就上山打猎，什么野兔野鸡獐子狍子的，挂满了里屋，夏天就下河捕鱼捞虾，所以我们一年四季都荤腥不断，日子过得还是可以的。他呀，就是笨嘴拙舌，不会说话，见人多了，就脸红，不说话，一棍子打不出三个闷屁。”

巧姑听了觉得也对，有时对如松也好一点。这样平平安安地过了一段日子，到雍正八年正月十三日，巧姑又回娘家了，直到二十四日才由她哥杨五荣把她送回来。正好碰上许氏生病卧床，见巧姑回来，不知后面还跟着她哥杨五荣，就随口说了她几句：“你这孩子真不懂事，怎么这么多天不回来，我又没力气，不能起床，你看家里都乱七八糟的了，怎像个人家？”

巧姑见婆婆当着她哥的面诉说自己的不是，不高兴地顶撞道：“我怎么不懂事啦？我又不知道你生病，家里搞那么脏，怪我吗？我又不在家。”

恰好这时如松从外面进来，见了大舅子杨五荣，忙说：“大哥来啦！”说着就张罗着弄菜烧饭，好在是正月里，酒菜都是现成的，热情招待杨五荣吃了中饭。待杨五荣走后，涂如松就批评巧姑不该顶撞母亲，说：“我从小就没了父亲，是母亲把我一手拉扯长大，我长这么大都没有顶撞过母亲，你怎好顶撞母亲呢？”

“噢，我顶撞了母亲，你就责怪我。我走了那么多路回来，由谁来安慰我呀？还当着我哥的面数落我。我就顶撞了，怎么啦？你吃掉我！”巧姑很不服气地说。

涂如松见巧姑非但不认错，还犟嘴，火冒三丈，举起手来要揍巧姑。许氏一见如松要动手打人，立即起来颤颤巍巍地去拉开如松。如松一气之下，就到外面生闷气去了。巧姑也回到自己的房间，一个人嘟着嘴生闷气，心想我一段好姻缘被搅黄了，你们非但不好好安慰我，还对我那么苛刻。越想越气，就想到王廷亮家去，向干妈廷亮妻子倾诉一番，于是便不辞而别，独自一人出走了。待到傍晚如松回家，不见巧姑，赶忙问他妈，说：“妈，巧姑呢？”

“不在你们房间里吗？”他妈躺着应道。

“不在,房间里没人。”涂如松应道。

他妈一听说房间里没人,这下可急了,撑着要起身找人。如松一把按住他妈说:“妈,你身体不好,别起来,我去找。”如松说着便出去四处寻找,仍不见人影,就急忙赶到她娘家,问杨五荣:“哥,巧姑回来没有?”

五荣说:“没有呀,不是刚回你们家吗? 怎么啦?”

如松就把五荣走后他们夫妻俩争吵的事说了一遍。杨五荣听说巧姑不见了,心里也很着急,也连夜帮着四处寻找,可一连寻找了四五天,仍不见巧姑踪影。于是,涂如松就报了官,说巧姑失踪了,请求县衙遍贴布告,帮助寻人,由此便生出了一宗涂如松杀妻的冤案。

三十　署理湖广总督　平反麻城冤狱(三)

杨五荣寻找其妹杨巧姑，接连四五天，仍杳无影踪，就去找堂兄杨同范商量。

这杨同范是杨五荣还未出五服的同宗兄长，是杨柳庄上唯一的一位大财主，还是个秀才，因此有权有势，在这方圆数十里内没有说不了的话，做不成的事。前几天杨五荣之所以没有来找他，是因为杨同范说话太刻薄，做事阴险毒辣，大家都怕他，五荣不敢来找他，同时五荣还寄希望能找到巧姑。这时接连几天都没找到，五荣心里也没辙了，只好硬着头皮来央求他，请他帮忙。五荣刚跨进杨同范家大门，杨同范抬头一看是五荣，心里就有数了，知道他来干什么了，所以没等杨五荣开口，杨同范就抢先带着责备的口气说道："家里出了那么大档子事，不来找我，我是谁呀？我是你哥！巧姑是你妹，也是我妹。都说一笔写不出两个杨字，我们还没有出五服哩！哦，现在找不到，没有辙了，来找我了。"

"我这不来了嘛，前几天总希望能找到，所以不敢来麻烦您。现在看来恐怕找不到了，所以来讨教您，哥！"五荣满脸堆笑尴尬地说。

"还找什么呀，那么多天都没找到，还能找到吗?"杨同范说。

“那怎么办呢？哥！”五荣问道。

“打官司，告他去呀！”杨同范满不在乎地说。

“告他什么呀？哥！”杨五荣一头雾水地问道。

“告他杀死你妹杨巧姑，也就是涂如松杀害了他自己的妻子。”杨同范斩钉截铁地说。

“可这没有证据呀！无凭无据怎么告呀？”杨五荣为难地说。

“哦，他杀了人，还把证据告诉你，让你去抓他？天底下哪有像你这么傻的杀人犯啊？”杨同范带着几分讥笑的口吻说。

“那状纸怎么写呢？”五荣问道。

“这还用你烦吗？你哥我是干什么的呀？”杨同范略带自豪之气，满不在乎地说。

“那就麻烦哥您了。”杨五荣央求道。

“这有什么麻烦的，你哥我就是吃这碗饭的。我看你还是回家打点打点，我在这里写状纸，等我写好状纸来找你，然后我们一起去县衙上告。”杨同范吩咐道。

本来杨五荣对于控告涂如松杀妻一案还有点犹豫，一是杨巧姑才走失四五天，时间还早，兴许还能找到，要是找到了怎么办？这里倒把人家告上了，这不得罪人了嘛！两家还是亲戚呢，被告是自己的亲妹夫，这多不好啊。二是他还是寄希望于能找到人，巧姑可是他的亲妹妹，这亲兄妹之情，远胜于打赢官司。三是他还没进过县衙，不知道进县衙怎么上告，怎样面对县太爷，会不会挨板子，心里有点害怕。这时听说杨同范陪他一起去，心里就踏实了，心想告就告吧，连说：“谢谢同范哥，谢谢同范哥！”说着就退出杨同范家，回自家去准备行装去了。

杨五荣在家找了几件衣服，打好包往肩上一背，找把雨伞往腋窝里这么一夹，刚要出门，就见杨同范拿着写好的状纸来了。杨五荣见了说道："同范哥，您这么快就写好啦。"

"你要知道，你哥我可是个秀才哦，写状纸对你哥来说小菜一碟。"杨同范很自负地说，说完两人就一起进城去了。

中午时分，杨同范与杨五荣就到了县城，两人先到饭馆吃了午饭。为了表示对杨同范的感激之情，杨五荣特地烫了壶酒孝敬杨同范。杨同范也不客气，与杨五荣一起把酒喝了。吃好饭，杨五荣掏出些碎银往桌上一放，喊道："店家，结账！"结完账，二人就走出店门去县衙了。

两人到达县衙门口，杨同范示意杨五荣上前敲击县衙堂鼓。只听得"咚咚咚咚"几声鼓响，县衙门卫问道："何人击鼓？"

"有人告状。"杨同范回道。

"候着，待我进去禀报一声。"门卫说着就进去禀报去了，随后即传出"升堂"的呼声。衙役出来传呼："击鼓人上堂！"杨五荣和杨同范就跟随进去。上得堂来，只见知县老爷端坐正堂，师爷书吏坐在一旁，两边衙役喊出"威武"。杨五荣赶紧上前下跪，杨同范则站在其后。知县汤应求把惊堂木一拍说：

"下跪何人？"

"草民杨五荣。"杨五荣答道。

"所告何事？"汤应求问道。

"涂如松杀害妻子杨巧姑。"杨五荣说。

"有何证据？尸体何在？"汤应求问道。

"这，这，这……"杨五荣连说了几个"这"字，就再也回答不上了。

汤应求把惊堂木一拍喝道："没有证据，不见尸体，何以证明涂如松杀害了妻子呢？前天涂如松已来报案，说他妻子杨巧姑私自出走，不知去向。本县也已贴出布告，凡收留或知道杨巧姑下落者，报告本县，将重重有赏。现在活不见人，死不见尸，何以见得是被涂如松杀死了呢？难道就没有人拐骗窝藏，或自己在外流浪？”随后汤应求又看着杨同范问道：“后站着的是何人？”

书吏急忙起身说道：“是本县生员（秀才）杨同范，杨五荣的堂兄，陪他一起来上告的。”

“作为一名生员，已经是有功名的人了，不在下面好好教化训导百姓，为朝廷出力，反而唆使帮同诉讼，孔圣人的书读到哪里去了，小心我革了你的功名。”停了停又说：“好了，你们还是回去再找找吧，等找不到再说。”说完就宣布退堂，随即起身转到后厅去了。

退堂后，杨五荣和杨同范出得县衙，杨五荣一脸迷茫地问杨同范：“同范哥，告不准，我们该怎么办？”

杨同范在大堂上被汤知县当众训斥了一顿，心里恼羞成怒，正无处发作，听杨五荣这么一问，怒吼道：“回去找！”

杨五荣没有理解他这个“找”字的真正含义，以为是与汤知县说的一样，回去再寻找巧姑的下落，说道：“再找，两家都已找了四五天了，都没有找到，还到哪儿去找呀？”

“你真是个榆木疙瘩脑袋，还找什么活人啊，到哪儿去找活人啊？找尸体去，只要找到尸体，不管是谁的尸体，都说是巧姑的尸体，我不信这官司就打不成！”杨同范说完停了一下，又恶狠狠地自言自语说，“要革我的功名，你还嫩点哩，最后还不知谁革谁呢，我要不革了你的前程，摘掉你的顶戴乌纱帽，那我是你孙子！”

杨五荣在前面走着，听杨同范在后面喃喃地说个不停，问道：“同范哥，你说什么啦？”

“没说什么，咱还是快点走，明天继续找。”杨同范吩咐道。于是两人加快了脚步，傍晚时分即到了家，分手各自回自己的家歇着。

第二天一早，杨同范就赶到五荣家，急切地对五荣说：“五荣弟，昨晚我思考了一个晚上，越想越感到咱现在只有一条道，就是认定巧姑妹已经死了，是被涂如松害死的。”说着，他拿过一张凳子坐下，继续说道：“咱现在已经把涂如松告上了，如果不认定巧姑妹死了，那就是诬告。这诬告你知道是什么罪吗？也是死罪哦！”杨同范带有些恐吓的口吻说。然后他又转过脸对杨五荣问道：“这死罪你能认吗？”

“不能认，绝对不能认！”杨五荣回答道。

“就是嘛，咱决不能认，必须认定涂如松害死了咱巧姑妹。咱必须出去找尸首，只要找到尸骨，无论是谁的尸骨，我们就一口咬定是巧姑的！”杨同范恶狠狠地说。

“县里不是有仵作吗？要是仵作验出是假的怎么办？”杨五荣有些害怕地问。

“有我呀，你哥我是干什么的呀，打官司的老手。”杨同范狡黠地说。

有了杨同范这句话，杨五荣就铁了心，认定巧姑已死，每天都出去四处转悠，寻找新的坟墓，只要是新的坟墓，就认定是杨巧姑的墓。可是杨五荣一连转悠了好几天，都没有找到新的坟墓。有一天，正当杨五荣转悠到离涂家边不远的一个叫九口塘的地方，遇见一个叫赵当儿的后生。这赵当儿见杨五荣在瞎转悠，就问道：

“哎，哎，你转来转去在找什么啦？”

“我妹妹被人杀害了，不知葬在什么地方？”杨五荣答道。

“你妹妹是不是叫杨巧姑呀？涂如松的老婆，是不？”赵当儿问道。

“是，但是已经半个多月不见了，肯定被涂如松害死了。”

“这事你得问我呀！”赵当儿狡黠地说。

“你知道?”杨五荣如获至宝地问道。

“当然知道啰,你还找呢,早就被涂如松杀害了。”赵当儿装着一本正经的样子说。

“你怎么知道的?”杨五荣有些怀疑地问道。

“嗨,咱这里的人谁不知道呀,只是不说罢了,不信,你随便去问问。”赵当儿头一昂,满不在乎地说。

“那葬在哪里呢?”杨五荣急切地问。

“那不是吗?”赵当儿随手这么一指,说道。

杨五荣往赵当儿手指的方向一看,在不远处一个三岔路口的菜地边上,果然有个小土堆,土还很新鲜,好像新堆不久。其实赵当儿不过随手这么一指,并没有特定的目标。

“好了,我告诉你了,你怎么报答我?”赵当儿一脸奸笑地说。

杨五荣把手往口袋里一摸,掏出些许碎银和几个小钱,满脸堆笑地对赵当儿说:“兄弟,对不起,今天早上出来早,忘记带钱,你看就这些。”说着,杨五荣就把些许碎银往赵当儿手里一塞,然后拍拍赵当儿的肩膀说:“走,咱到镇上吃中饭去。”

“行,到镇上去吃饭。”赵当儿说着,就拉着杨五荣往镇上走。

两人来到镇上一家小酒馆,进得门去往墙边的一张桌子旁坐下。杨五荣从口袋里摸出几个小钱,说道:“对不起,兄弟,我这兜里没钱了,只有这几个小钱,我们中午就简单些吧。”

“行,简单就简单些,我只要一壶酒,一碟花生米,一碗面就行。”赵当儿说。

“伙计,来一壶酒,一碟花生米,两碗面。”杨五荣冲着堂倌叫道。

不一会儿,堂倌将一壶酒、一碟花生米、两碗面送来。杨五荣给赵当儿斟上满满一杯酒,说道:“兄弟,你慢慢喝,我不陪你了。”

说着他就自个儿端起一碗面，自顾自吃了起来。吧啦吧啦几大口，就把一碗面吃完了，把碗和筷子往桌上一搁，掏出几个小钱往桌上一放，然后把桌子一拍，冲着堂倌喊道："伙计，酒钱和面钱收起。"等堂倌来把酒钱面钱收起，杨五荣两手向赵当儿一拱，说声："兄弟，你慢慢喝，我有事先走了。"

这赵当儿只顾喝酒，全不理会杨五荣，见杨五荣起身要走，说声："不送，你慢走"，依然喝他的酒。

杨五荣回到村上，没顾得上回家，就先到杨同范家去了，向杨同范报告，一进门就喊："同范哥，找到了，找到了。"

"找到了什么啦?"杨同范从里屋出来问道。

"找到了涂如松埋葬巧姑的坟墓了。"杨五荣说。

"是吗？在哪里?"杨同范一听，高兴极了，急切地问道。

"在九口塘的一个菜地边上，那儿离涂家边不远。"杨五荣回说。

"当然，他既然害死巧姑，怎能把尸首运很远呢?"杨同范说完，停了停又说，"那你先回家好好休息休息，明天一早咱再到县衙去告他。"杨五荣听了，说了声"得嘞"，转身就回家了。

第二天一大早，杨五荣和杨同范就起来，一同进城，因为有了证据，两人心情特别舒畅，脚下步伐轻快多了，不多时即抵达县城，直奔县衙。来到县衙门口，杨五荣熟练地上前敲响了堂鼓。只听得"咚咚咚……"几声鼓响，里面就传出"何人击鼓"的问话。杨五荣答道："喊冤人杨五荣!"不一会儿，里面即传出"升堂"与两边衙役的"威武"声。随后衙吏呼唤"击鼓人上堂"。杨五荣、杨同范二人应声而入。上得堂来，杨五荣熟练地往前一跪，杨同范依然站在后面。

知县汤应求把惊堂木一拍，喝道："下跪何人?"

“草民杨五荣。”杨五荣答道。

“怎么又是你呀！今天你告谁呀?”汤应求问道。

“还是涂如松,他杀害了我妹杨巧姑。”杨五荣回话说。

“有何证据?”汤应求问道。

“我妹杨巧姑的坟墓。”杨五荣回道。

汤应求一听有了杨巧姑的坟墓,心里寻思:一场真的人命官司来了,必须认真对待。不过有了尸证,还必须有人证,便又问道:“有谁为证?”

“当地人赵当儿。”杨五荣回道。

知县汤应求问话完毕,随将杨五荣、杨同范收监,命令捕快将涂如松逮捕归案,同时传唤赵当儿到堂指认作证。

下午,涂如松即被逮捕归案,赵当儿也被传唤到庭。汤应求立即宣布升堂。衙役带上杨五荣、涂如松、赵当儿,令其跪下。杨同范依然站在后面。汤知县把惊堂木一拍,问涂如松:

“涂如松,现有杨五荣告你杀害了妻子杨巧姑,有无此事?从实招来!”

“老爷,小人妻子杨巧姑,已出走多天,遍寻不得,已到县尊大人处申报备案,大人是知道的。现在说小人杀害了自己的妻子,那是天大的冤枉。小人与妻子虽不十分恩爱,但也不是仇人啊,怎么会杀害她呢?”涂如松申辩道。

汤知县把惊堂木一拍,说道:“现有证人在此,你还抵赖!”

“谁?”涂如松问道。

“赵当儿,你把你所看到的情况如实说来,看他还敢抵赖。”汤知县向赵当儿说道。

“是,大人。”赵当儿答应后接着说道,“那是20天前,正月二十五日的早上。我记得那天是大雾,我起来想到人家菜地里拔些萝卜青菜回家吃吃，还没到菜地，就看见两个人影，好像是涂如松和他的好朋友陈文，两人抬着一个包停在菜地边上，然后挖坑，将包掩埋。我看有人在菜地里，就不能拔人家的萝卜青菜了，就回家了。”

汤知县喝问涂如松道：“人家亲眼所见，你还抵赖不成？”

“大人，冤枉啊，那天我和陈文没去菜地，而是一大早就到王廷亮家去了。因为前一天晚上我和陈文赶到五荣哥家，见巧姑不在，猜想可能去王廷亮家了，所以第二天一早我就与陈文赶到王廷亮家去了。大人如果不信，您问五荣哥。那天上午五荣哥也去了，我们在王廷亮家还见到了五荣哥。”

“杨五荣，涂如松讲的是否属实？”汤知县问杨五荣。

“是事实，那天上午在王廷亮家里是见到了如松和陈文。我也是寻巧姑寻到那里的。”杨五荣说。

杨五荣说完，汤知县把惊堂木一拍，喝道：“赵当儿，说话要实事求是，既不能漏掉一个坏人，也不能冤枉一个好人。”

其实，赵当儿是瞎编的，见被戳穿便抵赖道：“大人，那天早上雾大，我没看清。”

正在这时，门外堂鼓又“咚咚咚”响个不停。衙役出去一看，见是一位老者，一身农家打扮，袄裤几处打着补丁，却一脸正气。衙役急忙上前问话：“老者姓甚名谁，因何击鼓？”

“小老二名叫赵正声，是赵当儿的父亲，听说赵当儿被带到县衙问话，故特来自首。”赵正声回道。

“县太爷正在问话哩，你来得正好，就随我上堂吧。”衙役吩咐道。

赵正声随衙役上得堂来往前一跪，衙役上前向汤知县说明了情况，汤知县听衙役一说，随即问道：“下跪老者有何话要说？”

“下跪小老二赵正声，是赵当儿的父亲。我这儿子赵当儿，原是个混混，整天不务正业，好吃懒做，在外面搬弄是非，骗吃骗喝，偷吃扒拿。我也曾对他严加管教，小时候不知打了他多少顿，长大后也曾教训过他许多次，可他就是不知悔改，依旧故我。据说他又对涂如松家的事指手画脚，信口雌黄，惹是生非，故特来自首。我的青天大老爷，赵当儿的话都是胡说八道，大人千万不可轻信。”赵正声一口气把话说完。

“老人家，你且起来回去吧。赵当儿的话是真是假，明天去菜地杨巧姑的‘坟墓’一看便知。”汤知县说完即宣布退堂。

退堂后，汤知县即吩咐师爷通知当地地保，说明天知县大人将带着刑书、仵作去九口塘菜地查勘杨巧姑的“坟墓”，开棺验尸。

第二天上午，知县汤应求、刑书、仵作带着赵当儿、涂如松、杨五荣一帮人员前往菜地。这时正当二月早春，九九艳阳天气，暖暖的太阳照在大地，晒得人懒洋洋的。乍暖还凉时分，春草已长，麦苗青青，油菜刚长出菜薹，蚕豆节节拔高，有的已经开花，一片绿油油的，春意盎然。汤知县是进士出身，文采出众，平时也欢喜吟诗作画，可这时他一点诗情画意都没有了，涂如松杀妻案搞得他一头雾水，一意催促轿夫快跑。约莫过了三个时辰，汤知县一行来到了九口塘。九口塘的地保带着一些乡民也早已在此迎候。汤知县吩咐落轿，地保立刻上前叩头问候。汤知县说声“罢了，起来吧”，就吩咐把赵当儿带上，令其在前面带路。赵当儿领着大家来到了菜地，用手向前一指说：“就这个。”大家顺着他手指的方向一看，三岔路口的菜地边上，的确有个小土堆。

地保一看即笑开了，对着汤知县说：“嗨，我还真以为有坟墓呢！大人，您甭听他胡说，这哪里是什么坟墓呀？这是菜地主人为了防止行路人走到这三岔路口抄近路，通过菜地继续前行，踏坏他家菜地和蔬菜，故而在这路口菜地边上堆上这么一个小土包，不让行人跨入他家菜地。咱这地方不光这里有，许多菜地麦田，凡是三岔路口可以抄近路的地方，都有这么个小土包。不信您可以在这四处随便看看。”说完地保停了停，随后又指着小土包对汤知县说：“大人您看，这土包也不像个坟墓呀，高不过一二尺，宽还不到一尺，长不过三尺，这怎能埋得下一个人呢。这也太小了呀。”

地保说完，几个乡民也都跟着说：“是，是，是……”

汤知县低下头看了又看，也真如地保所说，不像个坟墓。随后他冲着赵当儿喝道：“赵当儿，你说，地保说的对不对？这是不是杨巧姑的坟墓？”

“地保说得对，这不是坟墓。”赵当儿跪下说道。

“那你为什么要对杨五荣说，这是涂如松掩埋杨巧姑的坟墓呢？”汤知县冲着赵当儿喝道。

“那是我想讹他点钱用用，骗他请我吃顿中饭。再说了，我也只是随便一指，谁知他就认定了这小土堆呢！”赵当儿跪着回答道。

“大人，这赵当儿是我们这里有名的混混，整天不务正业，在外偷吃扒拿，骗吃骗喝。他爹差点没被他气死，他的话不可信。”地保停了停继续说道，“要不这样，大人，您来也来了，干脆把这小土包扒开，看个究竟，要不您回去了，心里也不踏实呀，以后要是有人再这么说，您又得再跑一趟，是不？”

“好吧，扒开！”汤知县吩咐道。

于是几位乡民找来几把铁耙，对着小土包就扒，没几下就见了个底，汤知县一看，正如地保所说，什么也没有。汤知县回过头来对着赵当儿、杨五荣说道：“赵当儿、杨五荣，你们看清楚了，里面有没有杨巧姑的尸体？”

“没有，里面什么也没有。”赵当儿、杨五荣齐声答道。

汤知县又对赵当儿说："好小子，你谎报伪证，简直就是戏弄本县，回去得好好治你的罪。"说完随即对地保和乡民们说："乡亲们，谢谢你们了，都回去吧。"然后宣布打道回府。

回去后，汤知县一面宣布将杨同范革去"生员"功名，以示对称霸一方包揽词讼者戒；同时责令将赵当儿责打40大板，令其父亲把他领回严加管教，并嘱咐衙役说："必须打疼他，让他长点记性，吸取教训，以后改邪归正，重新做人，但是又不能打得太重，打太重了，一旦打伤，变成残废，没人养他，这就糟了。"

衙役心领神会，将赵当儿痛打40大板，边打边问："以后你还谎报伪证吗？还偷吃扒拿骗吃骗喝吗？"赵当儿疼得像杀猪般嚎叫，连连认错，说："以后再也不敢了，一定痛改前非，重新做人。"随后，赵正声即把赵当儿领回家。

然后，知县汤应求因无证据，遂将涂如松也释放了，令其在家听候传讯。

三一　署理湖广总督　平反麻城冤狱(四)

再说这杨同范被革去功名以后，没有了这“生员”头衔，再也神气不起来了，在家里闷闷不乐。杨五荣没有了杨同范撑腰，等于失去了主心骨，不知如何是好，也在家里闲逛。直到有一天王廷亮来找杨五荣，告诉他说：“巧姑找到了，她没死，活得好好的哩！”

杨五荣一听说巧姑没死，这兄妹亲情溢于言表，甭说有多高兴，急忙抓住王廷亮的手问：“老叔，在哪里？”

“在我老婆堂嫂，也就是她侄儿冯大的婶母家，叫你去领哪。”王廷亮说完，杨五荣也顾不得叫王廷亮坐下歇息，喝点水，就一把拉着王廷亮的手，要王廷亮赶快陪他去冯大婶母家领杨巧姑。

杨巧姑怎么会到冯大婶母家去的呢？这就说来话长了。原来正月二十四那天下午，杨巧姑与涂如松在家拌嘴以后，在家闷坐了一会儿，越想越气，就想到王廷亮家，向干妈倾诉一下，于是就独自出走，谁知傍晚时，在快到王廷亮家的路上遇见了冯大。

这冯大本来就恋上了巧姑，而被他姑妈姑父打住了，这时见到了巧姑，一把上前拉住她，忙问道：“巧姑，这么晚了，你到哪里去？”

“到我干妈家去呀！”巧姑答道。

冯大知道，她说的“干妈”就是他姑妈，接着问道：“怎么，出了什么事,这么晚了还去找我姑妈?"

巧姑见问,就把下午与涂如松母子二人发生口角的事全告诉了冯大。这冯大本来就巴不得他们夫妻不和,他好插手,一听这事,就火上浇油,挑拨离间地说:"这种臭男人要他干吗?既然他不喜欢你,那就不要回去了,我帮你另外找一个好婆家。"冯大说完,见巧姑毫无反应,又进一步说:"你看,今天已经晚了,就住在这里吧,明天再到我姑妈家去。"

"你家又不能住,我住在哪儿啊?"巧姑知道,这时冯大父母早已去世了,冯大已经成为一个光棍汉,显然是不能住在他家的。

"住在我婶婶家里呀,我婶婶是个老寡妇,一个人住,住在她家多方便啊,你想住多久就住多久。再说了,我婶婶长期一个人住,怪孤单的,你去了和她说说话,她肯定是很高兴的。"冯大点着头肯定地说。

巧姑听了点点头。冯大见她同意了,就把巧姑领到他婶母罗氏家中,对罗氏说:"婶婶,你看巧姑来了,这么晚了,住在我那里不方便,想在您家暂时借住几天。"

罗氏还以为巧姑是走亲戚来看望冯大的,考虑冯大是个单身汉,一个年轻女子住在他家也的确不方便,就同意了。这样巧姑就在罗氏家中住下了,而且一连住了几天,冯大天天陪着她玩,没有想要离开的样子。后来罗氏有事要回娘家去,心想你住就住吧,我走了反正家中无人,就对冯大说:"老大,我到我娘家去有事,我把锁和钥匙给你,巧姑走的时候,不要忘记帮我把门锁上。"

"行,婶婶,您放心去吧。"冯大喜出望外地答道,遂趁此机会对巧姑实施了奸宿。

罗氏在娘家住了约莫月余,回家一看,想不到巧姑仍在家中,即把冯大叫来训了一顿,说:"你把巧姑留在这里一个多月,她婆家不急死人吗？你这已经是犯了窝藏罪了，难道还想霸占人家妻子不成？”说完罗氏就气鼓鼓地去王廷亮家，叫王廷亮通知杨五荣，来把巧姑领回家。

第二天杨五荣即来把巧姑领回家，并把冯大训斥了一顿，说：“你把巧姑窝藏在这里，我们四处找得好苦，两家为这还打上了官司，火起来我就把你告官去。”

这时冯大自知理亏，忙不停地打躬道歉，连连说道：“对不起，五荣哥，我错了，我错了……”说着就跑回家摸出八两银子塞进杨五荣的口袋，边塞边解释说：“我家中就只有这点，全给您了，请多多包涵。”

杨五荣本来一脸怒气，见到银子，便不说话了，拉过巧姑的手说道：“走，巧姑，咱回家，不理这小子。”说完，拉着巧姑转身就走。

可杨五荣领着巧姑并没有直接回家，而是径直到了杨同范家，进门见到杨同范就说：“同范哥，巧姑妹找到了。”巧姑低着头也喊了声“同范哥”。

杨同范突然见到巧姑，先是怔了一下，然后说道：“找到就好，找到就好……”说着说着，他眼珠子一转，把手一扬，说道：“五荣弟，不急，巧姑暂时还不能露面。咱没有撤案，官司还没有结束呀！我的功名已经被革，如果巧姑露了面，那就等于承认我们是诬告了，这样不仅你犯了诬告之罪，我的功名被革也是活该。咱可不能承认诬告，我的功名也不能白白被革。”

“那怎么办？”杨五荣不解地问道。

“这样吧，巧姑暂时就住在我家。我在后面库房辟出一间静室，给巧姑住，一日三餐由我来供给。咱得把这场官司打下去，直到打赢，把我的功名也挣回来。明天你还得出去寻找尸骨，寻到新的尸骨，就一口咬定是巧姑的，我再施点银两，不怕他不定案。”

这时杨五荣真是一点主张都没有了,全听杨同范摆布,听杨同范说了这些话,说了句“那好吧,巧姑,你就住在同范哥家吧”,说完转身就走,把巧姑留在了杨同范家。从此杨五荣就像着了魔一般,整天在外面转悠。有一天,在赵家沟河滩上,一群野狗刨出了一具腐尸,杨同范得知后,立即叫杨五荣去认尸,就说是杨巧姑的尸骨,然后到县衙去报案。他自己则到县衙上下打点打点,塞了 100 两银子给仵作李荣,请李荣验作女尸,就说是杨巧姑的尸骨,被李荣当场拒绝。不过李荣知道,这杨同范是个阴险毒辣的地方一霸,不好惹,因此话说得非常巧妙,既不得罪杨同范,不使他觉得没面子,又委婉地拒绝了他的银子,说:“杨老爷,您把这 100 两银子收起来,我要是收了您的银子就不好说话了,不收您的银子,反而好说话。”

杨同范听了,误以为李荣领了他的情了,愿意帮他的忙,只是银子暂时不能收,收了银子怕人家说闲话,觉得这样也对,就暂时收起银子,事后再谢,说道:“那就请您帮忙了,事后必有重谢!”

李荣回说:“好说,好说!”

杨同范听了说声“谢谢”,就转身回去了。

汤知县听说杨巧姑的尸骨在赵家沟河滩找到了,心想,这可是一场人命官司,马虎不得,于是立即打起精神,下令去通知赵家沟当地地保,说明天上午汤知县将率领刑书、仵作去赵家沟河滩验尸,要地保带着乡民们在赵家沟河滩与他会合,会同验尸。

第二天,汤知县他们一早就出发,去赵家沟河滩验尸,可刚出发不久,才行了三五里路,突然狂风大作,乌云密布,雷电交加,不一会儿就下起了瓢泼大雨。汤知县他们淋了一身的雨,只得暂回县衙,决定待天晴了再去验尸。可雨一直下了两天,两天后,待汤知县一干人马来到赵家沟河滩现场时,发现尸体已高度腐烂,再经过一场雨水的冲刷，已经面目全非，难以辨认，只捡得一大堆骸骨，不过从尸骨的颈骨和脚趾骨来看，李荣判定为一具男尸，而非女尸，乃报告汤知县道：

“大人，您看，这尸体已高度腐烂，已难以辨别是谁了，但从这尸骨的特征来看，显然是一具男尸。一、从颈项骨来看，您看这里突出，显然是个喉结，只有男性才有喉结，女性是没有喉结的。二、从整体来说，这具尸骨不大，个子与女人差不多高，但这双脚却特别大。现在的女子都包小脚，脚骨特别小，而且脚背骨是弓起的，脚趾骨特别短小。您看这脚骨那么大，且平直不弓起，五个脚趾骨都那么长大，显然是男性而不是女性。可见不是杨巧姑的尸骸。”

刑书李献宗遂将李荣的验尸报告一一记录在案，汤知县也随即宣布：“这是具男尸，而非女尸，因此不是杨巧姑的尸骨。”然后汤知县令地保率乡民们将这些尸骨收集起来，重新入殓棺木之中，埋回原址，并钉入一根小木桩作为标记。

听说知县大人来这里验尸了，周围村民一传十，十传百，纷纷前来观看。仵作李荣在验尸的时候，大家都屏住呼吸，不敢作声。待验完尸，汤知县宣布了验尸结果后，突然一名老头站出来说话了：“嗨，这不是我家那短命的卢齐公的坟墓嘛！”

汤知县听到有人说话，便指着说话人问地保：“言者何人？”

“本村村民黄达观。”地保一面回答，一面唤来黄达观，说：“达观老爹，知县大人有话要问您哪！”

黄达观来到汤知县面前，下跪施礼道：“草民黄达观，向大人请安。”

“不必客气，你起来，我问你，我刚才听你说这坟墓的主人叫卢齐公，而且你说是你家的卢齐公。那么我就要问你了，这卢齐公是你家什么人呢？为什么你姓黄而他姓卢呢？”汤知县不解地问道。

黄达观见汤知县问起这根源来了，急忙回道："卢齐公是邻村卢姓人士，从小父母双亡，在外乞讨，七八岁时在我家门口乞讨。当时我见他可怜，就收养为书僮，后来见他勤劳，手脚麻利，就收为养子，可惜到十四岁就早夭去世了。我就把他收殓葬在了此地，不承想被杨家当成杨巧姑了，真是阴差阳错。"黄达观一边说着，一边无可奈何地摇着头。

这里杨同范听汤知县宣布是具男尸，而非女尸，眼看自己的阴谋就要泡汤，立即唆使他带来的几名地痞流氓和少数不明事理的杨姓乡民，哄闹现场，胡说"仵作李荣收受了涂家的贿赂，弄虚作假"，一些杨姓乡民还追打黄达观，说他"收了涂家好处，来冒认尸骨"，吓得黄达观四处躲闪。地保花了好大的精力才把这场骚乱平息下去，护送汤知县等人回县衙。

湖广总督迈柱听说在麻城知县汤应求验尸的现场出现骚乱，认为汤应求办案不力。这时恰好广济县试用知县高人杰前来拜谒。这高人杰原系监生出身，三四十岁，分发湖北广济县任试用知县。此人好说大话，自吹自擂，且一贯欺上压下，对上阿谀奉承，吹捧拍马，尤擅察言观色，揣摩上司心理。这时他看迈柱表现了对汤应求极大的不满，骂他笨蛋，立马大话连篇，说："嗨，几个乡民还不好对付嘛，恩威并重，先给他们几下杀威棒，然后好言相劝，还不乖乖地任你摆布！"

迈柱听了，非常赞同高人杰的观点，觉得此话有理，简直说到他的心坎上了。于是转身对高人杰说："哎，你去怎么样？你现在不是广济县的试用知县吗？只要你愿意，我立马委你为署理麻城知县。"

"只要大人需要，下官万死不辞，决不让您老人家失望。"高人杰拍着胸脯说道。

“那就让你去。”迈柱说完立即签发调令，委任高人杰署理麻城知县，汤应求卸任，另行安排新职。高人杰接到调令后，立即回广济县办理好移交手续，然后走马上任，来到麻城县任署理知县了。

杨同范得知汤应求已经卸职，麻城县令已换成高人杰，立即策划新的阴谋，指使杨五荣说：“现在麻城换了新的知县，你再去控告涂如松杀害妻子杨巧姑，并把知县汤应求、刑书李献宗、仵作李荣一并控告在内，指控他们受贿，包庇涂如松，为其开脱罪责。”说完他还恶狠狠地自言自语道：“汤应求，你革我的功名，老爷我今天要摘你的顶戴，革你的职。”

于是高人杰一上任，杨五荣就去控告涂如松杀妻，以及汤应求、李献宗、李荣受贿，包庇涂如松。高人杰立即受理，逮捕涂如松，并将汤应求、李献宗、李荣一并收监，立马升堂。只见高人杰高高坐在大堂之上，背后悬挂着“明镜高悬”的大匾，下面跪着被告涂如松和原告杨五荣、杨同范。这时杨同范已没有“生员”秀才的功名了，所以只得与杨五荣一起乖乖地跪在下面。高人杰把惊堂木一拍，喝道：“下跪何人？”

“涂如松。”“杨五荣。”“杨同范。”他们三人依次通报了自己的姓名。

高人杰又把惊堂木一拍喝道：“涂如松，杨五荣和杨同范告你杀害了妻子杨巧姑，你说，你是如何杀害妻子杨巧姑的，如实招来，免得吃皮肉之苦。”

“老爷，小民委实没有杀害妻子杨巧姑，只是在今年正月二十四日那天中午，与她拌了几句嘴，后来她趁小民不在家的时候，就独自一人出走，至今未回。小民和村民们四处寻找，至今都未找到。五荣哥也曾帮小民一起找过，不信，大人可问五荣哥。”涂如松申辩道。

“你说出走，难道有出走快年把都不回家的吗？分明是你杀害了杨巧姑，还不承认。我来替你说吧！你们夫妻原本感情不洽，你遂生厌恶之感，将其杀死，另娶新欢，是也不是？老实交代！”高人杰说完，把惊堂木一拍，喝道：“说！”

“我的青天大老爷，小民真的是冤枉啊！”涂如松仰天长叹道。

“冤枉，冤枉，为什么不冤枉我，不冤枉他？”高人杰用手指指在一旁作记录的书办，而后又回过头来说，“单单就冤枉你呢？”

“小民真的冤枉，这，这……真的是跳进黄河都洗不清了。”涂如松拍打着地砖急切地说。

“你还犟嘴，喊冤枉，不动大刑，谅你也不会老实交代。”说完高人杰即喝道：“拉下去，痛打40大板。”然后拿起令牌往地上一扔。

高人杰一声令下，衙役们如虎狼一般，拉起涂如松就往外拖，只听得外面衙役申报打板子的声音，“一，二，三，四……”，以及涂如松“冤枉啊，冤枉……”的叫喊声，直打得涂如松皮肉绽裂，鲜血淋漓。打完了，衙役又把涂如松拉了回来。这时涂如松已支撑不住，不能跪定，只得瘫卧在地上。高人杰把惊堂木一拍喝道：“涂如松，这会儿应该老实交代了吧。”

“冤枉，冤枉啊，老爷……”这时涂如松已无力大声说话，只是低声地呻吟道。

“还不老实，好，上拶子。”高人杰一声令下，衙役立即把拶子拿来。高人杰高喝一声：“上刑！”两名衙役立即把涂如松十个手指拶了起来。只听得“啊”的一声，涂如松当即昏迷了过去。

“报告老爷，犯人已昏厥过去了。”两名衙役报告说。

“用冷水把他激醒。”高人杰吩咐道。两名衙役又端来冷水，分别用嘴含水，轮流喷洒在涂如松的脸上，不一会儿，涂如松苏醒过来。

“这么个彪形大汉，连这点刑罚都禁不起，算了，下次再审。”说完高人杰就宣布“休庭退堂”。

说着，高人杰随即起身转往后厅。杨同范立即起身凑上去，满脸堆笑地献计说：“大人，此案的审理能不能分两步走，一方面进行庭审，让涂如松老实交代其罪行，同时进行验尸，如涂如松不老实交代，就把验尸的铁证摆在他面前，迫使他不得不承认。即使他不承认，只要证据确凿，也可以定案，定他的罪。”

高人杰听到有人同他讲话，便随口问了一句：“你是谁呀？”当听了杨同范的这一番建议以后，心想这小子倒是打官司的老手，比我还老到凶狠，便回头对杨同范上下打量了一下，随即恍然大悟道：“哦，你不就是刚才下跪的原告杨同范吗？”

“是是是，大人，草民就是杨巧姑、杨五荣的堂兄，也是原告之一，原本也是生员，因为在涂如松杀妻这个案子上，揭发了前知县汤应求受贿，而被汤应求革去了功名。”杨同范编了个谎言，自我介绍说。

高人杰一听，是汤应求的对手，兴趣就来了，满口答应说：“行，行，行……我们明天就去重新验尸，噢，就后天吧。”

杨同范见高人杰接受了他的建议，上了自己的圈套，立即回去布置，一面吩咐他的党羽和少数杨姓乡民，在高人杰验尸的时候，帮助维持秩序，特别是不能让黄达观和地保等人胡乱说话，要派几个人围住黄达观和地保，以防他们胡言乱语；同时他自己则拿出100两纹银，去贿赂仵作薛必奇。薛必奇开始推托，说：“无功不受禄，说吧，求我有什么事？”

杨同范狡黠地说：“非要有事相求才给吗？难道就不许与大人交个朋友？”

薛必奇说：“你倒挺会说话的，说，到底想干什么？”

这时杨同范笑着道出了自己的真实意图:"只是请求大人把尸体验作女尸,并说肋间有刀伤,证明是被涂如松杀死无疑,务使涂如松杀妻案坐定坐实。"停了停又说:"请大人放心,待结案后,另有酬谢。"

薛必奇听到结案后还有酬谢,便满口应承,表示"绝不辜负您的厚意"。

第三天,按议事日程,高人杰即带着仵作薛必奇和数名衙役前往赵家沟河滩去验尸了。待到达赵家沟河滩时,这里早已聚集了一群人。这些人都是杨同范安排好的党羽和部分杨姓乡民。当地人都知道这是杨家的诬告,不愿来凑热闹,只有地保和黄达观二人到场,因为知县大人前来验尸,作为当地最低一级的基层负责人地保不能不到场。至于黄达观,他是坟墓真正的主家,当然也得到场看着。

高人杰落轿以后,地保立即上前施礼。高人杰头都没抬,只是"嗯"了一声,地保立刻退回原处。这时杨五荣立即跑来,将高人杰领到上次已经验过尸的卢齐公的墓前。

高人杰来到墓前,说:"噢,这就是掩埋杨巧姑的坟墓。"然后吩咐几名衙役说:"扒开,然后把棺木打开。"说完就令人把他的椅子搬到一处高地,坐在椅子上,离得远远的,生怕尸体的臭气熏着他,坐在那里远远地看着。

棺木打开以后,薛必奇前往验尸,只见他洗完手,在手上涂抹了一些液体,捂上鼻子,一边检验尸骨,一边说:"颅骨一颗,完整。上肢一副,完整。胸腔,左右肋骨,均有刀伤。下肢一副,完整……女性,是一具女尸。"

验完尸,薛必奇上前报告说:"大人,是女尸,左右两肋均有刀伤,系钢刀从胸部连刺两刀,刺破心脏而亡。"

薛必奇报告完毕，高人杰即打道回府。回到县衙，高人杰心想，光有验尸报告还不行，这只是尸证，还必须有物证，既有刀伤，还必须有钢刀作为物证，这样就尸证物证俱全，不怕他不承认了。于是他立即派衙役前往涂如松家搜查。在涂家搜出一把钢刀，这原是涂如松打猎剥兽皮时使用的，可高人杰得到这把钢刀，就把它作为涂如松杀人的凶器了。这下高人杰信心更足，第二天一早就宣布升堂。高人杰上得堂来坐定，随着两边衙役一阵“威武”声，他把惊堂木一拍，喝道：“带杀人犯涂如松！”衙役随即把涂如松押来，令他在堂前。

高人杰开口说道：“涂如松，本县前日到赵家沟河滩检验了杨巧姑的尸体，仵作验尸证明，杨巧姑确系被人杀死，胸前肋骨有两处刀伤。”然后他命师爷把从涂如松家搜出的钢刀往涂如松面前一扔，问他：“涂如松，你说，这是什么？”

涂如松一看，认得这是他平日里打猎，用来剥兽皮的那把钢刀，说：“这是我的钢刀，怎么会在这儿？”

师爷说道：“这是昨天从你家里搜出来的，是你的杀人凶器。你说，杨巧姑是不是你杀死的？”

原来涂如松还不相信杨巧姑已死，这时听高人杰说在赵家沟河滩检验了杨巧姑的尸体，那就证明巧姑已经死了，而且是被杀死的，嘴里喃喃地说：“怎么？巧姑她死了？是被杀死的？！”随后他向高人杰辩白说：“巧姑不是我杀的，我没杀她。这把刀是我打猎时，用来剥兽皮的，我没拿它去杀过人。”

“尸证物证俱全，你还不承认，看来不动大刑，你是不会交代的。来，大刑伺候！”

高人杰一声令下，几名衙役把涂如松拉到行刑室。只听到里面涂如松“啊！啊！”的两声嚎叫，下面就没有声音了。衙役出来报告说:“犯人已昏迷过去了。”

“用冷水把他激醒,拉上堂来。”高人杰吩咐道。

衙役随即用冷水将涂如松激醒,拉上堂来。这时只见涂如松遍体鳞伤,鲜血淋漓,两脚的踝骨均已暴露在外,已经气息奄奄。高人杰又把惊堂木一拍,喝道:“涂如松,你还敢抵赖吗? 快快如实交代。”

这时只见涂如松嘴角抽搐了几下,书办放下记录,立即过去听他说些什么,结果什么也没听到,就抓住他的手往记录纸上按了个手印,就算已经招供。其实涂如松已经不省人事,什么也没说。不过后来正式向他宣布罪状时,他也的确认罪了,一是他感到既然巧姑已经死了,他活着也没意思了;二来他已经被折磨得遍体鳞伤奄奄一息了,再也经不起大刑折磨了,与其这样受罪,还不如早些服刑死去算了。

涂如松杀妻案判定后,高人杰开始审讯汤应求、李献宗、李荣受贿案,而且还带上了一名叫蔡灿的生员。

这蔡灿,只因杨五荣、杨同范兄弟诬告涂如松杀妻,使涂如松蒙受了不白之冤,涂如松母亲许氏就告杨家兄弟诬告之罪,可无人为她书写诉状,蔡灿就自告奋勇为许氏书写了诉状,所以杨同范就勾结高人杰,把蔡灿也一起罗织进来。

高人杰宣布升堂,喊道:“带汤应求、李献宗、李荣、蔡灿、涂如松!”衙役即刻把汤应求、李献宗、李荣、蔡灿、涂如松带上。五人上得堂来,汤应求因是知县,虽已停职,但未被削职,高人杰还算客气,准备了一把椅子,让他坐在一旁。而李献宗、李荣、蔡灿、涂如松则纷纷跪在堂前。高人杰对汤应求、李献宗、李荣说道:“今有杨五荣、杨同范告你们三人收受涂如松贿赂,包庇涂如松。现在你们分别交代各自的犯罪事实吧。”

汤应求首先开口道:“本人已经为官八年,做过两任县令,现在是第三任,从未收受过半分贿赂,这是有目共睹的。由于杨同范长期包揽词讼,横行乡里,恶霸一方,本官革去了他的‘生员’功名。他怀恨在心,伺机报复,诬告本官。”

李献宗接着说:“我与涂如松从不相识,更谈不上交往。上次赵家沟河滩验尸记录,完全是根据李荣的验尸结果做的记录,完全实事求是,涂如松无需贿赂,我也没有受贿。”

随后李荣说道:“在赴赵家沟河滩验尸之前,杨同范杨老爷倒是硬要塞给我 100 两银子,我当时就对他说,我不能接受您的银子,我要是接受了您的银子,就不好说话了,他就把银子收回去了。杨老爷是我们麻城有头有脸的人,他的银子我都不要,怎会收受涂如松的贿赂呢? 更何况涂如松是个贫苦农民,与我毫无关系。”

“证人就在你们面前,你们还不承认,那我就叫证人出来作证了,到时你们不要怪我铁面无情。”说完高人杰就对涂如松喊道:“涂如松,你说,你是如何贿赂汤知县和李献宗、李荣的?”

“大人,我是一个农民,不过种二十来亩田地,一年所收除了缴纳田赋,仅能糊口,平时还得上山砍柴,挑到集市上售卖,补贴家用,要改善生活,就上山打猎,抓些野兔野鸡,獐子狍子,或下河捕捞些鱼虾,哪有闲银贿赂?”涂如松跪着说道。

“看来不动大刑,你是不会交代的。”高人杰说完喊道:“大刑伺候!”

“别,别,别……我说我说。”涂如松连连说道。可接着他又说道:“咳,我说什么呀? 大人,我的确没有贿赂呀,我不能冤枉人家。做人要讲天地良心的呀,怎好冤枉人家呢?”涂如松无可奈何地分辩道。

“拉下去打 40 大板!”高人杰一声令下,衙役立即把涂如松拉下去打了40大板，直打得涂如松体无完肤，满身血糊糊的，打完拉回来继续审讯。

“讲，你贿赂了汤应求他们多少银两?”高人杰恶狠狠问道。

“大人，您想想，我哪来那么多的银两啊? 这银两又不能从天上掉下来，我出去偷也偷不到。”涂如松发急地说道。

“你还狡辩，不老实交代，让你尝尝火烧赤链的味道。来，上火烧赤链!”高人杰把惊堂木一拍，一声令下，衙役们立即抬上一根烧得通红的铁链。

“把他按住跪上去!”高人杰的话音刚落，两名衙役拉起涂如松往铁链上一按跪下，只听得“哧”的一声，冒起一股青烟，大堂上立即弥漫一股烧焦肉的煳味。涂如松“啊”的一声，当即昏厥过去。衙役拉起涂如松往地上一扔。这时涂如松已失去知觉，跪立不住，瘫倒在地上，膝盖上烧焦的肉向外绽开，膝盖骨已暴露在外。

“用冷水把他激醒。”高人杰指令衙役说道。衙役们随即把冷水往涂如松脸上一喷。涂如松“哦”的一声醒来，瘫坐在地上，感觉膝盖钻心般的疼痛。

“说，涂如松，你有没有贿赂?”高人杰喝令道。

“有，有，有……”涂如松心想不能再实事求是，只能违心地顺着他说了，所以连说了几个“有”字。

“那贿赂汤应求多少?”

“不知道。”涂如松刚说了这三个字，心想高人杰肯定不满意，又要上刑具了，立即改口说：“这，这，这，咳，记不起来了。”心想这高人杰肯定还是不满意，没等高人杰发话，马上补充说：“大人，您要我说多少好呢? 我一定按照您的意思说。”

涂如松这句话堵住了高人杰的嘴。只听高人杰“嗯”的一声，师爷心领神会，立即对高人杰说：“大人，这贿赂多少的事，还是由小吏我来审理吧，您去歇息。”

高人杰顺水推舟，说声“好吧”，随即转身到后厅去了。这里师爷即走到涂如松身边蹲下，涂如松着急地对师爷道：“老爷，我委实没有贿赂呀。”

“那你这个案子通不过呀，你还要吃大亏，上刑。”师爷说。

一听说上刑，涂如松就害怕了，连忙说：“我承认，我承认。那我该说多少好呢？”

“说多了，那不可能，人家也不信。说少了也不行，我看这样吧，就说贿赂汤知县 500 两，李献宗、李荣各 100 两，这样看起来有点像，你也好过关。反正这场官司不打到这份上，高大人是不会息的。”师爷说道。

“好吧，那就照老爷您的意思办。”涂如松点点头说。

师爷说：“那你在这上面画个押，我就在案卷上照刚才说的写。”

“行，谢谢老爷。”说完，涂如松就在记录纸的空白地方按了指印，画了押。

“老爷，涂如松交代了。”师爷高声喊道。高人杰随即从后厅转来，说道：“交代啦，怎么交代的？”

“贿赂汤知县 500 两、刑书李献宗 100 两、仵作李荣 100 两。”师爷说。

“这好嘛！早点这么交代不就结了，非得要动大刑。”高人杰说完，随即宣布退堂。

高人杰得到了涂如松对汤应求、李献宗、李荣受贿的指认，第二天便专门对他们四人进行审讯，宣布升堂。高人杰坐上正堂，把惊堂木一拍，高喊：“带犯官汤应求和李献宗、李荣。”衙役随即把汤应求、李献宗、李荣带上。高人杰依然让汤应求坐在椅子上受审，然后喝令李献宗、李荣跪下。开始时他依然客气地说:“今有杨五荣控告三位收受贿赂,包庇杀人犯涂如松,那就请三位如实交代所犯事实吧。”

汤应求依然首先开口:“杨五荣是受其堂兄杨同范指使,而杨同范是本地一名披着生员外衣的地痞流氓,一贯包揽词讼,为非作歹,欺压百姓,大人,他的话不可信。”

“杨五荣、杨同范的话不可信,难道涂如松的交代也不可信吗?”高人杰问道。

“涂如松是屈打成招,你们这是草菅人命。”李献宗愤愤不平道。

“你们检验的赵家沟河滩那具尸骨,根本不是女尸。我检验过,分明是具男尸。女尸应该有头发,请问那棺木里有头发吗?女尸应该有裙裤,那棺木里有裙裤吗?女尸应该是小脚,那尸骨分明是一双大脚,怎说是女尸。你们这是有意弄虚作假,嫁祸于人,不是草菅人命又是什么?收受贿赂的不是我们,而是你们自己。”李荣振振有词地怒斥道。

李荣的诉说击中了高人杰的要害,说得高人杰哑口无言,恼羞成怒,高声吼道:“你们这是咆哮公堂,来,拉下去打!”

高人杰话音刚落,一群衙役立即把李献宗、李荣拖出去重打。只听得一五,一十,十五,二十……一直打到40大板,两人均已皮开肉绽,遍体鳞伤,鲜血淋漓,气息奄奄了。衙役汇报说:“大人,不能再打了,再打就没命了。”

这时高人杰气犹未消,恶狠狠地说:“再打!”衙役们又继续打,一直打到80下时,李荣已毫无气息,一动不动了。李献宗也仅存一息。衙役回报道:“李荣已死于杖下。李献宗仅存一息。”

“把李荣拉出去埋掉,把李献宗拉回,用冷水把他激醒,让他交代。”高人杰吩咐道。衙役们依言而行，把李献宗拉回激醒。高人杰问道：“李献宗，你有没有受贿？”

“有。”李献宗以微弱的气息小声说道。

“受贿多少？”高人杰问道。

“我记不得了，银子是涂如松送的，涂如松应该知道，他说多少就多少吧。”李献宗回道。

“涂如松说是 100 两。”高人杰说。

“那就是 100 两。”李献宗回道。

“让他画押！”高人杰吩咐说。师爷即把记录纸给李献宗按指印画押。然后高人杰皮笑肉不笑地对汤应求说：“汤大人，您呢？您总不需用刑吧？”

汤应求看到了这一幕，心想自己若坚持原则，拒不承认，也免不了这一顿酷刑。自己已届半百了，经不起这顿酷刑了，还是顺着他的意思承认吧。不过，他说得很巧妙：“既然他们都有，能少得了我吗？”

“那您受贿多少？”高人杰问道。

“我记不得了，银子是涂如松送的，当然他记得最清楚了，您问他吧，他说多少就多少。”汤应求说道。

“他说 500 两。”高人杰说。

“那就 500 两吧。”

“画押！”高人杰吩咐道。师爷也随即将记录纸给汤应求画了押。最后高人杰把眼光落在了蔡灿身上，说道：“蔡灿，你呢？”

“我承认，我承认，我有意包庇，有意包庇。”蔡灿连连说道。

于是汤应求、李献宗、李荣、蔡灿受贿包庇案就此尘埃落定。这样涂如松杀妻案至此本该结案了，但是李荣在堂上的一席话给此案捅出了个大娄子，即此案所赖以成立的基本佐证就是薛必奇的验尸报告。但薛必奇所检验的赵家沟河滩的那具尸骨不具有女性的特征,一没有头发,二没有裙裤,三不是小脚。高人杰为了结案又胡说“尸骨已经换了”,于是又押着涂如松重新找出尸骨。这本来是一宗冤案,无中生有的诬告,到哪里去找真正的尸骨呢?可不找又不行,他们就痛打折磨涂如松。涂如松被他们折磨得死去活来,迷迷糊糊,只得每天领着他们去胡乱地发掘麻城的无主坟墓,结果发掘的不是老太之墓,就是老头之墓,有的仅得到数片朽木,有的连朽木都没有,好不容易挖到一墓,找到了一双足弓鞋,显然是小脚女人,陪同的狱卒大喜过望,可再一看骷髅头上一头的白发,又大失所望。这样一连指认发掘了数十座无主坟墓,都没有找到杨巧姑的尸骨,找不到就痛打涂如松。涂如松母亲看了心如刀绞,心疼自己儿子惨遭如此的折磨,最后实在看不下去了,心想既然如此,不如让他早点死去,为了使儿子免受折磨,少受痛苦,就剪下自己的头发,去掉花白的。李献宗的妻子则找出自己的裙裤,割破手臂,用血染红裙裤,又劈开自己亡儿的棺木,取出亡儿的趾骨,把头发、裙裤、趾骨一起埋在河滩,引他们去发掘。最后终于满足了他们的要求,找到了他们所需的一应物证,就此结案,判处涂如松、汤应求、李献宗三人绞监候,蔡灿斩监候。

三二　署理湖广总督　平反麻城冤狱(五)

高人杰结案上报，迈柱十分高兴，心想汤应求年把都没有查明的人命官司，他去了几个月就查得清清楚楚，直夸高人杰能干，说"真是个能员干将，将来堪为大任"，立即给他转正，题补为天门县实缺知县。高人杰十分感激迈柱，从麻城给他捎去了许多土特产品以表谢意，然后兴高采烈地到天门县上任去了。但是，当案卷上报到黄州府时，黄州知府蒋嘉年一看就觉得此案有蹊跷。一、案卷既称为"涂如松杀妻案"，那涂如松杀妻的动机是什么？案卷没有说明。二、涂如松的杀人现场在哪里？卷宗上也没有讲明。三、涂如松所谓的"杀人凶器"那把钢刀，不是在杀人现场捡到的，而是从涂如松家中搜查出来的，这不足以说明这把钢刀就是涂如松用来杀人的凶器。四、也是最重要的一点，就是验尸报告。同样一具尸骨，前次李荣检验时确认是一具男尸，并无刀伤，待薛必奇检验时却变成了一具女尸，而且左右肋骨均有刀伤。后来又在另一地方发现了头发、染血的裙裤和小脚趾骨。这头发为什么不在骷髅头上，而与裙裤一起出现在另一地方呢？同样，小脚趾骨怎么会与尸骨分开，而与头发、裙裤一起，出现在另一地方？特别是赵家沟河滩尸骨本身有一双大脚趾骨，与后来在另一地方发现的一双小脚趾骨,很显然不是同一人,难道一个人能有一大一小两双脚趾骨不成?这些显然都有伪造之嫌。蒋嘉年当即派黄州府仵作暗中去赵家沟河滩重新验尸。

黄州府仵作验完尸回来报告说:“确是一具男尸,没有刀伤,也没有头发、染血裙裤和小脚趾骨,而是一双大脚趾骨。”这与前面汤应求、李荣的验尸报告是完全一致的,说明该案的侦查显然有假,于是便发回重审。

高人杰听说要发回重审,当即暴跳如雷,为了掩饰自己的错误,硬说尸骨已经被调换。于是迈柱又另派黄陂县知县黄奭中去重审。

这黄奭中原是商家出生,其父经商有道而发财致富,其本人从小聪明伶俐,读书上进,考了个举人,分发当了个知县。因为没有后台,在官场上从不表明立场,而是靠左右逢迎,见风使舵,见机行事,保护自己的乌纱帽,人称猾吏。这时奉命重审涂如松杀妻和汤应求等人受贿案。他心想,此案蒋嘉年明明指出了高人杰的一系列错误,可迈柱非但没有怪罪高人杰、将其处分之意,反而将其转正,充任天门县的实缺知县,分明是有意维护高人杰,维持原判。因此在他接手以后,寻思必须顺着高人杰的路子,维持原判,这样既不得罪高人杰,维持了同僚之间的情谊,又维护了迈柱的面子,博取了上司的欢心。如果实事求是,查出个水落石出,推翻了原判,这不但得罪了高人杰,而且得罪迈柱。这迈柱可是湖广最高的地方大员,掌握着自己命运的上司,这可得罪不起。

当然,虽然维持原判,可样子还是要做做的,所以在他接手以后,便立刻带同仵作去麻城县赵家沟河滩,先验准尸体。可是天不作美,当他赶到麻城时,遇上了一场狂风大雨,山洪暴发,抵达赵家沟河滩时,山洪已将坟墓冲垮,尸骨无存,无法检验了。黄奭中便对高人杰所判涂如松杀妻案的案卷，进行文字加工修饰，以弥补案卷中出现的破绽。为此，他为涂如松编造设置了一个打斗杀妻的现场，就在涂如松家中，胡说涂如松杀妻并非有意，而是误杀。原来在雍正八年(1730)正月二十四日那天上午，涂如松出去打猎，刚打回来一只獐子，下午涂如松正在给獐子剥皮，夫妻俩发生了口角，接着就扭打了起来。在扭打中，杨巧姑去拉涂如松握刀的手。涂如松顺手一甩，不料刺入了巧姑的肋骨。涂如松当时惊呆了，连忙惊呼："巧姑，巧姑，你没事吧。"随即拔出刀子。可当涂如松拔出刀子时，杨巧姑失去了依傍，就倒下了，刚好就扑在他的刀子上，形成了左右肋骨上的两处刀伤。这样涂如松的杀妻动机也有了。这把刀子是在涂如松家里搜出的，自然就在现场了。至于尸骨与头发、裙裤和小脚趾骨分散在两处出现，则把它嫁祸到蔡灿头上，诬蔑蔡灿为了包庇涂如松，不让李荣验出是女尸，就偷偷地把尸体的头发剪下，裙裤扒下，脚趾骨折下，掩埋在另一地方。至于那原尸骨上的一双大脚趾骨，便胡诌说是大水从别处冲来的另一具尸骨的脚趾骨。后来知县汤应求、刑书李献宗、仵作李荣因为涂如松是个大孝子，且其母亲亦已年迈，不忍心将涂如松逮捕法办，就网开了一面，写成原尸骨的脚趾骨。涂如松为报答他们的恩德，乃卖掉了20亩田地，得70两纹银，硬塞给汤知县50两，而非500两；李献宗、李荣各10两，而非100两，以表酬谢。说汤知县受贿500两，李献宗、李荣各100两，那是误传。汤知县、李献宗他们虽然不是有意包庇涂如松，但是这人命关天的大事，应该依法办理。他们收受的银两，虽然不是主动索贿，但是既然收受了银两，那性质就变了，把他们判为收受贿赂，也不为过。

就这样，黄奭中把高人杰案卷中的破绽一一给弥补上了，使案卷滴水不漏，就此定案，通过黄州知府，上报到总督衙门。迈柱一看满心喜悦,夸奖了一下黄奭中,说他能干,随即将案卷转呈刑部报批。

这里,杨同范见官司已经定案,心里一块石头落地了,就叫杨五荣把巧姑领回家去,并告诫他说:"官司虽然已经定案,但刑部尚未发下批文行刑,尚不可大意,巧姑还是不能露面。"

"没事,我们家后墙有个复壁,里面可以藏人,原是上代为了防匪而设置的。巧姑回去以后,正好派上用场,白天就躲在复壁中,晚上出来,这样就没人看见了。"五荣答道。

"行,只要小心就是。"杨同范点头说道。

如此,杨五荣就把杨巧姑领回了家,藏在自家后墙的复壁中,晚上出来回自己房间歇息,数月无事。直到后来有一天,杨五荣的妻子要生养了,系未足月早产,肚子疼了一个晚上,胎儿不能下来。第二天早上天不亮,杨五荣就到杨同范家求救。杨同范说:"这需要产婆帮忙,你先回家照顾你妻子去,我派人去请邻居家产婆。"说完,杨同范随即唤来丫鬟,说道:"五荣家妻子生养了,去请邻居家产婆跑一趟,帮助接生。"

丫鬟领命随即来到邻居产婆家。邻居产婆年龄大,起得早,待丫鬟来到时,产婆家大门已开,正在灶间生火烧早饭呢。丫鬟进去说声"婆婆早",就把刚才杨同范吩咐的话说了一遍。产婆听了连忙点头答应,丫鬟即回家复命去了。

丫鬟走后,产婆洗漱停当,整整衣服,即来到杨五荣家,对杨五荣妻子的身子检查一番后,发现小孩脐带绕颈,衣胞不得下,须有人帮忙掐住产妇的腰下进行挤压,衣胞才能下来。可这一大早的,到哪里去找这年轻有力的妇女呢?急得产婆两手往胸前一挽,来回直打转。杨五荣妻子一听,说道:"咳,三姑不在家嘛!"随即喊道:"三姑,三姑,快来救我!"

这时巧姑刚起来，才回到复壁中，一听嫂子呼唤，不知发生了什么事，立即从里面冲出，抬头一看，不想邻居家产婆竟在眼前，大吃一惊。可这时再想回避，回到复壁中，已无济于事了，反而弄巧成拙，于是灵机一动，干脆扑通一声跪在邻居家产婆面前，请求产婆保密不要声张。杨五荣见状，心里也慌了，随即去向杨同范求教。杨同范得知后，从家里拿来十两纹银，硬塞进产婆袖中，向她不停地摇手，示意请她不要把这事声张出去。

当时产婆没有多想，一心想着让杨五荣妻子快些把孩子顺利生下，当杨同范把十两银子塞进她袖子时，她也没顾得上拒绝。待杨五荣妻子把孩子生下，她吃了红糖鸡蛋，拿了红包回家后，才越想越觉得不对劲，嘴里嘀咕道："不是说巧姑早就被涂如松害死了吗？怎么今天一早就见到了她，那是人还是鬼？不对，明明是人，怎么是鬼呢？还向我叩头，请求我不要声张外泄呢！为此，杨同范还给了我十两纹银呢。这可是我一年都挣不到的那么多钱啊。可这事我能保密不外泄吗？涂如松、知县汤大人，还有李献宗李老爷、蔡老爷，至今他们还都关在死囚牢里呢！为此李荣李老爷还被活活地打死。我要是不说，这要害死多少人啊？"

产婆正在屋里来回嘀咕着，被喂猪回家的儿子看到了，就问："妈，您在嘀咕什么呢？"

产婆见儿子问她，就把在杨五荣家看到杨巧姑之事对她儿子说了。她儿子听了大吃一惊，说道："有这等事？"

产婆说："千真万确！妈这么大年纪了，还瞎说吗？"

产婆儿子连忙说："妈，那赶快报官去呀！"

产婆回说道："报官去，那同范叔这边怎么说呢？虽说他不是你亲叔，那也才出五服呀。还有你那五荣叔，都是我们老杨家一棵树上砸下来的呀！"

产婆儿子听了生气地说:“妈,您别提同范叔了,你看他这辈子做过几件好事?整天和他那些狐朋狗友地痞流氓搞在一起,敲诈勒索,欺男霸女,为害一方。您还说他与我们才出五服哩!那年七月青黄不接之时,我们借了他一石米,到十月,才三个月,就硬要我们还他两石米,加了一倍的利息。还有那年咱爹生病,请郎中看病吃药,借了他家四两银子,第二年冬季硬要我们还十两,我们还不起,就硬把我们东河边的那块三亩田霸去,那可是我们家当家好田啊,讲起来才出五服,就这么狠。再说五荣叔,早几年还勤勤恳恳,吃苦耐劳,家里也慢慢地好起来了,可这几年,整天跟在同范叔后面,只想打官司不干活,自家的田地荒芜了不说,把人家涂如松害得家破人亡,还有那汤知县、李献宗李老爷、秀才蔡灿,一个个都下了大牢,秋季就要问斩了!李荣李老爷更是被活活打死。您看,这些人多冤!我看只有去报官,才能对得起自己的良心。”

产婆儿子这一番话,打动了产婆,她说道:“好吧,那就拿着这十两银子去报官吧。”

“不过,妈,不能我们两个人都去。我们两人都去了,一定会引起同范叔的疑心,说不定还会追上我们,杀人灭口呢!这反而耽误大事。还是我一个人去,带着同范叔给您的那十两银子,假装到集镇上去买菜,即使遇到人问起来也不怕,就说到镇上去买菜,人家也不会起疑心。如果有人问您我干嘛去了,您就说我到镇上买菜去了,这样人家也不会怀疑。”产婆儿子说道。

产婆听了说声“行”,就把怀中杨同范给她的那十两银子给了她儿子,说道:“那你去,早去早回。”她儿子接过银子揣在怀中,说声“妈,那我就去了”,挽个菜篮子就出门了。

产婆儿子来到镇上,把篮子放在菜场店主的铺子里,说声“老板,我先把篮子放这儿,等会儿来买菜”,说完就头也不回地空手走了。菜场店主因是熟人,说声"行",就把篮子放到铺子里面去了。

产婆儿子来到县衙门外,不敲堂鼓,径直走到县衙门口,对门卫说:"小人得知一机要信息,须向知县大人当面报告。"

门卫对产婆儿子上下打量了一番,看他不像是坏人,就进去向知县报告了,得到知县准许后,出来说了声"知县大人有请",就放产婆儿子进去了。

这时麻城知县已换成浙江海宁人陈鼎。浙江海宁陈家是有名的官宦世家,在康熙年间出过宰相陈元龙,清正廉洁,无私奉公。陈鼎也深受祖上遗训,勤政爱民,公正无私。产婆儿子进去见到知县陈大人,就把他母亲早上为杨五荣妻子接生,见杨巧姑从复壁中冲出,见到她就叩头,请求保密不要声张,以及杨同范硬塞给她十两银子,请她保密不要声张外泄的事说了一遍,说完就告退出来,回到镇上买了菜回家。

陈鼎听完报告,知道此案在麻城已闹了三四年了,直到此时尚未了结,既然有了新的情况,觉得事关重大,牵涉四五个人的性命,不可轻举妄动,必须报告中丞巡抚、制台总督大人。于是他立即来到武昌,先把这事报告给湖北巡抚吴应棻。吴应棻说:"此案一直由总督迈柱大人直接管的,这事必须向他汇报。"于是陈鼎又到总督衙门,向迈柱作了汇报。迈柱听了心想,此案拖了三四年,已经好不容易审定,且已上报刑部审批,这时又从横肚子里插上一杠,给自己添乱,因而十分恼火,骂了句"笨蛋"。

陈鼎一听吓了一跳,不知迈柱骂谁,是批评前任在审理此案时,没有把事情干净利落地处理好,结果还留下个尾巴,还是批评自己不该来汇报,因而一时愣在那儿不知所措。这时,迈柱自己也感觉到不该在下属面前发火骂人,马上补充一句说:"还愣在这儿干吗?赶快回去抓人啊,快把人抓起来呀!"

迈柱这句话提醒了陈鼎。陈鼎定了定神，待缓过神来说："那下官就回去抓捕了。"

迈柱点了点头说："去吧。"陈鼎便应声退出，回麻城去了。

陈鼎回衙以后，深感杨巧姑其人关系重大，不仅与好几个人的性命攸关，还关系几个人的官职。因此抓捕杨巧姑必须十分慎重，悄悄地进行，不动声色，一旦泄露出去，走漏了风声，杨氏就有可能被转移出去，藏匿他处，甚或被杀人灭口，那问题将更加严重，将导致此案永不见天日。于是他便以访查娼妓的名义，派遣捕快，在杨五荣毫无防备的情况之下，突击搜查杨五荣家，终于在杨五荣家复壁中抓捕了杨巧姑，押回县衙，同时也将杨五荣、杨同范抓捕归案，关入大牢。

麻城人都知道，涂如松杀妻一案是天大的冤案。涂如松、汤知县、李献宗、李荣、蔡灿他们都是受了不白之冤，可是又没有路径为他们申冤，这时听说杨巧姑已经被抓捕归案，心想这下子好了，不白之冤终于可以重见天日，因而人人拍手称快，在大街上欢呼雀跃，议论纷纷。有的说："涂如松真冤，受了那么重的刑罚。"有的说："汤知县是多好的官啊，为了不使涂如松受冤，自己跟着一起受冤，还被判绞刑呢。"旁边的一位说："李献宗、李荣也都是好人啊。他们为了维护涂如松的清白，验尸的时候实事求是，男尸就是男尸，不像薛必奇那样，把男尸说成是女尸，黑的说成白的，颠倒黑白，结果都受了重刑，李荣还被活活地打死，世上有这道理吗?"还有的说："杨同范、杨五荣无中生有，弄虚作假，诬赖好人，天地不容，必将天诛地灭。"

第二天一早，麻城知县陈鼎就宣布升堂。只见陈鼎端坐正堂，背靠"明镜高悬"大匾，把惊堂木一拍，高喊："带杨巧姑、杨五荣、杨同范!"随后衙役即把杨巧姑、杨五荣、杨同范分别带到堂上跪下。

陈鼎喝道:“下跪何人? 报上名来!”

“小女子杨巧姑。”杨巧姑说。

“草民杨五荣。”“草民杨同范。”杨五荣和杨同范几乎同时说道。

随后陈鼎又宣布:“带涂如松!”

随后,涂如松被带上大堂跪下。陈鼎问涂如松:“涂如松,你认识这三个人吗?”

涂如松转过脸来,端详了一下,大吃一惊,喃喃地说:“她,她,她是草民的妻子杨巧姑。”说完,涂如松又小声地问巧姑:“巧姑,你怎么也跪在这里? 这几年你到哪里去了? 不见你的踪影,你害得我好苦哟! 再晚一点,我就要被砍头,你就见不到我了!”说着就呜呜地哭了起来。

“别哭,别哭,不要只顾着哭,还有两个人你没指认。”陈鼎阻止了涂如松的啼哭。见涂如松没有反应,陈鼎又提高了嗓音说道:“涂如松,本官问你的话,你还没有回答完呢,那旁边还有两个人呢?”

“他们两人以前是我的大舅子,中间的是杨五荣,右边的是杨同范。不过,现在是我的大仇人,诬告我杀害了我的妻子杨巧姑,现在我的妻子杨巧姑就跪在这里,大人,你得为我评评理,我有没有杀害我的妻子? 巧姑,你也说呀,我杀害你了吗?”涂如松又气又急地说。

杨巧姑看着涂如松浑身的伤痕,满身血糊糊的,膝盖骨和两脚踝骨都裸露在外,一时良心发现,抱着涂如松的颈项呜呜地哭了起来,连说:“是我害了你,是我害了你。”

在场的人无不深受感动,许多人都流下了眼泪。

这时陈鼎又把惊堂木一拍,喝道:“杨五荣、杨同范,你们说,涂如松到底杀害了杨巧姑没有?”

“没有,没有,是我们诬告,小的该死,小的该死……”杨五荣和杨同范连连说道。

至此,该案实际已经水落石出,真相大白,陈鼎即呈文上报湖北巡抚吴应棻,报告此案峰回路转的经过,并请求告知处理办法。吴应棻接到报告,立即致函刑部,报告涂如松妻子杨巧姑已经查获归案,涂如松杀妻一案已不成立,将进行重新审讯,原先总督迈柱上呈的“涂如松杀妻案”案卷作废,请求不要核准批转。

然而吴应棻的报告已经迟了,当刑部收到吴应棻的报告时,原先迈柱所定“涂如松杀妻案”的案卷已经核准批转。此后没过几天,迈柱就收到了刑部“同意行刑”的批复文书。在这新的情况下,迈柱自然不敢触犯众怒而行刑,又即刻致函刑部,说情况有变,请求“暂缓行刑”。但迈柱的报告只提出“暂缓行刑”,并没有推翻“涂如松杀妻”的判决结论,实际上他依然维持原判,最后还是要行刑的,只是形势已经变化,时机未到。这与吴应棻的态度截然相反。刑部接到迈柱的公文,感到事情重大,就在乾隆帝第一次早朝时将此案上奏给乾隆帝,这就引来了史贻直署理湖广总督重新审理此案之事。

然而,迈柱的迟疑和顽固坚持,又使杨同范得到了喘息的机会,伺机反扑。他发现,他们兄妹三人虽然已遭逮捕,但迟迟没有判定罪刑,涂如松杀妻案也没有平反昭雪。照理,他们兄妹三人既然已经查获归案,那涂如松杀妻一案就不成立,应该立即改判,将涂如松、汤知县、李献宗、蔡灿平反释放。可涂如松和汤应求、李献宗、蔡灿还依然背负原有罪名,关押在死囚牢中,等待处决。这说明此案并没有完全翻案,还维持着原判。他感觉,此案关键之点在于涂如松妻子杨巧姑的身份,只要巧姑否认自己是涂如松妻子,那涂如松杀妻一案还是可以坐实，翻不了盘，他们就有求生的希望。于是他便与杨五荣暗中指使杨巧姑改变口供，否认自己是涂如松的妻子杨巧姑，利用陈鼎捉拿杨巧姑时打着搜查娼妓之名，指使杨巧姑改称自己是妓女黄鹂英，并为她编了一个虚假的身份故事。杨同范、杨五荣也承认自己犯有窝藏娼妓罪。因为私娼和窝藏娼妓虽然也有罪，但毕竟罪名较轻，不至于砍头；而无中生有，栽赃诬告涂如松杀人，那是要砍头的，所以他们宁可承认私娼和窝藏娼妓罪，也不愿担当诬告罪。这就给陈鼎的审案带来了麻烦和被动，在随后的一次审讯中，当陈鼎叫下跪人报上姓名时，杨巧姑即脱口而出："小女子名叫黄鹂英。"

陈鼎一听大吃一惊，但随即又镇定下来，发话问道："你不是涂如松的妻子杨巧姑吗？怎么现在又叫黄鹂英了？"

"因为小女子长这么大第一次上大堂，上次心里害怕，就顺着大家的意思这么说了。现在想想不应该撒谎，所以就实事求是地报上了自己真实的姓名。"

"杨同范、杨五荣，你们说，她讲的是真的吗？"陈鼎转问杨同范、杨五荣。

"是的，她说的句句都是实话。"杨同范、杨五荣齐声回道。

陈鼎又问杨巧姑："那我问你，你既然不叫杨巧姑，叫黄鹂英，那你家住何方？怎么来到杨五荣家的，为什么要躲在他家复壁之中？如实讲来。"

"小女子家住黄安县黄庄。在我 14 岁那年，我们黄安发了一场大水，房屋全被冲垮，我们一家四口全出来逃荒要饭，后来父母因冻饿而亡，弟弟也走散了。当我要饭要到五荣哥家时，五荣哥见我可怜，问我会不会唱小曲，我说会唱黄梅小调，这样他就把我留下来了。开始时五荣哥对我很好，把我当成妹妹看待。后来同范哥家经常有客人来，五荣嫂子烧饭给他们吃，五荣哥就叫我唱小曲给他们听，给他们斟酒，陪他们玩。后来时间长了，五荣哥怕风声传出去不好，就叫我白天躲在复壁里不出来，晚上出来招待陪客，直到上次陈大人把我捉拿归案。”

知县陈鼎见她说得头头是道，滴水不漏，无懈可击，也无话可说，便转问杨五荣、杨同范：“她说的可是实话？”

“是，是，句句都是实话，一句不假。”杨五荣、杨同范齐声说道。

至此，陈鼎深深感到此案太复杂了，无法再审下去了，就暂时休庭，待理出个头绪再说。

就在此时，该案的错综复杂，扑朔迷离，传到京城。乾隆帝震怒，乃把湖广总督迈柱和湖北巡抚吴应棻先后调离武昌，另简派得力大臣户部尚书史贻直署理湖广总督兼湖北巡抚，重新审理此案。陈鼎得知，便禀准吴应棻，把该案有关的一干人等，通通押解至武昌府狱，等待史贻直来审理。

当史贻直理清了杨巧姑的身世与其曲折的婚姻，以及涂如松杀妻冤案制造的全过程以后，当即宣判道：

“冯大在雍正八年正月二十四日傍晚遇见杨巧姑时，明知杨巧姑为有夫之妇，还假托为她另谋夫家，诱骗窝藏杨巧姑达四十余日。这涂如松杀妻冤案，虽不是冯大直接构陷而成，但是也有因果关系。因此冯大的诱骗窝藏罪不可不罚。另外，冯大好吃懒做，整天不务正业的不良习惯，也必须好好教训一下，为此而判处他：责打 40 大板，监禁五年，让他在狱中好好反省反省，痛改前非，做一个老实规矩、勤劳节俭的诚实人。

“杨五荣本是一名老实巴交的农民，在雍正八年正月底，因接连几天找不到自己的胞妹，一时情急，在杨同范的唆使下，控告了涂如松杀害妻子杨巧姑，这虽有不实事求是之错，但情有可原。可后来从冯大处接回杨巧姑时，就应该把冯大扭送报官，告他诱拐窝藏妇女罪，然后据实撤销对涂如松的诬告。然而他非但没有把冯大扭送报官，撤销对涂如松的诬告，反而收受了冯大八两银子，在杨同范的唆使下，对涂如松百般诬陷，并与杨同范勾结，无中生有，颠倒黑白，诬告汤应求、李献宗、李荣收受贿赂，包庇涂如松，这性质就发生了根本的变化，成为十恶不赦之人，不判以极刑，不足以服人。

“至于杨同范打着生员的旗号，实际上是一个披着衣冠的禽兽，包揽词讼，恶霸一方，欺男霸女，鱼肉百姓，横行乡里，为非作歹。在所谓的涂如松杀妻冤案中，他实际上是一个主使之人，一切的阴谋诡计都出于杨同范之手，因此他应被判处极刑。

“天门知县高人杰，表面上自吹自擂，号称‘精干’，实际上夸夸其谈，徒有虚名，在委任承办本案验尸时，不闻不问，一切听任仵作收受贿赂，弄虚作假，审讯时又心狠手辣，滥施酷刑，惨无人道，屈打成招，构成奇冤。黄陂知县黄奭中，在承办本案重审时，明知前期审讯有错，得知迈柱有意袒护高人杰，为巴结迈柱，罔顾事实，有意编造假象，以深文曲法，使涂如松被诬冤案得以坐实，可见其蛇蝎心肠，虎狼成性。特将高人杰、黄奭中参革，判以绞监候。

“仵作薛必奇收受贿赂，为虎作伥，颠倒黑白，伪造事实，诬陷好人，祸害百姓，处以极刑。

“知县汤应求、刑书李献宗、仵作李荣坚持实事求是，依法审讯，本是好官，反被冤诬，惨遭酷刑，致使李荣死于杖下。现冤案已真相大白，特将汤应求、李献宗释放，官复原职，先回家休养数月，然后择地安置。仵作李荣已遭摧残致死，特从湖北省库公用银两中取出 500 两以作抚恤，让其妻子好好教养小孩，预作人才。生员蔡灿见义勇为，为涂母许氏书写诉状，反被诬为盗换拆革弃尸，现一并开释，预作贡生，届时贡入国子监肄业，预作国家栋梁。

“涂如松一向刻苦务农，勤劳朴实，遭此横祸，受尽折磨，现即刻开释，从本督养廉银中取200两纹银给涂如松，让其回家好好将养，勤俭务农，孝顺母亲。杨巧姑不守妇道，在本案中虽非主动违法，但亦屈从了杨同范、杨五荣的为非作歹，念其最终良心发现，有承认错误、重新做人的表现，且其本人实际上亦系受害人，特从宽处理，将其开释，交涂如松领回家，好好管教，以后务须严守妇道，辅佐丈夫，孝敬婆母，好好过日子。”

史贻直宣判后，向左右两边陪审人员看了一眼说道：“各位大人，你们看如此判定是否可行？诸位是否还有别的意见？”

“大人判决甚当，我等没有意见。”两边陪审人员异口同声地说。

“如果大家没有异议，那本督就将此案发生的前后因果与审讯结果上奏圣上，听取圣裁。”史贻直说完，随即宣布退堂。随后乾隆帝也作出批示，朱批：“依议而行。”

麻城冤案平反以后，在全国获得一致好评，影响深远，都说史贻直胆识过人，智虑深邃，在不到一个月的时间之内，竟将如此一件错综复杂的冤案审理得水落石出，把来龙去脉还其本来面目。后来清朝大文豪袁枚得知此事，写下了《书麻城狱》一文，并被《梼杌近志》《清稗类钞》《古今情海》等多家笔记史料和小说集收入。

麻城的民众更是欢呼雀跃，庆贺涂如松、汤应求、李献宗、蔡灿等人平反昭雪，称赞史贻直是“青天大老爷”“简直是包公再世”。特别是涂如松的母亲，还为史贻直设立了长生牌位，天天祷告，祈求他长命百岁。至于杨巧姑，回来以后简直换了个人，后悔被冯大、杨同范利用，不仅害了自己的丈夫，自己也过着非人的生活，天天躲在暗室复壁中，惨遭摧残，因而回家以后特别珍惜这新的生活，勤俭治家，孝敬婆母，对涂如松尤加体贴关爱，不久即为涂家生了个大胖小子，一家其乐融融，过着幸福的生活。

三三　减轻重丁田赋与内河关税

平反了麻城冤案，史贻直开始把主要精力转移到湖广的日常行政事务上来，因为他还兼任着湖北巡抚，所以他最关注的还是湖北。为此，他找来湖北布政司安图、按察使袁承宠，一起讨论有关湖北的主要政务。他们三人在总督衙门客厅坐定以后，史贻直发话道："安大人、袁大人请用茶，今天请二位来，主要是商量一下我们湖北下一步的主要工作。前天我们把涂如松杀妻冤案审理平反结案了，下面我们就要把主要精力，转移到湖北的政务上来了，看看我们湖北目前最主要的政务有哪些。"

史贻直讲到这里停下，看了一下安、袁二人，等待他们二位的发言。可安、袁二人从来没有遇到过像史贻直这样与下属共商大事的工作方式，以前的总督、巡抚都独断专行，发号施令，布置任务，从不与下属商量。所以他们都习惯于接受任务，然后努力完成任务，从无主动考虑过要做些什么事，当史贻直提出这个问题时，他们有些不知所措，你看看我，我看看你，不知从何说起。

史贻直见他们不说话，继续说道："两位大人都是这里的老人。鄙人初来乍到，对于湖北的省情不熟，以后的工作还得仰仗两位大人。湖广位居全国的中心，长江中游，乃九省通衢，东西南北的交通枢纽，地理位置十分重要。而且，湖广的社会经济也比较发达，享有‘湖广熟，天下足’的美誉。皇上把如此重要的省份交给我们来管理，是对我们莫大的信任，我们不能辜负皇上对我们的信任，希望我们共同担当起这个责任。”

安图和袁承宠齐声说：“是，是，我们一定努力，绝不辜负皇上的殷切期望。”

史贻直接着说：“现在是二月初，正值春意盎然的时候，小麦拔节，蚕豆开花，油菜抽薹，春耕农忙开始。湖北是农业大省，全国的粮仓，我想下去看看我们湖北农作物的长势。另外，贵州剿灭苗夷反叛的战事，已接近尾声，户部要我们湖广急速运输八万石粮食至沅州，转运贵州。我已与湖南巡抚钟保大人商量好，湖南负担五万石，湖北负担三万石。我们要急速开仓碾米三万石，运抵沅州。”

安图接过话题说：“碾运三万石军米之事，由下官承担好了。”

袁承宠说：“下官最近接到上谕，令下官进京引见，恐怕不能承担什么任务了。”

史贻直说：“哦，袁大人，是有这回事，不过现在情况已有所改变，原先来接任按察使的乔学尹乔大人，现在已经丁忧，不能来了。我已上奏皇上，你暂时不去引见了，待皇上另行简派人员来接任你的职务时，你再进京引见。我看这样吧，袁大人，最近我要下去考察，安大人要忙于碾运军米，当我们两人都不在的时候，请您暂时负责一下省里的日常事务。您看怎么样？”

“好的，制台大人，下官服从安排。”袁承宠说。

史贻直把省里的工作安排妥当后，即于次日与师爷、家仆郜爵一起轻装简从下乡考察。他们雇了一条船过了江，先到汉阳府。通报进去，汉阳府吴知府立即出来迎接，作揖说：“不知部堂大人驾到，有失远迎，罪过罪过。”

史贻直还礼说:“没有通告,何罪之有?本督只是想下来看看,没有什么大事,就不必通告了,大家随便。”

大家说着,吴知府就把他们三人迎进客厅,坐定看茶。史贻直先开口道:“鄙人初来乍到,对湖北的风土人情不甚了解,所以出来看看。”

吴知府说:“报告大人,本府辖有一州一厅四县,即沔阳州,夏口厅,汉阳、汉川、孝感、黄陂四县。都是鱼米之乡,河流纵横,土壤肥沃,雨水充沛,气候温暖,一年收获两季。民人勤劳,民风淳朴,春耕夏种,秋收冬藏。冬季农闲之时,则纺纱织布。春季也养蚕缫丝。田赋漕粮每年都能交清,从无拖欠。各州县厅官,也都能尽职尽力。说实话,皇上把下官派到这样的好地方做官,真是幸运。”

史贻直说:“不错,湖广确实是个好地方,处处是鱼米之乡。民众也都安居乐业。那么我想问一下,他们有没有什么诉求呢?”

吴知府略微思索了一下说:“制台大人,台面上我们是这么说,但是说实在的,民众也够艰辛的,诉求当然有。制台大人,您名声在外,廉洁奉公,关爱民生,所以下官敢于对您说实话。以前迈柱、吴应棻在的时候,我们都不敢说,因为他们都不下来呀;到省里办事时,在官场上怎能说实话呢?只能说官话,拣好听的话说了。”

史贻直说:“迈柱大人和吴应棻大人,他们都进京了,不说他们的事,我们今天就不说官话、恭维的话,说实话,民众到底有什么诉求?”

吴知府放大胆子说:“制台大人,那下官就实说了。民众最大的诉求就是减轻赋税。制台大人您不知道,我们湖北许多地方的赋税都是很重的,尤其是我们汉阳府。因为我们汉阳府的许多土地过去都是明朝藩王的封地庄田,藩王庄田的田赋一般要比民田高出许多,有的甚至要高出两三倍。清朝入关以后,这些藩王都被推翻了，他们的土地都变成了民田。可这些土地的赋税没有变，依然与过去一样。这也就罢了，因为这是历史造成的。可到我们迈柱大人时，实行摊丁入亩。这本来是我们大清的一项善政美举，为了减轻无地和少地农民的负担。按理这应该以一州一县一厅为单位，把本州县厅的人丁税摊入本州县厅的田赋里。这样田多的税多，田少的税也少，就合情合理了。可我们迈柱大人不这样，他把全省划一办理，把全省的人丁税，平均摊派到全省的田赋里，说这样简单容易办理，每一两田赋分摊一钱二分九厘丁税。可他不知道全省的田赋标准不是统一的。正如我们刚才所说，明朝藩王庄田的田赋税率高，这时虽然已经成为民田，可他们的田赋税率没有变，依然比普通民田的田赋税率高出 1—3 倍。这样，耕种庄田的州县，他们的田赋就比一般的州县要高出 1—3 倍。他们的负担已经够重的了，可按迈柱的摊派法，他们的田赋里面还得再增加比普通州县高 1—3 倍的人丁税。结果，他们的负担就重上加重，这就不合理了。所以这些州县民众生活非常艰辛。许多民众收成以后，交掉田赋税收，已所剩无几，最多能吃到开春，大多数民众连开春都吃不到。有的甚至交完赋税漕粮以后就已无余粮，就得出去乞讨。所以，我们这里许多民众，一到冬天就出去讨饭，到春耕时节再回来春耕。还有许多民众，夫妻两人合穿一条裤子，谁出去做事谁穿，不出去的人就躺在床上。许多女孩子没有裤子穿，冬天就捂在床上。现在正是早春二月，春耕开始，可是许多农民吃的是青菜，所以看上去个个都脸有菜色，甚至路有饿殍。这在我们汉阳府，情况尤为严重。为什么呢？因为这里地方好，河流纵横，气候温暖，雨量充沛，土地肥沃，过去都被藩王霸占为庄田，所以我们汉阳府种庄田的农民也特别多。全府一州一厅四县，有一州三县的农民都是种的庄田，即沔阳州、孝感县、汉阳县、汉川县，占全府的三分之二。制台大人，这些话过去我是从不敢说的，说了是要被杀头的。今天我说了，因为您名声在外，奉公廉洁，关爱民生。请您无论如何得设法救救我们这些种庄田的百姓。”

史贻直听着听着，脸色转阴，一脸铁青，想不到汉阳府如此好的自然条件，民众生活竟如此艰辛。但他又有点将信将疑，于是便问道：“从来的田赋人丁税都以州县为单位，每家的田赋都以田契为准，人丁税以户口册籍为准。所以每个州县的田地都有鱼鳞清册，人丁则有户口册，怎能搞全省划一呢？”

吴知府说：“可不是嘛！但迈柱大人是旗人，他们不种田，以游牧狩猎为生，不懂我们汉人的田赋制度，又是军人，长期从军。军人以将军一句话说了算数。他说一个州县一个州县地核算，太麻烦，以全省划一统一核算，方便易办。他不知道这地方政务与军队军务是不一样的。”

史贻直说：“这样，府台大人，你所说的情况我还是第一次听到，待我下去看过以后，回去统计一下，看看像这样的情况全省有多少，然后我们再研究商量，如何做好这善后的处理工作。”

吴知府说：“好的，制台大人，现在时间不早了，我们就到驿馆去用餐吧，刚才我已经派人去通知他们准备了。”

史贻直说：“好的，吃过午饭，我们就到附近乡村去随便看看。”

吴知府说：“好的，下官陪大人一起下去。”说完他又说：“大人，请等一等，待下官也去换一身便服来。”

说完，吴知府就到后堂去换便服去了，待知府换好衣服出来，他们就一起到驿馆去用餐，吃过午饭，就下乡考察。

他们来到郊外，只见绿油油的一片。小麦已拔节长到尺把高了，蚕豆花开满一片，犹如满地的黑点蝴蝶，油菜已抽薹，一片春意盎然。农民们三三两两在各自的农田里忙碌着。他们信步来到王集一个叫申家店的小村旁，见到前面有位农民正背着身子弓着腰在给小麦壅土，吴知府便学着湖北口音上前打招呼说："老乡，在壅土啦！"

老乡原本背着身子聚精会神地干活，没有注意到后面有人，听到有人问话，便停下手里的农活，直起腰来搭话，一看有三四位客人，穿着整齐，一看就知道是城里人，就说道："嘿，小麦已经拔节了，给它松松土，再加点土上去，好让它生根拔高。"说完，他转过话题问道："客官，敢是迷路要问路吗？"

这时史贻直已经看清，这是一位约莫四十多岁的农民，身材中等，面容枯槁，皮肤黝黑，脸有菜色，忙上前打招呼说："老乡，我们不赶路，我们来随便问问今年的年景。老乡有空，我们能坐下随便聊几句吗？"

"行，怎么不行啊？我已经干了两个时辰，正要休息一下呢。"老乡把锄头柄往田埂上一横，"客官，这田野里面没有凳子，就请各位将就些，坐在这锄头柄上吧。"然后他自己就一屁股坐在了田埂上。

按照老乡的吩咐，史贻直与吴知府坐在了锄头柄上，师爷与郜爵则找了一块草地，坐在草地上。然后史贻直问道："老乡，去年的收成不错吧？"

"去年的收成不错呀，在我们这地方，除了大水水涝，基本上可以说，收成年年都好。但收成好有什么用啊？田赋丁税那么高，每年的一大半都交给了官府，我们自己只留下几石粮食，过了一冬就没有了。就拿我们家来说吧，田倒有 15 亩，在我们这里算是不错了。去年收成好，收到了 40 多石粮食，可是田赋人丁税加上漕粮，就交了将近 30 石，剩下十几石，再还掉七八月份青黄不接时借的 3 石 5 斗粮食，连本带利 4 石，还剩 10 石多，去年一冬就没有了。所以过了春节，我们家就断粮了。我家两个儿子，大的十六岁，小的十二岁，过了年就到地主家打工去了，换些粮食来糊口。我家五口人，家中还有妻子和一个九岁的女儿，衣不遮体，就只能在家捂在床上了。”老乡一肚子苦水，诉说了一阵子。

“今春的三麦长势不错，看来今年夏季又是一个丰收年。”史贻直给老乡打气鼓劲说。

“嗨，客官，三麦的长势虽好，可总抵不上秋季，因为夏季的产量比秋季要低许多。我们家 15 亩地，有 3 亩地种的是油菜籽和蚕豆豌豆；另外 12 亩小麦，收成最多也就 10 石。10 石小麦我得卖掉四五石，扯些布，给一家老小做点衣服，我不能叫妻子女儿一年到头都捂在床上啊。这样，最多也只能留下四五石麦子，加上蚕豆豌豆，能糊上三四个月，到七八月份青黄不接时还得借粮。我们家还算好的啰，您看前面田里干活的那一老一小。老的是爷爷，已经六十多岁了，小的才十一岁。这一老一小去年冬天在外面要了一冬的饭，过了春节元宵才回家，说春节期间要饭好要，人家肯给，也比较客气。他家六口人，只有 12 亩地，收成的六七成都要交给公家，留下这三四成，这哪里够呀？一年倒有半年缺粮。所以小孩的父亲和十六岁的姐姐，常年在地主家打工糊口。”

“你们村像这情况的有几户啊？”史贻直问道。

老乡说：“我们村一共有 25 家，与我们家差不多情况的大致有 10 家，比我们家情况还要差的也有 10 家，其中有 3 户每家只有五六亩田，每年缺粮起码有 8 个月。还有两户赤贫，自家一亩田都没有，终年在地主家当长工。有 5 家情况比我家略好一点，但每年至少也有两个月缺粮。”

史贻直问道：“你们这个村是否长年都是这样的呢？”

老乡答道：“原先情况要好一点，情况比我家好的那 5 户，原先并不缺粮，我们这10家也只缺一两个月的粮，其他10户，除了2家赤贫，也都要好一些。但自从前几年丁税增加以后，境况就更差了，这几年一直都是这样。”

史贻直他们与老乡交谈了约莫个把时辰，最后史贻直说：“好了老乡，我们与您讲了那么多，耽误了您的农活了，真不好意思。”

老乡说：“没事。客官，我们这些农活今天干不了，明天可以再干，不碍事的，不耽误农时，能够同你们城里人交谈，很开心，说明你们没有嫌弃我们农村人。”

最后史贻直向知府使了个眼色，知府便用湖北口音向老乡说：“老乡，打扰您了，下面我们还要赶路呢，就到此向您告别了，再见！”

老乡也说：“再见！”

史贻直他们离开了申家店，继续前行了约个把时辰，来到了一个叫向塘村的村庄，见到一位农民在麦田里拔草。史贻直等凑上前去，看是一位老者，约莫六十多岁。吴知府便上前用湖北口音问道：“老爹，在拔草啦？麦子长得不错嘛！”

老人原先弓着腰一个劲地拔草，没有注意路上的行人，听到有人向他问话，便随口答了句：“麦子长得还好，我们一家子今年夏季全靠它喽。”老人说着便站了起来，看到四位路人，好像是城里人，心想一定是迷路了，便回道：“客官是问路吗？要到哪儿去？”

吴知府说道：“我们不是来问路的，看到您一位六十多岁的老人，一个人独自在田里干活，怎么您的儿孙不来干活，倒叫您这老人家来干活呢？”

老人说：“家里没有大人了，儿子、媳妇都在地主家干活，混口饭吃。家里还有四口人，除了我还有一个老伴，比我还大两岁呢，捂在床上；一个孙女九岁，在家里帮助老伴料理烧煮家务；一个小孙子才五岁，我不忍把他带来干活，所以我就一个人来干了。您看这草，我一个冬天不在家，它就长这么高了，比麦子长得还快，不拔掉它，麦子就长不起来了。这麦子是我们一家的命根子呀！”

史贻直问道：“老爹，您这么大岁数了，一冬不在家，难道还能给地主打工去呀？”

老人说：“嗨，地主会要我这么大年纪的人打工吗？地主要的是年轻人，力气大，出活多。再说了，冬天农活少，地主找人打工，那不是找人吃闲饭吗？不怕几位笑话，冬天我和老伴带着孙女孙子出去要饭了。我们是到汉口镇上去要饭的。这城里人到底比乡下人好，见到我们祖孙四人就很同情，肯施舍。我们要了一个冬天，除了自己吃饱，还余下了一些饭，我把它晒干，带回来，和着青菜野菜一起煮着吃，现在正好糊口。”

史贻直又问：“您村上出去要饭的多吗？”

老人说：“虽不是很多，但也不少，我们村二十几户人家，大致有一小半出去要饭了。”

史贻直带着同情的口吻问道：“非要出去要饭吗？能不能不出去要呢？您看您那小孙子才四五岁，出去要饭不冻坏吗？”

老人说：“客官，您不知道呀！谁不要尊严，甘愿出去要饭丢丑？没办法呀！就拿我家来说吧，我家种了12亩田，去年收成还不错，收到有30多石粮，可赋税漕粮就交了18石，还了青黄不接时借的3石，剩下十来石，过了一个稻场就所剩无几了。余下的日子怎么过呢？不出去要饭只能是饿死。这时只能要命，就不怕丢丑了，况且我不偷不抢，有什么丑？”

说着说着又到了傍晚时分，史贻直示意吴知府。吴知府说：“老爹，时间不早了，我们得赶路去，打扰您了。”

老人道：“乡下人不会说话，有得罪的地方，请多包涵。”

这时史贻直问郃爵："有没有带银子？"郃爵告诉史贻直："带了，但是带的不多。"史贻直示意郃爵，给老人一点。郃爵摸出5两银子说："老爹，这里有5两银子，是我们老爷给您的。"老人死活不肯要。郃爵硬塞在老人衣兜里，然后两手一举作拱说："老爹，告辞了。"说着转身就走。

老人正要感谢，可他们已走出好几步了。老人只得以感激的神情，看着他们远去的身影，自言自语："好人哪！好人，现在像这样的好人不多喽。"

以后吴知府又领着史贻直他们，从汉阳县到汉川县、沔阳州、孝感县，一连看了七八个村庄，情况基本差不多，回到武昌总督衙门休息了两天，又就近考察了武昌府江夏、嘉鱼两个县，情况也都与汉阳府几个州县差不多，于是回来就找布政使安图，问清湖北摊丁入亩到底是怎么回事。

安图说："那是雍正七年，全国推行摊丁入亩。总督迈柱就说，全省划一好办事，就把全省丁银总数，按照全省的田赋银两总数，平均分摊。核算下来，一两田赋分摊丁银一钱二分九厘。各个州县厅就按照这个比例自己合算，于是田赋多的州县厅，分摊的丁税也多。但是迈柱大人他不知道汉阳、汉川、江夏、嘉鱼等19个州县，百姓的田赋多，不是因为他们的土地多，而是因为他们种的是前明的藩王庄田，他们的田赋率高，比一般民田高出1—3倍。结果他们的负担就高上加高，重中加重了。"说的与汉阳府吴知府完全一样。

史贻直听了有些不满意地说："迈柱大人这么做，因为他没有在地方当过官，不知道这地方上的事。难道你们也不知道吗？你们为什么不提出来呢？"

安图委屈地说："我们说了。不仅我说了，粮道、驿道，还有好多知府都说了。制台大人，您不知道，迈柱大人非常专横，他说出的话，谁都不能反驳。”

史贻直听了以后久久不能平静，汉阳县那中年男子和老者讲述的内容，时时浮现在他的脑海中，他眼前不时出现那老人手携老伴，牵着孙女和五岁小孙子在汉口乞讨的身影。他感到不能再犹豫了，必须把这情况反映给皇上，请求给这19州县民众减轻赋税负担，以对皇上、大清朝廷和这19州县民众负责。于是他即展开折本准备写奏折。

就在这时布政使安图进来了，说：“制台大人，前容美土司改土归流已经两年，现为鹤峰州和长乐县，前任总督迈柱曾上奏：其田赋待新任州县官上任后，对其成熟田亩进行丈量，然后按照内地则例，按亩征收。现在新任州县官上任后，已经丈得成熟田亩鹤峰州654顷、长乐县183顷，我们按照湖南道州下则田的标准，并酌量减少，这样鹤峰应征479两银、长乐167两银，现已呈报上来。”

史贻直一听就觉得不对，说：“我记得清清楚楚，我在户部任侍郎的时候，湖南永顺等地改土归流时，雍正帝曾明确指示：土民承种成熟田亩，均按田赋原额为定额，按田亩肥瘠，分别升科，并再宽免一年。鹤峰州、长乐县的田赋，应该按照雍正帝的这一指示，将容美土司时的原额，作为定额，把他们所有承种的田亩，分肥瘠核算，仍宽免一年，并将雍正十二、十三年和乾隆元年已征和应征的，也都一并宽免。容美土司时的田赋原额多少？”

安图回道：“容美土司时的田赋原额为96两银。”

史贻直指示说：“那就照这96两原额核算，并把雍正十二、十三年已征和乾隆元年应征的288两也都一并宽免。”史贻直停了停继续说道：“兄弟民族改土归流，要让他们的民众感受到大清朝的好处，比土司统治时期更好，要让他们有所得，这样对他们和其他尚未改土归流的兄弟民族才有吸引力，使他们纷纷效仿。改土归流以后反而增加了负担，以后还有谁愿意改土归流呀？”

安图听了说声“得嘞”，然后转身回去布置鹤峰州和长乐县，按照原 96 两作为定额，重新核算了。

待安图走后，史贻直即上奏乾隆帝，将他在汉阳、汉川、江夏、嘉鱼等州县所看到的农民艰辛的状况，全部报告给了乾隆帝，要求乾隆帝全部豁免这 19 州县的重丁摊派，并将鹤峰、长乐两州县改土归流后成熟田亩的田赋，按照当年雍正帝的指示精神，按 96 两原额作定额，分肥瘠升科，仍宽免一年，并将已征的雍正十二、十三年和乾隆元年应征的 288 两银，一起宽免。

乾隆帝看了，完全赞同，不仅全免了汉阳、汉川、江夏等 19 州县的重丁摊纳，而且把鹤峰、长乐改土归流后的田赋，也完全按照史贻直的意见，遵照当年雍正帝的指示办理，从而大大地减轻了汉阳、汉川等 19 州县和鹤峰、长乐地区农民的负担，受到这些地区农民的极大赞颂。

湖广不仅是全国的中心地带、鱼米之乡，武汉也是全国的交通枢纽。一条长江由西向东，横贯中国，湘江通过洞庭湖与汉水在此交汇。南京、苏州、杭州一带东来的丝绸，四川、云贵一带西下的竹木筏，北方南下的牲畜皮毛，南来的茶叶、竹木筏、瓷器等等，所有东西南北的商品都在此交汇，汉口即为当年中国的四大古镇之一(其他三大古镇为朱仙镇、景德镇、佛山镇)，也是全国的四大米市之一(其他三大米市为长沙、芜湖、无锡)。所以汉口是全国东西南北商品的集散地，商业繁盛，店铺栉比鳞次。史贻直考察了农村，也想了解一下汉口的商业，便择日来到了汉口集市，一看果真是人头攒动，摩肩接踵。他随便进了一家京货店，与店家闲聊，问道：“老板，生意不错嘛，一年能赚多少呀？”

店家说:“托您的福,生意是不错,但这年头生意最好,也赚不了多少哦!”

史贻直不解地问:“老板,这就奇了,怎么生意好反而就赚不了多少呢?”

店家说:“成本高呀。客官,我算给您听。就拿这皮毛来说吧,从京城、太原进货,原价是不贵,可过关过卡要交多少税呀。就拿我们荆州、武昌关来说吧,现在就比一二十年前的关税增加了一倍以上。在京城进价一两的货,加上沿途关税,到了这里成本就得三两以上。所以我们现在只能是薄利多销。在您看来生意很兴旺,也确实很兴旺,可赚的钱就是不多。”

史贻直还有点不信,问道:“能有那么高的关税吗?”

店家说:“千真万确,这我还能骗您吗?”

史贻直与店家闲谈了一会儿后,又走访了几家店铺,说法都一样。第二天,史贻直就带着师爷与郜爵奔赴荆州关。到达荆州关官衙,通报进去,荆州关丁监督立即出迎,将史贻直一行迎进客厅坐下,并再次施礼道:“不知制台大人驾到,有失远迎。”

史贻直满脸笑容地说:“丁大人不必客气,我来得匆忙,没有预先打招呼,不知者不怪罪。最近我听汉口商人说,近年各种商品的成本都在加大,其中的原因之一,就是关税增加了许多。所以我是来了解一下关税情况的。”

丁监督回说:“制台大人,关于荆州关的关税是这样的:原先在康熙年间,荆州关归户部管,荆州关额定的关税是13360余两。后来为了节省水脚银,开始加耗,根据不同的商品种类,每两加耗银三分到三钱不等,共增加了3070两银。雍正年间,荆州关划归湖广巡抚管理,湖广巡抚又增加了220—580两银不等的溢额。湖广分治后,湖北巡抚因额税不敷,开始耗外加耗,船料每征银一两,加耗到一两五钱至一两八钱不等。这时正税加羡余已达29150余两银，超过了原额定关税的一倍。不过，关卡人员的一应伙食和办公费用，均在这羡余项内开支。可迈柱任湖广总督时，为了迎合雍正帝锱铢归仓政策，把所有这29150余两税款不分正耗，全部上缴国库，连关卡人员的伙食费与办公费用都不留。但关卡人员整天在关卡工作不能不吃饭啊，他们办公也需要办公设备器材，这些钱从哪里来？只得另外再加耗，根据不同的商品种类，一两税银再增加五分至七分五厘不等的耗银，每宗货物六钱至一两六钱的验收费，以及不等的报单费，这样每年又增加了将近四千两银。”

史贻直听后感觉到，商税的加耗浮收的确太多太快了，便问道：“丁大人，这关税的加耗是否加得太多太快了点？这十几年里面就翻了一倍以上，商家的负担不就太重了？能否再减轻一些？”

丁监督说：“重是重了些，但是那29150余两银已经报部上交了，怎么再减呢？”

史贻直思考了一下说：“那29150两是无法再减了。能否这样，丁大人，这29150两不动，但关卡人员的伙食，以及一切办公费用依旧在这羡余项内开支，由本督上奏朝廷解决，把你们后来增加的这四千两加耗浮收全部取消，你看怎么样？”

丁监督说：“那敢情是好，我们就按照制台大人的意见办。”

于是史贻直随即上奏朝廷，得到了乾隆帝的批准，减免了这近四千两银的加耗浮收，得到了商人们的热烈拥护。

后来，他又考察了武昌关及其所管理的六个子关卡。他一副商人打扮，带着师爷和家仆郜爵先考察了蔡甸关，发现蔡甸关不仅对一般商船征税，还对载人赶集的贫民小船，以及老百姓集市零星交易的竹柴、灰石、鸡蛋、家禽等小商品征税，便对关卡人员说：“你们对老百姓的这些零星小商品征税，是否巧取病民啊？”

关卡人员说:“客官,我们也知道他们可怜,不该收他们的税,但这是武昌总关厂规定的,我们也没有办法呀!”

史贻直问道:“这些小商品,武昌总关也收税吗?”

“嗨,这些小船到不了武昌总关厂。武昌总关厂在长江边,那里是长江主航道,这些小船去不了,到总关的都是些大商船。”关卡人员说。

史贻直继续问道:“大商船怎么收税,其中有没有流弊?譬如说偷税漏税。”

关卡人员看了看史贻直他们三人,看上去全都是商人,就放心说道:“大商船一般都是在总关厂上料交税发票,到各子关卡验票放行。流弊与否咱不敢说,不过猫腻总是有的,因为上料装货多少,全凭船的大小,而船的大小也全由商家上报,商家为了少缴税款,自然以大报小。而且商家为了逃税,也经常在关厂报空船,或少装货,然后到厂外装货或加装,再到子关卡补税,补税时全凭商家与子关卡管理人员的关系了。”

史贻直又问:“武昌关厂呢,难道就没有问题?譬如在管理上。”

关卡人员说:“关厂上料装货时,众目睽睽,不敢玩猫腻。至于在管理上,那就很难说了。总关监督吴大人是武昌府同知,五品大员,在武昌关已经三年了,儿子、侄儿、小舅子连襟等,全在关上做事,这里面的事外人就不知道了。”

史贻直离开蔡甸以后,又考察了其他子关卡,所看到和听到的情况与蔡甸基本一致,遂到武昌关厂与监督吴大人进行了交流核实,证实上述各子关卡所反映的情况完全属实。于是他即回衙上奏乾隆帝,提出嗣后武昌关所属各子关卡对于贫民的载人小船,以及竹柴、灰石、鸡蛋、家禽等日常小商品,应一概免税的主张,以减轻贫民负担,促进小商品经济的发展;同时提出全部免除在关厂上料船只一切税收的票据钱，并在关厂前刊刻木牌，宣告广大民众。对于关厂的管理，他也提出了新的改革建议：一是对于在关厂报空船或少装货，而后到厂外装货或加装的船只，应一律回关厂补办缴税手续，以杜弊窦；二是武昌关监督不应由武昌府同知兼任，因为武昌府同知任期较长，极易长期把持关厂监督一职，安插亲信，通同舞弊，造成侵挪亏空等恶果。为此他建议在附近道、府、厅官内，选择一熟谙关务的官员专门经管武昌关，每年进行具题考核，考核合格者方得连任，得到了乾隆帝的赞同，从而也极大地改善了武昌关的管理，杜绝了偷漏和侵吞税款的行为。

三四　重建黄鹤楼　修筑江堤

史贻直考察武昌关回衙后，第二天即找来武昌府知府王大人，一起商量如何改进武昌关的管理问题。两人谈完公事后，史贻直一看天气还早，就说："王大人，现在时辰还早，走，我们去看看黄鹤楼怎么样？"

王大人急忙说："嗬，制台大人，您看不到了。大概您还不知道吧，黄鹤楼早就毁了。"

史贻直惊愕地问道："毁了？这是什么时候的事？"

王大人说："原先下官也不知道，有一次下官闲来散步走到那里，看到一块牌子，上面写有'黄鹤楼遗址'五字，就问附近居民：'这黄鹤楼呢？'居民说：'早就毁了。'我问这是什么时候的事，居民说是明末毁于李自成农民战争时候。"

史贻直听了，抬头"哦"了一声，随即说道："我的信息太闭塞了，这样的大事都不知道。嘿，都是闭门读书之过呀！"他停了停又说道："哎，王大人，我们去看看遗址也好呀！你看怎么样？而且不带随从，就我们两人徒步而行。"

王大人说："行啊！"

史贻直说："那你赶快回府去换了便服，我也到后堂去换了便服，然后我在总督府门口等你。我们不能穿着这一身官服去呀，这不太招摇了嘛！”

王大人说：“是，是，是。”说着就回知府衙门去换便服了。

这里，史贻直去后堂换了便服出来，在总督府门口等候。不一会儿，王大人也穿着便服来了。于是两人会齐，信步而行，不一会儿就到了黄鹤矶，只见矶旁竖着一块“黄鹤楼遗址”的牌子。原来黄鹤楼就矗立在江边的一块高高的矶石台地上，他们顺着台阶拾级而上，上得台地一看，的确地势高大，周围树木茂密，环境优美。站在台地环望四周，武汉三镇尽收眼底。一条大江在脚下穿流而过，江中船只来往如梭，川流不息。由于无人管理，台地杂草丛生，道路荒芜。知府王大人指着台地中间几块高出地面的大石块说：“这些就是黄鹤楼的基石。”

史贻直顺着他指的方向，踏着荒芜的草地走去一看，的确是一座房屋基地，四周墙基正中前面，各有一块数尺见方的门石，并有青石台阶。史贻直向四周看了看说：“王大人，我们应该重建黄鹤楼，恢复昔日的繁荣景象。”

王大人说道：“制台大人，重建当然是好事，可这要好几千两银子喽！这经费从何处支出？”

史贻直说：“这当然不能从朝廷正当财政里开支，这是地方人文景观，可以通过社会募捐来解决。”

王大人又问：“这社会募捐，怎么个捐法？”

史贻直说：“这样吧，王大人，今天天也不早了，我们回去，待我好好想想。明天上午，你把武昌县尊找来，我们一起商量着办。”

王大人说：“行，明天一早，下官一准把武昌知县找来。”

二人说着，围绕黄鹤楼基地转了一圈，边看边说，看完就回衙，各自回衙门去了。第二天一早，知府王大人就带着武昌知县来到总督衙门。史贻直接待进去，在客厅分宾主坐定。衙役给客人沏好茶后，史贻直说：“县尊大人，今天请你来不为别的事情。昨天我与知府王大人一起去黄鹤楼基地看了一下，我们有意重建黄鹤楼。”

武昌知县说：“刚才王大人已经对下官说了，制台大人，您怎么安排，要下官做些什么，请吩咐就是了，下官一定照办，绝不拖后腿。”

史贻直说：“县尊大人，很好。我想是这样：资金呢，由我们通过社会来募捐。我们总督衙门、巡抚衙门带头认捐，然后湖北各司道官员，直到你们府县，凡七品以上的官员都各自自愿认捐，多少不限，也不搞竞赛，然后再到商界劝捐，向各地驻汉口的商务会馆，以及各大商行劝捐。我看由我们官府带头，商界和乡绅等大户人家会积极响应的。如此一来，我看资金不会成问题。下面具体的，得请你县尊大人首先找一家好的营造商，你与他们一起好好核算一下，做一个预算规划，需要多少资金，其材料人工如何落实，如何兴工建造，都要做个计划，并请你具体监督。”

知县说：“好的，下官一定遵命而行。”

史贻直说：“县尊大人，这不是遵命不遵命的问题，这在你武昌县境内，建好了也是你武昌县的光荣。你得主动哦。”

知县说：“是，是，是。”

知府王大人说：“那你先去找一家好的营造商，做好具体规划和预算，落实一个初步方案，然后我们再来商讨。”

知县领了任务回去了。知府留下与史贻直交谈了一番，也回去了。

几天以后，知县领着营造商张老板，禀报知府王大人后，一起来到总督衙门向史贻直汇报。知县说：“制台大人，按照您的吩咐，我去找了宏建号的张老板。宏建号是我们武汉三镇最有名的营造商，长期从事古建筑的建造修复，经验丰富，技术实力强。下官把制台大人的想法和意见向张老板说了。张老板听了十分高兴，说：‘这是我们地方一大盛事，我们正想做，可担心没人出来主持，现在制台大人提出来了，这太好了。’然后他立即领受了任务，并制作了全面的规划预算方案，包括所需砖石、木料、灰料、油漆、人工等等，核算下来大致需要资金5000两银。”

史贻直听了非常高兴，说：“好的，这样我心里就有数了。这样吧，王大人，请你做一下联络人员，与新上任的巡抚钟保大人和各司道官员打个招呼，请他们明天上午一起到我这里来开个会，我们共同商量一下募集资金的问题。你和县尊也一起来商量。张老板回去就设计好图纸，做好一切施工准备。”

张老板见史贻直一个派来武昌做官的外省人，对重建黄鹤楼如此热心主动，而且有条不紊地组织实施，内心十分感动，激动地说：“制台大人，黄鹤楼是我们武汉三镇的著名人文景观，各位大人如此关心，积极倡导重建，草民作为武昌土生土长、生活了几十年的本地人，更是义不容辞。草民除了努力实施建造方案，也愿意捐献500两纹银，作为建造资金，以表对诸位大人的支持。”

史贻直听了十分高兴，说：“谢谢您的捐款，张老板。这样，您那500两捐款，我们帮你记在捐款名册，但是你不必拿出现银，以后就在你的营造费用里面扣除。”

张老板说声“好的”，就转身离开了。这里史贻直与武昌知府、知县又共同讨论了一会儿，然后他们也各自回府。

等武昌知府、知县走后，史贻直即让家仆郃爵过江，通知一下汉阳知府和汉阳知县，请他们明天早上也一起到总督衙门来开会议事。郃爵也随即领命去了。

第二天一早，巡抚钟保、布政使安图、按察使袁承宠和各道、府、县官员，齐聚总督府大堂。待钟保等一干人士坐定后，汉阳府吴知府暨汉阳知县亦已抵达。衙役随即给各位官员上茶。然后史贻直说道：“钟大人、安大人、袁大人，以及各位大人，今天请诸位到这里来，是想与各位商量一件事情。几天前，我与知府王大人去看了一下黄鹤楼基地。这黄鹤楼最早是三国时吴大帝孙权黄武二年(223)建造的，至今已1500多年了，与湖南的岳阳楼、江西南昌的滕王阁，并称为江南三大名楼，后屡毁屡建。最后一次毁坏，据说是在明崇祯十七年(1644)李自成反明战争期间，距今也将近100年了，没有重建。这黄鹤楼是我们武汉三镇的一大人文景观，也是我们武汉三镇的重要标志，名扬天下。在外地只要一提到武汉三镇，人们就会自然而然地想到黄鹤楼。所以我们武汉不能没有黄鹤楼。过去我们大清才立国未久，忙于统一事业，平定三藩、收复台湾、几次征讨准噶尔蒙古部落、平定青海叛乱等等，无暇顾及这些人文景观的建设。现在天下太平，国富民强，府库充裕，号称盛世，我们应该拿出一部分精力，考虑这些人文景观的建设了。这些人文景观也是我们‘康乾盛世’的重要标志。再说了，我们这些人在湖广做官，坐镇武昌，连我们眼皮底下的黄鹤楼都没有恢复重建，后人会怎么看我们啊？俗话说，为官一任，造福一方。这就是我们今天造福一方的机会。所以我今天请大家来，就是想与大家商量如何重建黄鹤楼的问题，给我们武汉三镇的百姓们留下一点文化遗产，也可以说是造福后人吧。”

袁承宠问道：“制台大人，为什么叫黄鹤楼呢？”

史贻直说：“哦，这有几种传说。有的说是仙人王子安驾鹤经过此地。也有的说是仙人费文祎驾鹤经过此地，在此憩息，后人便在此建楼，以志纪念。也有的说古代有辛某在此开一酒肆，有一道士常来此饮酒，辛某从不收他的酒钱。有一天，这道士从果肴中取一黄桔，剥皮用桔皮在墙上画了只黄鹤，有客人到此喝酒，只要用手一拍，此鹤就能在酒肆中飞舞，以劝侑喝酒。辛某即以此致富。隔了很长一段时间后，那道士又来了，取出铁笛连吹数曲，就有白云从空中飘来，鹤亦飞下，与那道士一起乘白云而去。后来辛某即在此建楼，以志纪念，故而名之为'黄鹤楼'。唐朝诗人崔颢有《黄鹤楼》诗：'昔人已乘黄鹤去，此地空余黄鹤楼。黄鹤一去不复返，白云千载空悠悠。'"

这时巡抚钟保说道："还是言归正传，看来制台大人已胸有成竹，那就请您把您的设想和计划说一下吧，我们大家遵照执行就是了。"

史贻直说："鄙人是有一个设想和计划，但还是要与大家商量的。下面我把我的设想和计划讲一下，各位大人再提提意见，做些补充修订，把这个设想计划安排得更好。首先是黄鹤楼建造的营造商，已经由武昌知县聘定了宏建号的张老板。该号是如今武汉三镇实力最强、古建筑修建技术最高的营造商，世代从事古建筑建造修复。张老板也作了初步的预算方案，包括灰石、砖瓦、木料、油漆等一切物料，加上人工，共需银5000两。现营造单位已定，下面就是资金问题。鄙人的设想是这样：这不是国家项目，而是地方的人文景观，公益事业，不能从国库开支，只能从地方募集资金。昨天张老板听了十分激动，表示他首先捐资500两。下面的集资，鄙人考虑从三个方面着手：首先由我们在座的各位大人带个头，各人根据自己的经济情况认捐，多寡不限，从几两，几十到一二百两都行，都要自愿，不得强行勒逼。我们这里带了头，下面就向武汉三镇的绅商募集，其中尤其是汉口，这里商会会馆林立，什么苏州会馆、扬州会馆、江宁会馆、安庆会馆、成都会馆、重庆会馆、长沙会馆、广州会馆、佛山会馆、榆次会馆、山西会馆、陕西会馆等等。汉口、汉阳的募捐，由汉阳知府和汉阳知县具体负责。武昌则由武昌知府负责。武昌知县具体负责督工监造。”

史贻直说完，钟保说：“刚才制台大人把计划说得非常具体详细了，下官觉得这样很好，就不必讨论了，就按照刚才的计划执行。我看在座的就在这里认捐。我自报认捐150两。我给制台大人报200两，因为这里您的官最大，应该比我多。但是您的经济条件没有我好。您老家没有田产，全靠薪俸过日子。我老家有田产。您那50两我给您交，您只要交150两，而我实际交200两。”史贻直随即说声“谢谢”。

钟保这么一带头，下面各级官员纷纷认捐，安图和袁承宠各报120两，下面各道台、知府、知县有报100两、80两的，也有报60两、50两的，汉阳知县报40两。武昌知县说他家里经济困难，认捐20两。

史贻直说：“武昌县尊就不必捐了，您就负责监工，监督建造。这就叫作有钱出钱，有力出力。”

布政使安图当即统计了一下，各官当场就认捐了1230两。

史贻直说：“诸位大人，大家认捐的银两，不必从腰包里掏，由布政使安大人按照各人认捐的数额，从各人的养廉银中扣除。诸位大人看看还有什么需要讨论的?”他停下看了看大家，见大家都不说话，就说：“如果没有需要讨论的，那就请大家分头行动，今天我们就到此结束，散会。”

于是大家即各自散去，分头行动。没过几天汉阳知府吴大人与汉阳知县前来汇报，说汉口、汉阳各绅商得知要重建黄鹤楼，无不拍手称赞，说这件事干得好。大家都表示积极认捐。汉口各商务会馆共捐得纹银4000两，汉阳地方士绅共捐得1500两银，随即把各自认捐的银票呈上。第二天,武昌知府也将武昌各绅商认捐的银票1200两呈上。这样一共捐得8430两,除去黄鹤楼重建经费5000两,还剩3430两。史贻直将之存入省库,以供日后武汉三镇公益事业的建造资金。史贻直从5000两建造资金中,拨出3000两支付给宏建号营造商,用作黄鹤楼重建的启动资金,其余存入藩库,以备日后的结算。

这时,宏建号张老板已绘制好设计图样,得到3000两启动资金后,立即备料施工,经过三个月的紧张施工后,终于在六月,赶在盛夏汛期到来之前,建造完成。于是,时隔近百年,一幢宏伟高大的新黄鹤楼,重新矗立在了长江南岸的黄鹤矶上。楼呈圆形,一共三层,高18丈,俯瞰武汉三镇。

开放揭幕的那天,武汉三镇万人空巷,争先恐后地前来一睹这新砌的黄鹤楼,莫不称赞这是一桩为民的义举。参加揭幕仪式的有上千人。史贻直、钟保以及各司道府县官员们也都参加了揭幕仪式。史贻直并书楹联一副:"一上高楼,缅当年江汉风流,多少千秋人物;双持使节(史贻直上任时是署理湖广总督兼湖北巡抚),喜此日荆衡形势,纵横万里金汤。"

新建的黄鹤楼落成不久,湖广地区就进入汛期。从孟加拉湾来的印度洋暖湿气流,与东南沿海来的太平洋暖湿气流在这里交汇,带来了大量雨水。所以每年到六七八三个月,湖广地区就阴雨连绵。武汉三镇地控长江中游,上扼川、陕、滇、黔四省的来水,南汇湘、资、沅、澧诸河的来水,北接汉中、豫南之水。所以一到汛期,长江就水位陡升,白浪滔天,势若建瓴,汹涌而下,吞噬江堤,直刷城堞,危及武汉三镇的安全。一旦有险,则武汉三镇,就将成为水乡泽国,鱼鳖游荡栖身之所。在长江水位不断升高,快要漫堤之时,史贻直担心这三镇的安危,约定与巡抚钟保一起到长江江堤察看形势。他们一出城就沿江向西，来到江边，见城墙边上的江堤已经坍塌了许多。史贻直用脚步测量了一下，说：“还有八九步，最多也就四五丈的宽度，如再继续坍塌下去，城墙就要倾圮，洪水就会冲进城区。”

钟保在一旁说：“得赶快加固。”

两人说着继续往前，走到前面看到一位乡民正在堤边挖土，史贻直即走过去说：“老乡，你怎么挖大堤上的土呢？你把这大堤上的土挖掉，多危险啊，一旦江堤决口，这下面许多州县都要被淹。”

那挖土的乡民听有人在批评他，本想顶撞的，抬头一看见是两位官员，立即收敛，分辩道：“江堤还宽得很呢，没事的。”

史贻直说：“现在这段江堤是还很宽，但你这么带头一挖，别人看到了也来挖，大家都来挖了，这江堤不就变窄了，容易决口了嘛！再说了，这江堤上的土，都是当年修堤民工好不容易从远处运来的，你把它挖走，就是侵吞了别人的劳动成果哦。”

那乡民见史贻直说的有理，自知理亏，不好意思地说：“对不起，老爷，我错了，不挖了。”

史贻直说：“这就对了嘛，知道错了就行，谁不犯错呢，知错就改。不过，你光不挖还不行，还必须把挖掉的这个低塘填满，以后见到别人来挖了，还必须劝阻，要让大家都来维护这个江堤。”

那乡民说：“好的，老爷，我一定听您的，马上把这个低塘填满，并劝大家都不来挖。”

史贻直说：“哎，这就对了！老乡，谢谢你的配合。”说着继续往前走了。

钟保跟在后面，带着怨愤的情绪说：“真是一些愚氓。”

史贻直在前面说：“这些乡民本质上还是好的，主要是缺乏教育，不明就里，一经教育，他们都能明白道理的。就拿刚才那个乡民来说吧，他来挖土是不明了这江堤的重要作用，以及这些土对于江堤的保护作用。经过我们说明，他知道错了，就立即改正。这说明他的本质还是好的，不是顽固不化的人。”

钟保说：“制台大人说得不错，确实如此。”

史贻直说：“钟大人，您不知道，雍正九年，先帝爷派我搞过宣谕化导工作，我对这些都有切身体验。先帝爷发动对准噶尔蒙古部落的讨伐战争，要陕西民众转挽军需。开始时，陕西民众不明就里，对转挽军需不积极，有抵触情绪。先帝爷就派我带领四五十人去开展宣传教育。经过宣传教育以后，他们懂得了这场战争对保卫疆土、捍卫人民生命财产的重大意义，无不自告奋勇，积极参与，从而确保了西北大军军需后勤的供应，奠定了这场战争胜利的基石。”

钟保说：“我知道，听说过。”

他们这样说着走着，一下子察看了五六里的长江江堤，发现不少地方出现了坍塌，有的坍塌面积竟达十丈宽，有的地方快要坍塌到中线了，已经岌岌可危。许多地方的驳岸护石都已滚落到了江底。第二天他们两人向东继续考察，所见情况与西面大致相同。回到总督衙门商量时，史贻直指出：“按照目前的形势，必须赶紧修筑。当然，今明两年或许无事，但是难保后年大后年还不出事。一旦江堤崩塌，水漫大地，广大民众的生命财产就要遭殃，国家将蒙受巨大的损失。这个责任谁都承担不了。再说，如果现在就加紧修筑，那工程量还比较小，所费资金还比较少。如到后来不得已而修筑的话，那工程量就更大，所需资金就更多。这就叫作‘小洞不补，大洞吃苦’。”

钟保说：“下官完全同意史大人的意见，加紧修筑，以对国家和民众负责。那该怎么策划、组织修筑，史大人您提个初步方案出来吧。”

史贻直说：“这样，钟大人，我们两人分一下工。你去找长江水利道金大人和武昌知府王大人，委托他们两位负责测量一下，需要修筑的长江江堤总长有多少，测算一下需要多少资金。这个资金恐怕得从我们藩库公项里面支出，不得从国库正项支出，否则皇上可能不会批准。我去找布政使安大人，看看我们藩库公项中还有哪些可供支出，总数有多少银两可供支出。然后我来做个预算，奏请皇上，求得皇上的批准。”

钟保说：“这样很好。”然后他即去找长江水利道和武昌知府，进行实地查勘，共测得自武昌望山门外王惠桥至武胜门外土地矶，计正岸 1319.5 丈，护岸 688 丈，总计 2007.5 丈，预算资金是 111937.9 两银。

同时，史贻直也找安图查阅了藩库账目。安图说：“湖北藩库内，已存有先前商家募捐专门用于修筑江堤的银 50950 两，另在征存三分公项内，也可动支 2 万两银。还有黄鹤楼建造经费结余 3700 两。这三项相加已有 74650 两银了。”

史贻直一听高兴极了，说：“行了，安大人，今年冬季的第一期工程费用已绰绰有余了。这样可以先把紧要工程修建起来，以防明年汛期的洪涝。至于明年冬季的第二期工程费用，可以再动支明年省里的公项银 2 万两，武昌关耗银之内亦可动用 1 万两。湖广总督督标原有 80 名八旗军，由湖广南、北两省提供费用 3840 两银。现这 80 名八旗士兵已调归荆州副都统八旗军建制，这 3840 两银即可省下用作江堤工程款项，今明两年一共就有了 108490 两，这样全部经费仅差二千两银，明年怎么都能筹得二千两银的。这样经费也毫无问题了。”

资金有了着落，史贻直随即奏请乾隆帝，向乾隆帝汇报了他与钟保察看江堤,发现江堤坍塌严重,急需修筑的情况,并提出请求年内修筑的建议。工程测量与资金的筹划情形一并汇报,得到了乾隆帝的批准。

随后史贻直与钟保商量,于秋收秋种结束以后,趁长江进入枯水期,冬季农闲之时,十一月初一正式开工修建。随后两人召集了湖北司、道各官与武昌、汉阳两府暨两县官员召开了动员会议,布置任务。在会上史贻直指出:"我国每到六、七、八月即进入雨水季节,大雨倾盆,连绵不息。从云贵、青藏高原到陕甘秦岭南麓,几乎所有的雨水都流入长江。武汉三镇位居长江中游咽喉要地,上扼川、陕、滇、黔、豫、鄂、湘七省的来水,下控苏、皖、赣三省水势。所以每到六、七、八月,上游七省来水齐聚武汉三镇,汹涌澎湃,冲刷江堤,吞噬城堞,撼动三镇。唐、宋时期,在武昌江边建筑了江堤,护卫城墙。元、明两朝历经多次修筑,并以巨石松桩加固外护,还以生铁铸为犀牛镇堤。过去盐船都停泊在武昌城南鲇鱼口,规定各船都需随带石料以备修筑江堤。以后随着汉口的发展,各船都改停汉口,遂停'输石岁修'之事。自明末以来,已一百多年未经修筑。现在许多江堤已经坍塌,驳岸石块沉入江底,有的江堤快已坍塌到中线附近,已岌岌可危。一旦决口,则武汉三镇将成水乡泽国,广大乡村,一片汪洋,后果不堪设想。所以我与钟大人提出修筑长江江堤,已奏请圣上批准,共测得工程 2007.5 丈,分二期二年完工。预算资金 111937.9 两,现已筹得七八万两银,第一期工程费用已经足够,可以先将紧要工程修筑起来,以后第二期工程资金也已有准备。我已与钟大人商量了今年的分工任务,武昌县负责望山门外正、护岸工程,汉阳县负责武胜门外土地矶正、护岸工程。工地民工每天二升米一升杂粮的工资,不仅自己可以吃饱,还可以带一半回去养活家人。下面就得请粮道赶紧趁现在收成季节,粮价低贱，采购粮食，以供民工食用。水利道到工地做好一切施工准备。武昌、汉阳两府暨两县，回去紧急动员民众齐上工地，各司道官员也请全力以赴，十一月初一正式开工，力争 50 天内完成第一期工程，然后回家准备准备，过一个欢乐愉快的春节。”

随后钟保也作了动员，指出这是确保武汉三镇和长江两岸广大民众生命财产安全的百年大计，要求大家遵照史大人的指示精神，粮道、水利道做好自己的专职工作，为这项工程开道；武昌、汉阳两府暨知县，回去好好动员组织，十一月初一齐上工地；各司道官员如无重大事情，也尽量都上工地，帮助组织指导。

十一月初一开工这天，天气晴朗，阳光高照，虽已进入了小雪大雪的隆冬季节，阳光照射在人身上，还是有些暖洋洋的。武昌、汉阳两县民众在各自保甲里正的带领下，一早就来到了工地。一时间长江岸边黑压压一片，布满了人群。有的在堤外田野里负责挖土，有的运土，把堤外田野里所挖之土运到大堤上。有的则在大堤上打夯，把运上大堤的土打实打坚。有的在江边堤下驳石。运土人员有的肩挑，有的两人抬筐，还有的用独轮车推载，人来人往，川流不息，把堤外田野里的土石方运上大堤。大堤上打夯的口号声震耳欲聋。整个工地一片欢乐繁忙的景象，热火朝天。

史贻直与钟保两人分工，钟保带着按察使等人前往汉阳县工地助威加油。史贻直与布政使安图等人则前往武昌县工地助威，并约定好，下午在总督衙门会齐，交流一下两个工地的施工进度以及需要解决的问题。史贻直与安图抵达武昌县工地后，径直来到田野里观察取土运土的情况，只见大家忙着挖土装筐，其中一位挑土的青年对一位挖土的姑娘说：“你帮我多装点，上一担装得太少太轻了，这一担多装点。”

那姑娘说：“不少了，不是只挑一担两担，要挑 50 天呢，要坚持下去，保持长久精力的呀！”

那青年说：“没事，我年轻，有的就是力气。”

旁边那位取土的小伙子说：“她这是心疼你，关心你，生怕把你压坏了。”

另一位挑土的小伙子说：“相互疼爱好呀！你疼我爱，不就疼到一起去了嘛。”

那取土的姑娘啐了说俏皮话的小伙子一口说：“就你坏。”然后趁他不备，姑娘迅速地给他两头各加了一大块土，说：“让你坏，让你坏，压死你！”逗得大家都笑了。

这时，史贻直刚好走到这里，见大家边干活边说笑，那么开心，也凑上去笑着问：“你们在说什么啦？你们的县太爷呢？”

那些民众一见两位官员走过来，都吓得不笑了，憋着一股子劲加快干活。只有一位年岁稍大的大爷回道：“没事，这些后生在说笑话哪，我们县太爷在大堤上，刚才我挑土上去，还见他与另一位大人在一起说话哩。”

史贻直听了，说了句“你们干活吧，不打扰你们了”，就与安图一起向大堤上走去，上得大堤，果然见武昌知县与水利道金大人在一起。

同时水利道金大人也见到了史贻直，立即走过来打招呼说：“制台大人，您也上来啦！”

史贻直回道：“上来看看。金大人，您看这样干行吗？”

金大人回道：“史大人，行啊，怎么不行？水利工程不都是这样吗？而且这次民众热情特别高。您看，一下子上来那么多人，起码有两万多人。现在半天还不到，进度就那么快。如果按这样的进度干下去，我看 50 天都不要，就能完成任务，根本不需要到明年第二期。”

武昌知县说:“两位大人,乡民们不笨。大人想啊,上大堤干活,本来是咱自己的事,即使不拿工钱也得干,现在还有那么多工钱,不但自己吃饱,还能拿一升半粮回家,一个月有四五斗进账,谁不干呢？所以附近的壮劳力都来了,积极性可高了。”

史贻直说:“金大人,县尊大人,这好呀！不过还得请你们两位一定要注意质量,我们既要确保进度,也要保证质量,同时也不能打击民众的积极性,如果真能在50天内完成的话,我们还可以提高他们的工资待遇,把准备用作明年第二期工程的现有资金费用,提前用在他们身上,可以每天再加一升米的工钱。不过现在还不能宣布,待工程进行到一半的时候,看确实能在50天之内完成,就可以宣布加一升米的工钱,如果宣布早了,到时完不成任务,就麻烦了。反正安排给群众的钱,就得用在群众身上,我们留着干什么呢?”

水利道金大人听了说:“好的,史大人,就听您的。下官到前面去检查一下护岸驳石的质量,既确保进度,也要确保质量。”

史贻直说声“好的,你们去吧”,然后也与安图继续往前考察了一会儿,中午时分即回衙。

史贻直与安图吃过中饭刚坐一会儿,钟保与袁承宠就来碰头了。四人交流了两个工地的基本情况后,史贻直说:“两个工地的情况都差不多,群众的热情都很高涨。上午水利道金大人说,按照今天的进度,50天都不要,就能完成任务,根本不需要明年第二期。如果真能这样,我建议把预作第二期工程的预算资金提前使用,提高民工工钱,提高多少,再请安图大人核算一下。我上午与金大人讲了,暂时不宣布,待到工程进行到一半的时候,已有绝对的把握了,再宣布不迟。本该是民众的钱,就给民众,我们留着干什么?”

钟保表示完全同意,安图与袁承宠也都表示赞成。

十一月二十三日，水利道金大人前来汇报说："时间不到一半，而工程已经进行到了一半，现在可以说，可确保在50天内提前建成，完成任务。"

史贻直说："那你明天就去宣布，每人每天增加一升米的工钱，前面23天的工钱也每天补发一升米。"

第二天水利道金大人这么一宣布，民众欢欣若狂，莫不鼓掌欢呼，干劲更足，最后又提前在十二月十八日全部完成任务。于是，一条坚如磐石的新江堤呈现在长江沿岸，固若金汤，牢牢地把水流束缚在江里，顺流而下，确保了武汉三镇地区人民生命财产的安全。

三五　蒙受恶意中伤　依然默默奉献

史贻直与湖南巡抚高其倬联手镇压了湖南城步苗、瑶兄弟民族的反清斗争，即于乾隆二年（1737）九月奉命返京，回户部办公。九月十九日，史贻直抵达京城，先让郜爵回家，自己直奔皇宫向乾隆帝复命去了。在养心殿，史贻直叩见乾隆帝，三呼万岁以后，乾隆帝赐座说道："好啊！爱卿，你终于回来了，你这一去就将近两年。你在这两年里面平反了麻城涂如松杀妻冤案，重建了武昌黄鹤楼，减轻了许多民众的赋税负担，修筑了长江江堤，平定了城步苗、瑶兄弟民族的反清斗争，做了那么多事情，成就卓著，辛苦你了。这样吧，快两年没与夫人团聚了，你先回家与夫人孩子们团聚团聚，在家休息几天，而后我们君臣再好好谈谈。"

史贻直听了即告退回家。回到家中，孩子们立即拥上前来，抱住了他们的父亲，问长问短，汇报他们各自的学习情况。许氏在一旁看着他们父子们如此亲热，感到无限欣慰。晚上史贻简得知史贻直已经回来，又过来叙谈了良久。直到二更以后夜深人静，史贻直夫妇俩才回到自己房中，互倾衷肠，相互述说了一些互相关爱的话以后，史夫人即为史贻直洗脚宽衣休息。史贻直亦要为夫人洗脚，许氏怎么也不让史贻直为她洗脚，说："你在外面辛苦了近两年时间，太劳累了，今天你就早点休息，以后再帮我洗好了。”然后许氏自己洗完脚，宽衣上床，老夫妻俩很快就沉浸在甜蜜的睡梦中。

史贻直回京以后，由于他在不到两年的时间里面，完成了那么多重大事项，业绩卓著，声望大振。京城各部门同僚们无不议论纷纷，啧啧称道，都说：“迈柱在湖广担任八年总督，非但没有重建黄鹤楼，修筑长江江堤，还增加了许多百姓的重丁赋税和关税负担，花五年时间审出个天大冤案，回来还升了官，担任武英殿大学士。这次史贻直回来，如此大的业绩，不知该怎么奖励了。”史贻简听了这些议论，心里简直乐开了花，下班回家，进了史家大院没有顾得上回自己家门，就先到史贻直家，见到贻直夫人许氏就问：“弟妹，二弟回来没有？”

许氏回道：“大伯，您下班啦，请坐。贻直还没有回来哪！有事吗？要不待他回来后，我让他到您家去一趟。”

史贻简说：“不用了，弟妹，你不知道，现在二弟在京城的威信可高了，没有哪位大人不夸他。我们兵部的讷亲尚书说：‘在两年不到的时间里，他做了四件大事。这每一件大事都是彪炳史册的丰功伟业啊！一般人能完成其中的一件就不错了，他竟然能把四件大事全部完成，真是了不起的人才啊！’甘汝来尚书说：‘史大人早就该当内阁大学士了，现在内阁的几位大学士，哪个能像他这样实心做事？都是混日子，尸位素餐！’左侍郎普泰、孙国玺，右侍郎二格、吴应棻也都夸赞二弟呢！尤其是吴应棻，对二弟佩服得简直五体投地，赞不绝口。”

史贻简说完就回自家去了。可许氏听了，怎么也高兴不起来。她始终牢记着出嫁之前，爷爷许承家对她说的那句话：“月圆则亏，过盈则损，树大招风，贻直应该藏锋守拙，不可锋芒毕露。我们不求高官厚禄，但求平安，平安就是幸福。”她心想，现在史贻直的声望那么高，肯定又要引来政敌的攻击了。雍正九年(1731)初，李卫连上两本奏折弹劾他的事，至今记忆犹新，幸亏雍正帝主持公道，一眼就看穿李卫强加给史贻直的罪名诬妄不实，未加理睬，不知这次又要遭受谁的诬陷了。想到这里，她有些不寒而栗。就在这时史贻直下班回来了，刚一进门，许氏就冲他说道："你在湖广做事干吗要那么认真？这次又要惹火烧身了，你等着吧。"

史贻直一听，丈二和尚摸不着头脑，转身问身旁的丫鬟说："怎么？你们谁惹夫人生气了？"

丫鬟说："是老爷您自己惹夫人生气了。"

史贻直听丫鬟这么一说，更加莫名其妙了，正愣在那儿不知所措。夫人一看，便冷静地支走了丫鬟，招呼史贻直坐下说："老爷，你想啊，你去湖广把迈柱大人审了五年才定案的案子给平反了，你想迈柱大人他什么感受？他能善罢甘休吗？你要知道，他可是武英殿大学士兼吏部尚书哦，而且他还是个旗人，还不知他怎么整治你呢？而且你现在声望那么高，不招人妒忌吗？我们又要遭人暗算了。"

史贻直听了理直气壮地说："他们暗算就暗算，我身正不怕影子歪，一切都凭良心做事，凭事实说话，不抱任何私心杂念。我相信，皇上和舆论是会主持公道，支持正义的。"

许氏说："老爷，你这话是不错，但是世上的不白之冤难道还少吗？你心里必须要有这个准备。"

史贻直说："好的，老伴，我注意就是了。"然后他又心平气和地说："夫人，你没看到那个被冤枉的涂如松，被他们折磨得血肉模糊，遍体鳞伤，惨不忍睹。那个坚持公道的仵作李荣被他们活活打死。还有那坚持正义的知县汤应求、刑书李献宗、生员蔡灿，都被他们横加罪名，判处死刑。五条人命哪！夫人，你看了能忍心吗？"

许氏听了，觉得错怪了他，忙说："老爷，你做得对，我支持你。我错怪你了。"

史贻直继续说道；"还有，被迈柱摊派重丁赋税的那19州县的农民有多艰辛？我亲自带着部爵和师爷考察过五六个县，亲眼看到他们在田间劳作时，个个都脸带菜色。他们说每年都有三分之一以上的农民，冬天得出去乞讨要饭。一位六十多岁的老农对我说，冬天他带着比他还大两岁的老伴，搀着孙女和一个四岁的小孙子，在汉口要了一冬天的饭，直到元宵节以后才回家春耕。这些都是迈柱的重丁摊勒所造成的。你说我能不管吗？老伴，严格说来，我也是农民的子孙后代，我家上代也是耕读世家，种田的。虽说我家是大户人家，比一般的农家要好得多，但我也从小在农村生活了十年，亲眼看见了农民的艰辛，所以我对农民有特别的感情，一看到他们那艰难的生活，就想帮助他们。再说了，现在我依然还有几位兄弟生活在农村哩。这些农民要是换成我自己的兄弟呢？老伴，人是要讲良心的，要将心比心。"

史贻直这一席话，把夫人许氏的眼泪都说出来了。只见她一边擦着眼泪一边说："老爷，你做得对，我支持你，不过我们也不得不防他们加害于你哦！"

史贻直说："夫人别怕，大不了我们回老家教书去。不过我相信，我们的皇上是圣明天子，他心里是明白的，不会不分青红皂白。好了老伴，我们还是吃饭去吧。"说完，史贻直拉着夫人许氏就去餐厅吃饭去了。

事情还真如史贻直夫人预料的那样，不几天，迈柱还真的一本奏折把史贻直告到了乾隆帝那儿，说史贻直在湖广接受了扬州盐商的请托送礼，一盒十个狮子头、十笼扬州包子、两坛洋河大曲，说这十个狮子头都是黄金做的，十笼扬州包子里面包的也都是黄金。

乾隆帝看了感到有些好笑。一是他知道史贻直不是爱财贪污受贿的人。二是湖广乃国家规定的扬州盐商专属经济区，专门销售淮盐，因而这些扬州的盐商在湖广经销食盐，无需贿赂谁。再说了，史贻直也无权干预他们的销售，他们干吗要贿赂史贻直？三是他们既然要用黄金贿赂史贻直，何不直接用精美盒子装上黄金送去，干吗要转弯抹角，把黄金做成狮子头，包在包子里送去呢？有些不合情理。但乾隆帝又想，既然迈柱告上来了，而且迈柱是武英殿大学士，不可不认真对待，于是他就一道密旨下达给新任湖广总督钟保，要他密查此事，以便给迈柱一个明确的说法。

钟保接到乾隆帝的密旨，打开一看，原来是要他秘密调查扬州盐商送给史贻直扬州包子和狮子头的事情，不觉暗自发笑，因为他就亲自见证了这事。于是他就把自己亲身见证的过程，如实地向乾隆帝作了报告，说："扬州盐商把扬州包子和狮子头送来时，微臣与布政使安图、按察使袁承宠都在场。当时我们正与史大人一起在督府大堂议事，突然门卫进来禀报说：'有位扬州的盐商给大人送来了一些物品和一封信。小的告诉他大人正在客厅议事，谈论公务，要他稍等一下。他说不等了，他的船正在卸货，然后他还要到长沙去。他要小的把这些物品和信转交给大人，说完他就走了。'那门卫说完，就把扬州盐商送来的物品放下，把信交给史大人。史大人把信打开一看，说是他小姨丈差人送来的。然后他就把物品包装打开，一看，嘍，全都是好吃的，他高兴极了。于是在议事完毕时，他即提出说：'今天中午我请客，请大家喝洋河大曲，吃扬州包子和扬州的狮子头。扬州包子是江南有名的小吃，它的特点是皮薄，馅很新鲜，有蟹黄包、三鲜包、三丁包、豆沙包、青菜开洋包等等，价格便宜。因为扬州处在大运河与长江的交叉点上，东来西往，南下北上的客商很多。而且包子老少皆宜，价格便宜，无论有钱人穷人都吃得起；如果急着赶路，买好用纸一包就能带走，在路上边走边吃，十分方便。这样扬州的包子慢慢地就兴盛起来了。’史大人接着说道：‘扬州的狮子头与其他地方的不同，其他地方的狮子头都是瘦肉，而扬州的狮子头有肥有瘦，吃起来感觉很嫩，有肥而不腻、入口即化的感觉。扬州酱菜更是一绝，中指大小的黄瓜、宝塔洋姜、杨花小萝卜，洗净晒至半干，然后用卤水浸泡，鲜嫩可口，脆而不辣，很适合江南人的口味。至于洋河大曲，我想大家都喝过了，就不用说了，醇香绵柔，喝了以后回味无穷。’结果我们三人，加上史贻直的家仆部爵、师爷和两名书办八个人，一顿就吃了他四笼包子，四个狮子头，喝了他一坛洋河大曲。临走时他还给我们三人每人送了两瓶扬州酱菜。至于黄金包子和狮子头，这全都是胡说，是对史大人的诬蔑。”

至于史贻直小姨丈为什么要给他送这么多的吃食？钟保向乾隆帝陈述道：“史大人夫人许氏就是扬州盐商世家出身，没有兄弟，只有她姐妹二人，她是老大。她父亲去世以后，她妹夫继承了许家家业，打理商务。史大人署理湖广总督后，许氏就给她妹妹去信，告诉她史大人只身前往武昌任职之事，说他一人在外做事，生活上没人照料，可能比较艰辛，要他们有盐船去汉口时，顺便给史大人带些扬州可口的吃食去。这就有了后来扬州盐商送包子、狮子头等食品之事。”

乾隆帝看了以后，气得两眼直冒火星，随即把迈柱召来严厉训斥了一顿，说：“你说扬州盐商给史贻直送的狮子头都是黄金做的，包子里面包的也都是黄金。钟保的奏本来了，根本不像你说的那样，就是普普通通的包子和狮子头。送去的时候钟保和布政使安图、按察使袁承宠都在场，史贻直还请他们一起吃了。你怎么能这样造谣污蔑人家呢？你在湖广八年，凭借先帝皇考对你的信任，刚愎自用，听不得别人的意见，摊丁入亩搞全省统一核算，结果搞出个19个州县的重丁摊纳，使农民们不堪重负；所谓的涂如松杀妻案，你花五年时间，审出个天大的冤案；另外还增加了许多内地关税。史贻直去帮你把涂如松杀妻冤案平了反，减免了你造成的19个州县的重丁摊纳，又减轻了内地关税，为你擦屁股，你非但不感激人家，反而诬陷人家。你说，你应该吗？你良心何在？”

乾隆帝这一番话，说得迈柱无地自容，羞愧难当，立即下跪请罪，说：“是下面那些人误导了老臣。我不该听信他们那些误传的假信息，老臣有罪，老臣有罪，罪该万死！”

乾隆帝余怒未消地说：“好了，你回去吧，回去好好反省反省。”

随后，迈柱即退出养心殿回家，在家越想越气，羞愧难当，郁郁寡欢，不久即在羞愧郁闷中去世。

然而一波刚过，一波又来。随后不久，乾隆帝又收到监察御史吴士功弹劾史贻直的一本密折。乾隆帝打开一看，不禁呵呵地笑了起来。原来吴士功在密折中所揭发的内容，全都是雍正九年(1731)年初李卫所捏造的那些似是而非的材料。当年雍正帝看了以后都暗自发笑，认为这都是李卫编造出来的，不值一提，遂将之留置宫中，不闻不问。乾隆帝看了感到有些蹊跷，当年李卫上此奏折时，吴士功尚未走上仕途。吴士功是雍正十一年的进士，而这时李卫已经去世，吴士功怎么知道李卫奏折中这些内容的呢？他心想一定是内阁中有人故意把李卫奏折中的这些内容泄露出去了。而内阁中能知道李卫这一奏折内容的老人，只有张廷玉一人，因为张廷玉自雍正五年就开始担任内阁大学士了，后又兼军机大臣，经常在内廷与先帝皇考一起讨论政务，自然洞察这一切。

那张廷玉又为什么要故意把李卫奏折中的内容泄露出去呢？张廷玉担心的是乾隆帝晋升史贻直为内阁大学士。因为张廷玉自雍正五年晋升为内阁大学士，至今已在内阁经营了十年。在雍正时期内阁还有老资格的马齐，那时他还比较收敛。可自雍正十三年马齐休致以后，到了乾隆年间，内阁大学士中便是他的资格最老，在内阁中一言九鼎，便不希望别人来抢占他的势头。而张廷玉与史贻直是同科进士，又一同在翰林院庶常馆学习了三年，深知史贻直学识渊博，政策水平高，组织能力强，思维敏捷，一旦史贻直进入内阁大学士的圈子，便成为他强有力的竞争对手，削弱他的势力。所以他千方百计地要把史贻直挡在大学士领导班子之外。早在雍正十三年乾隆帝刚刚登基，湖北涂如松冤案也才曝光，乾隆帝决定简派得力大臣下去重新审理此案时，张廷玉就立即推荐刚从西安回来尚未抵京的史贻直去，就是为了不让史贻直留在京师，抢占他的势头。可这时史贻直已在湖广理顺了政务，诸事顺遂，载誉而归，就再也没有理由不让史贻直留京任职了，但是他也不想让乾隆帝立即提升史贻直为内阁大学士。不过他想，史贻直在湖广所做的一切，已经让迈柱脸面丢光，迈柱必然要进行反击。所以一开始他没有出手，而是让迈柱出面弹劾。可是迈柱的奏本刚递上去，很快就被乾隆帝驳回，并被狠狠批评了一顿，未几即忧郁而死。这时他觉得必须自己亲自出手了，便把李卫当年弹劾史贻直的材料，通过他的门生故吏泄露散发出去。他也知道，这些材料都是李卫编造出来的，虚妄无力，肯定是要被乾隆帝驳回或留置宫中的。他也知道史贻直一贯清正廉洁，为国为民实心办事，是打不倒的。他也并不想真的打倒史贻直，他只是不想让史贻直进入内阁大学士的领导班子，侵害他的利益。只要史贻直不进入内阁大学士的圈子，他也是能与史贻直和平相处的。而且，他根据多年从政的经验以及他对帝皇思想的长期观察，只要这第二本弹劾奏折一上，不管这些弹劾的内容是真是假，即使都是假的，再次被乾隆帝驳回，或留置宫中，就已经在社会上给史贻直造成了负面影响。乾隆帝必然感到，史贻直在政界有对立面。这时乾隆帝得掂量掂量，为了朝廷政局的稳定，能不能立即提升史贻直为内阁大学士？只要乾隆帝不立即提升史贻直为内阁大学士，他的目的就达到了。

真是天下之大无奇不有。当张廷玉通过他的徒子门生把李卫的这两本奏折内容泄漏散发以后，还真有人如获至宝。此人名叫吴士功，雍正十一年(1733)进士，已经40多岁了，还只是一名小小的监察御史，一心想向上爬。这时正值张廷玉的政治顶峰，权势熏天。吴士功想投靠巴结他，可苦于没有门路。正当他苦思冥想，削尖脑袋寻找机遇时，听到了当年李卫弹劾史贻直的这些内容，就据此立即写了一本密折，弹劾史贻直。张廷玉等人收到了这本密折，当即呈递给了乾隆帝。

关于李卫与史贻直的矛盾，乾隆帝知道，当年李卫原先想巴结史贻直，结果被史贻直婉拒了，因而恼羞成怒；再加上李卫凭着雍正帝的宠信，攫取了江南的许多权力，在史贻直署理两江总督时，都被史贻直全部收回了，因而对史贻直耿耿于怀，便故意编造一些材料，连上两本奏折弹劾史贻直，结果被雍正帝看穿，留在宫中置之不理，这时竟然被吴士功用来弹劾史贻直了。乾隆帝同样也把吴士功的奏折留置宫中，置之不理。

张廷玉见吴士功的奏本上去，毫无声息，就放出风声，说吴士功有一密折弹劾史贻直，以使广大臣僚都知道，想以此逼迫乾隆帝表态，处置史贻直。于是乾隆帝就在一次早朝时说：“御史吴士功确有一本密折，参劾史贻直，但所提问题都是当年李卫与史贻直闹矛盾时，根据道听途说所编造的一些小道消息。当年就不值一提，所以先帝皇考就不予处置，‘留中’了，现在事隔多年，更不值一提。况且李卫已死，更无处查证，也依然作‘留中’处置。否则的话，一旦查无实据，随便参奏大臣，那吴士功是要受到严厉处分的，朕也不希望言官受到处分。如他们两人以后再有过错，再取出一并处置不迟。”

史贻直听了立即跪奏道：“启禀万岁，臣自康熙三十九年(1700)考中进士，走上仕途，至今已近40年，历任各部侍郎、尚书、都察院左都御史，六任钦差大臣，以及各省总督、总理巡抚，不可能不犯有错误，既然有人弹劾微臣，微臣应该自省，请准辞去户部尚书职务，回翰林院从事编检工作，写书编书。”

乾隆帝说：“爱卿且起归位，你的为人品德，工作业绩，朕看得清清楚楚。不仅是爱卿，就是这整个朝堂之上的所有王公大臣和各级臣工，各人的心思，工作业绩，朕也都看得清清楚楚。朕不是人云亦云、是非不明的昏君。朝堂之上允许弹劾提意见，至于弹劾所提意见是否正确，应否采纳，一切都由朕来决定，朕是不会胡乱采纳决定的。至于你今后的工作也由朕来安排，不是别人想要把你怎样就怎么样的。现在是大清王朝，一切朝纲都由朕乾纲独断，做主决定。朕是不会亏待真心实意为我大清王朝脚踏实地做事的有功之臣的。”乾隆帝这一席话是有意敲打张廷玉的，因为这几年，他已经发现张廷玉有结党营私、揽权之势。随后他又对史贻直说：“待散朝以后，你到偏殿等候，朕有话要对你讲。”

散朝以后，史贻直立即到偏殿等候，不一会儿乾隆帝即掀帘而入。史贻直正要起身行君臣之礼，乾隆帝一把按住他说“平身”。随后乾隆帝即在史贻直的对面坐下，说：“朕深知爱卿才具优长，已在各部尚书和各省督抚位置上任职多年，现在正值壮年。朕本想把你提拔上来干一番事业的，不想竟出了吴士功这档子事。朕知道吴士功是被别人当枪使了，但朕也必须照顾全面，不想把事情闹大。朕考虑把爱卿转任工部尚书，并教导翰林院庶吉士，让工部尚书高其倬来接任你户部尚书的职务。以后爱卿再相继在兵、刑、吏等部尚书位置上轮转一圈，熟悉熟悉各部的具体部务，这对爱卿以后的工作会有帮助的，到时你就游刃有余，得心应手了。好在你还未到老年，不到耳顺之年，以后有的是机会。”

史贻直拱手奏道：“皇上，臣祖孙三代，世受大清国恩，尤其是微臣，19岁考中进士，承蒙圣祖爷教养、先帝爷栽培，才有今日之事业成就。所以，微臣在各个岗位上兢兢业业、脚踏实地地努力工作，就是为了报答圣祖爷、先帝爷的知遇之恩，根本就没有想向上爬，追求什么名利地位的意思。微臣的一切身家性命都是大清朝所赐，只要能为朝廷效力，皇上，您叫干啥就干啥，微臣根本不考虑什么名利地位。”

乾隆帝听了十分高兴，说道：“那你就回去把手上的工作整理整理，与高其倬办个交接手续，然后就到工部去上班吧。”

史贻直接受了新的任务，即告退回部，与高其倬办理了交接手续，就到工部报到上班去了。本来户部同仁们还想挽留史贻直的，但都被史贻直一一婉言谢绝了。在工部，史贻直同样受到了工部同仁们的热烈欢迎，随后与工部满尚书来保，以及左侍郎杭奕禄、王纮，右侍郎二格、张廷璩等进行了长时间的交谈，下班回家晚了一点。等史贻直下班回到家时，只见夫人许氏一脸怒气，大哥史贻简也在场板着脸。史贻直料想，一定是大哥把早朝时吴士功弹劾的事情告诉了夫人，夫人听了在生气，忙说：“怎么啦？是不是为早朝时吴士功弹劾的事生气了？”

夫人愤愤不平地说：“老爷，你说说，这吴士功才当上官有几年啊，就把多年以前那些陈谷子烂芝麻的事翻出来，自己又不好好调查调查。他知道什么呀，就胡乱上奏，给人扣帽子！老爷，这官我们不当了，回扬州老家去，我娘家那点产业养得活我们这一家子。”

史贻简也很生气地说："二弟，你看，这吴士功监察御史，才几品啊，从五品，比我的品级还低，就这样地胡乱弹劾大臣，应该严肃查处。"

史贻直听了耐心地说："大哥、夫人，你们消消气，听我慢慢跟你们说。这吴士功肯定是被人当枪使了。他雍正十一年才考上进士，出来当官，对于雍正九年封在宫中的事肯定不知道，这肯定是有人故意透露给他的。那他为什么乐意被人当枪使呢？他也有自己的目的呀。你们想啊，他已经四十多了，才当到一个从五品的监察御史，升到四品、三品要等到何年何月呀，当他得知这些小道消息，还不如获至宝吗？你们要知道，天地之大，世上是无奇不有的。那皇上为什么不处分吴士功呢？这就是我们当今皇上的英明之处。当今皇上要当一个有道明君，他知道，处置言官，史书所戒。所以他就把这事调和了一下，不就结了嘛！我还是当我的尚书，只是换了一个部门，从户部调到工部，另加教导庶吉士，以后还可能调任刑部、兵部、吏部。当然，从今天早朝的情况来看，是受了一点气。你们看，历史上的清官好官，哪一个不受气，不饱受委屈？比起历史上那些受委屈的清官好官，我们要好得多了。再说了，为民众百姓、朝廷、当今皇上，受些委屈，受气，受得值。"

史贻直的一席话，把夫人和大哥的怒气都打消了。夫人一拍茶几说："不说了，就听老爷的，我们吃饭吧，大哥，你也不要走了，就在这里吃。"然后她转身吩咐丫鬟说："去告诉大哥家，说大哥在这里吃饭了，叫他们在家自己吃吧。"

史贻直也说："大哥，小弟我今天心情愉快，我们兄弟两个好好痛饮几杯。"

于是史贻简、史贻直兄弟两人痛痛快快地喝了几大杯，一切烦恼全抛九霄云外。从此史贻直又在工、刑、兵、吏等部尚书位置上默默奉献了三四年，并教导庶吉士，为乾隆帝牢牢把住了刑部牢狱和吏部用人两大关口。他在刑部尚书任上整理刑部档案时，发现在吕留良、严鸿逵文字狱的原始档案中，有张廷玉的亲家朱荃的名字。朱荃年轻时曾随严鸿逵一起游学，讲学乡里。但雍正十二年(1734)严鸿逵案结案时，朱荃的名字却被删除了，而此案的案卷恰恰就是张廷玉整理、负责结案的，这是张廷玉有意包庇朱荃，为其开脱罪责。史贻直发现后立即向乾隆帝作了汇报。乾隆帝听了先是大吃一惊，但略思片刻后说道："爱卿，你做得很好，发现问题应及时报告。但这事已过去多年，这时似乎不必再拿出来大肆操作，一旦发酵不知又要处死多少人了。咱暂且保密不说，看朱荃以后会不会再犯错误，若不犯错误那就算了，若再犯错误，就把他新账老账一起清算，同时严格追究张廷玉的责任。"

史贻直说："皇上，您这样处理非常好。微臣看到了这份材料，感到事情非常严重，不得不向皇上报告。"

乾隆帝说："爱卿，你做得很对，应该这样。"

后来，朱荃还真的在张廷玉的包庇之下，又犯下了大逆不道之罪。他被任命为四川学政后，竟隐瞒父亲去世的消息，不回家丁忧，而去四川赴任冒考，勒索生员，收受生员贿赂，事发后畏罪自尽，家属子女均被发配新疆伊犁为奴。张廷玉这时虽然已经告老还乡，但也受到牵连，被抄了家。此乃后话不说。

后来史贻直在吏部尚书任上，乾隆帝召他去商谈政务，谈完政务后乾隆帝说："现在协办大学士员缺，张廷玉提出由工部尚书汪由敦题补。你看怎么样？"

史贻直听了连忙上奏说："皇上，这万万不可。汪由敦是雍正二年(1724)的进士，这年会试正考官恰恰就是张廷玉，两人有师生之谊。若师生同时在阁揆办事，容易把持操纵局势，不利于我大清政局的稳定。对张中堂而言，他就不应该有这个提议，即使有人提出，他也应该提出避嫌。虽也有‘举贤不避亲’之说，但张中堂已有朋党嫌疑，朝廷上下都在议论，他就更应该避让。”

“那你看谁合适呢？”乾隆帝问道。

史贻直说道：“军机大臣讷亲。讷亲办事认真，敢作敢为，而且清正廉洁，一尘不染。听说他为了防止人家上门请托贿赂，专门在门口养了只大狼犬，吓得人家都不敢上门。”

乾隆帝听了哈哈笑道：“有这事，有这事。爱卿，你的意见很好，就这样吧，题补讷亲为协办大学士兼军机大臣。”

待史贻直退出后，乾隆帝细细思量了史贻直刚才所言，觉得史贻直头脑清醒，思想敏锐，为人正直，原则性强，是一个职掌人事大权的好把式，值得依托。从此，乾隆帝就把人事大权完全交给了史贻直，题补史贻直为吏部尚书，而且长期担任吏部尚书，即使后来升任为文渊阁大学士，仍兼任吏部尚书之职，直到乾隆二十八年(1763)去世，为乾隆帝执掌人事大权长达二十多年。

三六　署理直隶总督　大兴水利工程

史贻直在工、刑、兵、吏等部尚书任上，又干了四五年，吴仕功奏折给他造成的负面影响也早已淡化，消失殆尽。乾隆帝感到应该把他题补为大学士了，先题补为协办大学士，而后转正。但就在这时，江南暴发了特大水灾，淹没数十个州县，饥馑遍地，数百万人食不果腹。江南是富庶之区，国家朝廷的财税主要来自江南，一旦江南有失，将给国家朝廷造成无穷的损失。乾隆帝一下子又把注意力转移到了江南，决定派遣深谙水利，并在江南任职多年，熟悉江南情形的直隶总督高斌前往江南，会同两江总督德沛、河东道总督完颜伟，以及苏抚、皖抚，一起整治江南水患，赈济灾民，恢复社会经济。

可高斌调走，直隶总督一职该由谁来接任？直隶可不比一般省份，乃京畿腹地，拱卫京师的门户，从来都是由朝廷得力大臣担任的。乾隆帝便宣召史贻直来商量，待史贻直进殿坐定，说道："现在江南水灾十分严重，朕决定派直隶总督高斌前往江南，会同江南各官一起抗灾救灾，恢复经济。因为高斌深谙水利，又曾历任苏州织造、江宁织造、江苏布政使、河道总督，熟谙江南情形。可高斌调走，直隶总督一职该由谁来接任，朕一时拿不定主意，所以找老爱卿来一起商量。”

史贻直回道:“还是老臣去走一遭吧。”

乾隆帝说:“朕已决定题补爱卿为内阁大学士了,还是换个人去吧,你看工部尚书陈世倌怎么样?”

史贻直言道:“陈世倌为人厚道,忠贞不贰,是一位可靠之人,但是封疆大吏,他只做过一任山东巡抚,缺少这方面的经验。而直隶是京师门户,京畿腹地,关系复杂,陈大人恐难以驾驭。内阁大学士职位虽高,但工作比较单纯,这对陈大人来说,倒比较适合。而且,陈大人年龄比我还大,我看就题补他为大学士,直督一职还是老臣去为好。”

乾隆帝一听,史贻直丢下大学士的职位不要,而去当直隶总督,就说:“这样,老爱卿你不就太亏了吗?”

史贻直说:“皇上,我们出来做官,又不是为了名利地位,而是为了报效朝廷,为民办事。现在京畿腹地需要人去拱卫,老臣怎能推辞?皇上,我看就这么定了吧。”

乾隆帝看着史贻直,注视良久,更觉得史贻直大公无私,品格高尚,远非一般大臣所及,隔了片刻说道:“那好,就这样吧,老爱卿,朕绝不会亏待于你。”

于是,史贻直以吏部尚书去署理直隶总督。不过,史贻直这次署理直隶总督,夫人许氏毫无怨言。一则直隶乃京畿腹地,省府保定距离京城也就四五百里,快马加鞭两天就能抵达,走驿站官道三四天也能抵达。二则三个儿子都已有出息,长子奕簪已考中进士,入选庶吉士,以后肯定是个京官;次子奕昂和老三奕瑰也已被皇家征调,出掌皇家工程管理,家中已没有什么需要照应的了。夫人许氏便决定带着两个丫鬟,跟着史贻直一起去保定,照顾他的生活起居,说:“老爷,你已经60岁了,不像年轻时那样生活能够自理。这次我决定带着丫鬟跟你一起去，照顾你的生活。家仆郜爵年纪大了，已须发皆白，不能陪你一起出仕了，就把他留在家里，由奕簪夫妻俩照顾他养老吧。”史贻直完全同意，于是带着夫人和师爷一起上任去了。

史贻直抵达直隶首府保定时，正值秋收秋种之时。这年直隶虽然也遭受了一些水涝、冰雹等自然灾害，但都是局部的、地方性的，而且是短时间的。就整体而言，直隶依然是个丰收年。所以他上任以后，首先就是紧抓秋收秋种。他发文要求各府州县，务必做到及时收割，颗粒归仓，丰产丰收。他晓谕百姓：在这丰收之年，要注重撙节，不可靡费，要精打细算，增加盖藏，积谷备荒。他说：“年岁水旱不齐，丰登难可常恃。”他特别嘱咐各府州县，要趁此丰收之年，谷价平减，尽量多采购谷物，充实各自的常平仓，以备荒年和青黄不接之时平粜或出借。

同时，他还把直隶丰收的喜讯立即报告给了乾隆帝，说这年在直隶的个别地方，虽然也有“被水被雹者，但俱属一隅偏灾”，而且即使个别地方遭受了水灾和冰雹，但经过勘查以后，也都及时借给籽种进行了补种，缓征钱粮。因此就整体而言，直隶依然是近几年来少有的丰收年。“目前值此白露季节，连下了几场透雨，土壤滋润，百姓们纷纷抢种秋麦，积极性较往年大增。”乾隆帝接到了他的奏折，喜出望外，说“曷胜欣慰”。而且乾隆帝也刚刚去马兰峪祭祀过祖陵，在来往的路上目睹了这一片丰收景象，以及百姓们积极播种秋麦的热情，遂在他的奏折上朱批道：“朕前往马兰峪，一路延览，见比户皆有蓄积，与翼翼之盛，实足以慰宵旰之忧也。”

秋收秋种以后即进入冬闲季节，这历来都是中国农村兴修水利的季节，利用冬闲民力有余，搞好水利，以防来年的旱涝，确保明年庄稼的丰收。史贻直也利用这冬春农闲之时，大兴水利，以利直隶农业生产的发展。他首先就整治雕鹗堡山河，因为就在他莅任署理直隶总督之时，雕鹗堡西关外山水冲入堡门，淹没军民房舍，危害城池。洪水退后虽然进行了军民房舍的修建，但山河水利尚未进行整治，难免以后不再出现山洪暴发，危害军民生命财产的安全。所以九月中旬，他即带领永定河水利道六格，前往雕鹗堡考察水利事务。

雕鹗堡位于今张家口市东南，赤城县与龙关县之南，南与今北京市延庆区接壤，诸山环绕，系古长城的一个交通要冲，军事要地，清朝有清军在此驻守，军民杂居。正因为诸山环绕，诸山之水均汇聚于此，向东注入白河。他与六格一起考察了当地山势地形走势后发现，此地原无河流，每当雨季，山水便顺山脚溪涧而流。一般年景雨水不多，山水顺着溪涧注入白河，不会成灾。这年雨水较大，赤城、龙关诸山之水汇聚于此，便冲毁了堡门，淹没了军民房舍。六格指出："为永久根治之计，必须在赤城山和龙关山之间的山脚，沿溪开凿一条山河，经雕鹗堡向东直通白河。工程不难，因原有山涧溪流，只需把山涧溪流拓宽至三丈，浚深五六尺即可，唯是较长，约 30 里长。"

史贻直完全赞同六格的意见，说："你说的不错，唯有如此，方能作永久根治之计。那你先做个预算，看有多大的工程，需要多少资金，然后上奏朝廷。"

六格随即做了个预算，说："大致 1 万两银就足够了。"

史贻直回去询问布政使："省内能否调出 1 万两银的资金。"

布政使说："部堂大人，这么大一个省，1 万两银肯定能挤出，二分耗银公项内即可开支。"

史贻直一听，资金有了着落，随即上奏乾隆帝，提出开凿雕鹗堡山河的报告，说："老臣上任之时，雕鹗堡山水陡发，冲入西关堡门，毁坏军民房舍。近日老臣与永定河道六格前往考察，发现赤城县与龙门县诸山之间，仅有山间小溪，平日小雨尚可宣泄，一旦山洪暴发就将成灾，为图永久之计，必须开浚山溪至三丈宽，五尺深，50天内，至春节之前即可竣工。预算资金1万两银，无须动用国库正项，可从藩库二分耗银公项内支出。”得到了乾隆帝的赞同。

史贻直随即指令宣化知府暨赤城、龙门两县知县，发动组织乡民，以及雕鹗堡军民，开凿山溪。开工之日，史贻直亲临现场，只见两县乡民五六千民工，雕鹗堡军民两百余名，全线铺开。人人荷锄挑担，来回穿梭，有的挥动铁镐，开凿山石。其中两名村姑要与两名军爷比赛，看谁挑得多，跑得快。军爷说道：“比就比，咱大老爷们还比不过你们姑娘家吗？咱赢了怎么办？”

旁边一位乡民打趣道：“你们要是赢了，她们两个就嫁给你们。”

这乡民的话音刚一落地，其中一位村姑捡起一块泥巴向他扔去，说：“就你会说。”

旁边的另一个乡民开口道：“要是我们姑娘赢了呢，你们怎么办？”

后面的一位老军爷说：“那我们这两个军爷，就给你们倒插门去，做上门女婿。”

刚好这两位村姑的父亲也参加了民工队伍，在场。先前第一个说俏皮话的那位乡民问道：“两位老爹，您二位说话呀，同意不同意呀？”

两位老爹齐声应道：“同意，同意。”

一下子逗得周围数十名乡民和军爷一起鼓掌，哈哈大笑说：“好，好。”

在大家的一再鼓动下，两位姑娘与那两位军爷还真的比赛起来了。看着大家那十足的劲头，史贻直带着怜惜的口吻对宣化知府说："大家干劲十足，这是好事。但还是要注意身体的，力气不能一下子使光，工期还长着呢，要 50 天哪，要长期坚持。"

两位军爷与两位村姑，在比赛的过程中，相互帮助，互相体贴，还真的擦出了爱情的火花，正式建立了恋爱关系。于是一传十，十传百，这事竟传遍了整个工地，也传到了赤城知县的耳朵里。知县一听高兴极了，便自告奋勇来对两位姑娘的老爹说："两位老爹，听说你们两家姑娘同两位军爷比赛，比赛出感情来了。这好啊，这是我们雕鹗堡水利工程上的一段佳话。有没有媒人？如果还没有媒人的话，我来做个现成的媒人啊！我看就在工程完工那天，在这工地上拜堂成亲，让大家做个见证。"

两位老爹一听知县大人来做媒，这多大的面子呀，当即答应，说："知县大人做大媒，请都请不来呢，当然好呀！"

在这美满婚姻的激发之下，整个工地热情高涨，不到 50 天就提前竣工，通过了六格的验收。

竣工的那天史贻直也去了，听说有两对新人要在竣工大典上拜堂成亲，也非常开心，决定从工程的结余款项内提取 500 两银，举办盛大的欢庆宴会，全工场五千多名民工和雕鹗堡军民一起参加。赤城知县当场宣布两对新人喜结良缘，戴着大红花，向各自的父母一拜高堂，同时也向在座的史贻直、六格和宣化知府叩首下拜，请三位大人做个证婚人，然后夫妻对拜，宣布完婚。宴会结束后，民工们各自挑着自己的工钱米粮回家，准备过一个欢乐的春节。

雕鹗堡水利工程结束后，已到年关。经乾隆帝特许史贻直回京，参加朝廷举行的新年团拜，然后大年初二即回省府保定去了，开始筹划新一轮的春季水利建设。原来直隶也是一个水灾频发的省份，直隶的永定河、大清河、滹沱河，以及这些河流的下游海河，也都频频泛滥成灾。所以史贻直就想在他署理直隶总督的时候，把直隶的水利好好整治一下。

乾隆八年(1743)正月初五，史贻直刚到保定，尚未启印。清朝时候规定，春节假期五天。正月初一至初五，各级政府衙门概不办公，谓之封印。他即派人把清河水利道方观承、永定河道六格找到总督衙门，对他们说："我们直隶水利最主要的地方就是永定河与大清河、海河交汇处的三角淀地带，这里频频泛滥。其中特别是永定河，自太行山东麓，经张北高原，进入华北平原以后，河床突然趋缓，流速骤慢，大量泥沙淤积，最易泛滥，水患频发。而且永定河临近京城，与北运河相交，一旦泛滥成灾，将直接威胁到京师的安危与北运河的运输交通。所以我们一定要重视永定河与叶淀、沙淀、朱家淀，这三角淀地区的水利安危。我准备明天到这三角淀地区查看一下，今年的防务怎么样，一定要确保在六、七、八月的汛期里面不出问题。我想请你们两位陪我一同下去，因为你们两位是专管这地方的水利官员。"

方观承与六格听了一齐说："制台大人，您都这么大年纪了，就别去了，我们两人带些水利人员下去检查一下，回来向您汇报一下就行了。"

史贻直说："你们两位下去检查，我当然放心啰。问题是我若不亲自下去，直接查看，掌握具体情况，讨论起来就没有发言权，不能表达意见了，这怎么行？这是不负责任的态度。所以我得与你们一起下去。"

方观承和六格说道："那行，我们回去再找个水利人员，随您一起下去。"

"好的，那就请你们回去准备吧。真是对不起，还没有启印，就把你们找来了，看来我史贻直下面的官真不好当！”史贻直笑着说道。

方观承和六格急忙说道：“不是，不是，不是这样。”

史贻直说道：“我是说着玩的，说说笑笑，大家不就开心了嘛！好了，没事，你们回去准备吧。”然后方观承和六格便回去了。

第二天早饭后，史贻直带着一名衙役，早早地就在督府门口等候。不一会，方观承和六格也各带着一名水利人员，从驿站牵来了六匹马，他们每人一匹，骑马前往。大家跨上马刚要出发，只见史夫人拿着一顶皮帽子从督府里面冲出，喊道：“老头子，帽子。”

史贻直一摸头上，说：“我不是戴着帽子了吗？”

夫人气喘吁吁地说：“你那是平常在家里戴的。你这次出去是在野外考察，野外西北风大，你那帽子就不顶用了，必须戴这皮帽子。”说着就把这皮帽子递给史贻直。

史贻直接过夫人递过来的皮帽子，然后脱下头上的那顶帽子，递给夫人，戴上夫人拿来的皮帽子，说道：“真是多管闲事，啰里啰唆。”

夫人嗔怪道：“还嫌我啰唆，没有我啰唆多管闲事就行了吗？”

衙役和方观承、六格都说道：“老夫人，请放心吧，我们都会照顾好大人的。”

夫人说道：“那就谢谢你们了。”说着转身就回督府衙门去了。

这里史贻直、方观承、六格等一行六人，各人骑着一匹高头大马向北，往定兴、固安方向去了。这时虽已开春，但华北平原上依然是冰天雪地，白茫茫一片。史贻直为首冲在前面，雪白的胡须和白发编成的长辫子，在寒风中飘荡，闪闪发光，完全一派老英雄的气概。方观承看史贻直有些着急，在后面喊道：“制台大人，从保定到固安有200多里，我们今天肯定到不了，中间必须停息一晚。我们不能太快。路上冰雪未融，坚冰打滑，要防止马匹滑倒，人马受伤。”

史贻直在前面说：“方大人说得对，今天肯定到不了，而且要防止马蹄打滑。那我们就先到定兴停息一晚。”

大家都说“好嘞”，随即放慢了速度，中午赶到遵城驿吃了中饭，饭后继续赶路，晚上到定兴住宿。定兴知县得知总督大人与两位道台到了，立即出迎。好在春节期间酒菜都是现成的，端出来就成。大家美美地吃了一顿，到馆舍休息，第二天即赶到固安。固安知县接待住宿后，次日也陪同一起前往考察。

他们自固安沿着永定河的南北两岸，向下游查看考察，对永定河两岸堤埽闸坝等水利工程，进行了认真查勘，尤其是南岸金门闸石坝，长安城、曹家务、郭家务、双营等四座草坝，以及北岸求贤村、胡林店、小惠家庄、半截河的四座草坝。勘查完毕，史贻直停下来对方观承、六格他们说：“方大人、六格大人，你们发现没有，这金门闸石坝主要是拦截永定河上游洪水的宣泄，其上下两限，石工坚固，非常宽敞得用。至于上年改建和新建的郭家务、双营、胡林店、小惠家庄四座草坝，也都经过了去年伏秋两汛的考验，没有什么问题。唯原有的长安城、曹家务、求贤村、半截河等四座草坝，其坝身都较上述改建和新建的各坝要高，一般普通的汛期水位较低，不能过水，只能供宣泄洪水之用。这样，永定河所挟带的泥沙依然会淤积在流经之地。所以过去在南北两岸分建了若干滚水草坝，俾汛期一到，既能防洪，宣泄洪水，又能疏浚泥沙，防止泥沙的淤积。老夫建议，根据永定河现有的水利形势，除了原有的一座石坝、八座草坝，还必须在南北两岸，相度适当的地段，再添建数座草坝，以使夏秋两季汛水，得以顺利宣泄，并减少泥沙的淤积，使河道只留正流，余水全部旁溢堤外的众多引河，以确保周围民田和庐舍的安全。”

方观承和六格一起问道：“那以您老的意见，应该添建几座？各建在什么地方呢？”

史贻直说：“最好是在南岸的清凉寺、张仙务和北岸的五道口地方，各添建一座三合土滚坝。其中南岸清凉寺、张仙务地方的滚坝，其坝身要稍低于双营等处的草坝，而其金门要各宽 16 丈，两坝总宽 32 丈。这样可以会同从郭家务、双营等草坝宣泄下来的水，一起注入郭家务旧河的引河中。而北岸五道口地方的滚坝，其坝身应低于小惠家庄草坝，其金门要与求贤村等处旧有坝宽相当，均 20 丈。要注意，五道口地方堤外地势很低，因此坝门簸箕要较常规坝门加长数丈。这样坝门出水时有一个坡度，不致出水突然下降，回冲自身坝基。”

说到这里，一阵寒风吹来，把他噎了一下，稍停片刻，他又接着说道：“另外，在北岸的孙家坨村南引河岸旁，也要建一座三合土滚坝。由于此处河流突然南折，形成一个顶头大湾，如果太近，就逼近了河流的埽工，再往下，又距离河身太远，最好是在引河岸旁一百三十余丈处。但去年前督高斌在此开了一条一里多长的引河，引水东注，由于引河建造不久，冲刷的宽度还不够，待过了夏秋两汛以后，让引河冲刷的宽度与正河相等时再建，以防注入引河的水势太急，危及坝身。”

他当即与方观承、六格等共同讨论了三座三合土滚坝的设计方案和预算资金，预算每座滚坝建造资金 6500 两银，三座总计 19500 两银，从天津道库中支出。落实由永定河道六格具体督率建造，清河道方观承会同稽查，限期在夏汛到来之前早日竣工，以期坝体草土干结坚固。

勘查了永定河各堤埽闸坝工程以后，他们沿着永定河继续向下，勘查了永定河与大清河汇合的三角淀处下口情形。他们看到在三角淀新河河口东北至叉光、叶淀等处，河水自行冲出了一条7里多长的汊河。至此，河水便散漫出槽，通过凤河，流入大清河，而泥沙则留在了淀内。史贻直对方观承和六格他们说："你们看，从河水入淀的形势来看，这里已经是永定河的尾闾了，水势已十分缓慢，不会造成多大的危害了，但就怕河床继续淤塞。"说着，他回头对永定河道六格当面布置任务说："现在春天已到，冰雪很快就要融化，凌汛就要到来，要防止凌水漫溢成灾。六格大人，你得随时注意冰雪融化的情况，做到及时疏浚，务使河道宽深，水流通畅，勿使稍有阻滞，防止正河入口再次改移，淤垫成灾。"

六格点头应道："放心吧，制台大人，下官一定随时观察，不会出问题的。"

史贻直考察了永定河下游各闸坝工程与三角淀后，向六格布置了任务，便回保定。史贻直回到总督衙门，夫人见到吓了一跳，说："老头子，你出去才半个多月，怎么变得这样又瘦又黑？你看，衣服也都脏成这样了。"

史贻直回说道："整天在野外，寒冽的北风吹拂，大晴天的太阳光暴晒，食宿又不正常，能不又瘦又黑吗？不过我现在感觉身体气力比过去强多了。看来人是要瘦一点黑一点好。"

夫人说："你这是歪理。"

史贻直说："快搞点吃的给我，我还没有吃中饭呢！"

夫人说："怎么，到现在还没有吃中饭？马上都快要烧晚饭了。"说着，她吩咐丫鬟："快，给老爷搞些吃点，要热的哦，冷的会吃坏身子的。"随后她又吩咐另一个丫鬟说："快去准备些热水，让老爷吃过饭好好洗个澡。"

这时夫人突然想起还有一位衙役，忙问道："不是有位衙役跟你一起去的吗？那位衙役呢？”

史贻直说：“我让他回家去了，让他在家休息几天。”

史夫人说：“人家跟着你们，在外辛苦了半个多月，是应该让人家休息几天了。”

这时史贻直已经吃饱，热水也准备好，就去洗澡了。

吃过晚饭回到房里，史夫人一把搂住史贻直，说道：“老头子，我真舍不得你，这么大年纪了，还要在外面风餐露宿的。我看，我们算了，还是告老还乡吧，还乡过一个幸福的晚年。”

“不行啊，老伴。皇上把这么一个大摊子交给我，我怎么能拍拍屁股就走了呢？直隶有好几百万人口，怎能撂下他们不管呢？这也对不起皇上的知遇之恩啊。”史贻直说道。

夫人说：“怎么，你还想升官啦？”

“还想升什么官，我从来就没有想升什么官，只想把事情做好。再说了，我已经做到吏部尚书，六部之首了，地方也已做到直隶总督，封疆大吏之首，已知足了。我现在只想以我的余生好好报答皇上的知遇之恩，对天下百姓负责，真正做到‘鞠躬尽瘁，死而后已’。”史贻直说。

“老头子，思想境界倒不低嘛。好，就听你的。”夫人说。

史贻直说：“大清朝对我们史家不薄呀！从我爷爷到我，这三代人里面，已经有八人当了官，下面我们三个儿子，四五个侄儿也都当了官。四代人中十五六人当了官，天底下有几家？以后恐怕还会有人当官。我必须为我们的子孙后代树立一个榜样。我现在的身子已经不属于自己了，已身不由己，不能自由了。”

夫人说：“老头子，你说得对。我也是史家的人，也要为我们史家后代树立榜样。”

这时史贻直也紧紧搂住老夫人说：“老伴，今天怎么啦？这些话不像是你说的。想当年我们结婚时，你提出四个问题考问年羹尧，那时你的思想境界多高呀！竟把年羹尧给问住了。”

夫人说：“我看你回来时那又黑又瘦的样子，心里害怕，怕失去你。”

“怕什么？我这不是好好的吗？身子骨还硬朗着呢！老伴，你放心，安心睡觉吧。”史贻直说完，老两口便甜蜜地进入了梦乡。

时光荏苒，一晃又到了三月。这时冰雪已经消融，凌汛已过。永定河上的那些水利设施怎样？这三角淀有没有经受住凌汛的考验？史贻直放心不下，便找来方观承、六格，决定再去考察一下。于是在三月十二日，他再次率同上次的原班人马，前往三角淀地区一看究竟。这次他们经霸县，直趋三角淀地区。他们发现新河下口归入叶淀的水路，俱水深三四尺不等，水口经汛水冲刷十分宽敞。在第六工段以下，河身也普遍刷深二三尺，五六丈宽，河水流淌顺畅。其下口在叉光和二光处，均有一道七里多长的河槽，浑水由此分别注入沙淀，泥沙沉淀。他们乘船绕三角淀转了一圈，感到这沙淀、叶淀、朱家淀三角淀区，周围130多里，地势低洼，足以潴蓄清浑之水，只要在浅隘处稍加疏浚，加上上游的12道滚坝宣涨散淤，永定河水即可畅通无阻，经过沉淀以后的清水，经青光、凤河直入大清河，水患基本可除。不过史贻直依然提出了一些问题，要六格加以改进。这主要有：

一、在三河头以东到大清河北岸一带，地势较低，上接叶淀，一旦遇到较大的北风，浑水就容易流入大清河，泥沙淤积，容易抬高大清河的河床，造成河水泛滥。因此应从上河村以西到清光以西，筑一道长800丈，高5尺，底宽4丈，顶宽1丈的堤堰，以抵挡叶淀的浑水，不致流入大清河，并将之交予当地汛官管理；

二、半截河堤以下，自新庄至东萧家庄，乾隆五年(1740)曾在此建筑一道四十余里长的北堰，以防沙淀等处之水外溢。但堤外又是固安、武清、永清、东安等县沥水的汇聚之地，一旦雨水过多，也容易泛滥成灾。为此，过去曾在这堤堰之下开凿一条引河，用以导引沥水的积水，近已湮塞，应重新开凿。可从永定道结余岁修项内支600两银，招募乡民修筑；

三、凤河以东，原有一条顺河小堤，原为保障北运河而建，十分重要，可此时已严重坍塌，应加以修补，仍交由永定道管理。

回来时，他们又顺道考察了滹沱河。史贻直发现滹沱河在正定五坝以下迤东一带，由于地势低洼，水流冲击出一个七八十丈宽的大埽湾，埽湾以东河身渐窄，大水冲刷河堤，极易溃决。回来后，他上奏提出，应在此建筑三座鱼鳞水坝，也得到了乾隆帝的赞同。

四月，永定河南北两岸的清凉寺、张仙务和五道口地方，也传来了喜讯，由永定河道六格负责督建的三座三合土滚坝也已建成，在夏汛到来之前草土定会干结坚实，以供防汛之用。至此，冬春的水利工程已经完成，史贻直遂全力以赴，组织发动全省的夏收夏种了。

八月，高斌完成了在江南的抗灾救灾任务，回任直隶总督，与史贻直交接了直隶总督印务以后，史贻直即回任吏部尚书原职去了。

三七　荣任文渊阁大学士　主持会试

乾隆八年(1743)八月,史贻直回到吏部,继续担任吏部尚书,十一月三十日即题补为协办大学士。协办大学士只是大学士的副手,其级别依然与各部尚书、左都御史一样,为从一品。但是,在一个多月以后的乾隆九年正月初三,史贻直便正式晋升为大学士,被尊称为“中堂”,亦即人们所俗称的“宰相”了。

清朝继承了明朝的官制。明朝为防止丞相专权,废除丞相制度,改设大学士入阁办事,以翰林院的编修、检讨等官员而为之。所以明朝开始时的大学士品级都不高,一般都是五品。可他们帮助皇上批答奏折,处理中枢军国大事,权力很大,实际上取代了宰相的职位,后世遂以“宰相”视之,后来便逐步由各部尚书、侍郎担任,其品级便以各人的原职为准。清初时与明朝一样,直到雍正时大学士才提升为正一品,居各官之首。从此,大学士便直接从各部尚书、各省总督中题补了,成为名副其实的宰相,并冠以殿、阁名称,一般都是三殿三阁,即保和殿、文华殿、武英殿、体仁阁、文渊阁、东阁。史贻直则冠以文渊阁大学士。

清朝内阁大学士一般都有四名,有时也多达六名,最少时只有三名。清朝自雍正七年(1729)设立了军机处(开始时称军机房),

其中两人负责军机处事务，两人负责内阁事务，批答奏折。史贻直升任大学士以后，除了每日早朝，作为领班大臣轮流率领百官参加早朝，主要与陈世倌二人负责内阁事务，批答奏折；张廷玉与来保二人负责军机处的事务。此外还有兼职和其他临时性的军国大事。史贻直长期兼任吏部尚书，并兼管工部，也曾一度兼管过刑部。

史贻直升任大学士以后，随即前往养心殿感谢圣恩，进得宫中叩谢皇恩，三呼万岁。乾隆帝赐座以后，君臣二人作了长时间的交谈。乾隆帝说："爱卿自 19 岁考中进士做官，至今已 40 多年了，左都御史、各部尚书也都当了十四五年，要不是当年吴士功那一本奏折，爱卿早就当上大学士了。不过这样也好，除了礼部尚书，其他各部尚书和左都御史，爱卿都当过，对各部情况都已谙熟，这对你执掌中枢也大有好处，处理各部问题时就驾轻就熟了。"

史贻直说："老臣十分感谢皇上的爱护。皇上，老臣生性有一个缺点，就是说话太直率，心里有什么就说什么，直来直去，还往往不顾场合，得罪了不少人。不过有人说老臣孤傲，不与人交往，这倒不完全符合。其实老臣还是很喜欢与人交往的，尤其是年轻人，喜欢与他们讨论问题，交流不同的见解，只是不喜欢攀附而已，坚持'君子不党'的圣言。"

乾隆帝说："你这不是缺点，而是优点。应该有什么就说什么，有话就说嘛，不应该遮遮掩掩，有所隐瞒。同事朋友之间相互讨论，交流思想，这也是好事。不喜欢攀附那就更对了。为了个人利益而相互包庇，互相利用，互相声援，这是什么行为？这是朋党！不是同事同僚之间的正常关系。朕就欣赏你这样的个性性格，希望你坚持'君子不党'的圣人之言。"

说到这里，乾隆帝突然想起了雍正十三年(1735)十月，史贻直刚从陕西回到京城时，向他提出的一套施政纲领政策，说："爱卿，皇考归天那年，朕刚刚即位，你从陕西回来，咱们君臣二人曾作了三天长谈，你向朕提出了一整套方针政策，朕到现在还一直在贯彻你所提出的这些方针政策呢！今天还有什么要教朕的吗？"

史贻直回道："皇上，您太抬举老臣了，老臣怎敢教皇上？至于对当下的时局，老臣真还有些想法，不知当不当讲？"

乾隆帝听了，高兴地说："当讲，当讲，咱们君臣之间，知无不言嘛！"

史贻直说："那老臣就斗胆地说了。老臣考虑有这样几个问题必须注意。一是我们大清入关，至此已整整一百年了，尤其在近50年里，基本上都处在和平环境之中。和平环境容易消磨意志，滋长享乐腐朽、贪生怕死的思想情绪。我们的第三代、第四代人还能不能如第一代、第二代人那样英勇善战，披坚执锐？我们的武备还有没有圣祖爷那时强大？这必须认真思考检查一下。老臣认为，越是和平年代，越是要提高警惕，整军经武之事始终不可放松。老臣感觉，国内的不逞之徒并不可怕，边境外的那些番邦，也不可怕，值得注意的是那西洋人，北面的俄罗斯，南部海上的英吉利人、法兰西人、西班牙人等等，他们有火器、大商船，特别是那传教士，对我们华人很有吸引力。我们要防止他们南北夹击，还要防止他们与东洋倭寇联合，包围我们。二是在我们高层大臣里面，防止朋党。关于朋党的危害，圣祖爷和先帝爷一再告诫我们，说这是亡国害己的，所以在圣祖爷后期和先帝爷时期，朋党活动一度有所减少。但近期，随着一些大臣久居高位，老部下和弟子众多，他们相互依存，谋取本集团和个人私利。虽然这些朋党活动还不频繁明显，但已有一些端倪苗头，必须把它扼杀在摇篮里，不能让它发展壮大，尾大不掉。三是由于长期的和平环境，政策宽松，社会经济日益发展，府库充裕，这时就要防止贪污腐败。贪污腐败就将丧失民心，而且贪欲是无法满足的，会贪得无厌，贫富差距越来越大，这就容易造成官逼民反。第四，在这太平盛世，国富民强，社会经济一片繁荣昌盛的大好形势下，大家都要面子，摆场面，隐瞒真相，说大话假话，互相欺骗，使朝廷得不到真实的信息。这样朝廷就无法根据真实情况制定方针政策。所以我们一定要提倡实事求是，说真话说实话。皇上，老臣可能说得太悲观太严重了，但是苗头已经显露，我们不能不防。历朝历代的经验教训，我们必须牢记。”

乾隆帝说：“老爱卿，你说得对，目前这些问题虽然还不严重，但我们还是要警惕注意的。”

乾隆帝说完，史贻直即退出养心殿赴内阁办公，与陈世倌一起批答奏折去了。

史贻直升任大学士以后勤奋踏实，办事认真，深得乾隆帝的信任，因而声誉日隆。这又使张廷玉等既得利益者深感不安，生怕史贻直抢占了他们的风头，侵害他们的利益，便千方百计使绊子，伺机打击史贻直。有一天，乾隆帝在批阅奏折时，突然看到一本云南巡抚图尔炳阿续参赵州知州樊广德亏空一折，票签“交该抚审拟”。乾隆帝看了十分生气。清朝制度，本人的参劾奏折本人不能审拟，必须交给同级的其他官员或上级官员审拟，地方上则“抚参督审”，即巡抚参劾的奏折必须交由总督来审拟，可这票签依然是交由“该抚审拟”，就是让图尔炳阿自已审拟自己的奏本，严重违反了清朝制度。当时在四名大学士、一名协办大学士中，史贻直与陈世倌两人，是专门负责批阅奏折拟定票签的。乾隆帝即把他们两人叫去训斥了一顿。他们在乾隆帝面前不敢顶撞，只能接受批评。可回到内阁后史贻直感到奇怪，就问陈世倌：“陈相，我好像没有看到过这本奏折，你什么时候批的，怎么不给我审核一下？”

陈世倌说:"这不是我签的,我还以为是您签的呢。我还奇怪,您签了也得交给我审核呀!我们两人向来都是我签您核、您签我核的,怎么这次没有交给我审核呢?"

史贻直感觉这里面有蹊跷,提议陈世倌与他一起去向乾隆帝说明清楚,说:"陈相,我们得去向圣上说明清楚,不是我们签的,我们就不能背这个黑锅。"

陈世倌也表示赞同,说:"对,我们应该向圣上说明清楚。"

于是他们两人就一起来到了养心殿,向乾隆帝说明他们两人都没有见到图尔炳阿的这本奏折,表明该票签不是他们两人签的。史贻直并说:"我们两人再笨,也不会笨到犯下这么愚蠢低级的错误呀。"

乾隆帝听了,觉得也对,这个连普通臣僚都知道的事情,当了四十多年官的老臣怎么会不知道呢?而且他们一直负责票签,怎么会出这样的差错呢?想到这里,乾隆帝随即把那本奏折取出,打开一看,发现票签上的字迹的确不是他们两人的。因为近来乾隆帝几乎每天都在看他们的票签,对于他们的字迹已经非常熟悉,于是就对他们两人说:"朕已看清楚了,是有人在故意坑害你们。但这是无头官司,无法去核实查证,找谁去核对呀?可是这事总得找个替罪羊出来担责,能找谁呢?只能找你们两人了。所以你们两人得做好思想准备,接受处分。当然,朕知道你们两人是被冤枉的,搞个处分也只是做做样子,过些时候就会撤销的。"

史贻直与陈世倌只得接受,并无可奈何地退出,回到了内阁。果然,第二天处分就下来了,乾隆帝在他们的处分上谕中说:"云南巡抚图尔炳阿续参赵州知州樊广德亏空一本,例应抚参督审,今内阁所拟票签,仍交该抚审拟,经朕看出查询,始据改正……然以五人在阁,似此向有成例之事,竟至办理错误……于心何忍。张廷玉、来保和协办大学士陈大受，均在军机处行走，尚有交办事件，或系一时疏忽；而陈世倌、史贻直则终日在内阁，专办票签，错误至此，溺职殊甚！张廷玉、来保、陈大受，着交部察议；陈世倌、史贻直着交部严察。”后经吏部议奏，陈世倌、史贻直“均革职，从宽留任”。来保、陈大受“俱降二级留任”，张廷玉原有“加十五级”的成绩，着销去二级，免其降级。乾隆帝在上谕中，把他们五个人都给予了处分，只是陈世倌、史贻直处分严厉了一点。可见乾隆帝对于这次错拟票签事件，是心中有数的，是有人故意要陷害陈世倌和史贻直，只是他不明说而已。

实际上此次“票签”事件，并没有对史贻直造成多大的负面影响，反而暴露了张廷玉揽权之嫌，增加了乾隆帝对张廷玉的怀疑和提防，益加同情信任史贻直，不仅很快就撤销了对他和陈世倌的处分，还委以更多的重任。一日正在内阁办公的史贻直，突然接到乾隆帝上谕：“乾隆十年(1745)乙丑科会试之期将至，着文渊阁大学士史贻直为会试正考官，兵部尚书彭维新、吏部左侍郎阿克敦、刑部左侍郎钱陈群为副考官。钦此。”

史贻直接到任命后，随即找来彭维新、阿克敦、钱陈群，以及礼部满尚书三泰、汉尚书任兰枝，侍郎木和林、邓钟岳、勒尔森、杨锡绂开会，组织阅卷同考官和会试时的工作人员，布置考棚的封锁保卫与考场内秩序的维持，试题的密封与看守等工作；宣布二月初，所有正副主考官、阅卷同考官与其他一切工作人员，全部进入考场，进行隔离，迎接会试，禁止出入，并严禁与外界任何人接触，封锁考场。

史贻直把这一切布置完毕后即回家，告诉夫人说：“我已被任命为乾隆十年己丑科的会试正考官了，你要帮我准备些换洗衣服和生活用品，带入考场，二月初就得进入考场，实行隔离，要等会试结束以后才能回家。”然而第二天史贻直下班回来，刚进入院门，老家仆郜爵即迎上报告说：“老爷，六东家来了。”

史贻直莫名其妙地问道：“哪个六东家？”

郜爵回道：“哪有几个六东家？六老爷贻谟呗！”

史贻直一头雾水地问道：“贻谟来了，他一个人来的？还有没有其他人？有没有说来干什么？大老爷知道吗？”史贻直问了一连串的问题。

郜爵说：“就他一个人，不知道他来干什么。这会儿老夫人正在客厅里陪他说话哩。大老爷还没有回来，恐怕他老人家也不知道。”

史贻直与郜爵说着说着就跨进了家门，一进家门就接连高声喊道：“六弟来了吗？六弟来了吗？”

史贻谟听到二哥在喊他，立即从客厅里出来，迎接史贻直，并喊道：“二哥，是我，小弟贻谟。”

史贻直迎上去一把抱住贻谟，说：“我们亲兄弟，已经30多年没见了。父亲去世的时候你才两岁，以后我就一直在外面为朝廷奔走效力，也没有空回家去看望你们。对了，姨娘的身体还好吧！她为什么不与你一起来？”

史贻直所说的姨娘，就是他的继母蒋氏。他母亲彭氏去世后，他父亲续弦，娶了后妻蒋氏，生有贻楷、贻谟二人。雍正七年(1729)贻楷去世。

这时史贻简也下班回家了，进得史家大院，听郜爵说史贻谟来了，在贻直家说话的消息，没回自己家，就直奔史贻直家来了，还没进门就高声喊道：“小弟来了吗？小弟在哪儿？”

史贻直和史贻谟听到大哥的喊声，立即迎出，弟兄三人见面拥抱在一起，久久没有分开。这时还是贻直夫人许氏说道：“三个大男人不要老抱在一起流泪了，到吃饭的时候了，还是让六叔早点吃饭休息吧。”

许氏这句话，让他们兄弟三人回过神来，遂收起眼泪，进入餐厅。这时许氏又说了：“你们二人只顾自己来吃饭，还有大嫂呢，怎么不把大嫂请来呢？快去把大嫂请来！”

史贻简说：“她就算了吧，家里还有家仆丫鬟一大摊子的事，要她料理呢，待吃过晚饭把她叫来，一起说说话就是了。”

史贻直也说：“大哥说的也是，家里不能没有主人，待吃过晚饭，再把大嫂请来吧。”

许氏听了感叹道：“唉，我们女人的命真苦，什么时候都离不开家务。”

就在大家说话的时候，桌上酒菜都已摆齐了，史贻直就让大家一起入座。待大家坐定，史贻直一看，郜爵不在，立即喊道：“郜爵呢，快把郜爵请来，我们老兄弟聚会，怎能少了郜爵？”

许氏也说：“老爷说的对，郜爵在我们家几十年了，也是老兄弟，应该一起来聚会。”

于是丫鬟立即去把郜爵拉来。郜爵一边推辞一边说：“主人家兄弟聚会，我去搅和什么？”

丫鬟说：“老爷太太叫你去，你就去，老爷太太什么时候把我们当下人看待啦？”

这时史贻直见到了郜爵，立即招手说：“快来快来，你也是与我们一起走南闯北的老兄弟，曾一起去过福建、两江、陕西、湖广，已经是生死之交的老兄弟了。你就坐在大哥身旁。”

待郜爵坐定后，史贻直首先端起酒杯说：“今天六弟远道而来，我们老兄弟好不容易聚会，二哥敬你一杯。”说着昂头一饮而尽。

接着史贻简、史贻直夫人许氏、郜爵也都一一向史贻谟敬酒。

史贻谟也向史贻简、史贻直夫妇、郃爵等一一回敬，表示感谢。然后大家边吃边闲聊，说着说着，史贻直无意间问起了史贻谟的来意。夫人许氏抢先说："六叔雍正十三年(1735)就已考中江南乡试举人，至今已十年了，春节后正好是会试之期，就来参加会试了。"

这时史贻直刚好夹起一块肉，听夫人一说，大吃一惊，"啊"的一声，手一松，把刚夹起的一块肉掉在了桌子上。

贻谟见状也大吃一惊，心想：我参加会试又怎么啦？二哥有必要这么紧张吗？那我该怎么办？

夫人许氏看史贻直如此紧张，就不乐意了，一向顺从的她这时可要说话了，说："六叔来参加会试，看来你的'主考官'当不成了。我倒要问你，是六叔的前程重要，还是你的那个主考官职务重要？"

这时史贻谟明白了，原来二哥已被任命为主考官了，心想，我若参加会试，那二哥就必须回避。想到这里，贻谟说道："如果二哥是主考官，那我必须回避，这次会试就不参加，再过三年，下科再考吧。"

夫人许氏急切地说："不行不行，六叔的前程比你那主考官职务重要多了。我看，你把那主考官职务辞掉。你都当上大学士了，而且你都已经当过两次主考官了，还当它干吗？六叔已经三十出头，这次不参加，以后年龄越来越大，困难只会越来越多，那怎么行？"

史贻直听夫人这么一说，觉得也对，就说道："六弟不必回避，就照你二嫂说的，我明天去辞掉主考官职务就是了。我已经当过两次主考官了，当不当也无所谓了。"

原来史贻简觉得夹在贻直和贻谟中间不好说话，所以一直没有开口，这时见贻直已经明确表态，表示辞职了，而且贻直夫人的态度很坚决，也就完全赞同贻直夫妇的意见，说："小弟，既然老二和弟妹都说到这份上了，你就不要推辞了，我看就这样定了吧。明天上朝时，二弟就辞掉主考官一职，你在这里好好备考。”

大家的意见一致了，吃饭也特别欢快，不一会儿就吃完了。然后便转到客厅，大家继续叙旧。这时贻简夫人潘氏与侧室张氏闻知，也一起过来聚会叙旧了，一直交谈到深夜方才散去。

次日一早，史贻直即进宫参加早朝。早朝结束后，史贻直上奏乾隆帝，提出辞去会试正主考的职务。乾隆帝听了吃惊地问道："为什么？"

史贻直回道："回皇上，昨天我老家最小的弟弟来了，他来是准备参加这次全国会试的。老臣是正主考，必须回避。老臣本来是想让小弟下科再考的。可我家夫人说，小弟雍正十三年就已考中江南乡试举人，已经等了十年，现在已三十出头了，正是为国出力、报效朝廷的最佳时期，若再等下去，年龄大了，报效朝廷的机会就少了。夫人说，正主考我不当没关系，朝廷有那么多大臣，随便哪一位都能当。”

乾隆帝好奇地问道："老爱卿，你还有那么小的弟弟？"

史贻直回道："是的，家母去世以后，家父续弦，娶了继室，生了两个弟弟。可五年以后，家父就去世了。当时我继母才二十三岁，矢志守节，抚养两个弟弟，叫他们读书明志。当年两个弟弟，老五四岁，六弟二岁。后来五弟考上县学生员，升为郡庠生，可惜二十二岁就亡故了。六弟先后考上县学生员、乡试举人，这次来参加会试了。”

乾隆帝听了，对史贻直的继母既同情又十分敬重，一个弱女子把两个幼童抚养长大，而且都取得了功名，虽然一个早已亡故，而小的已长大成人，现在来参加会试了。所以乾隆帝很高兴，说："老爱卿，这是好事啊，你又何必要辞掉正主考呢！这事好办，交给朕。

你弟弟参加会试的一切事务由朕当面交代给副主考彭维新办理，他考棚的安排，试卷的收发都由彭维新负责。考完后由彭维新把他的试卷加固密封，交给朕，由朕来审阅，如考得好的话，由朕来钦取发榜，参加殿试。他殿试的试卷，也由朕来审定。这事不就与你无关了嘛！”

史贻直听了十分感动，立即下跪叩谢道：“老臣在此并代表小弟，感谢皇上格外开恩，皇上对我史家的恩德，万世感激不尽。老臣只有尽责尽力，为朝廷出力办事，并教导子弟，努力报效朝廷，精忠报国，以报答圣上朝廷对我史家的恩德。”

史贻直回家把这事对全家讲了，全家都十分感激。史贻简对贻谟说：“这是圣上对我们史家格外开恩，你必须认真温习，努力考好，以出色的成绩报答圣上的恩德，一旦考中以后当了官，也必须努力做事，尽职尽力报效朝廷。”史贻谟听了连连点头称是。

会试开考后，遵照乾隆帝的旨意，对史贻谟的考棚管理特别严格，不准任何人接近。他的试卷由副主考彭维新亲自发送，考完后也有彭维新亲自去收回。待会试结束后，彭维新即把他的各场试卷加固密封，上呈给乾隆帝。

乾隆帝收到史贻谟的试卷，打开一看，第一感觉就是答卷干净利落，柳体小楷字体端正。看得出，他在考试时是胸有成竹，从容不迫的。试卷上没有一点修改添加的字迹。再看答卷内容，文句流畅通顺，四书题，背得滚瓜烂熟，一字不漏，断句准确，全部对上。各考论和策论，也都立意深厚，意境高远，见解透彻，立论正确。看得出，若没有二十年的寒窗苦读，是不会有如此功力的。所以乾隆帝立即批准，得中贡士，参加殿试。在殿试时，乾隆帝令彭维新为他单独设座，不准任何人靠近，交卷时由太监去收取，交与乾隆帝，也由乾隆帝批阅。乾隆帝阅后，感觉他对时事观察得十分透彻，见解深刻，观点正确，也看得出他家学根底深厚。乾隆帝把他的试卷与其他人的比较了一下，感觉他的确出类拔萃，把他置于二甲第十名。这个名次已经很高了，仅次于他的祖父史鹤龄和他的父亲史夔，比史普、史随、史贻直都高。所以发榜以后，他们全家都兴高采烈，感谢皇恩浩荡。

三八　乾隆钦差暗访溧阳　考察史贻直

“票签”事件未能绊倒史贻直，反而使他备受重用，荣任会试正主考，有人就利用他担任会试正考官的机会再生事端，在外散布他取士不公的谣言，偏袒江南，偏袒溧阳。乾隆帝听到外面传谣，就把礼部右侍郎杨锡绂召来问明情况。杨锡绂进得养心殿，立即下跪三呼“万岁，万岁，万万岁”。乾隆帝抬抬手说：“起来吧，起来坐下，朕有话要问你。”

杨锡绂起来说声“谢座”，即在一旁坐下，又立即起身问道：“不知陛下有什么话要问？”

乾隆帝问道：“这次会试已经结束，外界反应如何？”

杨锡绂说：“回皇上，外界反应很好啊，都说这次所选进士全部是精英，出类拔萃的英才，有好几位都是全国的名士。”

乾隆帝问道：“难道就没有反面意见？”

杨锡绂思索了片刻，说道：“没有，没听说，皇上。不知皇上听到什么没有？”

乾隆帝说：“有人反映说这次所选贡士，江南特别多，溧阳一县就有四名。”

杨锡绂说道：“皇上，江南地区经济发达，读书人多，应试的举人也多，而且许多都是英才，录取的贡士、进士自然也多呗。不仅这一届如此，明朝以来历届会试大都如此，以江南的进士为最多。即以康熙三十九年(1700)那一科来说，那一届中堂大人史贻直就是应试举人，而非考官，大学士熊赐履是正主考，可那一届江南录取的贡士有好几十名，而溧阳一个县连史中堂在内竟考中五名进士，比这一届还要多。其中史家一个村就考中三人，史中堂一家就有他叔父史普与他叔侄两人，世所少见。这怎么说呢？”

乾隆帝听了，觉得也的确如此，点了点头说：“爱卿，你说得不错。”乾隆帝说完停了停问道：“爱卿，你觉得他们阅卷里面有没有问题呢？”

杨锡绂说：“皇上，微臣与三泰大人、任兰枝大人等都是知贡举的场官，只负责各项考务的管理，在帘外执事。阅卷是正副主考和同考官们的事，他们在帘内执事，我们场官是不能进去的。”

乾隆帝听了“哦”了一声，感觉杨锡绂说的有理。不过杨锡绂说完又补充说道：“皇上，微臣总感觉这里面有个问题。为什么前几年史中堂在两年不到的时间里，在湖广处理了那么多重大事件，载誉而归，就被监察御史吴仕功从旧纸堆里找出那些查无实据、子虚乌有的问题奏上一本？前不久史中堂刚刚晋升为文渊阁大学士，就有人借他人之手制造了一个所谓的‘票签’之事，陷害他和陈中堂。微臣怀疑有人妄图把持内阁，或者数人抱成一团结成朋党，排挤史中堂。当然，皇上您目光敏锐，洞察一切，这是不可能的，微臣这是多心了，请皇上降罪。”他实际是在暗指内阁大学士张廷玉和协办大学士陈大受。

乾隆帝和颜悦色地说：“言者无罪！言者无罪！”实际上，乾隆帝早已心里有数，只是引而不发而已。

杨锡绂又说：“不过皇上如不放心，可以派人到溧阳暗访一下，以进一步考察史中堂，了解其为人，也好让有些人无话可说，皇上也更放心。”

乾隆帝说声“好的”，君臣二人的谈话就此结束，杨锡绂退出养心殿回衙去了。没几天，乾隆帝也真的派了一名御史，打扮成商人模样到溧阳秘密暗访去了。

这位御史到运河码头乘上官船，顺流而下，不几天就到了丹阳，换了民船前往溧阳。开始时，乘客与船家还比较陌生，没有交流，慢慢地两人熟悉了，就开始交谈。御史首先问船家是哪里人。船家告诉他是溧阳人，家住溧阳城郊码头街，长年以行船为业，来往于溧阳、金坛、丹阳和常州之间，接送过往客商。

御史一听船家是溧阳人，就来劲了，问起了船家的姓名和家世、是不是世代行船等等，船家告诉他姓狄，祖上原是读书人，父亲是名秀才。原也有些田产，后因父亲生病，为了给父亲治病，把田地都卖光了，依然没有把父亲治好。父亲一死，落得个人财两空。因为码头街是船只集中停靠的地方，来往客商多，舅父和表兄弟们就帮忙资助，买了这艘小船，他以行船为业，养活老母和妻儿。

御史高兴地问道：“那你对溧阳的情况一定很熟悉了？”

船家说：“谈不上很熟悉，因为家父与舅父原本都是秀才，康熙年间修县志时，家父与舅父都帮助调查整理了不少资料，我也曾听家父和舅父闲聊时讲过，他们整理的资料许多我也都看过，可以说略知一二吧。”

御史一听高兴极了，赶忙拉着船家坐下讲讲。船家扣牢风帆，坐下，一手把舵一边说道：“溧阳远古时期属于东夷。东夷人披发文身，裸体。自泰伯东奔，来到东夷，兴教育办学校，传播周文化，西周初年建立了吴国。后伍子胥奔吴，传播中原文化，吴国开始强盛起来。但对溧阳影响最大的应是溧阳史家的先祖史崇。史崇祖上是西汉外戚,汉宣帝的外舅家,一家封有四侯,二千石(省部级)以上官员十余人。王莽篡政以后,史崇为报皇家恩德,投身于刘秀的起义军,推翻了王莽政权,建立东汉,因功封为东乡侯,来到溧阳东乡后,又晋封溧阳侯。史崇在溧阳兴修水利,拦河筑坝;教人栽桑养蚕,缫丝织绸;制定各种规章制度,教人们遵守。所以唐宋以前,史家都历代为官。以后西晋末年,东汉马援的十世孙马南平,随晋元帝东渡建康,迁居溧阳,瓜瓞绵绵,繁衍蕃息,也蔚为一大家族。唐朝著名的政治家、文学家、诗人、书法家虞世南也有一支后裔迁居溧阳。宋、元之际,由于金兵和元军南下,中原百姓纷纷南下江南,其中有许多后来就定居溧阳。如宋真宗时的名相王旦的后裔王郭、王郛、王节兄弟,状元宰相吕蒙正的后裔吕宣问,北宋名将狄青的后裔狄英等等都迁居溧阳。当然也有南方各省的一些大家族,因服官溧阳或其他种种原因,迁居溧阳的也不少,如绍兴陆游的一支后裔陆立基、浙江钱塘吴越国王钱镠的一支后裔、江西庐陵周氏等。清江彭显,南宋末年任真州判官,与赵淮一起组织义军抗元,失败后赵淮被俘牺牲,彭显即落籍溧阳。大奸臣秦桧的哥哥秦梓为表示与秦桧划清界线,也迁到了溧阳。元朝末年,后突厥的宰相暾欲谷后裔的偰、普二氏,也落籍到了溧阳等等。所以现今的溧阳,实际已经成为移民的社会,东夷时的土著居民早已难觅踪迹了,如果有的话,也早已被客籍移民同化了。”

“那这些客籍移民,对溧阳的社会发展有些什么影响?”御史问道。

“影响当然大啰。这些客籍移民大多是世家巨族,官宦世家,经济实力强,文化素养高,家庭教育良好,对溧阳社会发展发挥了积极的促进作用。”船家说。

“能不能说具体些，譬如……”

“当然可以。譬如在生产方面，从此溧阳的土地日辟，兴修了许多水利，高乡地区兴建了水闸塘坝，水乡地区建造了许多圩田。这对溧阳农业生产的发展，无疑起到了巨大的促进作用。而且这些客籍移民，大都聚族而居，经过几代的繁衍蕃息，形成了一个个大村街衢。这些官宦世家，他们不仅自家聘请名师，教育自家的孩童；村里还办有学塾，教导村里普通家庭的孩童。他们的孩童几乎人人读书识字，有文化。如夏庄史家，人人都有功名，最起码是生员、监生。我们狄家虽不如夏庄史家那么兴盛，但也差不了多少。许多也都是生员和监生。”

“那你也是生员啰！”

“我不是。但我从小就寄住在我舅父家读了七八年书，四书五经我全部读过。本来我舅父要我参加县试考秀才的，说我基础好，能够考中。但我考虑，家父已经去世，家中尚有老母，我若考中生员，还得入泮，去县学读书。那家中老母谁来侍奉？所以我就放弃功名，靠行船赚取微薄佣金赡养老母，抚养儿女。不过我的儿子已在村塾读书，我会好好培养我的儿子，让他去考功名的。”

“生员秀才、监生不少，那举人进士呢？”

“既然生员秀才、监生那么多，有那么雄厚的基础，举人进士还能少得了吗？当然也很多，就明清两朝，到现在为止，我们溧阳就已经有一百几十位进士了，史家一家就有二三十位，其中夏庄一个村就有十五六位，还有马家，我们狄家，彭家、陈家、陆家、周家、宋家等等都有好几名至两三名不等。其中夏庄史中堂一家，祖孙父子兄弟叔侄三代人，就有六名进士，还有好几位举人。”

船家说着说着，抬头一看，前面一片广阔水域。船家高兴地说：“客官，您看，我们只顾着说话，不觉现在已经进入长荡湖了。”

御史听了，弓腰走出船舱，抬头一看，只见白茫茫一片，宽阔的水面一望无际。微风吹拂，碧波荡漾，景色怡人，御史不觉心情舒畅多了，心旷神怡时，就随口吟起了张籍的《长荡湖》诗："长荡湖，一斛水中半斛鱼。大鱼如柳叶，小鱼如针锋。水浊谁能辨真龙。"

船家说："这长荡湖主要是承接宁镇山脉的来水，自丹阳、句容、溧阳北山一片山水，全部注入长荡湖。一到夏季雨水季节，长荡湖就一片汪洋，浊浪滔天。不过现在是春季，湖水清澈，水下的水草都看得十分真切。上面游荡的群群小鱼，都是银鱼，长荡湖的特产。把银鱼晒干炒鸡蛋，十分鲜美。当然湖里大鱼还是很多的。主要是草鱼、青鱼、白鲢和鳙鱼。不过这些大鱼都隐藏在水草下或深水中，不要说是夏季水浑浊，就是秋冬春季水清，也还是看不见的。张籍是和县乌江人，他不了解长荡湖。"

御史道："想不到你对张籍都这么熟悉。"

"因为他来过溧阳，写过溧阳的诗。包括李白《游溧阳北湖亭，望瓦屋山怀古赠同旅》《猛虎行》和孟郊在溧阳所写的诗等等，我们小时候都背得很熟。"说到这里，船家突然停下说道，"客官，现在已经进入溧阳县界了。"

御史问道："这一大片水域，没有界线，你怎么知道已进入溧阳县界了？"

"客官，您看西面那个山峰，那叫丫髻山，是几个山峰重叠一起的，真正的'横看成岭侧成峰'。这是溧阳、句容、金坛三县的分界线。丫髻山的北面是句容，南面是溧阳，东面是金坛。前面就是壁桥，这是溧阳东北最大的一个市镇。"他用手指着前面黑压压的一片说道。

御史顺着他手指的方向看去，果然是黑压压的一片，一个大市镇，说道：“到前面能否停一下，让我上去看看？”

“可以。”船家答应道。不一会儿船就到了甓桥码头，停下。船家将跳板搭在码头石板上，说：“客官，您上去溜达一会儿，我把船撑到前面一里多路的河湾处等您，上岸小心滑！”

御史说声“好嘞，谢谢”，就上岸去了。御史上得岸来一看，果然热闹非凡。一条不到二里长的街道，店铺林立，鳞次栉比，人山人海，人声鼎沸。御史挤进人群走了一段，嫌人群拥挤，就绕道到街北的小巷，刚走进小巷就看见一座宫殿式的建筑。御史走近一看，原来是马氏宗祠，里面传出了一阵阵清脆悦耳的读书声。他继续向西走了一段，又见一座宗祠，门上匾额写着“吕氏宗祠”，里面依然传出一阵阵少儿读书声。这里已是街道西头，人迹开始稀少，御史便踅回街道，往回走了一段，看到一家“食为天”饭店，感觉有点饿了，就进去找了一张靠窗桌子坐下，点了一盘春笋炒肉片，一盘雁来蕈炒鸡蛋，一碗猪肝菠菜汤，边吃边与店家聊道：“店家，刚才我在街北走了没多远，就见马氏、吕氏两家宗祠，而且都有少儿在里面读书，怎么你们这里宗祠这么密集？”

店家听了回道：“噢，您问这个。客官，您有所不知，我们甓桥镇主要为五大姓氏所环绕：东北义门史氏，是东汉溧阳侯史崇的一支后裔；北部是马家和王家。马氏是东汉马援的一支后裔；王家是北宋名臣宰相王旦的一支后裔；西面吕庄是北宋状元宰相吕蒙正的一支后裔；南面虞家是唐朝名臣虞世南的一支后裔。他们都是世家巨族，建有宗祠，开办学塾，招收宗族子弟入塾读书。当然那些达官贵人则聘请名师来家教导自家少儿了。一般家庭的孩童就入宗祠学塾读书。所以这些村庄功名人物多，许多都是生员、监生。”

御史听了点了点头，说声“哦，明白了”，然后便迅速地吃完饭，付了钱，说声“谢了，店家”，就走出店门，往南向与船家约定的地方走去。走出约里把路，来到一片河滩地，见有七八个小孩在放牛，但人人手里都拿着一卷书。御史觉得好奇，忙走过去问道：“都在放牛啦？还看书哩！”

孩子们听到有人问话，忙抬头看到一位行路人向他们问话。其中一人答道：“啊，我等都是耕读世家子弟，耕读世家之人当然既放牛又读书啰。牛在河滩吃草，我们放牛娃闲着无事，就读读书呗。”另一小孩感到这人有些看不起他们，就说：“客官，别看不起我们这些放牛娃哦，当年的洪武皇帝就是放牛娃出身哦！至于历来耕读之家出身的官员，更是千千万。就拿我们溧阳的史贻直爷爷来说吧，他们家出了许多当官的，可他们家世世代代也都是耕读之家，说不定我们这里面也能出一两个进士官员呢！”

御史感觉刚才言语有些唐突，忙道歉说：“对不起，我不是这个意思，我是敬佩你们那么认真，放牛还挤出时间来看书哩。”

旁边的那个小孩说：“少壮不努力，老大徒伤悲嘛！”

就在这时，一个小孩捡起一块石子扔进了河里。另一小孩顺口吟了一首诗：

河水本无竞，何故乱扔石？
捅破细绫纹，击碎蓝碧天。

御史听了拍手叫好，说：“好诗，好诗。”但他又说：“好是好，但说‘击碎蓝碧天’，有些说不通，蓝天在上你怎么‘击碎’它呢？”

刚才吟诗的那个小孩说：“客官，您看那清澈的河水下面是什么？”

御史顺着他手指的方向，向河面一看，果然，在清澈的水面下，倒映着碧蓝的天空。御史大吃一惊，惊叹这孩子文才非凡，忙问这孩子叫什么名字。小孩笑着摇摇头说："山野毛孩，不知名也罢。"就是不肯通报姓名。

这时一个小孩往一头牛旁一站，说："客官，我请您打一个字，这是什么字？"

御史看着这小孩，一时没有弄清楚什么意思，忙问道："什么字啊？"

那小孩说："物件的'件'字嘛。您看，我，一个'人'，旁边一头'牛'，'人'和'牛'拼在一起，不是物件的'件'字吗？"

御史这才恍然大悟。接着，御史说道："那我给你对副联语。"

那小孩说："行，请出上联。"

御史看了一下天空，出了个上联："天上白云飘。"

那小孩对道："水下青鱼游。"

御史又说："白云飞渡仍从容。"

那小孩对说："青鱼游荡多欢悦！"

御史又说："风吹杨柳拂大地。"

那小孩对说："雨洒麦苗绿漫天。"

御史连出了三句上联，那小孩立即对出三句下联，滴水不漏，而且对得都很工整，御史非常佩服地说："你们都是好文才呀！"

先前吟诗的那个小孩说："我们算什么呀，我听我爷爷说，我们溧阳的史贻直爷爷，他十岁就能吟诗，十八岁考中举人，十九岁考中进士，出去当官，为国家做事了。"

御史说："听你们两次说到史贻直，你们认识他吗？他做官怎么样？"

那小孩说："我们怎么认识他呢？听我们长辈说的呗！我们溧阳人教育小孩，都拿史贻直爷爷做榜样，要我们向史贻直爷爷学习。”

另一个小孩说：“我爷爷说，史贻直爷爷做官主要对上下两点负责：上就是皇帝，下就是百姓。这就叫作上对得起皇帝，下对得起百姓。皇帝就是天，百姓就是地，所以这也叫顶天立地。这也就是忠。年羹尧残害百姓，不忠于皇帝，他把年羹尧参倒了，定了死罪。湖北的农民涂如松，被冤枉杀了人，他为涂如松平了反。他在江宁当总督，离家不到二百里，没有回家一趟，也不准家里人去看他。这就是公而忘私。”

这时一个小孩说道：“伙计们，我们不同他说了，走，洗冷浴去。”其他小孩一声应和“行”，便一个个都迅速地脱光衣服，光着屁股跳下了水。

御史看着这群无拘无束的小孩，这么天真烂漫，从内心生出了喜爱之情，同时也感慨万千，想不到溧阳的小孩都这么聪明，有文才，真是人杰地灵啊！也万万没有想到史贻直在溧阳老家的口碑这么好，想着想着，就迈腿离开了，片刻工夫就到了河湾处，船家果然在此等候。御史上了船，船家撑起布篷继续行驶。约莫个把时辰，船家指着远处一大片清晰可辨的房屋说：“客官您看，前面就是溧阳县城了。”

“还有几里？”御史问道。

“还有七八里。”船家回说。

“那我就在此上岸，走进城吧。”

船家说：“行。”

御史见船家同意，随即给船家付清了船资，上岸刚要迈步，又回头对船家说：“船家，如果明天我要回丹阳，是否可以再雇你的船？”

“当然可以。如果您要雇我的船，必须说定，这样我就不答应别家客商了，您明天就到码头街十号来找我。您知道我姓狄。”船家说着就撑船离开了。

这里御史继续前行，走了不多远，来到一座拱形石桥旁的村落，见一大爷坐在门口抽烟，不远处一位中年女子也坐在门口教小孩读书。御史上前向大爷一拱手，问道：“打扰大爷，请问这村子和桥叫什么名字？”

“这桥叫昆仑桥，村子以桥为名。”大爷说着把脚翘起，把烤棒头朝鞋底磕了两下，把烟灰磕下。

御史用手指了指那教小孩读书的中年女子说：“大爷，难道这农家女子还识字不成？”

大爷见御史问起那女子，笑着说：“你问她？她可是我们这里有名的孝女节妇，未出嫁时曾割股疗父，出嫁以后，丈夫生病，又剜腕疗夫。可惜未能医治好丈夫的病，最后还是去世了，留下这孤儿寡母，受人欺凌。客官，您可不要小看她，她不但识字，还是位女诗人呢！写有两本诗集，一本叫《玉川集》，一本叫《还珠集》，未刊行。”大爷一口气说了许多。

御史听了大为惊奇，回头看了看那女子，不觉肃然起敬，问道：“不知她尊姓大名？”

“她本人姓狄，也是书香门第出身，夫家姓马。两家都是我们溧阳的大姓。”

御史“哦”地一声，停了停又好奇地问道：“大伯，能否借她的诗集拜读一下？”

大爷听了先是“这……”的一声，随后说道：“恐怕她不肯借。您想，女人家的诗集，她肯轻易借给别人看吗？”

御史两手一拱作揖说：“拜托大伯，帮我说说好话，在下也酷爱诗词。”

大爷见这人如此诚恳，看样子不像是坏人，说“好吧，那我帮你试试”，就走过去对那女子说：“侄媳妇，这位客官想借你的诗集拜读一下。”

那女子难为情地说：“爷爷，我与他素不相识，女人家的诗集，怎可随便示人？”

大爷听了，为难地向御史看了看。御史听了，着急地两手一拱，打恭说：“夫人，鄙人路过宝地，听大爷说夫人写得一手好诗。因鄙人从小酷爱诗词，故想拜读一下，绝无歹意。就在大爷处翻阅一下，即刻就还。”

那小孩见御史这么诚心，也帮着说：“妈，您看人家这么诚心诚意，就不要为难人家了，借给他看看吧。”边说边拉着他妈的手晃了晃。

女子见推脱不掉，只得允承，说：“好吧，先生见笑了。”说着起身回到屋内，把两本诗集取出给她儿子。她儿子接过，转交给御史说：“请先生在爷爷那里翻着看看吧，请多多指教。”

御史双手恭敬地接过两本诗集，跟着大爷回到了大爷家门口。大爷进屋端出一张凳子，让御史坐下，说：“先生坐下看吧。”

御史说声“谢座”，然后坐下一页一页地翻着看，一共有六七十首诗。就总体而言御史感觉平仄都很整齐，对仗工整，意境都很深远，的确是好诗。其中印象最深的有这么三首：

赋得溧阳酒楼三月春

流莺百舌争啼晓，濑江三月春光好。
吊古寻今事已非，夕阳到处眠芳草。
酒楼昔日定何如？花柳寻春应醉倒。
祗今春夜月还留，照尽人间兴废愁。
空有清晖堂下水，不关人事自长流。

投金濑吊古

三十春风与母依，壶浆原为浣纱携。
当年白璧沈沙杳，岂望黄金压浪低。
滩渡滩头花自落，伍牙山畔鸟空啼。
月寒华表人何处？一片垂杨拂墓齐。

石屋山寻欧冶旧迹

古木苍苍碧水流，犹传名剑响千秋。
藏将玉匣惊风雨，化去神光射斗牛。
术点蛟龙留楚泽，气吞泉石压吴邱。
祇今欧冶归何处？十里春深杜宇愁。

御史看完，啧啧地称赞道："好诗！好诗！"然后在大爷的陪同下，双手捧着两本诗集，恭恭敬敬地交还给小孩，说："谢谢！谢谢！"

女子说："见笑了。"

"不，好诗，好诗。"御史停了停又说，"夫人！如果我没有猜错的话，夫人芳名狄圳，字玉川，号还珠。"

小孩一听抢先说道："不错，不错。"

那女子拉住小孩说："小孩子家不可瞎起哄！"

大爷问道："您怎知道？"

御史说："起名字和字号，一般都有规律的。字，一定得与名字相应称。号，大多是主人所喜好。我从这两本诗集的书名，猜想如此。"

大爷说："您好学问！"

御史说："见笑，见笑。"

于是大家又寒暄了一会，御史即向女子、小孩和大爷，两手一一作拱，深深一恭，说声"打扰了"，然后转身，向着溧阳方向继续赶路，还不停地回头挥手告别。

御史进了溧阳县城已近傍晚，先找好客栈，安顿下来，然后出来转了一圈，见一高大酒楼，门额上“太白酒楼”四个大字金光闪闪。御史进得酒楼，在靠窗边找个座位坐下，点了个清蒸白鱼、白芹炒肉丝，一碗菜秧鸡蛋汤，一碗米饭，正要享用的时候，只见门外走进一位官家模样的人。掌柜一看立即高声喊道：“县尊大人到。”小二立即上前把知县大人迎到御史旁边的桌子坐下。知县也点了个清蒸白鱼、白芹炒肉丝、菠菜鸡蛋汤和一碗米饭，开始慢慢吃起来了。御史随即把菜端到知县的桌子上，与知县对面对坐下说：“县尊大人，怎么您不在衙门里吃饭，也跑到这饭店里来吃饭了？”

知县抬头一看，见对方穿着虽不十分华丽，但也整洁端庄，言谈举止十分庄重，不像一般的平民百姓，遂客气地说：“我是单身一人在此做官，家中还有老父老母和百多亩田地产业，妻子在家赡养父母，教育子女，没有跟来。溧阳经济条件不错，老百姓淳朴听话，政务不多，所以我有空就下去跑跑，劝农桑，兴教育，调解一些民间纠纷。”

御史说：“那您经常下乡啰？”

知县说：“那当然，我每个月都要下去二三次，溧阳全县九区三四十个乡，我两年多时间，几乎去过一多半地方。”

御史竖起大拇指说：“您真是个好官，勤政爱民。”

知县说：“谈不上什么好官，勤政爱民，在溧阳这地方做官，不这样行吗？溧阳是什么地方？是中堂史贻直大人的老家。中堂大人已为我们树立了榜样。溧阳人都说，他在江宁当了几个月的总督，就跑遍了江苏大江南北二十几个州县。溧阳人还说，他当官，心里只有皇上和百姓，唯独没有他自己。他们家的家风也很好。他原在江西瑞州当知府的三叔史随，得知史中堂当了两江总督，江西属于两江总督管辖，他成了侄儿的下属，不符合官箴官规，就立即辞官回家，足不出户。他家离溧阳县城不到十里，辞官回来后，从不踏足溧阳县城一步，在家教导子弟，努力读书学习，告诫子侄们不得趾高气扬、盛气凌人，做人要低调、和气、谦虚谨慎，凡事礼让三分。据说前任知县刘大人对史大人家的家风特别佩服，说这样的家风怎么不出人才、出大官呢？所以来溧阳做官，就得以他老人家为榜样，向他学习。”

两人边吃边谈，吃完又交谈了一会儿，便各自结账分手。御史回到客栈洗过脸，便倒在床上，把从丹阳到溧阳，这一路上所见所闻细细回顾了一下，深感溧阳经济发达、文化繁荣，几乎人人都读书，富有才华，生员秀才、监生那么多，连妇女儿童都那么有学问。在这数千上万的生员秀才中，涌现这么几名贡士进士，不很正常吗！有何值得大惊小怪？从那些放牛娃的口中和知县所讲，足见史贻直为官清正廉洁，对朝廷忠贞不贰，为民鞠躬尽瘁。这才是真正的朝廷栋梁，国家之擎天大柱。想到这里，他就决定第二天乘原船返还丹阳回京，把他在这一路上所见所闻，以及他自己的想法，原原本本地向乾隆帝上奏汇报。

乾隆帝听了御史的汇报以后，益加坚信史贻直的为人操守，值得托付重任，不仅托以大学士兼管吏部、工部的重任，以后凡乾隆帝出巡，都以史贻直留守京师，与履亲王允祹共同镇守京都；而对张廷玉则开始提防，把协办大学士兼军机大臣陈大受调任安徽巡抚，以削弱其党羽，没几年，张廷玉自己也告老还乡了。

三九　童年发小的编派

史贻直当宰相的消息，不胫而走，传到了他的老家——溧阳夏庄。史贻直家族向来有一条家规，即不管家中有多荣耀，都不得张扬，所以他的兄弟侄儿侄孙们得知这一消息以后，都把这当作平常事一样，喜在心里，而表面上依然如故，毫无表露。但是他童年时的一些发小玩伴们听到后，无不兴高采烈，互相转告说："贻直当了宰相，贻直当宰相了。"其中一位说："他小时候不会游泳，还是我教他的呢。"还有一位说："他小时候不会爬树，是我教他怎么爬的。"大家说着说着，突然有些发小玩伴心生沾光的念头。有的说："贻直当了宰相，宰相是谁呀，一人之下，万人之上。我们这些从小同他一起玩的发小，去谋一点差事做做总可以吧。"也有的说："宰相家仆七品官，他的家仆都七品官呢，我们这些发小玩伴都是自由身，总要比他的家仆强一点吧。"其中一位算是有点见识的说道："我看其他人就算了，不过弘法、有才，你们两人是监生，福生，你也是秀才，你们三人都是有功名的，可以去找他，监生弄一个知县做做总可以吧，秀才做一个典史也可以呀，这些都不为过，可以找他去。"最后一位年纪大一些的说道："我看算了吧，人家刚刚才当上宰相，屁股还没有坐热，你们就去找他谋差事，这行吗？而且你们都六十来岁的人了，还去谋差事，不让人笑话吗？我看暂时就算了，过几年，等他地位权力稳固了再去，那时就好说了。而且不能说为你们自己谋差事，应该说为你们的子孙谋差事，这就好说了。你们说对不对呀？”大家听了，觉得他说的有理，就毫无声息地散了。

过了两三年，这些人又聚集在一起，说起找史贻直谋差事的话题。原先那年纪大些的说：“现在可以了，已经两三年了，他的权力应该巩固了，可以去找他了。”另一个说：“那谁去呢？”又一个说：“上次不是说过了吗？找子孙中有功名的去呀。”先前说话的那人说：“那有才和洪清可以，他们两人的儿子都是监生。”还有人说：“锁法也可以，他孙子是秀才。”

说着说着，有才、洪清和锁法他们三人也真的动心了，决定北上京城找史贻直去，为他们的儿孙们谋差事。他们准备好行李，带上一些家乡的土特产，南山的板栗、笋干、溧阳新上市的粳米。为了防止板栗虫蛀霉烂，还用大锅煮了一下，然后雇了一艘船，顺着丹金溧漕河，进入京杭大运河，半个多月就到了京城。

上得岸来，他们先打听史家胡同史家大院，按照路人指示的方向，个把时辰，就到达了史家大院，请家院通报进去，说溧阳老家有人来了。史贻简一听，感到奇怪，说：“溧阳老家几十年来，从来没有来过人，怎么这时来人，是不是老家又出什么事了？”

史贻谟说：“大哥，不管有没有出事，还是我去看看，到底是什么人来了。”

史贻简说：“对，还是先去看一下好，那就烦小弟去看看吧。”

于是史贻谟开门出去，来到大院门口一看是有才、洪清和锁法他们三人，立即喊道：“三位老哥，怎么是你们啊？哪阵风把你们给吹来啦？”

有才立即上前，抓住贻谟的手说道："贻谟老弟，怎么你也住这里？"

史贻谟答道："是啊，自从考上进士以后，进入翰林院，我就一直住在这里。原先这里是我大哥、二哥两家住的。自从二哥当了大学士以后，皇上赐给他一幢官邸，他就搬去官邸住了。这里就剩下我大哥一家了，我就搬到这里，与我大哥一起住了。"说着，他拉着有才、洪清和锁法说："走，我们进去说话，我大哥还在客厅等我们呢。"

史贻谟说着，就把他们三人拉到了北屋，开门进去，只见史贻简端坐在那里，见到有才他们三人，当即起身相迎。有才他们三人也一一喊道："贻简大哥，您好。"然后一起分宾主坐下。史贻简吩咐丫鬟上茶，丫鬟即给他们一一泡了茶，然后便一边喝着茶，一边拉家常。史贻简首先说："三位老弟，三四十年不见了，现在都老了，你们看，我都快七十岁了，头发胡须都白了。这要是在大街上遇到你们，都不认识了。"

有才他们三人也都说："是的，一晃就三四十年，我们也都六十多岁了。"

史贻简问道："老家现在还都好吧，今年收成怎么样？夏天大水，我们溧阳有没有受灾？"

有才说："今年夏天的水灾，我们溧阳还好，就皇圩、万亩圩受了点灾，我们埭头、夏庄、杨庄这一带都没有受影响，溧阳整个收成都还不错。我们今天还特地带了点溧阳粳米来给你们尝尝鲜呢。"

史贻简说声"谢谢"，然后又问道："我们那些堂弟兄呢，贻清、贻安、贻宽……他们呢，还都好吧？他们知不知道你们来？"

洪清说："贻清、贻安、贻宽……他们都很好，都添了几个孙子了。以前我们讲过要来京城玩，可是临来的时候就没有说了。我们要是说了,你也要带东西,他也要带信,我们也拿不了那么多东西。所以我们只好不作声,自己带点东西就来了。"

老家亲人相见,真是有说不完的话,大家说着说着,就到了中午了。贻简家的家仆出来喊话说:"老夫人说了,客人来了那么长时间,应该招待人家吃饭了,中饭早就准备好了,有话以后慢慢说吧。"

于是大家转到餐厅,这时桌上酒菜都已摆齐,贻简夫人与贻谟夫人站在餐厅门口迎候。贻简、贻谟各自向自己的夫人作了介绍。有才、洪清和锁法分别向贻简夫人问候道:"嫂子好!"对贻谟夫人说:"弟妹好!"贻简夫人则向他们施礼道:"三位叔叔好!"贻谟夫人施礼说:"三位伯伯好!"然后分宾主坐下用餐。待家仆给大家斟上酒后,史贻简端起酒杯站起来说:"今天老家兄弟们到京城来做客,真不容易呀,我代表我们兄弟三人,以一杯薄酒,表示热烈欢迎。"说完他一饮而尽,把酒杯底向大家亮了一下。然后除了两位夫人和贻简侧室,把嘴抿了一下,其他人都一饮而尽。接着家仆又给三位客人和贻简、贻谟斟满了酒。贻谟也端起酒杯向三位客人敬酒,三位客人表示感谢,四人都一饮而尽。待家仆再次给大家斟满酒后,三位客人则端起酒杯一齐站起说:"谢谢两位兄弟和三位夫人的热情款待。"说完三人都一饮而尽。贻简、贻谟兄弟俩自然也一饮而尽。两位夫人和贻简侧室则象征性地把嘴抿了抿。因为都是多年未曾相见的老乡,都很热情,便你来我往,互相敬酒,一顿饭足足吃了两个时辰。

吃完饭史贻简对三位来客说:"兄弟们,你们十几天一路舟车劳顿,路上也够辛苦的,这样,今天下午呐,你们就在我家休息一下,房间已为你们三位安排好了,等会儿由贻谟领你们到房间去休息。明天上午由应曜领你们到正阳门外大栅栏去玩,那里是京城最热闹的地方。今天下午，先由贻谟到贻直家里去看看，看贻直什么时候有空，能接待你们。贻直不比我们，他是大学士，事情多，工作忙，必须预先约好，然后我和贻谟陪你们一起去。你们看怎么样？”

有才等三人齐声说：“好，好，真是麻烦你们了。”

史贻简说：“不麻烦，都是自家兄弟，谈什么麻烦。小弟，你领他们去休息吧。”说着，贻谟就领他们到房间去休息了。

史贻简依然在客厅等候史贻谟。不一会儿，贻谟安排他们休息后，即回到客厅。待贻谟坐下后，史贻简即问道：“小弟，你看他们是专门来玩的呢，还是别有所求？”

贻谟回道：“这倒不知道，他们没有说，我也没有问。这不，他们刚来嘛，待他们玩几天，我们再慢慢地打听。”

贻简说：“好的，明天我安排应曜陪他们到正阳门外大栅栏去玩，以后再打听他们此行的目的。然后看我们能不能满足他们的要求。当然啰，我们要尽量满足他们的要求，但如果他们的要求过高，我们实在无法做到的话，也得实事求是，向他们说明清楚。另外，今天你再辛苦一趟，到老二家去一趟，告诉他，老家夏庄的有才、洪清和锁法三人来了，要来看看他，问问老二能不能接待一下。”史贻简所说的老二，就是大学士史贻直，因为他在兄弟中排行第二，所以史贻简称他老二。

他们兄弟二人闲谈了一会儿，史贻谟就到史贻直家去了。到了史贻直家官邸，家院认识史贻谟是相爷的亲兄弟，所以一见面就很热情地招呼说：“六东家您好，相爷去宫里有事还没有回来，但老夫人在家，您老请进去吧。”

史贻谟进门后，家院立即通报：“六东家到。”

史贻直夫人许氏一听“六东家到”，知道是史贻谟来了，立即出迎。两人一见面,史贻谟就喊道:“二嫂好。”

许氏立即施礼喊道:“六叔好。”说着就把史贻谟迎进客厅,并边走边告诉史贻谟说:“你二哥上午就应召进宫,与皇上议事去了,到现在还没有回来,应该很快就要回来了。”说着就进入客厅,许氏招呼史贻谟坐下,吩咐丫鬟上茶,然后自己坐下问道:“六叔好些时候没有来了,今天没打招呼就突然到来,是不是有什么事呀?”

贻谟回说道:“二嫂,是这样的,老家夏庄来了三个人,是二哥小时候一起玩耍的发小,今天上午刚到,现在住在我们那里。大哥说了,二哥很忙,就由大哥和我一起安排接待。大哥问二哥有没有空招待一下,要是没有空也没关系,一切都由我和大哥安排。”

许氏听了说:“哦,就这事,那好办。你二哥有没有空都没有关系。只要他们来,我们家都能招待。他们什么时候来,你和大伯通知一下,我预备下酒菜,你与大伯陪他们一起来。要是你二哥在家的话,就兄弟三人一起作陪。若是你二哥没空,就由你和大伯作陪。人家好不容易来一趟,我们一次不招待,那不好。”

正说着,史贻直回来了,见到贻谟,问明来意。许氏就把贻谟刚才说的话对史贻直说了一遍。史贻直问:“是哪三人?是专程来玩的,还是有别的目的?”

贻谟回答说:“是有才、洪清和锁法。到底来干什么,他们没有说。大哥说待我们慢慢打听。”

史贻直听了说:“哦,是他们三人,不错,小时候是一起玩的。这样吧,明天晚上我在家招待他们,你和大哥把他们领来。陪他们玩的话,到时候找两个年轻一些的家仆陪陪他们就是了。大哥年纪大了,没精力陪他们玩了,你衙门里也有事,不能天天作陪,我的事情更多,更没有空陪了。如果有什么事的话,要问明白,能帮忙的地方,我们尽量帮忙,实在帮不到的,也要向人家说明清楚。”

贻谟回道："好的，二哥，那我就回去了，大哥还在家里等我呢。"说完，贻谟就告别了史贻直夫妇，回到史家大院，把史贻直刚才说的话告诉了史贻简。

不一会儿，有才、洪清和锁法他们三人也休息好走出房间。贻简、贻谟邀请他们一起到餐厅吃晚饭。吃过晚饭后到客厅，大家又聚谈了一会儿。这时史贻简趁机问道："哎，有才兄弟，我想问一下，你们这次进京，到底是想来玩玩呢，还是有什么想法？"

这时有才他们三人相互看了一眼，最后还是有才说开了："贻简哥，我们是想来找点事做做。您看，我与洪清两人的儿子都是监生，锁法的孙子是个秀才，贻直不是当了宰相了吗，能不能给他们弄个小官做做？"

史贻简听了迟疑一下说："三位老弟，你们的想法都不现实，你们不了解贻直。贻直这人是很讲原则的，他决不谋私利。也正因为他讲原则，不谋私利，所以雍正帝和乾隆帝都对他放心，一直让他主管吏部，从吏部侍郎做到尚书，即使当钦差大臣，到外地办差，或当左都御史、兵部尚书时，都还兼管着吏部的事。现在当了大学士，依然还兼吏部尚书。你们想，他大学士兼吏部尚书，还能私自安排官职吗？不过你们可以向他提出来，看他怎么说。"

贻谟接着说："我看绝无可能。你们还记得惇化叔的事吧。那年惇化叔考中进士，分发湖南城步县任知县，惇化叔要二哥给他的顶头上司知府写封信，请知府多多照应，结果二哥没有给他写。后来果不其然，惇化叔犯了错误被革职了。惇化叔至今都记恨二哥呢。"

最后史贻简说："好了，这个不说了，我们安排一下明天的事吧。三位老弟，明天我与贻谟都要上衙门里办事，不能陪你们了，我已安排我们家应曜，明天陪你们到正阳门外大栅栏去玩，那里是京城最热闹的地方。”随后他喊道：“应曜，你来一下。”应曜从书房里应声而出，来到客厅。贻简对他说：“明天，你陪这三位叔叔，到正阳门外大栅栏去玩，去向你妈多要些钱，带三位叔叔到全聚德去吃顿烤鸭。你看，这趟差事不错吧。”

应曜听了说声“好嘞”，随后即高声说道：“妈，您听到没有？爸说了，明天给我多带些钱，不要老抠门，扣我的钱。”

史贻简训斥道：“怎么跟你妈说话呢？一点规矩都没有。”应曜听了，把舌头一伸，做个鬼脸回书房去了。

第二天一早，应曜吃过早饭，就带着有才他们三人，到正阳门外大栅栏一带去玩了，中午在全聚德吃了烤鸭。下午回来后，贻简、贻谟兄弟两人，即领着有才他们三人到史贻直家吃晚饭去了。到门口，家院通报进去，史贻直立即出迎，见到有才他们三人，大家都一下子愣住了，50 多年不见，一个个都成为白发老头，都不认识了。还是贻谟灵活，立即把他们三人向史贻直一一作了介绍。史贻直听了说声“是你们三人”，便张开双臂把他们三人搂在一起，拍打了几下肩膀，然后即聊起小时候一起爬树掏鸟窝、下河游泳、在打谷场的草堆里捉迷藏的往事。

许氏在一旁催促道：“客人来了，不要老站在院子里聊，让客人进屋坐下讲啊。”于是史贻直把客人们迎进客厅，侍女给大家一一泡上茶。大家又从小时候聊到儿子、孙子，以及村上其他人的一些情况，一直聊了一个多时辰。还是许氏催促道：“不要老顾着聊，早就到用餐的时候了，酒菜都已摆上桌了，请客人进来喝酒吧。”

于是史贻直把大家请进餐厅坐下。家仆给大家一一斟上酒。史贻直首先向客人敬酒。接着贻简、贻谟也相继给客人敬酒，大家边吃边聊，一直吃到两个时辰方才散席。晚饭后贻简、贻谟兄弟二人回家，客人就住在了史贻直家。次日，史贻直派年轻家仆陪客人游览了长城。晚上继续在史贻直家用餐，依然由贻简、贻谟作陪。酒过半巡时，贻简对史贻直说："他们这次来，是想请你帮忙的哦。"

史贻直停下问他们三人："你们要我帮什么忙啦？"

史贻简小声对史贻直说："他们想请你帮他们的儿孙谋些差事。"

史贻直对史贻简说："这怎么可能呢？"

史贻简小声说："我与贻谟也都同他们说了，这事恐怕办不到，饭后你自己再同他们讲一下吧。"

史贻直听了点点头，然后大家继续相互敬酒。饭后大家回到客厅喝茶，继续寒暄，聊着聊着，就把话题岔到了谋差事的问题上了。于是史贻直说："有才、洪清、锁法，你们都是我的好兄弟。我当了大学士，按理说给你们谋一点差事，是没有问题的。但是你们想啊，这国家的官职是一个公器，这公器是不能随便由个人私自安排的。必须由吏部提出，经皇帝批准才能安排的。如果由个人私自安排，这样天下不就大乱了吗？这事得请你们三位原谅。我作为大学士，不能带头扰乱国家的官制。做官，无论你官职大小，都要遵守做官的功令制度，谁不遵守，谁就得受到处分，严重的还得被砍头，抄家灭族。历史上这样的事太多了。"说完，他就问有才他们三人："你们的儿孙都多大年纪了？"

有才说："我儿子三十六岁了。"

洪清说："我儿子三十五。"

锁法说："我孙子二十二。"

史贻直听了，"唉"了一声，说："你们的儿孙都有功名，两个监生，一个生员，而且都很年轻，大的三十五六岁，小的只有二十二岁。你们为什么不让他们考举人、进士，却急着为他们谋什么差事呢？你们知道吗？你们这样做不是为他们好，而是害了他们。如果为他们谋了差事，那最多也不过是一个典史、巡检，八九品的小官，更何况我还不能给他们谋差事！如果他们考中举人、进士，就有更大的前途，将来都可以当知县，甚至更大的官。所以你们回去要好好鼓励他们，让他们努力学习，争取考个举人、进士。”

贻简、贻谟也都附和着这么讲了一通。贻简说：“我三十八岁才考上举人，经考核分发在内阁担任中书，后来才当上郎中。”史贻谟说：“我也三十出头才考上进士，分发在翰林院做个编修。三位大哥，二哥真的说得不错，回去好好鼓励他们，叫他们努力读书学习，力争考个举人、进士，争取更大的前途。”

有才他们三人听了，也觉得他们说的有理，悔不该听乡下那些发小们瞎捣鼓，这么冒冒失失就到京城来了，一个个表示接受他们的建议，回去好好鼓励这些孩子们努力读书学习，争取考举人、进士。

随后大家又闲聊了一阵，方才散席。贻简、贻谟兄弟两人又把有才他们三人接回史家大院住宿去了。

此后有才他们三人，在京城一直玩了头二十天，有时住在史家大院，有时住在史贻直府上。他们向史贻直谋差事的消息也传了出去，竟然有人一本奏折，把这事报告给了乾隆帝。乾隆帝一看就知道，这又是有人在诬陷史贻直了。他想史贻直不是谋私利的人，但是既然有人告发了这事，总得问明情况。一天早朝后，执事太监通知史贻直，说皇上要他到偏殿去一趟，有事要问他。

史贻直随即随执事太监进入偏殿。乾隆帝已端坐在案前，史贻直忙上前叩拜，口呼万岁。乾隆帝说声“平身”，即示意他在一旁坐下，然后问道：“听说最近老家有人来找你啦！”

史贻直回道：“是，皇上，老家我小时候一起玩耍的三个发小。他们听说老臣做了大学士，就异想天开，要谋个差事做做。老臣一听当时就批评他们说:‘差事官职是国家公器,怎么可以私自授受呢?私自授受,就是违反功令制度,那是要受到法律制裁的。作为大学士,朝廷重臣,必须带头遵守国家的功令制度,怎么可以自己率先破坏呢?因此谋差事的事,绝无可能,请多多谅解。’老臣还说:‘你们的儿孙年纪都还不大,回去要鼓励他们努力读书学习,争取将来考个举人、进士,力争更大的前途。你们三人年纪大了,没到过京城,就在这里多玩玩,想玩多久就玩多久,就住在我家或我兄弟史贻简、史贻谟家都可以,但是谋差事的话不要再说了。’老臣的话他们都很高兴地接受了,从他们后来玩的心情可以看出,都没有意见。”

乾隆帝一听,赞赏地说:“老爱卿,你这事处理得非常好。您当了大学士,他们想沾点光,也是人之常情。你向他们说明原因,使他们明白了其中的道理,又热情地招待他们,使他们欣然接受你的意见,而又没有怨言。爱卿,你处理得非常好,不愧为栋梁之臣。好了,就这样吧。”乾隆帝说完,史贻直即告退。

有才他们三人在京城玩了头二十天,要回去了。史贻直与贻简、贻谟商量说:“他们是来谋差事的,结果没有满足他们的要求,总得在经济上做一些补偿。但是在表面上也要向外界表示,我史贻直对他们是很严厉的。为此我想用我一生的积蓄1000两银兑换一些乌金,打制成三副手铐,让他们戴上手铐,押上官船,送到丹阳,再让他们自己从丹阳坐船回家,把手铐带回家,好好保管,免得外人怀疑议论。你们看行不行?”

贻简、贻谟一听,觉得这个主意好,均表赞同。贻简还说:“我再加200两银。”贻谟说:“我家里穷,没有银子。”贻直说:“不要你出钱,到时候,你把他们送上官船就行。”

于是史贻直用1200两银,兑换36两乌金,打制成三副手铐,每副12两(旧制16两一斤),由府中护卫为他们戴上手铐,押送至官船,贻谟跟在后面。上得官船,贻谟嘱咐船上军士,好好照应他们,到了丹阳,就帮他们雇好船,把手铐打开,叫他们拿着手铐,自己回家。于是他们一路上在船上好吃好喝,十来天就抵达了丹阳。军士们帮他们打开手铐,递到他们手上说:“丹阳到了,船已为你们雇好,你们就坐那艘小船回溧阳吧,回家把手铐保管好。”

于是,他们三人提着手铐,就换乘另一艘船回溧阳了。可是他们在回溧阳的船上越想越气,说:“好个史贻直,虽然在京城给我们好吃好喝,热情款待我们,派人陪我们玩,但你不应该把我们戴上手铐押送回来呀,还要我们把手铐带回家去,好好保管。这不是有意出我们的洋相吗?”他们越想越气,当船抵达长荡湖时,洪清一气之下,就把手铐往长荡湖里一扔,说:“要这东西干吗?”只听“咚”的一声,手铐沉到水底不见了。后来抵达夏庄上岸时,有才也说:“把这东西带回家,多晦气,不要了。”说完他也顺手一甩,把手铐扔到河里去了。锁法说:“你们都把手铐扔掉了,我可舍不得扔掉,我要带回去给我小孙子玩呢。”于是他就把手铐带回家,往鸡窝背上一扔。他小孙子见了,就经常拿着出去玩,到后来玩腻了,就把它拿到货郎担上换糖果吃了。

他们在气愤之余,还在路上利用社会上流传的关于乾隆帝身世的传说故事,给史贻直编了个故事,贬损史贻直,说史贻直当宰相不是靠自己的能力和本事,而是完全出于巧合。故事说乾隆帝不是雍正帝的亲生儿子,而是海宁陈家子孙。那是在康熙五十年(1711)的一天,时任礼部侍郎的陈元龙,在寅时生下了长孙,一家大小高兴的呀,简直乐不可支,一直到巳时,陈元龙才赶去上朝。可当他来到金銮殿时,早朝已经结束,康熙帝刚走下皇帝宝座,看到陈元龙急匆匆赶到,就问:“陈爱卿,何故姗姗来迟呀?”

陈元龙急忙叩见康熙帝，三呼万岁，说："犬子邦直刚刚生下一'小犬'，在家忙碌了一阵子，以故来迟，微臣特来请罪。"

康熙帝说："添了一个小孙子，而且是长孙，这是大好事啊，应该庆贺，何罪之有？嘿，巧得很，我家老四雍亲王也在此时生了个小孩。快，把您家小孙子抱来看看。"

康熙帝要看小孙子，这是多大的荣耀面子呀。陈元龙听了说声"唉"，转身就走，回家令老妈子抱着小孙子随自己来到了皇宫。康熙帝接过小孩，看着这小孩白白胖胖，浓眉大眼，隆准大耳，十分喜爱，似乎有些爱不释手。就在这时，后宫传出话来说："听说陈侍郎家也生了个宝宝，雍亲王福晋也想看看。"

康熙帝听说雍亲王福晋要看看这孩子，就说："那就抱去给她看看吧。"说着就把小孩交给来抱的宫女，这宫女就把小孩抱到后宫去了。过了个把时辰，宫女才把小孩抱出来交给陈侍郎。康熙帝随即说："赶快把小孩抱回去吧，不要饿着了。"

康熙帝这么一说，陈元龙与老妈子立即把小孩抱了回家。老妈子把小孩交给陈元龙儿媳妇。过了一会儿，陈元龙儿媳妇"哇"的一声哭起来了。陈元龙听了说道："这大吉大利的好日子，哭什么呀？多不吉利！"

一会儿他儿子陈邦直出来了，对陈元龙说："父亲，这孩子不是我们家的。"

陈元龙说："瞎说，怎么不是我们家的，明明是我们抱去，又抱了回来，怎么不是我们家的呢？"

陈邦直说："我们家的是男孩，可抱回来的是女孩。"

这时陈元龙醒悟过来了，点点头自言自语说："是了，是了。"接着他就哈哈大笑起来，说："吾儿，这是大好事，快去叫你媳妇不要哭闹，应该高兴才是。"

陈邦直说："父亲，您怎么糊涂了，男孩换了个女孩，怎么还是大好事呢？"

陈元龙说："吾儿，我说你傻吧，这男孩要是在我们家的话，长大后即使他最努力，我们也尽力培养他，他最多也不过考上个举人、进士，进入翰林院当个官，若是做到像你父亲我这样，礼部侍郎这么大的官，已经很不容易了。可是到了雍亲王府，他就是皇家子孙了，他长大后，最起码也是位贝勒爷，再努力一点，就可以封为亲王。你看他的前途、造化，有多大呀！这不是大好事吗？"

这下陈邦直的脑袋也转过弯来了，就跑去劝他媳妇不要哭了。

再说雍亲王得到这儿子，就给他取名"弘历"。随着这弘历在宫内长大，聪明伶俐，能文能武，语出称旨，很得康熙皇帝的喜爱。同时弘历也发觉，总有一些宫女在他背后指指戳戳。开始时他并不在意，可时间一长，他就厌烦了。有一次，他发现又有两个宫女在他背后指指戳戳了。他转过身来一把抓住那两个宫女，问她们："你们指指戳戳，讲些什么？"那两名宫女开始时不讲。弘历说："你们不讲，就把你们送给阿玛，把你们砍头。"那两名宫女经这一吓，就把他从陈家换来的事告诉了他，并央求他不要说是她们讲的。从此弘历便知道自己的真实身世了，当然，他自己也守口如瓶。

这样随着弘历一天天长大，在他十岁时，康熙帝去世，雍亲王登基，称为雍正皇帝。弘历十八九岁时，就开始帮助雍正帝处理朝政，封为宝亲王，立为皇储。他二十三岁时雍正帝去世，便正式登基，年号"乾隆"，次年即为乾隆元年，史称"乾隆皇帝"。

乾隆八年(1743)十月的一天，乾隆帝去拜见母后，在他母后处见到了多年不见的小妹妹，宝珠格格。这时宝珠格格十八岁，长得如花似玉，皮肤白皙，高挑身材，一对水灵灵的大眼睛，明眸皓齿，标致极了，乾隆帝即心生爱慕之情，便决定娶宝珠格格为皇妃。消息传出，满朝文武大臣莫不斥责反对，都说："堂堂一个大清国的皇帝，怎么能娶自己的妹妹作皇妃呢？莫不冲昏了头脑，乱了人伦？"

前面已经说了，乾隆帝其实不是雍正帝的亲生儿子，他自己也已知道，他与宝珠格格没有血缘关系。可大臣们不知道呀，又不能把这事公开，若公开了自己的真实身世，那就失去了当皇帝的依据，非但皇帝当不成了，还要遭杀身之祸，诛灭九族。于是大臣们反对的奏折，一本本雪片般呈来。乾隆帝也很生气，决定次日早朝时发布谕旨正式宣布，娶宝珠格格为皇妃，谁反对就砍谁的脑袋。

第二天早朝，也和往日一样，众文武大臣早早地就聚集在太和殿。当乾隆帝坐上龙椅宝座，执事太监就宣布早朝开始，众大臣一齐跪下，高呼"吾皇万岁，万岁，万万岁"，乾隆帝说声"平身"，大家一齐起立。执事太监宣布发布上谕，随即展开上谕宣读道："上天承运，皇帝诏曰，现宝珠格格已届婚嫁年龄，朕决定纳宝珠格格为皇妃。钦此。"

执事太监读罢，台下一片寂静，鸦雀无声，既不恭贺，也不反对。乾隆帝即言道："众位爱卿，都不讲话，那到底是赞同呢，还是反对呀？兵部侍郎刘大人，你说呢？"

兵部侍郎刘大人立即出列，跪下说："皇上，宝珠格格是您亲妹妹呀，亲哥纳亲妹为妃，那就是乱了人伦，这岂不如同禽兽一般吗？"

乾隆帝一听，兵部侍郎竟敢辱骂他是禽兽，顿时龙颜大怒，高声喝道："辱骂圣上，罪该万死，推出去斩首！"说完刀斧手立即把刘大人押出午门外斩首了。当刀斧手把刘大人拉出去的时候，刘大人还不断地骂乾隆帝是"昏君"，说他"禽兽不如"。

随后乾隆帝又问刑部侍郎王大人："王大人，你说呢？"

刑部侍郎王大人也立即出列，下跪道："皇上，这的确是乱了人伦,过去只有昏君才干这事。”

乾隆帝一听,心想,这不是在变着法子来辱骂他吗?说他是昏君,同样龙颜大怒,喝令:“推出去斩首!”刀斧手又把王大人押至午门外斩首了。

乾隆帝又问户部尚书文大人:“文大人,你说呢?”

户部尚书文大人站在前列,就地下跪,他看到前面两位大人均被斩首,便转换了语气和方式,说:“皇上是当今明君,但是兄纳妹为妃,这事的确有违人伦,皇上,万万不可。”

乾隆帝一听,心想,你这老头虽然没有辱骂朕,可也没有赞同啊,便说:“你虽没有辱骂朕,但你依然站在反对的立场上,可免你一死,但活罪不可免,摘去你的顶戴,发配新疆伊犁。”

就这样,乾隆帝一连问了九位大臣,结果,有六位大臣被斩首,三位大臣被发配新疆。第十位问到史贻直了。乾隆帝说:“吏部尚书史贻直大人,爱卿,你说呢?”

吏部是六部之首,所以史贻直站在前列靠中间的位置,听到乾隆帝问他,就地下跪道:“万岁爷问老臣,老臣该死!老臣该死!”

乾隆帝一听说“改史”,顿时龙颜大悦,说:“改史,好,好,好!史爱卿你真聪敏,好的,以后宝珠格格就改姓史,送至史家大院去。”

开始时,史贻直还以为自己也要被斩首了,眼前顿觉一片漆黑,可听到乾隆帝后面连说三个“好”字,便觉莫名其妙,但当他听到最后说“以后宝珠格格就改姓史”时,方才醒悟,原来乾隆帝是把他说的“该死”听成“改史”了。于是他立即高呼道:“老臣领旨,吾皇万岁!万岁!万万岁!”

于是,当天就把宝珠格格送至史家大院史贻直家。第二天,乾隆帝即从史贻直家迎娶了宝珠格格,随即就把史贻直封为文渊阁大学士了。

从此，这个故事就在溧阳乃至整个苏南地区广泛地流传开了。

其实这都是民间杜撰的故事，供茶余饭后消遣说着玩的。乾隆帝就是雍正帝的亲生儿子。世上哪有把皇位让给外姓人做皇帝的？同样，史贻直也是靠自己的能力和历年业绩当上文渊阁大学士的。史贻直自康熙三十九年(1700)考上进士就当官，到乾隆九年(1744)，已经当了四十多年的官了，其中各部尚书就当了十五六年，怎么还不能升任大学士呢？

三四年后，史贻谟出任江西乡试主考官，考试结束后，顺便回乡探视他母亲，抵达溧阳夏庄后，见到了有才、洪清和锁法，就问他们："手铐变卖了没有？"

洪清说："这东西要它干吗？我从京城回来，一到长荡湖就把它扔到湖里去了。"

史贻谟听了"啊"了一声，差一点没哭出声来，接着问有才和锁法："那你们两人的呢？"

有才说："我的带到夏庄，上岸后感觉这没有什么用，也把它扔到村西的河里了。"

锁法说："我的带倒是带回来了，把它放在鸡窝背上，我小孙子见了就拿去玩，后来他玩腻了，被他拿去货郎担上换糖果吃了。"

史贻谟听了气得直跺脚，把脸一沉说："你们知道这三副手铐是什么吗？都是乌金，是我二哥、大哥二人花1200两银从内务府换来的，一共换到36两乌金，打制成三副手铐，每副12两，价值400两银，够你们下半辈子的吃用了。你们知道吗？我二哥、大哥都是清官，一辈子省吃俭用，好不容易省出这些银两，原本想给你们带回家，让你们安享晚年的，后为了避嫌，换成乌金，打制成三副手铐，让你们带回家，你们竟把它扔掉。"史贻谟叹了一口气，接着说道："我二哥不是叫你们带回家好好珍藏的吗？"

有才说:“谁知道这是乌金呢?贻直他又没说。我们想,一副手铐有什么用?带回去多晦气,就把它扔了。”

史贻谟说:“他能公开说吗?你们不知道,这政坛上的斗争有多激烈!你们到我二哥家去没几天,就有人上奏折把我二哥给告了,说我们老家有人来向我二哥要官做了。次日早朝后,皇上就问我二哥了。我二哥就把你们三个人的情况,和我二哥对你们所讲的话告诉了皇上。皇上这才没有说话。要是我二哥告诉你们,这三副手铐价值 1200 两银,他们知道了,还不诬告我二哥贪污吗?”

有才他们三人听了,又惭愧又悔恨。惭愧的是,他们到京城去,不仅打扰了史贻直兄弟三人,在那里兄弟三人供吃供住,陪他们玩,破费 1200 两银作为变相的馈赠,还招来了政敌的攻击。可他们回来非但没有好好感谢人家,反而误会人家,对人家表示不满,编派了故事丑化人家。这太不应该了,不讲良心!悔恨的是,这价值 1200 两银的三副乌金手铐,竟被他们毫不经意地给扔到了水里,或给小孩当作破铜烂铁换糖果吃掉了。每人 400 两银哪,花十年都花不完啊,就这样轻飘飘地给扔掉了,多蠢啊!

从此,他们三人便终日闷闷不乐,不多时日,就在愧悔中去世了。不过他们三人为之求职的三个儿孙,且听取了他们三人转告的史贻直的忠告,努力读书学习,后来都求得了功名。其中有才和洪清的儿子都考中了举人,经考核分发为教谕,后来也都升任了知县。锁法的孙子考中进士,分发浙江长兴任知县,后升任嘉兴府知府。

四十　鞠躬尽瘁　死而后已

票签事件以后不久，张廷玉即告老还乡，其身边的人失去了主心骨，便纷纷集中到史贻直身边。虽然史贻直不是首席大学士，但是在阁揆中，他资格最老，学识渊博，思想敏锐，有主见，组织能力强，包括首席大学士傅恒在内，都听他的，全然成为大学士中的核心人物。渐渐地乾隆帝也看出来了，但他没有去干预。鉴于史贻直一贯的人品，君子不党，不谋私利，心直口快，实话实说，而且才具优长，乾隆帝也乐见其成，发挥其特长，把内阁事务搞好，于是，即令执事太监把史贻直召来，商量内阁事务。史贻直来到南书房，向乾隆帝大礼参拜以后，即问道："皇上召老臣来，有何国事要商量？"

乾隆帝说："现在张廷玉告老还乡了，你得把内阁事务的担子挑起来。"

史贻直言道："皇上，我们内阁大学士就傅恒傅中堂、来保来中堂、陈世倌陈中堂与老臣，加上协办大学士阿克敦，一共五人。要讲核心人物，那当然是傅中堂，他是孝贤纯皇后之弟，皇上您的大舅子，又是首席大学士，当然要以他为首，老臣只能居其次。不过老臣是会积极支持傅中堂的，绝对不会与他争权夺利闹矛盾。实际上我们五人都相处得十分融洽，工作上虽然各有分工，我与陈中堂依然负责票签，傅中堂与来中堂负责军机处事务。各人又兼领一部尚书职务，老臣还兼管工部，一起统领六部。但我们又互相支持，不分彼此，团结得如同一人，与张廷玉中堂时代已大不一样了。”

乾隆帝听了十分高兴，但他还是一再叮咛说：“傅恒虽然排名在前，但是他是新进的大学士，又长期在金川前线，对内阁事务不熟，还是要靠你发挥积极带头作用的。”

史贻直说：“皇上，您请放心，老臣一定起积极带头作用，支持傅中堂，把内阁事务搞好，绝不会耽误朝廷大事的。”

乾隆帝听了欣喜地说：“有你这句话，那朕就放心了。”乾隆帝停了停又接着问道：“那老爱卿，你看最近还有哪些事务急需办理的吗？”

史贻直说：“皇上，需要办理的事情很多。但是老臣认为最主要的问题还是厘定和修订好各项规章制度，以便下面有所依从。各项规章制度健全了，下面只要照章办事，就有了目标方向，有利于发挥各部门的主观能动作用，不至于无所适从。我们高层领导也只需按照规章制度督促检查就行，这样就能提纲挈领，带动全局工作。如此，中枢六部以及整个朝廷就会轻松地盘活。我们四位大学士加协办大学士阿克敦，最好再各自检查一下兼领兼管之部，各项规章制度是否健全，有没有需要修改补充之处，如需修改补充甚至重新制定的，得赶紧修改补充或重新制定，务使健全完整，然后督促各部认真遵照执行。”

乾隆帝问道：“那你看有哪些部门的规章制度不够健全，需要修订或重新厘定的呢？”

史贻直回道：“其他各部老臣不敢说，这需要负责兼领兼管的各位中堂自己去审查。就老臣所兼领兼管的吏部和工部而言，吏部属于六部之首，历朝历代都比较重视，所积累的经验也丰富，规章制度比较健全；但工部就不同了，各项制作建造越来越多，类目繁多，并不断增加，而且随着社会的发展，技术不断改进，标准要求也不断提高。因此，原先所定的各项规则，已越来越不适应时代的要求了。为此老臣考虑重新修订《工部则例》。”

乾隆帝言道：“老爱卿，你说到点子上了，工部是最繁杂的，从来没有一部完整统一的《工部则例》，应该有一部统一完整的《工部则例》，由你来亲自主持厘定，朕也就放心了。”

史贻直接着说道：“另外，老臣还有一个建议。”

乾隆帝言道：“你说。”

史贻直回说道：“应该恢复经筵讲解的制度。我大清入关建国以后，吸收了汉文化，以儒学为本，每年春、秋两季都举行经筵讲解，学习经史，形成了制度。但有时却因战争或其他事务繁忙而不能坚持，近来，就因金川战事而中断了好几年。老臣认为，任何时候，即使再忙也得学习。子曰‘不学则殆’。当然，四书五经我们青少年时期就已熟读，耳熟能详，许多至今都能脱口而出。但子曰‘学而时习之不亦说乎’‘温故而知新’。学习可以开通我们的智慧，启发我们的头脑，提高我们的认识，增长我们的知识。我们的头脑受到了启发，就掌握了解决问题的钥匙。所以经筵讲解非但不会耽误政务，反而有利于政务的开展。近日又到了春季经筵讲解的时候了，老臣认为应该恢复这一制度，让翰林院做好准备，按时举行经筵讲解。而且我们学习的内容也必须扩大，不能局限于儒家经典，要扩大到历史。先贤是经常把经、史联系在一起的。许多经典就是古人总结了历史的经验教训而得出的结论。当然，有时也的确会遇到特殊情况无法按时举行，但可以改期延迟，不可以废弃不举行。”

乾隆帝说：“老爱卿，你说得对，我们必须恢复经筵讲解，以后就形成制度坚持下去，如遇特殊情况，可以延迟改期，而不可停止废弃。我们近期就举行一次吧。老爱卿，这恢复以后的第一次，你看以什么内容为好？”

“老臣以为，以‘民为邦本’作为核心内容，比较合适。”史贻直回说道。

“那这第一讲就由老爱卿你来讲，怎么样？”乾隆帝说。

史贻直说：“好的，这第一讲‘民为邦本’，就由老臣来讲吧。”

乾隆帝说：“行，那老爱卿就回去好好准备吧。”随后，史贻直即告退回家，准备去了。

二月初八正式开讲，众大臣随乾隆帝一起进入讲堂，行过君臣大礼后，乾隆帝坐定说道：“我大清尊奉礼教，以儒家学说为圭臬，立国之初即开设经筵讲解，每年春、秋二季各开讲一次，以为制度，后因战争或他故，时而停顿。近年因金川战事，又停息了几年。现在金川战事已经平息，天下太平，经史贻直提议，重新开讲。今天第一讲，即由史贻直讲解。他讲的题目为‘民为邦本’。那现在就开始吧。”

史贻直言道：“皇上命老夫讲解‘民为邦本’。这个题目十分浅近，大家都能理解，可是在思想上并没有引起重视，因此在行动上，往往与此相悖。这也是大家经常犯错误的一个重要原因。所以鄙人今天再次强调一下，以引起大家的重视。”他停了停继续说道：“所谓‘民为邦本’，实际上就是如何对待民众的问题。民众的力量是巨大的，过去历朝历代的王朝是被谁推翻的？是被民众推翻的。秦末的陈胜、吴广起义打击了秦朝政权，绿林、赤眉军农民撼动了王莽政权……直到明朝末年，李自成起而推翻了明朝。所以古人云:'庶人,水也。水能载舟,亦能覆舟。'俗话说:'得民心者得天下,失民心者失天下。'可见民心之重要,已超过了天下江山的地位。所以孟夫子说:'民为贵,社稷次之,君为轻。'这并不是说'民'的地位真的就超过了'君',他只是强调了'民'的重要性。'君'是什么呀,'君'是天子,是上天派来民间君临天下的,当然在'民'之上。所以《诗》曰:'普天之下,莫非王土;率土之滨,莫非王臣。'但是没有'民',何来'君'?所以天下是先有'民',而后上天才派'天子'来君临天下的。历来'民'是一直存在,代代相传的,但'君'已不知换了多少代。所以我们一定要重视'民',丝毫不可疏忽。"

说到这里,史贻直顿了顿说:"那么,我们应该怎样重视'民'呢?那就必须施行仁政。《论语》:'樊迟问仁,子曰爱人。'《中庸》还说:'为政在人。'这就是说,要关爱民众,要把民众作为一切施政方针的出发点和落脚点,为了民众的利益制定方针政策,然后再回过头来看看,有没有落实到民众身上,民众有没有从这些方针政策中得到好处实惠。我们大清自立国以来就十分关爱民众,积极兴修水利,发展生产,经常免除各受灾地区民众的田赋、人丁税和历年陈欠。圣祖爷还全国轮流一次全部免除全年的田赋、人丁税和历年陈欠。先帝爷也多次免除各地的赋税和历年陈欠。在对准噶尔用兵时,先帝爷就一再强调要给转挽军需的民众宽予车马脚价,严禁克扣。我们的圣天子胸怀如此宽广,爱护百姓。我们这些做臣子的就必须深刻体会圣天子的仁爱之心,把圣上的仁政贯彻到底,落到实处。"

最后乾隆帝作了总结,对史贻直的讲解作了高度评价,说:"今天史爱卿作了一次很好的讲解,多年以来都没有听到如此高水平的演讲了,既深入浅出,又上升到儒家经典理论的高度;特别是讲了过去人们一直回避而不敢讲的'民贵''君轻'问题,把这两者的关系作了辩证的讲解，完全正确，非常全面；最后又落实到我们大清的仁政上。这是一次很好的讲解，希望以后都要这样，多联系些实际问题，进行讲解。”

后来史贻直又作了多次讲解，并主持了多场讲解。

与此同时，史贻直还主持修订了《工部则例》。他联合了江宁织造局、苏州织造局和内务府，将皇家春夏秋冬一年四季所用各种服饰、器皿、装饰物以及各大型建筑等等，其制作建造所需各种工料、制作标准、制作流程、技术要求等等，一一列出，分门别类，订定条例规则，花了四五年时间，完成了一部九十五卷、一百数十万字的《工部则例》，涵盖了清朝各个行业的制作建造部门，为清朝立国以来最全面的一部《工部则例》，简直就是一部工部制作建造方面的百科全书。当全书刻印装订成册以后，史贻直捧着数函数十册书来南书房向乾隆帝敬献时，向乾隆帝行君臣大礼，一跪下去竟没有站得起来，数函书一起滚落在地。原来这时他已经七十多岁了，加上近年为加快完成《工部则例》的编撰任务，经常夜以继日，伏案工作，体力已大大透支。在旁的太监见状，立即上前把史贻直扶了起来，拾起书函放置在乾隆帝的御案上。

乾隆帝十分关切地问道：“老爱卿疲惫了乎？”

史贻直带着愧疚的神情说：“老臣已经力不从心了，让皇上见笑了。现在皇上正在壮年，自然体会不到，待皇上到老臣这个年龄，自然就体会到了。”

在旁的傅恒说道：“史中堂这几年为了编此书，到处收集资料，一一核实，日夜辛劳，编纂成册。刻印以后，又一个字一个字地亲自校订核对。特别是对计数单位，两、钱、分、厘、毫，一丝都不放过，这么大的年纪，真不容易。”

乾隆帝听了傅恒的述说，打开书函一本一本地翻了翻，然后说道:“此书从服卧器具,各种装饰、器皿,直到大型建造,分门别类,从用料数量标准,制作程序,技术要求,产品规格质量等等,一一严定则例及其经领制度,洋洋九十五卷,一百数十万字,一位七十多岁的老人,几年之内完成,真不容易。老爱卿,你年纪大了可以慢慢来嘛!”

史贻直说:“皇上,正因为老臣年纪大了,已经七十多了,所以才夜以继日,加紧编写,就是为了能在有生之年完成此书的编撰任务,同时要达到圆满的结果,不给朝廷留下遗憾。”

乾隆帝听了十分感动,在这年的年终总结中,特别表彰了史贻直,宣布“着吏部议叙嘉奖,给史贻直加一级”。

此外,众所周知,乾隆帝是喜欢出巡的,特别是在青壮年时期,几乎每年都要出巡,或赴木兰围猎,或去五台山进香,或巡幸江南,或者去奉天(今辽宁沈阳)祭祖。每次出巡少则十余二十天,多则两个多月。皇帝出巡不在京师,自然要有人员留驻京师,为其掌控局势,看守政府。史贻直由于已从政五六十年,又曾历任各部侍郎、尚书、左都御史,六任钦差,并署理福建、两江、直隶总督,总理陕西巡抚,资格最老,资历最深,威信最高,满朝文武几乎都是他的下属和后进,能镇得住人,又熟悉政务。所以乾隆帝每次出巡都派他与乾隆帝的叔父履亲王允裪一起留守京师,总理政务,主持各衙门官府的日常工作,维持京师的安定,并每天把各方面上呈的奏折汇集一起,密封加固,由吏部和兵部各派一名官员送至皇帝行在,呈皇上览阅,再把皇帝已经阅过的奏折带回,交给史贻直和履亲王允裪,按照皇帝的批示,交各有关部门落实办理;把各省送来需要引见的文武官弁,汇聚一起,由吏、兵二部各派满侍郎一名,带领至皇帝行在,请乾隆帝接见谈话,安排新的职务,然后带回分赴新的工作岗位。

乾隆二十五年(1760)庚辰年的二月二十日,全国会试殿试发榜,随即举行新科进士琼林宴。这时乾隆帝突然想起史贻直是康熙三十九年(1700)庚辰科进士,至此已整整60年了,刚好是轮回一个甲子,称为"再遇传胪",这在清朝建立以来还是第一次。因为封建时代,一般人考中进士都已三四十岁,"再遇传胪"就要到九十多至一百多岁了。在那生存十分艰难的年代,人们的平均寿命只有三十岁左右,要想活到九十多至一百多岁是很不容易的,所以"再遇传胪"是很难的,除非是"少年进士",十几二十岁左右就考中进士,同时寿命还比较长,能活到八九十岁。史贻直刚好满足了这两个条件,十九岁就考中进士,现时已七十九岁,依然健在。乾隆帝认为这是清朝的一大幸事,就让他再赴琼林宴,以示对他的敬重,并策励新科进士,以显示朝廷的祥瑞,并赠诗一首:

庚辰先进杏花芳,周甲重看蕊榜黄。
早识家声孝山史,群称风度曲江张。
本衙门有新佳话,国史院无旧等行。
宁独搢绅庆人瑞,赞予文治底平康。

当这次会试的主考大臣内阁大学士蒋溥、刑部尚书秦蕙田、礼部侍郎介福、副都御史张泰开簇拥着史贻直步入宴会大厅时,只见他须发眉毛一片雪白,脸色红润,容光焕发,精神矍铄。蒋溥向与会的新科进士们宣布:"我们的老前辈,上一甲子的庚辰科进士史老中堂,今天也来参加我们的琼林宴了,这是几百年里都没有过的盛事。"

在场的164名新进士听了,欢呼着一齐拥向史贻直。史贻直略带颤抖的嗓音说:"老朽十分荣幸,躬逢盛世,能活到今天,来叨一杯诸位的余沥。老朽看到诸位如此青壮,雄姿英发,十分欣慰,也十分羡慕。比起诸位，老朽当年差得远了。上一个己卯年，老朽参加顺天乡试时，才十八岁。考棚的门卫军爷竟把老朽当成了小孩子，不让进去，说：'这是贡院考棚，不是闹着玩的地方，小孩子离开。'幸亏我家三叔与我一起参加了顺天乡试，立即上前说明情况。里面的官员见状，也出来说有名考生叫史贻直，军爷这才带着惊奇的眼神看着老朽，让老朽进去了。第二年会试，老朽考了个三甲第一名。圣祖爷见老朽稚气未脱，就叫老朽在翰林院好好读书学习，结果老朽在翰林院一待就是十多年。"

史贻直这一席话引得大家哄堂大笑。然后他接着说："诸位现在躬逢盛世，当今的圣上是史上少有的圣明天子。这是难得的机会，建功立业，正当其时，希望诸位以后好好为国家效力，贡献自己毕生的才华。"

接着，新科状元毕沅代表全体新进士向史贻直致敬，说："前庚辰科史老前辈中堂大人，我等一定不辜负您的期望，牢记您的嘱托，一定努力奋进，为国效力，建功立业。祝您老人家身体健康，长命百岁。同时我们还要感谢我们的恩师中堂蒋大人、刑部尚书秦大人、礼部侍郎介大人、副都御史张大人，感谢诸位大人对我们的识拔与栽培。我们也绝不辜负诸位大人的殷切期望，在各自的岗位上努力奋进，来报答诸位大人的恩德。"

于是大家一齐向史贻直、蒋溥、秦蕙田、介福、张泰开祝福，敬酒致谢，把整个琼林宴推向了高潮。

次年正月，史贻直八十大寿。乾隆帝宣布："大学士史贻直年已八旬，嗣后凡遇各种祭祀大典，均不必随班行礼。"因为祭祀大典行礼，必须跪拜，老年人往往跪下去就起不来，或者起身迟迟，轻则容易造成不庄重的氛围，重则造成老人身体伤残。同时乾隆帝还给他赠诗一首：

皤皤黄阁领朝裾，矍铄联行尚弼予。
前度庚辰淡墨榜，两看辛巳干金书。
满千卷似沉钞罢，开八秩过白注余。
声望老成需赞治，名高漫即拟悬车。

乾隆二十七年(1762)，史贻直八十一岁，已感觉体力衰退，力不从心，为避免延误政事，便请求解任休致。乾隆帝接到他的辞呈后，一则感觉到君臣二人一起共事已近30年，长期相处产生了深厚感情，还真有点舍不得他离开；二则史贻直已在相位20年，加上雍正元年(1723)进入中枢各部，历任各部侍郎、尚书，并兼署各省总督，总理巡抚，在内阁中枢已整整40年，熟悉内外政务，便极力挽留，说："大学士史贻直，年逾八旬，兹因年老体衰，祈求解职，情词恳切，朕完全体谅。然其在大臣中年龄最大，资历最深，只要他在朝堂之上一站，就足以展示我大清朝廷阵容的强大。为此，朕建议其不必解职。不过为照顾其身体，减轻工作负荷，可不必兼管工部事务，严寒酷暑也可不必每天上班办公，并可乘坐肩舆入朝。然其不管工部事务，少了一份薪俸，可到户部另支500两银伙食补贴，以示朝廷的特别关爱。"

随后，史贻直小儿子史奕瑰在山西潞安府知府任期已满，进京晋见，另委新职。乾隆帝即以史贻直年老，长期由其长子翰林院左中允(正六品)史奕簪一人侍奉，遂将史奕瑰以四品京堂留京，以侍奉其老父。本来地方官知府留京，只能任从五品的员外郎，乾隆帝以四品京堂将其留京，也是出于对史贻直的特别关照。

乾隆二十八年(1763)五月，已是盛夏酷暑。史贻直感染风寒，发烧数日。乾隆帝得知，立即派御医前往诊治。史贻直指着自己对御医说："吾本无病，实乃体内灯油已尽，大限已至了。"

御医随即说了句宽慰的话："中堂大人，您福体康泰得很哪，只要服用两剂安神补药即可。"说完即退出对史奕簪说:"令尊大人已走到了人生的尽头,还是准备后事吧。"

待御医走后,史贻直即慢慢起身,穿戴整齐,展开奏本,颤颤巍巍地写下了遗疏:"启禀皇上,老臣就要驾鹤西辞,再也不能在御前效力了,万望皇上善自珍摄。老臣唯一不能忘怀的有二事。一是万望倡导节俭。现今社会康泰,府库充盈,日渐滋生奢侈习俗。奢侈腐朽,必然加重民众负担,引起民怨,激化矛盾,引发社会危机。二是如今洋人日渐强盛,必然祸害我大清社稷,万望皇上早做准备,加强海防,以防万一。"

史贻直写好遗疏,即回到床上,静静躺下,五月十四日溘然长逝。乾隆帝得知,深为震悼,待打开遗疏阅后,更觉其为国为民,一片丹心,直到临终,犹不忘为大清的长治久安献计献策,真乃鞠躬尽瘁,死而后已。乾隆帝随即发布上谕:"大学士史贻直,练达老成,年登耄耋,扬历中外,参赞纶扉,宣力三朝,勤劳夙著,遽兹溘逝,深为轸悼。着加赠太保,谥文靖,入贤良祠,赏银2000两治丧,祭葬如例。"乾隆帝还派皇六子永瑢贝勒代表皇室前往祭奠。

史贻直去世后,夫人许氏一直静静地坐在其遗体旁,半闭着眼睛不言语,亦无举动,一副安详的神情。这时大家都在忙碌着布置灵堂,顾之不及。待到中午,丫鬟来搀扶她去吃中饭时,连唤几声"太夫人",见她都毫无反应,一摸她的手,已经冰凉;再试她的鼻息,已没有呼吸了,立即禀报奕簪、奕瑰说:"老爷,太夫人也已去世了。"奕簪、奕瑰过来一看,果真如此,立即令老妈子为他们的母亲擦洗身子,穿戴整齐入殓。两口灵柩平排一起停放在灵堂。外人得知,莫不惊奇地啧啧称道:"这真是一对恩爱的好夫妻!"

随后,史贻直次子史奕昂亦从广东布政使任上回京丁忧,与其兄史奕簪、弟史奕瑰,兄弟三人一起,扶史贻直夫妇灵榇,回溧阳夏庄归葬徐角祖茔。乾隆帝再次发布上谕，要求史贻直灵榇运回溧阳老家安葬时，沿途所经二十里范围之内的所有文武官弁，都须至史贻直灵榇前祭吊，并派人护送，“俾长途安稳，早归故里”。规格之高，前所未有。

后　记

这本书最早是和史家强、史巍我们三人一起酝酿的。因为自《史贻直评传》出版以后，溧阳史氏家族中兴起了一股“史贻直热”，《溧阳时报》等多家报刊纷纷登载有关史贻直的文章。有人要给史贻直写电视剧本，还有人要写电影剧本。就在这时，在安徽省人民广播电台工作的史家强堂弟史巍回溧阳夏庄祭祖。家强引我与史巍见面，相互做了介绍，并在埭头一家宾馆与家强的亲戚们一起吃了晚饭。当时我们就想，要给史贻直拍成电视，成本太高，起码得数亿元以上，不如由史巍在安徽广播电台连续广播，或者先广播起来，扩大宣传影响，待以后时机成熟了，再拍电视电影。史巍也同意。于是就决定由我先写出文稿，交给史巍。大家还讨论，既然是广播稿，那就是广播文学，不能像史学专著那样写。于是我就结合清朝笔记史料中的有关记载、溧阳一些关于史贻直的故事传说、北京过去有关史贻直与勇健军的相声段子，按照传记文学的形式写成初稿，并经过了几次修改。恰好这时沈佳宾兄调任溧阳市文联主席，政协的路发今主席亦已退休，他们两位都是文章大家，我就请家强把书稿上呈他们两位，请他们两位帮我把把关，提提修改意见。路发今主席提了很宝贵的书面意见。于是我又根据路主席的意见作了修改,形成现在的书稿。佳宾主席遂将之推荐给江苏人民出版社。家强和夏庄史贻直研究会都表示愿意资助出版。

所以在此首先感谢溧阳政协原主席路发今和溧阳市文联沈佳宾主席,尤其感谢溧阳市文联的支持。同时感谢家强、史巍和夏庄史贻直研究会的同仁们,以及加强的公子史俊,感谢家强和史贻直研究会的资助,感谢史俊多次帮助打印书稿并上下提送。同时衷心感谢江苏人民出版社的蒋卫国副社长和金书羽主任,将此书纳入出版计划,而且编辑室的诸位编辑对本书进行了认真审阅,提出了许多宝贵的修改意见,最终形成定稿,编排出版。在本书付梓之际,特向诸位致以衷心的感谢!

史全生于南京寓所

2024.9.12